中国有个毛泽东

李捷 著

BIOGRAPHY OF
MAO ZEDONG

人民出版社

目　录

引　言 ……………………………………………………………………001

一、"横空出世" …………………………………………………………002

二、初试锋芒 ……………………………………………………………017

三、开创新道路 …………………………………………………………032

四、艰难时日 ……………………………………………………………048

五、"红军不怕远征难" …………………………………………………062

六、全民抗战路线与持久战 ……………………………………………081

七、独立自主的敌后游击战 ……………………………………………096

八、马克思主义也要中国化 ……………………………………………113

九、以谈对谈，以打对打 ………………………………………………135

十、将革命进行到底 ……………………………………………………153

十一、"换了人间" ………………………………………………………169

十二、抗美援朝保家卫国 ………………………………………………186

十三、建立社会主义制度 …… 207

十四、"以苏为鉴" …… 226

十五、"大跃进"的波澜 …… 245

十六、冷静下来的思索 …… 266

十七、同赫鲁晓夫的抗争 …… 276

十八、发动"文化大革命" …… 291

十九、打开中美关系正常化大门 …… 311

二十、未了的心愿 …… 331

引 言

1976 年 9 月 9 日，一代伟人溘然长逝。举国哀痛，天安门广场举行空前规格的追悼大会。几天后，联合国大会在正式开会前，为他肃立默哀。

这位伟人，就是毛泽东。

近半个世纪过去了，如今在北京天安门广场南端的毛主席纪念堂，在湖南省湘潭市韶山毛泽东同志故居，每年都有络绎不绝的人，怀着崇敬的心情瞻仰怀念。这些人群里，既有各级干部，也有工人、农民、学生，还有国际友人。甚至有新婚夫妇来这里，按照父辈的教诲，表达饮水思源之意。

他是怎样一个人？是怎样成为革命者的？又作出过怎样惊天动地的伟业？

我们说，人是时代造就的，而这个时代的杰出人物，又可以深深地影响这个时代。那么，时代如何造就了毛泽东？毛泽东又怎样影响了 20 世纪的时代走向？

让我们寻着毛泽东的人生轨迹来解开这些疑问。

一、"横空出世"

> 我看俄国式的革命，是无可如何的山穷水尽诸路皆走不通了的一个
> 变计，并不是有更好的方法弃而不采，单要采这个恐怖的方法。
>
> ——毛泽东：《致蔡和森等》（1920 年 12 月 1 日）

毛泽东作为革命者开始他的生涯，是从建党时期开始的。

如同中国的许多革命者一样，他们并非天生就是一个造反者或革命家。他们最终走上革命道路，是由许多因素促成的。在中国共产党建党之前，毛泽东是怎样逐渐成为一个革命者的呢？

1893 年 12 月 26 日，毛泽东出生在中国长江以南的一个内陆小村——湖南省湘潭县韶山冲。在中国，许多地名都与地形、地貌或地理位置有关。毛泽东的家乡，位于丘陵地带的一处平缓地，韶山冲的"冲"字便由此而来。

毛泽东是地地道道的农家子弟。祖上直到父亲，都靠种田养家。父亲身上集中了中国农民的许多优点，勤劳、节俭、精明。在他的操持下，毛泽东的家在当地算得上是个殷实人家。母亲是虔诚的佛教徒，好善乐施，同情穷人，同样集中了中国传统妇女的优良品德。

和中国许多家庭重视教育一样，父亲也送毛泽东去私塾读书，但最大的期望，还是要毛泽东安心务农，精于持家，使毛氏家族的香火更好地延续下去。

然而，这时的中国正处在由中日甲午战争失败后激起的社会大变动之中。在中国人看来，一个小小的日本国，竟能击败堂堂大清国，还要迫使大

清国割地赔款，这对华夏子孙来说，真是莫大的耻辱。接踵而至的八国联军侵略中国，慈禧太后带着大清皇帝从北京紫禁城落荒而逃，随后又签订了《辛丑条约》，更使中国的有识之士顿感有亡国灭种之灾。

就在毛泽东读书记事的时候，中国已经进入 20 世纪，摇摇欲坠的封建专制统治已是"泥菩萨过河，自身难保"，各种讨论救国主张的新思潮趁势传播开来。

毛泽东 9 岁开始读书，最初读的也是传统私塾所读的《三字经》《幼学琼林》和"四书五经"之类。到了十四五岁的时候，他辍学在家，白天在田里帮助父亲干活，晚上替父亲记账。就在这时，一本书燃起了他本已厌倦了的对读书的渴望。这本书就是维新派人士郑观应在 19 世纪 90 年代所写的《盛世危言》。

一次，毛泽东从表兄文运昌处借到了《盛世危言》，书中主张设议院，办商务，讲农学，兴学校，使上下同心，人尽其才，地尽其利，物畅其流。还说到中国之所以弱，是因为缺少西洋的铁路、电话、电报、汽船等。据毛泽东后来对斯诺说："《盛世危言》激起我想要恢复学业的愿望。"①

就在毛泽东复学的时候，已是临近辛亥革命爆发的 1909 年秋。韶山冲来了一位新派教师，名叫李漱清。他常讲爱国维新故事，劝人把庙宇改成学堂。村里的人对他议论纷纷，毛泽东却钦佩他，赞成他的主张。

对毛泽东影响很深的，还有另一件事。1910 年 4 月，湖南粮荒，长沙饥民成群结队到湖南巡抚衙门示威，要求平粜救灾，被巡抚的无理答复所激怒，冲进衙门，砍断旗杆，吓走巡抚。后饥民暴动惨遭镇压，许多人被捕杀。毛泽东和同学们对这件事议论多日。据毛泽东后来回忆说，这件事"影响了我的一生"，"我觉得造反的人也是些像我自己家里人那样的老百姓，对于他们受到冤屈，我深感不平"。②

---

① ［美］埃德加·斯诺：《西行漫记》（中译本），生活·读书·新知三联书店 1979 年版，第 110 页。

② ［美］埃德加·斯诺：《西行漫记》（中译本），生活·读书·新知三联书店 1979 年版，第 110、111 页。

"这些事情接连发生，在我已有反抗意识的年轻心灵上，留下了磨灭不掉的印象。在这个时期，我也开始有了一定的政治觉悟，特别是在读了一本关于瓜分中国的小册子以后。我现在还记得这本小册子的开头一句：'呜呼，中国其将亡矣！'这本书谈到了日本占领朝鲜、台湾的经过，谈到了越南、缅甸等地的宗主权的丧失。我读了以后，对国家的前途感到沮丧，开始意识到，国家兴亡，匹夫有责。"[①]

从对国家危亡的忧虑，到对造反者被杀愤愤不平，再到意识到"国家兴亡，匹夫有责"，这使毛泽东更加渴望走出小小的韶山冲，去了解外面更加广袤的世界。

毛泽东第一次走出韶山冲，是在 1910 年秋考入湘乡县立东山高等小学堂。临行前，他给父亲写了一张便条，借一首他改写的诗，表达自己的远大志向：

> 孩儿立志出乡关，学不成名誓不还。埋骨何须桑梓地，人生无处不青山。

东山高等小学堂，是一所新式学校。这使刚刚脱离了私塾教育的毛泽东大开眼界。在这里，他才知道，光绪皇帝和慈禧太后已经死了。在这里，他第一次看到梁启超主办的《新民丛报》，而这一刊物已在三年前停办。

事情常常是这样，得到的知识越多，就越不满足，就越想到更大的地方去开眼界。

1911 年春，毛泽东经人推荐，考入湘乡驻省中学堂。所谓"驻省"，顾名思义，就是设在湖南省会长沙。在这里，他看到的是辛亥革命爆发，并亲眼看到了长沙起义。毛泽东毅然决然投笔从戎，在湖南新军里当了一名士兵。

毛泽东后来这样回忆说："这时，有许多学生投军。一支学生军已经组

---

① ［美］埃德加·斯诺：《西行漫记》（中译本），生活·读书·新知三联书店 1979 年版，第 111—112 页。

织起来，在这些学生里面有唐生智。我不喜欢这支学生军，我认为它的基础太复杂了。我决定参加正规军，为完成革命尽力。那时清帝还没有退位，还要经过一个时期的斗争。""我的军饷是每月七元——不过，这比我现在在红军所得的要多了。在这七元之中，我每月伙食用去两元。我还得花钱买水。士兵用水必须到城外去挑，但是我是一个学生，不屑挑水，只好向挑夫买水。剩下的饷银，我都用在订报纸上，贪读不厌。当时鼓吹革命的报刊中有《湘江日报》，里面讨论到社会主义，我就是从那里第一次知道社会主义这个名词的。我也同其他学生和士兵讨论社会主义，其实那只是社会改良主义。我读了江亢虎写的一些关于社会主义及其原理的小册子。我热情地写信给几个同班同学，讨论这个问题，可是只有一位同学回信表示同意。"①

孙中山先生领导的辛亥革命成功后，"革命党"这个词时兴了起来。那时的毛泽东，和许多倾向革命的中国人一样，自认为也是革命党，但并不懂得革命的真正含义。他只当了半年新军。1912年2月12日，最后一个清朝皇帝宣统宣布退位。3月10日，袁世凯就任中华民国临时大总统，毛泽东以为革命已经结束，便退出军队，决心重新回校读书。

不久，毛泽东以第一名成绩考入湖南全省高等中学（后改名省立第一中学）。很快他就发现，自己并不喜欢这所学校。恰巧国文老师借给他一本《御批历代通鉴辑览》。这是一部清乾隆年间编纂的官修史书，记述上至远古下至明末的历史，内有乾隆皇帝的御批。"我读了《御批历代通鉴辑览》以后，得出结论，还不如自学更好。"②

毛泽东订了一个自修计划，到位于长沙古定王台的省立湖南图书馆读书。"每天早晨图书馆一开门我就进去。中午只停下来买两块米糕吃。这就

① ［美］埃德加·斯诺：《西行漫记》（中译本），生活·读书·新知三联书店1979年版，第117页。
② ［美］埃德加·斯诺：《西行漫记》（中译本），生活·读书·新知三联书店1979年版，第120页。

是我每天的午饭。我天天在图书馆读到关门才出来。"①

据毛泽东对斯诺的回忆，他在这段自修期间，读了许多的书，学习了世界地理和世界历史。毛泽东在那里第一次看到一幅世界地图，怀着很大的兴趣研究了它。他还读了亚当·斯密的《原富》，达尔文的《物种起源》和约翰·穆勒的《穆勒名学》。他读了卢梭的著作，斯宾塞的《逻辑》和孟德斯鸠的《法意》。"我在认真研读俄、美、英、法等国历史地理的同时，也阅读诗歌、小说和古希腊的故事。"②

在湖南图书馆自修的半年，是毛泽东大开眼界的日子，他养成了终生以书为伴的习惯，也养成了博览群书的爱好。他对斯诺这样说："我这样度过的半年时间，我认为对我极有价值。"③

好景不长，严苛的父亲以断绝供养为要挟，迫使毛泽东不得不继续读书。1913 年春，他考入了湖南省立第四师范学校预科。第二年 3 月，又随湖南省立第四师范学校并入湖南省立第一师范学校。在这里一读就是 5 年，成了一名师范生。

毛泽东当时选择读师范，并不是喜欢教师这一职业，而是师范学校对家境并不十分富裕的子弟来说，有特殊的吸引力——不收学费，膳宿费低廉。但到后来，这倒成了毛泽东特别看重的职业与事业。他在晚年曾对斯诺说，什么"四个伟大"④，讨嫌！总有一天要统统去掉，只剩下一个 Teacher，就是教员。因为我历来是当教员的，现在还是当教员。其他的一概辞去。⑤

湖南一师时期，对毛泽东后来走上革命道路，开始革命生涯，关系极

---

① ［美］埃德加·斯诺:《西行漫记》(中译本)，生活·读书·新知三联书店 1979 年版，第 120 页。
② ［美］埃德加·斯诺:《西行漫记》(中译本)，生活·读书·新知三联书店 1979 年版，第 120 页。
③ ［美］埃德加·斯诺:《西行漫记》(中译本)，生活·读书·新知三联书店 1979 年版，第 120 页。
④ 即 Great Teacher, Great Leader, Great Supreme Commander, Great Helmsman。
⑤ 逄先知、冯蕙主编:《毛泽东年谱（1949—1976）》第 6 卷，中央文献出版社 2013 年版，第 358 页。

大。他这样总结湖南一师的学习生活："我在师范学校读了五年书，抵住了后来一切广告的引诱。最后，我居然得到了毕业文凭。我在这里——湖南省立第一师范度过的生活中发生了很多事情，我的政治思想在这个时期开始形成。我也是在这里获得社会行动的初步经验的。"[1]

对求知欲极强的毛泽东来说，能够到湖南一师学习是一种幸运。这里云集着一批有真才实学、又颇具新潮思想的老师，如杨昌济、徐特立、袁仲谦、黎锦熙、王季范、方维夏等。学校的课程很多，对毛泽东最有吸引力的莫过于哲学、史地、文学。

对毛泽东影响最深的教员是杨昌济和徐特立。杨昌济讲授教育学、伦理学等课程，既是他的恩师，后来又成了他的岳父。他这样称赞他的老师："给我印象最深的教员是杨昌济，他是从英国回来的留学生，后来我同他的生活有密切的关系。他教授伦理学，是一个唯心主义者，一个道德高尚的人。他对自己的伦理学有强烈信仰，努力鼓励学生立志做有益于社会的正大光明的人。我在他的影响之下，读了蔡元培翻译的一本伦理学的书。我受到这本书的启发，写了一篇题为《心之力》的文章。那时我是一个唯心主义者，杨昌济老师从他的唯心主义观点出发，高度赞赏我的那篇文章。他给了我一百分。"[2]

毛泽东给杨昌济也留下了深刻的印象。他在1915年4月5日日记中写道："毛生泽东言：其所居之地为湘潭与湘乡连界之地，仅隔一山，而两地之语言各异。其地在高山之中，聚族而居，人多务农，易于致富，富则往湘乡买田。风俗纯朴，烟赌甚稀。渠[3]之父先亦务农，现业转贩；其弟亦务农，其外家为湘乡人，亦农家也；而资质俊秀若此，殊为难得。余因以农家多出

---

① ［美］埃德加·斯诺：《西行漫记》（中译本），生活·读书·新知三联书店1979年版，第121页。

② ［美］埃德加·斯诺：《西行漫记》（中译本），生活·读书·新知三联书店1979年版，第121—122页。

③ 渠，第三人称，他。

异才，引曾涤生^①、梁任公^②之例以勉之。毛生曾务农二年，民国反正时又曾当兵半年，亦有趣味之履历也。"^③

徐特立教授教育学、各科教授法和修身等课程，治学严谨，对毛泽东影响也很大。后来，1937 年 1 月 30 日，毛泽东在延安专门写信给徐特立，为他 60 周岁生日祝寿。对中国人来说，满了 60 岁，意味着在人世间经历了一个甲子，阅历丰富，有资格得到周围人的尊重。毛泽东在信中写道："你是我二十年前的先生，你现在仍然是我的先生，你将来必定还是我的先生。"^④师生之情，溢于言表。

在湖南一师，影响毛泽东一生的有两件大事。

一是经杨昌济介绍，毛泽东、蔡和森等人成为陈独秀创办的《新青年》的热心读者，并深受其影响。这个杂志创刊于 1915 年 9 月 15 日，刚开始叫《青年杂志》，一问世便受到广大青年学子的欢迎，成为新文化运动的风向标。这一年，毛泽东恰是 22 岁的血气方刚的青年人。"《新青年》是有名的新文化运动的杂志，由陈独秀主编。我在师范学校学习的时候，就开始读这个杂志了。我非常钦佩胡适和陈独秀的文章。他们代替了已经被我抛弃的梁启超和康有为，一时成了我的楷模。"^⑤

二是在行将毕业之时，1918 年 4 月，毛泽东参与发起成立新民学会。会章是毛泽东、邹鼎丞起草的。其中规定学会宗旨是"革新学术，砥砺品行，改良人心风俗"。还约法五章："一、不虚伪；二、不懒惰；三、不浪费；四、不赌博；五、不狎妓。"^⑥会议推选萧子升为总干事，毛泽东、陈书农为干事。不久，萧子升去法国，会务由毛泽东主持。会员中大多数成为中国近现代史

① 曾涤生，即曾国藩（号涤生）。
② 梁任公，即梁启超（号任公）。
③ 杨昌济：《达化斋日记》，湖南人民出版社 1978 年版，第 163 页。
④ 《毛泽东文集》第 1 卷，人民出版社 1993 年版，第 477 页。
⑤ ［美］埃德加·斯诺：《西行漫记》（中译本），生活·读书·新知三联书店 1979 年版，第 125 页。
⑥ 《新民学会资料》，人民出版社 1980 年版，第 3 页。

上颇具影响的人物，如蔡和森、何叔衡、李维汉、夏曦、郭亮、萧三、罗章龙、易礼容等。

新民学会后来在五四运动、赴法勤工俭学、创建中国共产党中，都发挥了十分重要的作用，也是毛泽东在政治思想和社会经验形成过程中参与组织的第一个进步青年社团。学会会员很多成为革命者，与毛泽东保持着良好的关系。

这一时期，毛泽东还养成了读报的习惯。"我在长沙师范学校的几年，总共只用了一百六十块钱——里面包括我许多次的报名费！在这笔钱里，想必有三分之一花在报纸上，因为订阅费是每月一元。我常常在报摊买书、买杂志。我父亲责骂我浪费，他说这是把钱挥霍在废纸上。可是我养成了读报的习惯，从一九一一年到一九二七年我上井冈山为止，我从来没有中断过阅读北京、上海和湖南的日报。"① 埃德加·斯诺在记述毛泽东的上述回忆时，特意在"养成了读报的习惯"处加了个注："当时现代报纸在中国仍是个新鲜事物，许多人，特别是当官的对之极为厌恶，今天（指斯诺成文的20世纪30年代）犹是如此！"

毛泽东总结他在湖南一师形成的政治思想时，这样说过："在这个时候，我的思想是自由主义、民主改良主义、空想社会主义等思想的大杂烩。我憧憬'十九世纪的民主'、乌托邦主义和旧式的自由主义，但是我反对军阀和反对帝国主义是明确无疑的。我在一九一二年进师范学校，一九一八年毕业。"②

1918年6月，毛泽东从湖南一师毕业。呼唤他的，是一片更加广阔的新天地。

此刻，在新文化运动发源地北京，正在酝酿着一场新的思想风暴。俄国

---

① ［美］埃德加·斯诺:《西行漫记》（中译本），生活·读书·新知三联书店1979年版，第126页。
② ［美］埃德加·斯诺:《西行漫记》（中译本），生活·读书·新知三联书店1979年版，第125页。

十月革命的炮声，使李大钊、陈独秀等中国先进知识分子看到了组织起来的工农群众的力量，看到了马克思主义真理给茫茫中国带来的一线曙光。

1918年7月起，李大钊先后发表三篇文章，在中国思想界和青年知识分子中引起很大反响。这三篇文章是《法俄革命之比较观》《庶民的胜利》《Bolshevism的胜利》，称赞俄国十月革命"是立于社会主义上之革命"，是"劳工主义的战胜"，是"二十世纪中世界革命的先声"。1919年元旦，他还发表《新纪元》一文，认为中国应当走十月革命的道路。

历史中的许多重大影响，是在有意无意间实现的。上述这些对毛泽东走上革命道路有重要影响的事，对当时的毛泽东来说，还一无所知。摆在他面前的，是一个很现实的问题，今后的生活费还没有着落。就在毛泽东左右为难的时候，又是杨昌济给他指明了方向。

杨昌济此时已到北京大学任教。在蔡元培校长的延揽下，北京大学成了人才汇聚、思想活跃的胜地。也就在这时，法国到中国招募华工。蔡元培、李石曾等在北京搞起了赴法勤工俭学运动。杨昌济深知毛泽东处境，觉得这是一个不错的机会，便把这个消息传回湖南一师。毛泽东、蔡和森、萧子升都觉得这是一条出路，便发动新民学会会员赴法勤工俭学，并派蔡和森先期到京打前站。

很快，蔡和森6月30日在北京来信说："弟二十三开船，二十四日在汉口搭车，二十五晚抵京，共经三日三夜，晴雨参半，一路颇适。兄事已与杨师详切言之，师颇希望兄入北京大学。"还说："觉吾三人（指毛泽东、蔡和森、萧子升）有进大学之必要，进后有兼事之必要，可大可久之基，或者在此。"[1]

1918年8月15日，毛泽东和一批志同道合的学子，踏上北上之路。

毛泽东来到北京，生计依然是第一位的问题。"北京对我来说开销太大。我是向朋友们借了钱来首都的，来了以后，非马上就找工作不可。我从前在

---

① 《新民学会资料》，人民出版社1980年版，第43—44页。

师范学校的伦理学教员杨昌济，这时是国立北京大学的教授。我请他帮助我找工作，他把我介绍给北大图书馆主任。他就是李大钊，后来成了中国共产党的一位创始人，被张作霖杀害。李大钊给了我图书馆助理员的工作，工资不低，每月有八块钱。"①

毛泽东这里所说的"图书馆助理员"，实际上是图书馆书记员，一般由新聘者担任，负责新到报刊和阅览人姓名的登记工作。

在北京大学图书馆工作之余，毛泽东热衷于两件事。一是参加北京大学哲学研究会和新闻学研究会，为的是能够在北大旁听。北大新闻学研究会的会长，是蔡元培。"在新闻学会里，我遇到了别的学生，例如陈公博，他现在在南京当大官了；谭平山，他后来参加了共产党，之后又变成所谓'第三党'的党员；还有邵飘萍。特别是邵飘萍，对我帮助很大。他是新闻学会的讲师，是一个自由主义者，一个具有热烈理想和优良品质的人。一九二六年他被张作霖杀害了。"②

另一件事，是毛泽东和新民学会会员来北京的主要目的，就是为赴法勤工俭学做准备。

在杨昌济的帮助下，蔡元培、李石曾同意为来自湖南的学生开办留法预备班，这些预备班分别设在北京大学和河北保定、蠡县，后又在长辛店机车车辆厂开办一个半工半读的留法预备班。这以后，除了罗章龙考入北京大学、毛泽东在图书馆工作，其他一同来北京的新民学会会员，包括蔡和森在内，都分别前往这些留法预备班学习。毛泽东则往返于这些预备班之间，送往迎来，协调组织。

毛泽东对湖南学生赴法勤工俭学很热心，但自己并不打算即刻出国。"我陪同一些湖南学生去北京。虽然我协助组织了这个运动，而且新民学会也支

① ［美］埃德加·斯诺:《西行漫记》(中译本)，生活·读书·新知三联书店1979年版，第126—127页。
② ［美］埃德加·斯诺:《西行漫记》(中译本)，生活·读书·新知三联书店1979年版，第127页。

持这个运动，但是我并不想去欧洲。我觉得我对自己的国家还了解得不够，我把时间花在中国会更有益处。那些决定去法国的学生从现在任中法大学校长的李石曾那里学习法文，我却没有这样做。我另有打算。"①

这时的毛泽东，已经有了一些在他一生中起重要作用的气质：敏锐、果敢、有主见、不随波逐流、说干就干。

毛泽东在北京只住了半年多。1919年3月，母亲病重的消息传来，毛泽东再也坐不住了。他是家中的长子，也是个孝子，同母亲的感情非同一般。

1919年3月12日，毛泽东离开北京。3月14日，到达上海。他之所以要取道上海，是为了送一批湖南同学赴法勤工俭学。在上海停留半月后，4月6日回到长沙。

毛泽东的第一次北京之行就这样结束了。时间尽管短暂，但收获是前所未有的。

最大的收获，自然是思想上的。"我对政治的兴趣继续增长，我的思想越来越激进。我已经把这种情况的背景告诉你了。可是就在这时候，我的思想还是混乱的，用我们的话来说，我正在找寻出路。我读了一些关于无政府主义的小册子，很受影响。我常常和来看我的一个名叫朱谦之的学生讨论无政府主义和它在中国的前景。在那个时候，我赞同许多无政府主义的主张。"②

另一个收获，是个人情感方面的。恩师杨昌济的家，在北京城内鼓楼附近的豆腐池胡同。毛泽东经常到那里去。刚开始，毛泽东去的目的，是为了向老师求教，探讨问题。渐渐地便同杨昌济的女儿杨开慧萌发了感情。这时，毛泽东25岁，杨开慧18岁，共同的命运，共同的理想，把他们相互

① ［美］埃德加·斯诺：《西行漫记》(中译本)，生活·读书·新知三联书店1979年版，第126页。

② ［美］埃德加·斯诺：《西行漫记》(中译本)，生活·读书·新知三联书店1979年版，第127—128页。

吸引到了一起。据毛泽东回忆说："也是在这里，我遇见而且爱上了杨开慧。她是我以前的伦理学教员杨昌济的女儿。在我的青年时代杨昌济对我有很深的影响，后来在北京成了我的一位知心朋友。"①

北京，也给毛泽东留下了深刻的印象。在北京，毛泽东如同其他外乡人一样，生活的感觉真正是"一半是海水，一半是火焰"。"我自己在北京的生活条件很可怜，可是在另一方面，故都的美对于我是一种丰富多彩、生动有趣的补偿。我住在一个叫做三眼井的地方，同另外七个人住在一间小屋子里。我们大家都睡到炕上的时候，挤得几乎透不过气来。每逢我要翻身，得先同两旁的人打招呼。但是，在公园里，在故宫的庭院里，我却看到了北方的早春。北海上还结着坚冰的时候，我看到了洁白的梅花盛开。我看到杨柳倒垂在北海上，枝头悬挂着晶莹的冰柱，因而想起唐朝诗人岑参咏北梅冬树挂珠的诗句：'千树万树梨花开'。北京数不尽的树木激起了我的惊叹和赞美。"②

作为一个初到北方的南方人，北国风光给毛泽东的最初印象是新奇。1936年8月，毛泽东在保安同斯诺谈起往返北京沿途的人文景象，仍流露出兴奋的神色："我在北海湾的冰上散步。我沿着洞庭湖环行，绕保定府城墙走了一圈。《三国》上有名的徐州城墙，历史上也有盛名的南京城墙，我都环绕过一次。最后，我登了泰山，看了孔墓。这些事情，我在那时看来，是可以同步行游历湖南相媲美的。"③

世上有许多巧合。毛泽东回到长沙不久，五四运动就爆发了。在五四运动的发源地北京大学与千里之外的湖南之间，因为有了毛泽东，有了新民学会，相互关系与影响显得格外地不一般。长沙成了北京、上海、天津以外，

---

① ［美］埃德加·斯诺：《西行漫记》（中译本），生活·读书·新知三联书店1979年版，第127页。

② ［美］埃德加·斯诺：《西行漫记》（中译本），生活·读书·新知三联书店1979年版，第128页。

③ ［美］埃德加·斯诺：《西行漫记》（中译本），生活·读书·新知三联书店1979年版，第129页。

五四运动的重镇之一。

五四运动爆发后，北京学生联合会派邓中夏到湖南，同毛泽东、何叔衡等取得了联络。随后，毛泽东和新民学会会员四处活动，成立了由新民学会会员彭璜任会长的新的湖南学生联合会。6月2日，湖南学生联合会召开全体大会，决定全省各校学生从6月3日起一律罢课。

也正是从6月3日起，上海工人阶级开始罢工，加入五四运动，使以爱国学生为主体的五四运动进入新阶段。就在同一天，湖南长沙的第一师范、湘雅医学校、商业专门学校等20个学校学生举行总罢课，在长沙《大公报》发表的罢课宣言中提出"外交失败，内政分歧，国家将亡，急宜挽救"。这为五四运动又加了一把大火。

毛泽东深知，学生运动要想持久，必须得到社会各界的广泛同情与支持。在他的奔走下，7月9日湖南各界联合会宣告成立，以"救国十人团"为基层组织。后来，又成立了湖南救国十人团联合会。这些组织互为犄角，给学生运动以很大声援。毛泽东特殊的群众运动组织才能，开始显露。

当五四运动在湖南开展得声势浩大之际，毛泽东再添一把火。7月14日《湘江评论》创刊。这个杂志名义上是湖南省学生联合会的，实际上从主编到主要撰稿都由毛泽东一人担任。

在《创刊宣言》中，毛泽东以犀利的笔锋提出了尖锐的问题："世界什么问题最大？吃饭问题最大。什么力量最强？民众联合的力量最强。什么不要怕？天不要怕，鬼不要怕，死人不要怕，官僚不要怕，军阀不要怕，资本家不要怕。"他把世界潮流归结为"'世界革命'的呼声大倡，'人类解放'的运动猛进"。宣言历数自文艺复兴到宗教改革的变革，"一言蔽之，'由强权得自由'而已"。至于如何打倒强权，他主张"群众联合，向强权者为持续的'忠告运动'。实行'呼声革命'——面包的呼声，自由的呼声，平等的呼声——'无血革命'"。①

——

① 《毛泽东早期文稿》，湖南人民出版社2013年版，第270、271页。

《湘江评论》和五四时期问世的许多刊物一样，重点以"宣传最新思潮为宗旨"。设有以下栏目：东方大事述评、西方大事述评、世界杂评、湘江大事述评、湘江杂评、方言、新文艺等。从第二期起，接连三期刊登了毛泽东的《民众的大联合》，署名"泽东"。他认为，"国家坏到了极处，人类苦到了极处，社会黑暗到了极处"。补救和改造的方法，就是民众的大联合。古来有强权者的联合、贵族的联合、资本家的联合，最厉害的还是民众的大联合。在各种民众的大联合中，他最推崇的，一是俄国十月革命，二是五四运动。他强调："我们醒觉了！天下者我们的天下。国家者我们的国家。社会者我们的社会。我们不说，谁说？我们不干，谁干？刻不容缓的民众大联合，我们应该积极进行！"要实现民众大联合，就要从小联合做起，从思想的解放、政治的解放、经济的解放、男女的解放、教育的解放等种种方面的解放做起。他预言："我们中华民族原有伟大的能力！压迫愈深，反动愈大，蓄之既久，其发必速。我敢说一句怪话，他日中华民族的改革，将较任何民族为彻底。中华民族的社会，将较任何民族为光明。中华民族的大联合，将较任何地域任何民族而先告成功。"①

这篇气势恢宏的长篇文章，笔锋犀利、说理透彻、文笔晓畅而极富感染力，发表后不胫而走，被北京、上海、成都等地一些报刊转载，在当时的进步思想界有相当影响。北京《每周评论》第36期刊发的《介绍新出版物》一文说，此文"眼光很远大，议论也很痛快，确是现今的重要文字"。写下这段评论的是胡适。

这时，毛泽东的思想明显地呈现矛盾的状态。一方面，他越来越看重底层群众的力量，越来越坚信中国要有一个根本性的社会大变动，越来越认定中国必须铲除强权。另一方面，他的总的倾向，还是幻想通过"无血革命"与各式各样的请愿运动，来实现革命的目标。这种现象，并不只是个人的认识，在那个时代里带有普遍性。在儒家思想长期熏陶和影响下，即便是在灾

---

① 《毛泽东早期文稿》，湖南人民出版社2013年版，第312、356、359页。

难深重的近代中国，要想成为一个彻底的革命者，也不是一件容易的事。

《湘江评论》只办了四期。8月中旬，湖南督军张敬尧派军警突然包围了湖南学生联合会，并闯进湘鄂印刷公司，将刚印出的《湘江评论》第5号全部没收并彻底销毁。这就逼得毛泽东下决心联合各界人士，通过罢课、罢工、请愿等方式，将军阀张敬尧从湖南驱逐出去。

二、初试锋芒

革命党是群众的向导，在革命中未有革命党领错了路而革命不失败的。我们的革命要有不领错路和一定成功的把握，不可不注意团结我们的真正的朋友，以攻击我们的真正的敌人。

——毛泽东：《中国社会各阶级的分析》（1925 年 12 月 1 日）

1919 年 12 月 6 日，长沙各校学生 1.3 万人罢课。重新恢复的湖南学联向全国发出"张敬尧一日不去湘，学生一日不回校"的誓言。一场声势浩大的驱张运动开始了。

12 月 18 日，毛泽东率领的湖南驱张请愿团到达北京，使北京成为当时湖南驱张运动的大本营。这是毛泽东第二次来北京。

在北京，毛泽东组织发起多次请愿活动。其中一次，还作为请愿代表面见北洋政府国务总理靳云鹏的副官，陈述驱张要求。

为造声势，毛泽东还组织成立了平民通讯社，自任社长，每日发稿分送京、津、沪、汉各报，声讨张敬尧祸湘的罪恶，报道北京、湖南等地驱张运动的消息。他还亲自撰写署名为"湖南旅京公民"的呈文《湘人力争矿厂抵押呈总统府、国务院及外、财、农商三部文》，由平民通讯社印发。这些宣传与驱张请愿活动成掎角之势，使毛泽东再一次体会到了群众的力量。

驱张运动尽管声势很大，也给北洋政府和军阀张敬尧造成了不小的压力，但终究不可能解决问题。1920 年 4 月上旬，毛泽东邀集湖南代表在景山东街中老胡同商讨结束在京驱张活动问题，决定留少数人坚守北京，其他人陆续到别处开展活动。同年 6 月，张敬尧在军阀冲突中败北。接替他到长沙的，是湘军总司令、湖南督军兼省长谭延闿。

驱张运动无果而终，但毛泽东却另有所获。他的第二次北京之行，最大的收获，莫过于看到了真理的曙光。

就在来北京开展驱张请愿活动不久，1920 年 1 月 4 日，毛泽东在位于北长街 99 号的平民通讯社接待了湖南一师的老师、也是他无话不谈的好友黎锦熙。据黎锦熙回忆："我此次去看他时，主席坐在大殿正中香案后。很长的香案，左边是平民通讯社的油印机和通讯稿件，可见有些稿子可能是主席自编自刻自印的。右边是一大堆关于社会主义的新书刊，我在这里第一次读到《共产党宣言》的全文。"①

毛泽东是一个极为看重信仰的人。他对信仰的追求，既要能解决世界大本大源的问题，寻求人类问题的总解决；又要能解决中国的救国图存的问题。从这点出发，他从走出乡关到进入长沙，迅速地完成了一次思想转变，即从深受维新派康有为、梁启超影响，到深受孙中山革命派影响。从进入湖南一师到第一次到北京，再到领导湖南五四运动、驱张运动，开始了又一次对真理的求索，从西方资产阶级启蒙思想到改良主义，再到无政府主义，以及各式各样的社会主义，他都认真研究过，鼓吹过，甚至尝试过，但始终没有解决他心中的一个困惑。

这个求索过程，毛泽东后来在新中国即将宣告成立时写的《论人民民主专政》一文中，准确地表达出来："那时，求进步的中国人，只要是西方的新道理，什么书也看。向日本、英国、美国、法国、德国派遣留学生之多，达到了惊人的程度。国内废科举，兴学校，好像雨后春笋，努力学习西方。我自己在青年时期，学的也是这些东西。这些是西方资产阶级民主主义的文化，即所谓新学""这就是十九世纪四十年代至二十世纪初期中国人学

---

① 转引自逄先知主编:《毛泽东年谱（1893—1949）》（修订本）上卷，中央文献出版社 2013 年版，第 50 页。

习外国的情形。""帝国主义的侵略打破了中国人学西方的迷梦。很奇怪，为什么先生老是侵略学生呢？中国人向西方学得很不少，但是行不通，理想总是不能实现。多次奋斗，包括辛亥革命那样全国规模的运动，都失败了。国家的情况一天一天坏，环境迫使人们活不下去。怀疑产生了，增长了，发展了。"①

这大体就是毛泽东当时看到《共产党宣言》时的心境。不过，他此时还没有马上确定自己的信仰，他还要继续认真地比较一番。不过，在他进行比较的各种主义之中，开始涉及马克思主义。这是第二次北京之行同以往的最大不同，也是毛泽东最大的思想收获。

第二次北京之行，既是毛泽东为驱张而广为活动的时期，更是他为寻求救国真理而博览群书的时期。毛泽东在几封同新民学会会员的通信中，谈到了自己对未来求索真理的打算。

1920 年 2 月，毛泽东在写给陶毅（在长沙周南女校任教）的信中说："我觉得我们要结合一个高尚纯粹勇猛精进的同志团体。""何叔衡想留法，我劝他不必留法，不如留俄。我一己的计划，一星期外将赴上海。湘事平了，回长沙，想和同志成一'自由研究社'（或径名自修大学），预计一年或两年，必将古今中外学术的大纲，弄个清楚，好作出洋考察的工具（不然，不能考察）。然后组一留俄队，赴俄勤工俭学。"还说："我为这件事，脑子里装满了愉快和希望。"②从这些想法中，可以明显感受到俄国十月革命对毛泽东的影响。

随后，毛泽东在 3 月 14 日给周世钊的信中，详述了自己的新想法。谈到准备系统研读古今中外各种学说的计划，他说："我想暂不出国去，暂时在国内研究各种学问的纲要。我觉得暂时在国内研究，有下列几种好处：1.看译本较原本快迅得多，可于较短的时间求到较多的知识。2.世界文明分

---

① 毛泽东:《论人民民主专政》（1949 年 6 月 30 日），《毛泽东选集》第 4 卷，人民出版社 1991 年版，第 1470 页。

② 《新民学会资料》，人民出版社 1980 年版，第 59、61—62 页。

东西两流，东方文明在世界文明内，要占个半壁的地位。然东方文明可以说就是中国文明。吾人似应先研究过吾国古今学说制度的大要，再到西洋留学才有可资比较的东西。3.吾人如果要在现今的世界稍为尽一点力，当然脱不开'中国'这个地盘。关于这地盘内的情形，似不可不加以实地的调查，及研究。"谈到将来旅俄的想法，他说："俄国是世界第一个文明国。我想两三年后，我们要组织一个游俄队。"谈到自修大学的计划，他表示："我想我们在长沙要创造一种新的生活，可以邀合同志，租一所房子，办一个自修大学（这个名字是胡适之先生造的）。我们在这个大学里实行共产的生活。"毛泽东在信中谈到自己的信仰："老实说，现在我于种种主义，种种学说，都还没有得到一个比较明了的概念，想从译本及时贤所作的报章杂志，将中外古今的学说刺取精华，使他们各构成一个明了的概念。"①

信中所说的"共产的生活"，实际上是指工读互助运动。毛泽东在5月初到上海后，曾经试验过一段。在上海民厚南里租了几间房子，与湖南一师的同学张文亮等一起共同做工，共同读书，有饭同吃，有衣同穿，过着一种简朴的生活。然而，这个试验并不成功。6月7日，他在给黎锦熙的信中承认："工读团殊无把握，决将发起者停止，另立自修学社，从事半工半读"。②

在6月7日的信中，毛泽东还对黎锦熙谈了一段时间以来自学的情况："我近来功课，英文，哲学，报，只这三科。哲学从'现代三大哲学家'起，渐次进于各家；英文最浅近读本每天念一短课；报则逐日细看，剪下好的材料。""文字学、言语学和佛学，我都很想研究。"他还特别说到学习外语的情况："外国语真是一张门户，不可不将它打通，现在每天读一点英语，要是能够有恒，总可稍有所得。"他还检讨自己的弱点："我太富感情，中了慨慷的弊病，脑子不能入静，工夫难得持久。""我因易被感情驱使，总难厉

---

① 《新民学会资料》，人民出版社1980年版，第63、65、64页。
② 转引自逄先知主编：《毛泽东年谱（1893—1949）》（修订本）上卷，中央文献出版社2013年版，第57页。

行规则的生活。"[1]

据当时在北京教育部工作的黎锦熙后来回忆,在北京期间,毛泽东多次到他家,讨论过各种社会主义学说的选择问题,也讨论过近代哲学派别,特别是法国的柏格森、英国的罗素、美国的杜威。[2] 就在这种读书、思考、实践、再思考、再读书的过程中,毛泽东越来越向马克思主义靠拢。

在第二次北京之行期间,还发生了两件与毛泽东直接相关的事情。一是1920年1月17日恩师杨昌济因病于北京德国医院去世,二是1月23日父亲毛贻昌在家乡去世。

杨昌济去世前,给章士钊写信。信中说:"吾郑重语君,二子海内人才,前程远大,君不言救国则已,救国必先重二子。"[3] 信中的"二子",是指他的得意门生毛泽东和蔡和森。杨昌济去世后,毛泽东与杨开慧、杨开智一起守灵,还和蔡元培、范源濂、章士钊、杨度、黎锦熙、朱剑帆等联名在《北京大学日刊》发出《启事》称:杨先生操行纯洁,笃志嗜学,无意于富贵利达,依薪资维持生计。

父亲毛贻昌去世时,毛泽东在北京忙于驱张活动,未能回湘奔丧。这成为他一生的遗憾。

1920年7月,毛泽东回到长沙,着手发起和推动湖南自治运动。这是他最终选择马克思主义之前,为着"不流血的革命"所作的最后一次努力。

他为长沙《大公报》撰写了不少文章和评论,宣传湖南自治主张。我们可以从其中一些文章的标题窥见一斑:《湖南建设问题的根本问题——湖南共和国》《打破没有基础的大中国建设许多的中国从湖南做起》《绝对赞成"湖南们罗主义"》《"湖南自治运动"应该发起了》《"湘人治湘"与"湘人自治"》

---

[1] 转引自逄先知主编:《毛泽东年谱(1893—1949)》(修订本)上卷,中央文献出版社2013年版,第57—58页。

[2] 转引自逄先知主编:《毛泽东年谱(1893—1949)》(修订本)上卷,中央文献出版社2013年版,第53页注〔1〕,第54页及注〔1〕。

[3] 转引自逄先知主编:《毛泽东年谱(1893—1949)》(修订本)上卷,中央文献出版社2013年版,第49页及注〔1〕。

《为湖南自治敬告长沙三十万市民》。

这场湖南自治运动在大大小小的军阀统治中国的情况下，只能以失败告终。在湖南督军谭延闿假借"民意"搞起官办自治之后，这年 10 月下旬，毛泽东退出了运动，投入创办文化书社。

11 月 25 日，他在给旅法新民学会会员向警予的信中这样表露他失望的心情："政治界暮气已深，腐败已甚，政治改良一途，可谓绝无希望。吾人惟有不理一切，另辟道路，另造环境一法。"①

同一天，他在给罗章龙的信中，特别强调主义的重要，决心用主义改变中国的坏空气，使新民学会"变为主义的结合"。信中说："主义譬如一面旗子，旗子立起了，大家才有所指望，才知所趋赴"。②

毛泽东对他所说的"主义"，已经拿定了主意。12 月 1 日，他在给蔡和森的复信中，明确表示自己选择了马克思主义和俄国十月革命道路。

在此之前，1920 年 7 月，新民学会旅法会员在法国蒙达尔尼举行会议，提出以"改造中国与世界"为学会方针，但是对用什么方法达到"改造中国与世界"的目的，意见分歧。毛泽东在复信中，表明了自己的意见。他赞同把"改造中国与世界"作为新民学会方针，关键是用什么方法去"改造中国与世界"。他赞成蔡和森的意见，以为应用俄国式的方法去改造中国与世界，并说："我看俄国式的革命，是无可如何的山穷水尽诸路皆走不通了的一个变计，并不是有更好的方法弃而不采，单要采这个恐怖的方法。""所以我对于绝对的自由主义，无政府的主义，以及德谟克拉西（democracy）主义，依我现在的看法，都只认为于理论上说得好听，事实上是做不到的。"这里，他实际上对自己这半年的读书、思考、选择做了一个总结。信的最后，毛泽东断言："改造中国与世界的大业，断不是少数人可以包办的。"③

此刻，毛泽东已最终认定，只有以马克思主义为信仰，走俄国十月革

---

① 《毛泽东早期文稿》，湖南人民出版社 2013 年版，第 493 页。
② 《毛泽东早期文稿》，湖南人民出版社 2013 年版，第 498 页。
③ 《毛泽东书信选集》，中央文献出版社 2003 年版，第 4、6、7—8 页。

命的路，才是根本解决中国问题的正途。在接受五四运动洗礼的先进群体中，毛泽东确立马克思主义信仰并不算早，但如同他自己所言："我一旦接受了马克思主义是对历史的正确解释以后，我对马克思主义的信仰就没有动摇过。"①

也就在这年冬天，毛泽东与爱慕已久的恩师杨昌济的女儿杨开慧结了婚。

1921年元旦，大雪满城，阳光绚烂，景象簇新。新民学会会员新年大会在长沙潮宗街文化书社举行。会议由何叔衡担任主席，接连开了三天。毛泽东、彭璜、周世钊、熊瑾玎、陶毅、陈书农、易礼容等十余人到会。

这次会议实际上是新民学会旅法会员蒙达尔尼会议的继续。会议主要讨论三个问题：（一）新民学会应以什么作共同目的？（二）达到目的需采用什么方法？（三）方法进行即刻如何着手？毛泽东首先向会议介绍旅法会友蒙达尔尼会议对这三个问题讨论的结果。随即，与会者逐一讨论上述问题。

在谈到需采用什么方法来达到目的时，毛泽东为便于大家讨论，列举了以下各种主张：1.社会政策；2.社会民主主义；3.激烈方法的共产主义（列宁的主义）；4.温和方法的共产主义（罗素的主义）；5.无政府主义。

对上述各种主义，毛泽东明确表示："社会政策，是补苴罅漏的政策，不成办法。社会民主主义，借议会为改造工具，但事实上议会的立法总是保护有产阶级的。无政府主义否认权力，这种主义恐怕永世都做不到。温和方法的共产主义，如罗素所主张极端的自由，放任资本家，亦是永世做不到的。激烈方法的共产主义，即所谓劳农主义，用阶级专政的方法，是可以预计效果的，故最宜采用。"②毛泽东的意见，得到多数人的赞成。

这次会后，1月21日，毛泽东复信蔡和森。蔡和森的信，是前一年9月16日写的，信中详细介绍了世界各国工人阶级政党的情况，特别是俄国

---

① ［美］埃德加·斯诺：《西行漫记》（中译本），生活·读书·新知三联书店1979年版，第131页。

② 《新民学会资料》，人民出版社1980年版，第23页。

布尔什维克党的情况，并谈到了俄国社会革命的出发点是唯物史观。毛泽东在信中表示："你这一封信见地极当，我没有一个字不赞成。"谈到建立共产党，毛泽东告诉蔡和森："党一层，陈仲甫（独秀）先生等已在进行组织。出版一层，上海出的《共产党》，你处谅可得到，颇不愧'旗帜鲜明'四字（宣言即仲甫所为）。"①

到了这时，创建中国共产党的各方面条件都大体具备了。在共产国际指导下，1921年7月23日至8月初，中国共产党第一次全国代表大会先后在上海法租界贝勒路树德里三号（今兴业路七十六号）和浙江嘉兴南湖上的游船上秘密召开。之所以中途转移了会址，是为了躲避暗探的追捕。毛泽东全程参加了这次具有历史意义的代表大会。两位创始人李大钊和陈独秀，未能参加会议。会议由张国焘主持，毛泽东和周佛海任记录。大会通过中国共产党党纲，确定党的名称为中国共产党；选举陈独秀、张国焘、李达组成中央局，陈独秀为中央局书记；确定党成立后的中心任务是组织工会，领导工人运动。

为了统一领导中国工人运动，代表大会闭幕后，8月11日在工人最为集中的上海成立了中国劳动组合书记部。后又在一些地方设立了分部。毛泽东担任湖南分部主任。

这时，毛泽东已经成为一个地地道道的职业革命家。他所从事的第一件重要工作，就是发动、组织、领导湖南工人运动。而这方面的最初经验，还是在领导驱张运动时获得的。

从1921年12月到1922年9月，毛泽东先后深入位于江西萍乡的安源煤矿、湖南常宁的水口山铅锌矿、岳州(今岳阳)铁路等地，发动工人群众，培养工人运动骨干，建立工人组织。从1922年9月到11月，在毛泽东领导下，首先爆发了声势浩大的安源煤矿1.7万工人大罢工，随后席卷长沙，相继发生缝纫工人罢工、泥木工人罢工、理发工人罢工、笔业工人罢工、印刷

---

① 《毛泽东书信选集》，中央文献出版社2003年版，第11页。

工人罢工等，水口山铅锌矿工人罢工也取得了胜利。

1923年"二七"惨案发生后，京汉铁路沿线的工人罢工遭到血腥镇压，全国工人运动转入低潮。毛泽东提出，要以"弯弓待发"之势观察等待，看形势发展再决定是否罢工。在毛泽东指导下，安源只举行了游行示威，提出不高的经济要求，很快被矿局所接受，避免了不必要的损失，反而有所发展。

1923年6月，中国共产党第三次全国代表大会在广州东山恤孤院后街31号举行。这次大会决定共产党员可以个人名义加入国民党，以"党内合作"方式实行国共合作。会后，毛泽东进入中央局工作，并担任中央局秘书，协助陈独秀处理中央日常工作。

这以后，毛泽东的工作重点，除了处理党内事务外，更多的精力放在了参与推动国共合作上，并相继担负一些重要角色。

1924年1月，在广州召开的中国国民党第一次全国代表大会上，毛泽东当选为国民党中央执行委员会候补委员，还被指定为章程审查委员。会后，被指派参加国民党上海执行部工作。

同年2月，国民党上海执行部正式成立，管辖江苏、浙江、安徽、江西、上海。邵元冲任文书科主任，未到任前由毛泽东代理。组织部长由胡汉民兼任，秘书是毛泽东。他还直接参与了国民党湖南党部的组建工作。

在飘忽不定的革命活动中，毛泽东始终挂念着离别的杨开慧。此时，杨开慧已是两个孩子的妈妈，和母亲住在老家湖南长沙县板仓。是年6月，居所相对固定下来后，毛泽东把岳母向振熙、杨开慧、毛岸英、毛岸青从长沙板仓接到了上海，住在英租界慕尔鸣路甲秀里（今威海路583弄）。杨开慧除担负家务外，还帮助毛泽东整理材料、誊写文稿等。

在国共合作问题上，毛泽东很快就和陈独秀有了意见分歧。他因积劳成疾向中央请了假，便于同年12月底，带着妻儿老小回到湖南。

1925年的春节，对毛泽东来说，格外温馨祥和。这个春节是在板仓岳母家中度过的。随后，他便又带着杨开慧、毛岸英、毛岸青回到了韶山。

在韶山，毛泽东一边养病，一边深入农村调查研究，一边做发动和组织农民的工作。他在韶山一带组织秘密农民协会，创办农民夜校，6月中旬又成立了中国共产党韶山支部，不久还成立了国民党第七区党部。

这次韶山之行，在毛泽东革命生涯中，意义格外重大。尽管他生于斯、长于斯，对韶山的一草一木他都不陌生。但这些淳朴农民中蕴藏的巨大革命性，是他从前闻所未闻、见所未见的。特别是在领导工人运动遭受失败之后，这种感受就特别强烈。这促使毛泽东由专注工人运动转向了农民运动。

毛泽东后来回忆说："以前我没有充分认识到农民中间的阶级斗争的程度，但是，在'五卅'惨案以后，以及在继之而起的政治活动的巨浪中，湖南农民变得非常富有战斗性。我离开了我在休养的家，发动了一个把农村组织起来的运动。在几个月之内，我们就组织了二十多个农会，这引起了地主的仇恨，他们要求把我抓起来。赵恒惕派军队追捕我，于是我逃到广州。"①

毛泽东在从韶山去广州的途中，经过了长沙。毛泽东对长沙怀有特殊的感情。他在这里形成了最初的政治思想，又在这里领导湖南五四运动、驱张运动，建党后还在这里领导过工人运动。各种回忆与联想汇聚在一起，有了《沁园春·长沙》这首流传隽永的词作：

独立寒秋，湘江北去，橘子洲头。看万山红遍，层林尽染；漫江碧透，百舸争流。鹰击长空，鱼翔浅底，万类霜天竞自由。怅寥廓，问苍茫大地，谁主沉浮？

携来百侣曾游，忆往昔峥嵘岁月稠。恰同学少年，风华正茂；书生意气，挥斥方遒。指点江山，激扬文字，粪土当年万户侯。曾记否，到中流击水，浪遏飞舟？

广州时期，是毛泽东在走上独立自主探索中国革命道路之前的一个高峰期。在这段时间里，他在孙中山先生逝世、国共合作蕴垒斗争渐趋明显的重

① ［美］埃德加·斯诺：《西行漫记》（中译本），生活·读书·新知三联书店1979年版，第135页。

要时刻，于 1925 年 12 月 1 日发表《中国社会各阶级的分析》一文，不但鲜明地提出"谁是我们的敌人？谁是我们的朋友？"这个革命的首要问题，还鞭辟入里地分析了地主阶级和买办阶级、中产阶级、小资产阶级、半无产阶级（半自耕农、贫农、小手工业者、店员、小贩）、无产阶级、游民无产者的经济地位、社会地位及对革命的态度。这篇文章，既是毛泽东对中国社会长期调研观察得出的科学结论，又成为他日后在农村进行土地革命的基本依据。

毛泽东到广州不久，就担任了国民党中央宣传部代理部长。部长职务，本由汪精卫兼任，但他因国民政府事务繁忙而辞去兼职。毛泽东到任后，即于 12 月 5 日创办《政治周报》，在反对国民党右派戴季陶等的斗争中发挥了重要作用。

毛泽东在广州安顿下来后，便把杨开慧、岳母向振熙以及毛岸英、毛岸青由湖南接到广州，住在东山庙前西街 38 号。杨开慧再度成为毛泽东的得力助手，还协助毛泽东编辑《政治周报》。

1926 年 3 月 20 日，蒋介石策划了中山舰事件，企图以此事为借口，给共产党扣上私调中山舰"搞政变"的罪名。随后，蒋介石向 5 月 15 日至 22 日召开的国民党第二届中央执行委员会第二次全体会议提出《整理党务案》。包括毛泽东在内的担任国民党中央部长的共产党员全部被迫辞职。由此，毛泽东对陈独秀右倾投降主义错误，以及苏联顾问对国民党新右派的一味迁就，可以说是深恶痛绝。

毛泽东后来回忆说："根据我的研究和我组织湖南农民的经验，我写了两本小册子，一本是《中国社会各阶级的分析》，另一本是《赵恒惕的阶级基础和我们当前的任务》。陈独秀反对第一本小册子里表达的主张，这本小册子主张在共产党领导下实行激进的土地政策和大力组织农民，陈独秀拒绝在党中央机关报刊上发表它，后来刊登在广州《农民月刊》和《中国青年》杂志。第二篇论文在湖南出了小册子。大致在这个时候，我开始不同意陈独秀的右倾机会主义政策。我们逐渐地分道扬镳了，虽然我们之间的斗争直到一九二七年才达到高潮。"①

毛泽东在辞去国民党中央宣传部代理部长职务后，集中精力于1926年5月至9月主办第六届广州农民运动讲习所。这一届农讲所仍旧以国民党名义招生和举办，但主导权实际上掌握在共产党人手里。来自全国20多个省份的学员共300多人，这些学员在大革命失败后的起义和创建根据地中发挥了重要作用。毛泽东亲任所长，萧楚女为教务主任，高语罕为政治训练主任。所授课程，除农民运动理论、农民问题研究等外，军事训练占了全部课程的1/3。毛泽东亲自为学员讲授"中国农民问题""农村教育问题"，还讲授地理课。他还带领学员到广东韶关地区实习，组织学员赴彭湃领导的海丰地区实习。

毛泽东还指导教师和学员编写了《农民问题丛刊》，计划出版52种，实际出版26种。毛泽东在撰写的序言《国民革命与农民运动》中提出："农民问题乃国民革命的中心问题，农民不起来参加并拥护国民革命，国民革命不会成功"。"经济落后之半殖民地的农村封建阶级，乃其国内统治阶级、国外帝国主义之唯一坚实的基础，不动摇这个基础，便万万不能动摇这个基础的上层建筑物。""非推翻这个压榨的政权(指地主政权)，便不能有农民的地位，这是现时中国农民运动的一个最大的特色。"②

1926年11月，毛泽东担任中央农民运动委员会书记，需要常驻上海。毛泽东与家人再度分离。杨开慧和母亲向振熙带着毛岸英、毛岸青又从广州回到长沙。

第六届农讲所创办之时，也正是北伐军在广东、湖南、江西工农运动支持下挺进武昌，挥师南昌，节节胜利的时候。然而，北伐军中的军官多为富家子弟，工农运动的持续高涨，特别是打倒土豪劣绅的种种举措，使他们对工农运动产生了仇视情绪。蒋介石等国民党新右派正是利用这种情绪，在暗

---

① ［美］埃德加·斯诺:《西行漫记》(中译本)，生活·读书·新知三联书店1979年版，第135—136页。
② 《毛泽东文集》第1卷，人民出版社1993年版，第37、41页。

中组织并扩大反对共产党的联盟。与此同时，在共产党内和社会上，围绕农民运动也出现了"好得很"与"糟得很"两种截然不同的声音。

为了回答种种疑问，从 1927 年 1 月 4 日到 2 月 5 日，毛泽东用了 32 天时间，实地考察了湖南湘潭、湘乡、衡山、醴陵、长沙五县的情况，随后写了《湖南农民运动考察报告》。报告列举大量事实证明："国民革命需要一个大的农村变动。辛亥革命没有这个变动，所以失败了。现在有了这个变动，乃是革命完成的重要因素。""'糟得很'，明明是站在地主利益方面打击农民起来的理论，明明是地主阶级企图保存封建旧秩序，阻碍建设民主新秩序的理论，明明是反革命的理论。每个革命的同志，都不应该跟着瞎说。"他还提出了一个名言："革命不是请客吃饭，不是做文章，不是绘画绣花，不能那样雅致，那样从容不迫，文质彬彬，那样温良恭俭让。革命是暴动，是一个阶级推翻一个阶级的暴烈的行动。"①

毛泽东的考察报告，旗帜鲜明、泾渭分明，没有留下一丝一毫的调和余地，带有明显的毛氏风格。可惜的是，毛泽东在大革命关键时刻发表的意见，没有被陈独秀主持的中央采纳。毛泽东回忆说："在湖南我视察了长沙、醴陵、湘潭、衡山、湘乡五个县的农民组织和政治情况，并向中央委员会作了报告，主张在农民运动中采取新的路线。第二年初春，我到达武汉的时候，各省农民联席会议正在举行。我出席会议并讨论了我的文章中提出的建议——广泛地重新分配土地。出席会议的还有彭湃、方志敏等人和约克、沃伦两个俄国共产党员，会议通过了决议，采纳我的主张并提交共产党第五次代表大会考虑。但是，中央委员会把它否决了。"②

毛泽东的意见，在中国共产党内得到了身居要职的瞿秋白的坚定支持。同年 4 月，汉口长江书店以《湖南农民革命（一）》为书名出版了毛泽东的考察报告，瞿秋白作序称赞说："中国革命家都要代表三万万九千万农民说

---

① 《毛泽东选集》第 1 卷，人民出版社 1991 年版，第 16、17 页。
② ［美］埃德加·斯诺：《西行漫记》（中译本），生活·读书·新知三联书店 1979 年版，第 136 页。

话做事，到战线去奋斗，毛泽东不过开始罢了。中国的革命者个个都应当读一读毛泽东这本书，和读彭湃的《海丰农民运动》一样。"①

经历了从建党到大革命的锤炼，毛泽东更加成熟刚毅，并开始有了自己的独立见解。他遇事敏锐，善于思考，善于总结，并且特别注重把"有字之书"（经典著作）与"无字之书"（调查研究）结合起来，还具有出色的组织才能与宣传才能。这些优点，使他后来打开新局面具备了难得的优势。同时，他又容易动感情，眼里揉不得沙子。早在几年前，毛泽东在给朋友的信中就曾表示："我觉得吾人惟有主义之争，而无私人之争，主义之争，出于不得不争，所争者主义，非私人也。私人之争，世亦多有，则大概是可以相让的。"② 这成了他一生的信条。

1927 年春，毛泽东来到黄鹤楼旧址，望着滔滔长江水，无限思虑涌上心头，写就了《菩萨蛮·黄鹤楼》：

> 茫茫九派流中国，沉沉一线穿南北。烟雨莽苍苍，龟蛇锁大江。
>
> 黄鹤知何去？剩有游人处。把酒酹滔滔，心潮逐浪高！

他后来解释说："一九二七年，大革命失败的前夕，心情苍凉，一时不知如何是好，这是那年的春季。夏季，八月七号，党的紧急会议，决定武装反击，从此找到了出路。"③

此刻，国共第一次合作破裂，毛泽东与蒋介石分道扬镳，带有历史必然。

就中国共产党而言，无论是建党、领导工人运动，还是同孙中山和国民党合作搞国民革命，都是为了当时处在中国社会最底层的工农劳苦大众的翻身解放。它的立足点，始终在劳苦大众一边。也正因为如此，中国共产党从1921 年建党时的 50 多名党员，迅速发展到 1927 年的 5 万多党员，组织起

---

① 转引自逄先知主编：《毛泽东年谱（1893—1949）》（修订本）上卷，中央文献出版社 2013 年版，第 182 页注〔1〕。

② 《毛泽东书信选集》，中央文献出版社 2003 年版，第 14 页。

③ 《毛泽东文集》第 7 卷，人民出版社 1999 年版，第 460 页。

超过1000万的工农群众①，当时的影响力仅次于国民党，成为包括蒋介石在内的国民党反共势力的心腹之患。

国民党长期是一个各种政治派别的松散组合，其主要成分是社会中上层的殷实人家，其中不乏政治投机分子。尤其在孙中山去世之后，围绕要不要继续坚持"联俄、联共、扶助农工"的三大政策，国民党内部实际上分成了左、中、右三种力量。蒋介石在国民党内以善变著称。他先以"左派"面目出现，在北伐战争前夕羽翼丰满后又以"中派"自诩，坐收"左右逢源"之利。北伐战争中，国民党的权力中心加速向"军权"转移，蒋介石成为可以左右国民党命运的重要力量。这就促使蒋介石对共产党"先下手为强"，不等北伐战争完全取胜，便在半途中对共产党人大开杀戒，还对瞿秋白、周恩来、毛泽东等共产党领导人下了通缉令。据统计，从1927年3月到1928年上半年，被国民党杀害的共产党员有2.6万多人②。

中国共产党人蒙受重大损失，却没有被吓倒，更不可能被杀绝。他们从地上爬起来，揩干净身上的血迹，掩埋好同伴的尸首，又继续战斗了。

---

① 中共中央党史研究室著:《中国共产党历史》第1卷（1921—1949）上册，中共党史出版社2011年版，第220页。

② 中共中央党史研究室著:《中国共产党历史》第1卷（1921—1949）上册，中共党史出版社2011年版，第232页。

三、开创新道路

军叫工农革命，旗号镰刀斧头。匡庐一带不停留，要向潇湘直进。
地主重重压迫，农民个个同仇。秋收时节暮云愁，霹雳一声暴动。

——毛泽东：《西江月·秋收起义》（1927 年 9 月）

这是毛泽东 1927 年 9 月 9 日发动湘赣边界秋收起义之际写的一首词作
《西江月·秋收起义》。这次起义，是毛泽东革命事业的新开端。

"时势造英雄。"陈独秀的错误领导，断送了第一次国共合作带来的大好
局面，引发了党内许多领导人的反思。毛泽东不无自责地说过："我素以为
领袖同志的意见是对的，所以结果我未十分坚持我的意见。"[①] 这时的毛泽东
历经磨炼，特别是经过大革命失败的血雨腥风，已经成熟起来，真正开始独
立思考问题，开始自己做判断、做决断。当时的情况，也给了毛泽东放手干
事的机会。大革命失败后，党中央被迫转入地下，同各地联络不畅，共产国
际同中国共产党的联系也更为困难。再加上党中央的领导力量在国民党的屠
杀中受到很大削弱，不能不更多地倚重于在斗争一线的负责人。在这种背景
下，就给毛泽东很大的空间去独立自主地施展才干。

在白色恐怖下，要想把农民组织起来，发动一场成功的起义，谈何容
易。毛泽东遇到的第一个问题，就是举什么旗帜。

早在中国共产党成立时期，毛泽东就曾说过，"主义譬如一面旗子，旗

---

① 《毛泽东文集》第 1 卷，人民出版社 1993 年版，第 47 页。

子立起了，大家才有所指望，才知所趋赴"①。中国共产党成立时，举起了自己的旗帜，到了国共合作时期，更多的是打国民政府的旗帜。到了蒋介石、汪精卫退出国共合作，开始大批屠杀共产党人和工农革命人士的时候，还要不要继续举国民政府和国民党左派的旗帜，就成了很现实的问题。

在毛泽东领导湘赣边界秋收起义之前，由周恩来等人发动的南昌八一起义，打的还是国民党左派的旗帜。虽然有利于团结一批国民党进步人士，却不利于深入发动工农群众。

毛泽东是一个很注意从历史中吸取经验教训的人。他在以中共湖南省委名义写给中央的信中提出：共产国际代表马也尔来湘，"道及国际新训令，主张在中国立即实行工农兵苏维埃，闻之距跃三百。""因国际这个新训令，影响到我对国民党的意见，即在工农兵苏维埃时候，我们不应再打国民党的旗子了。我们应高高打出共产党的旗子，以与蒋（介石）、唐（生智）、冯（玉祥）、阎（锡山）等军阀所打的国民党旗子相对。国民党旗子已成军阀的旗子，只有共产党旗子才是人民的旗子。这一点我在鄂时还不大觉得，到湖南来这几天，看见唐生智的省党部是那样，而人民对之则是这样，便可以断定国民党的旗子真不能打了，再打则必会再失败。"②

此前，毛泽东在"八七"中央紧急会议上的发言中，还提出"以后要非常注意军事。须知政权是由枪杆子中取得的"③。会后，他在政治上的支持者瞿秋白希望毛泽东去上海中央机关工作，毛泽东则表示，不愿去大城市住高楼大厦，愿到农村去，上山结交绿林朋友。④ 这正是毛泽东独立放手干事业的开端。

1927 年 9 月 9 日，毛泽东领导的湘赣边界秋收起义爆发。起义前，他

① 《毛泽东早期文稿》，湖南人民出版社 2013 年版，第 498 页。
② 逄先知主编：《毛泽东年谱（1893—1949）》（修订本）上卷，中央文献出版社 2013 年版，第 209 页。
③ 《毛泽东文集》第 1 卷，人民出版社 1993 年版，第 47 页。
④ 逄先知主编：《毛泽东年谱（1893—1949）》（修订本）上卷，中央文献出版社 2013 年版，第 206—207 页。

还特意要何长工设计了一面镶有镰刀与锤子的红色军旗。毛泽东把这支有5000多人的起义军，命名为工农革命军第一军第一师，他本人则以中共湖南省委前敌委员会书记的身份，统一领导整个起义。

此后一段时间的情境，就像《西江月·秋收起义》所描述的，"匡庐一带不停留，要向潇湘直进"。

起义军以农民为主体，队伍庞大，但战斗力不强。所承担的本来就是一个在敌我力量对比悬殊情况下注定要失败的任务。还不等去攻打长沙，在浏阳县城就遭受了严重挫折。

接二连三的失败，把另一个问题残酷地提到了起义军面前：失败了，怎么办？继续执行原定计划，攻打长沙？还是立即转移？

在当时的氛围下，继续前进意味着英勇不怕死，转移则意味着"逃跑"。这个情境摆在毛泽东面前，他必须理智地处理，又不能挫伤起义军的革命热情。这种情景，在他后来的革命生涯与建设生涯中，屡屡遇到。这是一个小生产者的农民占绝大多数的国度，特殊的国情，造就了特殊的历史进程。

9月19日，对起义军来说，是决定命运的一天。这一天，毛泽东指挥的秋收起义部队在浏阳文家市会师。这时，起义军总兵力，已由原来的5000人减少到1500余人。

当天晚上，毛泽东在里仁学校主持召开前敌委员会会议，讨论部队下一步的行动方向问题。会上出现不同意见。师长余洒度等坚持继续"取浏阳直攻长沙"，毛泽东则主张放弃进攻长沙，转向敌人统治力量薄弱的农村、山区，寻求落脚点，保存实力，再图发展。会议经过激烈争论，在前敌总指挥卢德铭等支持下通过了毛泽东的主张。

也就在这一天，远在上海的中央下达了要起义军再攻长沙的决定。但这一决定已无法执行。后来，毛泽东被扣上"枪杆子主义"和"逃跑主义"的帽子，受了处分，被免去了政治局候补委员职务。他在将近30年后回忆说："井冈山时期一个误传消息来了，说中央开除了我的党籍，这就不能过党的生活了，只能当师长，开支部会我也不能去。后头又说这是谣传，是开除出政治局，不是开除党籍。啊呀，我这才松了一口气！那个时候，给我安了一个名字叫'枪杆子主义'，因为我说了一句'枪杆子里头出政权'。他们说政权哪里是枪杆子里头出来的呢？马克思没有讲过，书上没有那么一句现成的话，因此就说我犯了错误，就封我一个'枪杆子主义'。"①

第二天清晨，毛泽东在文家市里仁学校操场上向起义军宣布改变行动方向的决定。他坦率地承认，这次武装起义受了挫折，但胜败乃兵家常事。我们当前力量还小，还不能去攻打敌人重兵把守的大城市，应当先到敌人统治薄弱的农村，去保存力量，发动农民革命。我们现在好比一块小石头，蒋介石反动派好比一口大水缸，但总有一天，我们这块小石头，一定要打烂蒋介石那口大水缸！

当时，骑在学校墙头听到毛泽东讲这番话的，有两个十来岁的学生。两人是姨表兄弟，一个叫杨勇，另一个叫胡耀邦。他们就是听了毛泽东这番话，立志后来当了红军，成了红军中的"红小鬼"。

浏阳文家市，在长沙的东面，位于罗霄山脉北端。部队在这里又休整了一天。9月21日，毛泽东带领部队沿着罗霄山脉向南转移，一路经过江西萍乡等地。

对萍乡，毛泽东并不陌生。早在中国共产党成立不久，为在安源煤矿发动工人运动，毛泽东多次来过萍乡，还下到煤井下面和工人兄弟谈心。1922年9月，在毛泽东指导下，这里发生过著名的安源煤矿罢工，并取得胜利。即使在工人运动高潮被镇压后，这里的工人运动依然搞得有声有色，被誉为"中国的小莫斯科"。毛泽东在发动湖南工人运动中的出色表现，曾受到时任党中央委员长陈独秀的肯定。毛泽东也因此在1923年6月召开的中共第三次全国代表大会上，被中央执行委员会选为中央局秘书，协助委员长陈独秀工作。这是毛泽东第一次进入中央领导机构。

---

① 《毛泽东文集》第7卷，人民出版社1999年版，第105页。

毛泽东因领导工人运动的出色表现，受到陈独秀的重视。后来又因为在农民运动问题上与陈独秀意见相左，而与陈独秀产生分歧。但在心里，毛泽东始终记着是陈独秀和李大钊引导他走上了参与建党的路，又是陈独秀指导着他在湖南建立党的早期组织。

毛泽东上一次来到安源，正是在发动湘赣边界秋收起义前夕。他在这里的张家湾召开了军事会议，传达了8月7日中央紧急会议精神，正式成立工农革命军第一军第一师，对起义作了部署。因此，这次转移取道萍乡，可以说是轻车熟路，比较有把握。

然而，处在革命低潮，什么样的事情都有可能发生。一路在芦溪、莲花等地连遭敌人重创，一向支持毛泽东的得力战将卢德铭总指挥，为掩护大部队撤退英勇牺牲。

"祸不单行。"革命军内部再度产生意见分歧。部队中非战斗减员日渐增多。继续向南行至江西永新县的三湾村时，部队只剩下了千把人。这时担负部队各级领导职务的，主要还是大革命时期国民革命军的中下级军官。他们有革命思想，但带兵打仗的方式还是旧式的，带有军阀作风的影响。很显然，照此方式继续下去，部队将难以维系。

此刻，毛泽东的脚伤更重了，疼痛难捱。战士们要他坐担架，他执意坚持和大家一起走路。这个脚伤，是他在发动秋收起义前夕，只身一人由安源赶往指挥地点铜鼓途中，为挣脱民团的押解，在夜里赶路时擦伤的。在危难之际，毛泽东坚持与大家同甘共苦的精神，鼓舞了整个部队。从此，指战员们一看到有毛泽东的身影在，便会信心百倍。

秋收起义发动的20天后，9月29日，部队来到了永新县三湾村。这是一个四面环山的小山坳，一条连接湘赣边界的土路从村前穿过。

部队到达时，村里的老百姓早就跑光了。中国自古就有所谓"兵匪一家"之说，老百姓惧怕官兵，久成常态。毛泽东要部队分头上山，向躲起来的群众喊话，解除他们的疑虑，使这些百姓陆续回村。此举开了人民军队既是战斗队又是宣传队的先河。

这天晚上，毛泽东召开前敌委员会扩大会议，提出了酝酿多日的改编计划。第一，缩小目标、整顿组织，将一个师缩编为一个团。第二，党的支部建在连上，班和排设党小组，连设党支部，连以上设党代表，营、团建立党委，整个部队由毛泽东为书记的中共前敌委员会统一领导。这一党领导军队的制度，后来被各地红军所采纳，一直延续至今。第三，废除军阀制度，建立内部民主制度，在连、营、团各级普遍建立士兵委员会。在长达上千年的封建制度影响下，兵士犹如官长的"家奴"，官长可以随意处罚兵士。士兵委员会的设立，使战士不再是官长的附庸，有了平等表达意愿的权利。

部队在三湾村停留了数日，按照前敌委员会决定完成了"三湾改编"。一支中国历史上从未有过的新型人民军队由此诞生了。

改编的大事解决了，落脚点的问题也随之解决。毛泽东和离三湾不远的宁冈县委负责人龙超清、当地武装袁文才联系上了。不久，又先后得到袁文才、王佐的帮助，同意让革命军进驻井冈山地区。这样，在井冈山地区建立农村根据地的问题也初步解决。

10月3日，新生的革命军从三湾村出发。出发前，毛泽东向部队宣布了几条纪律：第一，说话和气；第二，买卖公平；第三，不拿群众一个红薯。毛泽东深知，没有严格纪律的约束，这支部队是成不了气候的。这简单的几条，后来发展成为人民军队著名的"三大纪律、八项注意"，直至今日一直严格执行着。

从1927年10月毛泽东率领起义军上井冈山，到1929年1月毛泽东和朱德带领红军第四军主力下井冈山，毛泽东在井冈山革命根据地待了一年零三个月。上山时，总兵力不足1000人。下山时，已有主力部队3600余人。

毛泽东就是这样，以战术上的退却，换来了战略上的主动，并由此开启了中国革命道路探索的一个历史性转折。从此，中国革命有了第一个稳固的农村革命根据地，在茫茫白色恐怖中为中国革命带来了生机与希望。

然而，这个根据地能不能在敌人的反复"围剿"中守得住，能不能支撑得起这么多军队的消耗，能不能抵得住敌人对根据地的严密封锁，这些依然是未解的难题。

带着这些谜团，毛泽东在昏暗的油灯下，写了《中国共产党湘赣边界第二次代表大会决议案》（1928年10月5日）。文章回答了红军中普遍存在的一个疑问，即"红旗到底打得多久"，用马克思列宁主义的"不平衡理论"，着重分析了中国红色政权能够发生、存在的原因和五个条件：第一，中国是帝国主义间接统治的经济落后的半殖民地国家，半封建的地方的农业经济和帝国主义对中国实行划分势力范围的分裂剥削政策，使白色政权之间继续不断地发生分裂和战争，造成小块区域的红色政权能够发生和存在的条件；第二，红色政权首先发生和能够长期地存在的地方，是经过第一次大革命影响的地方，例如湖南、广东、湖北、江西等省；第三，全国革命形势是向前发展的，则小块红色政权的长期存在是没有疑义的；第四，相当力量的正式红军的存在，是红色政权存在的必要条件；第五，共产党组织的有力量和它的政策的不错误，是一个要紧的条件。这个决议案最重要的理论贡献，是首次提出"工农武装割据"的思想，对当时共产国际和上海中央所主张的"城市中心论"恰成对照。这个决议案的第一部分，就是作为毛泽东名著流传至今的《中国的红色政权为什么能够存在？》。

与这篇名著并称为姊妹篇的，是写于1928年11月25日的《井冈山的斗争》。这是毛泽东代表中共红四军前委写给中央的报告。报告总结井冈山工农武装割据的经验，进一步阐明"工农武装割据"的思想。它的一个重要贡献，是通过实践解决了农村革命根据地如何生存、如何发展的问题，提出了党的领导、武装斗争、土地革命和革命根据地建设紧密联合为一体的思路。党的领导正确是进行武装斗争、土地革命和革命根据地建设的保障；没有革命的武装斗争就不能进行有效的土地革命和发展革命根据地；没有土地革命红军战争就得不到群众的支持，革命根据地也就不能巩固和发展；不建设革命根据地武装斗争就没有后方的依托，土地革命成果就无法保持。

井冈山根据地全盛时期，是在1928年4月朱德与毛泽东两支部队会师后出现的。

对这次会师，毛泽东和朱德都期盼了很久。对毛泽东来说，他一直关注着朱德、陈毅率领的南昌起义余部的情况，期盼着有一支战斗力强劲的武装来加强井冈山根据地的斗争，还派曾赴法勤工俭学的何长工去设法与朱德取得联系。对朱德来说，长时间的远征、在同窗范石生的队伍里躲藏，使他痛感没有稳固的根据地的困难，他也一直关注着毛泽东在井冈山的斗争，并派毛泽东的胞弟毛泽覃去井冈山联络毛泽东。

这些努力没有白费。经过一番辗转周折，1928 年 4 月 24 日前后，朱德、陈毅率领的部队在宁冈砻市，同前来接应的毛泽东率领的工农革命军第一团胜利会师。

当日，毛泽东和朱德、陈毅在龙江书院会商，决定成立工农革命军第四军，还根据毛泽东的意见，确定了以罗霄山脉中段为根据地，发动群众斗争，实行土地革命，向北发展，向南游击的方针。

1928 年 5 月 4 日，在宁冈砻市举行了盛大的庆祝两军会师大会，宣告工农革命军第四军正式成立大会。朱德任军长，毛泽东任党代表。全军 1 万余人，取消师的编制，下辖 6 个团。

朱德率部到来，大大增强了红四军的战斗力，多次粉碎国民党军湘赣边界"会剿"。特别是在这年 6 月龙源口大捷后，井冈山根据地扩大到宁冈、永新、莲花三个县，延展到吉安、安福、遂川、酃县的一部分，割据区域的面积达 7200 多平方公里，有人口 50 多万人。毛泽东把这一时期称为"边界全盛时期"①。

在这一时期，由毛泽东和朱德不断加以完善，形成了红军的作战原则——"十六字诀"。对这一产生过程，毛泽东这样说："我们的战争是从一九二七年秋天开始的，当时根本没有经验。南昌起义、广州起义是失败了，秋收起义在湘鄂赣边界地区的部队，也打了几个败仗，转移到湘赣边界的井冈山地区。第二年四月，南昌起义失败后保存的部队，经过湘南也转到

---

① 《毛泽东选集》第 1 卷，人民出版社 1991 年版，第 62 页。

了井冈山。然而从一九二八年五月开始，适应当时情况的带着朴素性质的游击战争基本原则，已经产生出来了，那就是所谓'敌进我退，敌驻我扰，敌疲我打，敌退我追'的十六字诀。这个十六字诀的军事原则，立三路线以前的中央是承认了的。后来我们的作战原则有了进一步的发展。"①

井冈山时期，毛泽东的婚姻生活也有了收获。这就是1928年6月下旬，在永新县塘边同贺子珍结为并肩战斗的伴侣。贺子珍后来回忆说："物质生活虽然贫困，但我们的精神生活却是富有的。毛泽东博览群书。夜深人静，他写累了，就给我讲他读过的故事，讲他的诗文。他的话，把我带入一个五光十色的世界。常常是一个讲着，一个听着，不知不觉迎来新的一天。"

当年的井冈山，在毛泽东和朱德麾下，聚集了许多在后来叱咤风云的人物，如陈毅、林彪、罗荣桓、萧克、谭政、谭震林、何长工、陈伯钧、江华、曾志、赖传珠、张宗逊、谭冠三、杨立三等。这里俨然是一所中国革命的大学堂。

1928年12月，彭德怀、滕代远带领红五军在宁冈砻市、新城同红四军会师，红五军改编为红四军的一个团，彭德怀和滕代远分别担任红四军副军长兼团长、军副党代表兼团党代表。这是毛泽东第一次见到彭德怀，两人促膝交谈。毛泽东向他谈了对中国革命道路和前途的看法，谈了为什么必须建立革命根据地，红色政权在中国得以存在的独特原因，谈了中国目前进行民主革命和将来进行社会主义革命的关系等。这一席话给彭德怀留下了终生难忘的印象。

朱毛红军的迅速发展壮大，使蒋介石感到如芒在背，发誓一定要拔除这个心腹之患不可。1928年11月7日，他任命何键为两省"会剿"代理总指挥，金汉鼎为副总指挥。1929年1月1日，湘、赣两省"会剿"军总指挥部在江西萍乡正式组成，指挥湘、赣两省六个旅约三万人的兵力，策划分五路对井冈山革命根据地进行第三次"会剿"。

---

① 《毛泽东选集》第1卷，人民出版社1991年版，第204页。

这是井冈山革命根据地建立以来遇到过的最严重的一次"会剿"，以红军现有兵力看，决不能冒险硬拼。毛泽东决心改变以往的战法，兵分两路。一路留守井冈山，由彭德怀、滕代远统一指挥；另一路是红四军主力，由毛泽东、朱德带领，向赣南出击。采取一静一动、一守一攻、内线作战与外线作战相结合的策略，仿照战国时的"围魏救赵"，用主力袭击赣州或吉安的办法，希图迫使两省国民党军分兵回援，以解井冈山之围。后来，由于情况变化，井冈山革命根据地很快失守，"围魏救赵"的计划未能实现，但却为破釜沉舟、开辟新的更大的根据地提供了机会。

1929年1月14日，毛泽东、朱德率领红四军主力3600人离开了经营一年零三个月的井冈山革命根据地，经遂川，向赣南进军。

此举在毛泽东的事业中，同上井冈山一样，是具有决定性意义的。在白色恐怖下，不上山，不足以保存革命有生力量，不能开辟新的革命道路。在革命形势有所好转的情况下，不下山，不足以获得革命力量发展壮大的更加广阔的空间，不能使革命道路向前拓展。

从1月下山到2月大柏地战斗获得全胜以前，朱毛红军一直被敌人追着跑、赶着走。从遂川突围，经过上犹、崇义县境，在大余遭敌人袭击，再绕道粤北的南雄，转入赣南的信丰、安远、寻乌一带，在寻乌的圳下村再次遭敌突袭，朱德与毛泽东被打散。毛泽东后来在给中央的报告描述这段情形时说："沿途都是无党无群众的地方，追兵五团紧蹑其后，反动民团助长声威，是为我军最困苦的时候。"毛泽东曾一度考虑分散活动，但分散可能被敌人各个击破，因此很快就放弃了这个计议。会合后的毛泽东和朱德带领部队继续向瑞金前进。

南昌起义部队在向潮汕地区挺进时，曾经路过瑞金，并在这里作过战，有一定的群众基础。此刻，一路得手的国民党军又急于邀功，分兵冒进，想在此地尽快消灭朱毛红军。红四军主力利用大柏地附近的狭长地带，提前布下了"口袋阵"。

1929年2月10日，追兵刘士毅旅两个团一进入"口袋阵"，朱毛红军立即发起进攻。朱德军长照例冲锋在前，平时很少摸枪的毛泽东，也提枪带着警卫排向敌军阵地冲锋。战斗一直进行到第二天下午，俘虏正副团长以下800 余人，缴枪 800 余支，迫使刘士毅旅残部放弃"追剿"，撤回赣州。

这是红四军主力下井冈山以来的第一次大胜仗，打开了通往赣南闽西的大门。陈毅在给中央的报告这样描述这次胜利的意义："是役我军以屡败之余作最后一掷击破强敌，官兵在弹尽援绝之时，用树枝、石块、空枪与敌在血泊中挣扎，始获得最后胜利。为红军成立以来最有荣誉之战争。"①

4 年后，毛泽东途经大柏地时，曾赋词一首，题为《菩萨蛮·大柏地》：

赤橙黄绿青蓝紫，谁持彩练当空舞？雨后复斜阳，关山阵阵苍。

当年鏖战急，弹洞前村壁。装点此关山，今朝更好看。

大柏地战斗后，朱毛红军立足赣南，两次进入福建作战，初步开辟了赣南、闽西两块革命根据地，红四军的力量也越战越强，革命影响也在日益扩大。

就在此时，中央"二月来信"到了。这在红四军里，掀起了一阵不大不小的波澜。

中央"二月来信"是 1929 年 2 月 7 日写给毛泽东、朱德并转湘赣边特委的。这封指示信强调城市工作的重要，对在农村的红军前途作了悲观的分析。提出将红四军分成小部队的组织，并提出"深信朱、毛两同志目前有离开部队的必要"。要求他们得到中央决定后，"应毅然地脱离部队速来中央"。

毛泽东等在 4 月 3 日收到来信后，立即在 4 月 5 日召开前敌委员会会议讨论。随即，由毛泽东起草了红四军前委给中央的信，对中央"二月来信"据理予以反驳。由此也可以看出在开辟井冈山根据地实践中，练就了毛泽东特立独行的品格。没有这样的品格，是干不成一番大事业、大成就的。

毛泽东在红四军前委给中央的复信中指出："中央此信对客观形势及主观力量的估量都太悲观了。""我们感觉党在从前犯了盲动主义极大的错误，

---

① 《建党以来中央文献选编》第 6 册，中央文献出版社 2011 年版，第 453 页。

现时却在一些地方颇有取消主义的倾向了。闽西赣南我们所经过的地方党部，战斗的精神非常之弱，许多斗争的机会轻易放过去了。群众是广大而且革命的，党却袖手不去领导。由闽西赣南的例子使我们想到别的地方或者也有这种现象。"

他总结了这几年所采用的对敌战术，说："我们三年来从斗争中所得的战术，真是与古今中外的战术都不同。用我们的战术，群众斗争的发展是一天天扩大的，任何强大的敌力是奈何我们不得的。我们用的战术就是游击的战术，大要说来是：'分兵以发动群众，集中以应付敌人。''敌进我退，敌驻我扰，敌疲我打，敌退我追。''固定区域的割据，用波浪式的推进政策。''强敌跟追，用盘旋式的打圈子政策。''很短的时间，很好的方法，发动群众。'这种战术正如打网，要随时打开，又要随时收拢，打开以争取群众，收拢以应付敌人。"

毛泽东从未上过军校，他的独创办法，就是"从游泳中学会游泳"，"在战争中学会战争"。经过从领导湘赣边界秋收起义到开创井冈山根据地，再到挺进赣南闽西战争的锤炼，毛泽东早已不是当初那个"指点江山，激扬文字"的书生，而是一个割据一方的能文能武的革命首领。

毛泽东在复信中还婉言拒绝了中央的提议，表示："中央要求我们将队伍分得很小，散向农村中，朱、毛离开大的队伍，隐匿大的目标，目的在于保存红军和发动群众，这是一种理想。以连或营为单位单独行动，分散在农村中，用游击的战术发动群众，避免目标，我们从前年冬天就计划起，而且多次实行都是失败的。"

复信最后还说："到赣南闽西以来，邮路极便，天天可以看到南京、上海、福州、厦门、漳州、南昌、赣州的报纸，到瑞金且可看到何键的机关报长沙《民国日报》，真是拨云雾见青天，快乐真不可名状。""以后望中央每月有一信给我们"，"中央的刊物并希设法寄来"。① 字里行间显露出毛泽东

---

① 《毛泽东文集》第 1 卷，人民出版社 1993 年版，第 54—55、56、61—62 页。

渴望及时获知外界信息来判断形势、确定行动方向的急切心情，也显露出井冈山时期信息闭塞给毛泽东造成的极大不便。

这以后，中央再次发来指示信，语气缓和了许多，但仍坚持要朱德、毛泽东离开队伍，但若一时不能到中央，希望前委派一得力同志到中央报告工作与参加讨论。

一波未平，一波又起。5月上旬，中央派遣刘安恭来到红四军，担任红四军政治部主任、临时军委书记。刘安恭刚从苏联回国，对实际情况不甚了了，却执意贯彻中央"二月来信"精神。他到红四军后，对毛泽东的正确主张任意指责，还散布说，红四军领导人中有两派，一个是拥护中央派，另一个是反对中央派。这就引发了红四军党内关于建军原则的一场争论。

红四军内部的这些意见分歧由来已久。不少人虽然身在革命军队，但旧军队的旧思想、旧习惯、旧制度的不良影响依然存在。他们喜欢"长官说了算"，认为"党太管事了"，"党代表权力太大"，主张"司令部对外"，政治部只能"对内"。这种情绪在发展顺利时被暂时掩盖了起来，到了挺进赣南闽西的前期，由于屡遭挫折、心生怨气而日渐表面化。刘安恭的到来，无疑又给这种抵触情绪撑了腰。此外，单纯军事观点、流寇思想、极端民主化和军阀主义残余等非无产阶级思想在争论中也有所抬头。

这种情况给毛泽东造成不小的压力，一度曾萌生过辞去前敌委员会书记职务的想法。在他看来，这不是个人意气之争，而是涉及建军原则的大问题。他在这年6月14日写给第一纵队司令员林彪的信中说："现在的争论问题，不是个人的和一时的问题，是整个四军党的和一年以来长期斗争的问题，不过从前因种种原因把它隐蔽了，到近日来才暴露出来。其实从前的隐蔽是错误了，现在的暴露才是对的，党内有争论问题发生是党的进步，不是退步。只有赶快调和敷衍了事，抹去了两方的界线，以归到庸俗的所谓大事化为小事才是退步"。① 事情既然已经发生，并已充分暴露，就索性趁势把

---

① 《毛泽东文集》第1卷，人民出版社1993年版，第64页。

它彻底解决，这是毛泽东一生坚持的处事原则。

毛泽东认定红四军中的这场争论"不是个人的和一时的问题"，而是长期存在的原则问题。那么，引发争论的到底有哪些问题呢？毛泽东把这些问题列了一个清单："（一）个人领导与党的领导，（二）军事观点与政治观点，（三）小团体主义与反小团体主义，（四）流寇思想与反流寇思想，（五）罗霄山脉中段政权问题，（六）地方武装问题，（七）城市政策与红军军纪问题，（八）对时局的估量，（九）湘南之失败，（十）科学化、规律化问题，（十一）四军军事技术问题，（十二）形式主义与需要主义，（十三）分权主义与集权，（十四）其他腐败思想。"[①]

上述这些问题，后来在中共红四军第九次代表大会上大都得到比较彻底而完满的解决。

这场争论自然也会涉及毛泽东与朱德。据担任第四纵队司令员的傅柏翠回忆："朱、毛之间对某些问题的看法也有争论。沿途为了解决这些问题，曾召开过一些大小会议，在党内展开辩论，朱、毛也多次在小会上作答辩。记得一九二九年六月，部队在新泉休整时，还专门召开过两次红四军前委会，朱、毛对下面提出的批评意见作了答辩。"[②]

事态还在继续发展。6月22日，在第三次攻克闽西重镇龙岩以后，红四军召开党的第七次代表大会。在"大家努力来争论"的气氛下，大会决议实际上否定了毛泽东的正确主张，毛泽东也未能继续当选前敌委员会书记，该职务由陈毅接替。这次会后，毛泽东离开红四军，到闽西一边休养，一边受红四军前委委派在闽西根据地指导地方工作。同行的，还有蔡协民、谭震林、江华、曾志等。这些人在这场争论中，坚定地支持毛泽东的主张。

毛泽东暂时离开红四军，并非负气出走，而是为这场争论的最终解决等待机会。正如他在给林彪的信中所预言的："党的思想上的分化和斗争既已

---

① 《毛泽东文集》第 1 卷，人民出版社 1993 年版，第 65 页。

② 转引自金冲及主编：《朱德传》（修订本）上，中央文献出版社 2016 年版，第 212 页。

经起来了，决不因我去而不达到胜利的目的"。①

此时，蒋介石见红四军在闽西迅速坐大，命令闽、粤、赣三省国民党军对红四军和闽西苏区发动"会剿"。为了粉碎敌军"会剿"，朱德、陈毅等从红四军驻地赶到毛泽东的住地上杭县蛟洋。7月29日，在这里举行红四军前委紧急会议，决定了退敌之策。这次会议还根据中央四月来信，指派陈毅去上海向中央汇报工作，前委书记职务由朱德代理。

此前，毛泽东在上杭县蛟洋文昌阁出席中共闽西第一次代表大会。会议后期，患上了疟疾。前敌委员会会后，毛泽东因疟疾病重，先后到上杭县苏家坡、大洋坝和永定县牛牯扑、合溪等地农村养病。在缺医少药的情况下，疟疾给毛泽东增添了许多痛苦，所幸经过一位医生的疗治，病情日渐好转。他这样说过：看起来我这个人命大，总算过了这道"鬼门关"。

毛泽东离开后，朱德带领红四军主力经过苦斗，终于粉碎了国民党军的"会剿"。但在战斗和行军过程中，一度减员较多。9月下旬，朱德利用部队休整的间隙召开红四军党的第八次代表大会，想解决红四军七大所没有解决的一些争论问题。会前毛泽东收到开会通知，他回信说：红四军党内是非不解决，我不能够随便回来。

会议开了三天，各执己见，毫无结果。种种情况使大家都感到毛泽东离开后"全军政治上失掉了领导的中心"，便联名写信请毛泽东回来主持前委工作，朱德也表示欢迎毛泽东回前委工作。毛泽东闻讯坐担架赴会，但赶到时会已开完。大家见他身体虚弱，浑身浮肿，便让他继续养病。

这时，陈毅已经来到上海。事先，中央已经对红四军的争论以及刘安恭的所作所为有所了解，加上8月29日详细听取陈毅汇报，遂决定成立李立三、周恩来、陈毅三人委员会，由周恩来召集，负责起草一封指示信。

9月28日，中共中央发出了由陈毅起草、周恩来审定的给红四军前委指示信（即"九月来信"）。指示信实际上肯定了毛泽东自创建井冈山农村革

① 《毛泽东文集》第1卷，人民出版社1993年版，第75页。

命根据地以来的探索，认为："先有农村红军，后有城市政权，这是中国革命的特征，这是中国经济基础的产物。"①指示信还肯定了毛泽东坚持的党对军队的绝对领导，党的一切权力集中于前委指导机关，这是正确的，绝不能动摇。不能机械地引用"家长制"这个名词来削弱指导机关的权力，来做极端民主化的掩护。强调对于红军中的种种错误观念，前委应坚决以斗争的态度来肃清之。指示信对红四军党的七大及前委扩大会处置的缺点提出批评，要求前委应立即负责挽回上面的一些错误，"经过前委会议，朱、毛两同志诚恳接受中央指示后，毛同志应仍为前委书记，并须使红军全体同志了解而接受"。②

中央"九月来信"，为红四军解决争论已久的建军原则问题指明了方向。

---

① 《建党以来重要文献选编》第 6 册，中央文献出版社 2011 年版，第 512 页。
② 《建党以来重要文献选编》第 6 册，中央文献出版社 2011 年版，第 522 页。

四、艰难时日

对于那些冤枉和委屈，对于那些不适当的处罚和错误的处置，比如把自己打成什么"机会主义"，撤销自己的职务，调离自己的职务等等，可以有两种态度。一种态度是从此消极，很气愤，不满意；另一种态度是把它看作一种有益的教育，当作一种锻炼。

——毛泽东：《关于第八届中央委员会的选举问题》

（1956 年 9 月 10 日）

1929 年 11 月 18 日，陈毅向红四军前委会传达了中央"九月来信"和周恩来的口头指示。在此之前，朱德带领红四军主力进军广东东江，攻打梅县，损失严重，兵力减少了 1/3。中央"九月来信"的到来，犹如甘露，对提振士气、稳定军心起了很大作用。朱德是为人宽厚、深明大义的人。毛泽东曾经称赞他"度量大如海，意志坚如钢"。他明确表示坚决拥护中央指示，欢迎毛泽东重回前委工作。随后，陈毅派人将中央"九月来信"送达毛泽东。

毛泽东见盼望已久的根本解决建军原则问题的时机已到，顾不上大病初愈、身体虚弱，立刻赶往长汀，同红四军会合，重新担任红四军前敌委员会书记。并在 11 月 28 日主持召开中共红四军前委扩大会议，决定对红四军进行整训，为召开红四军党的第九次代表大会做准备。随后，毛泽东、朱德、陈毅等分别在部队中摸底调研，并由毛泽东为大会起草了八个决议案，共计 3 万余字。

12 月 28 日至 29 日，中共红四军第九次代表大会在福建上杭县古田镇的一所祠堂里举行。大会听取毛泽东的政治报告和朱德的军事报告，陈毅向大会传达了中央指示。大会一致通过毛泽东起草的八个决议，总称《中国共产党红军第四军第九次代表大会决议案》，后来被称作"古田会议决议"。大会选出毛泽东、朱德、陈毅、罗荣桓、林彪、伍中豪、谭震林等十一人为中共红四军前敌委员会委员，毛泽东重新当选为前委书记。

"古田会议决议"，包括了关于纠正党内的错误思想、党的组织问题、党内教育问题、红军宣传工作问题、士兵政治训练问题、废止肉刑问题、优待伤病兵问题、红军军事系统与政治系统关系问题 8 个决议，不但使红四军长期以来的争论问题得以根本解决，也使人民军队建设和党的建设有了根本遵循。古田会议是红军发展史上一次具有里程碑意义的会议。古田会议决议的形成，大大加快了人民军队建设的进程，而这种新型人民军队在中国历史上是从未有过的。

红四军内部围绕建军原则问题的争论，至此有了圆满的解决。朱德与毛泽东也各自作了自我批评。中央特派员涂振农在给中央军委的报告中写道："朱德同志很坦白的表示，他对中央的指示，无条件地接受。他承认过去的争论，他是错的。毛泽东同志也承认工作方式和态度的不对，并且找出了错误的原因。过去军政关系的不甚好，是做政治的和做军事的人对立了，缺乏积极的政治领导的精神。同时要说到四军党内虽有争论，但都是站在党的立场上，在党的会议上公开讨论，虽有不同的意见，但没有什么派别的组织，只是同志间个人的争论，而不是形成了那一派和这一派的争论。"①

这以后，毛泽东与朱德形成了亲密无间的关系，"朱毛"也成了中国工农红军及其最高领导人的昵称，以致后来美国记者艾格尼丝·史沫特莱用"中国的双星"来比喻他们的关系。毛泽东则通过这场争论，逐渐学会了等待、忍耐与团结的艺术。他后来曾经对陈毅说过："凡事忍耐，多想自己缺

---

① 《涂振农在第一军团及赣西南、闽西巡视工作情况报告》（1930 年 9—10 月间），转引自金冲及主编：《毛泽东传（1893—1949）》，中央文献出版社 2004 年版，第 215—216 页。

点，增益其所不能；照顾大局，只要不妨大的原则，多多原谅人家。忍耐最难，但作一个政治家，必须练习忍耐"。① 新中国成立后，他在谈到无产阶级事业接班人的条件时，也谈到"要能够团结大多数人。所谓团结大多数人，包括从前反对自己反对错了的人，不管他是哪个山头的，不要记仇，不能'一朝天子一朝臣'"。② 这是毛泽东在长期实践中的经验之谈。

正因为有这样的磨炼，才使毛泽东从一个独立开创一方局面的区域性革命领袖，逐步成长为一个既能驾驭复杂局面与复杂矛盾、又能最广泛地团结一切可以团结的力量、为全党所信赖的党的领袖。

正因为有这样的经历，毛泽东十分欣赏《孟子·告子下》中的一段话："天将降大任于斯人也，必先苦其心志，劳其筋骨，饿其体肤，空乏其身，行拂乱其所为，所以动心忍性，增益其所不能。"

1930 年 10 月，毛泽东、朱德开辟的赣南闽西革命根据地迎来了一次严峻考验。

在这以前，朱毛红军利用蒋桂战争的机会开辟了赣南闽西两块革命根据地。古田会议后，又利用蒋介石与阎锡山、冯玉祥在中原等地展开军阀战争，与李宗仁、张发奎展开湘粤桂边战争的机会，进一步发展壮大。

1930 年 3 月，赣西南苏维埃政府和闽西苏维埃政府先后宣告成立。这两个根据地共拥有 200 万人口，是当时全国红军中最大的战略区。这使朱毛红军有了充裕的兵员和广阔的回旋空间。同年 6 月，红四军与红六军、红十二军整编为红军第一路军，不久改称红军第一军团，朱德任总指挥，毛泽东任政治委员。活跃在赣南、闽西的各路红军结束了以游击战为主的阶段，开始实现以运动战为主的战略转变。8 月，红一军团同彭德怀领导的红三军团合编为中国红军第一方面军，朱德任总司令，毛泽东任总政治委员，同时成立中国工农革命委员会，毛泽东任主席，统一指挥红军和地方政权。红一方

① 《毛泽东文集》第 3 卷，人民出版社 1996 年版，第 127 页。
② 《建国以来毛泽东文稿》第 11 册，中央文献出版社 1996 年版，第 85 页。

面军此时已发展到 8 万人。这同井冈山时期，早已是今非昔比。毛泽东的预言"星星之火，可以燎原"，几近成为现实。

这年 10 月，蒋介石在结束军阀战争后，见到朱毛红军已经坐大，立即调集 10 万大军，以"长驱直入，分进合击"的战术，从 11 月开始向赣西南革命根据地大举进攻。

12 月间，红一方面军在宁都县小布召开誓师大会。毛泽东为大会写了一副对联："敌进我退，敌驻我扰，敌疲我打，敌退我追，游击战里操胜算；大步进退，诱敌深入，集中兵力，各个击破，运动战中歼敌人。"①

毛泽东根据敌人长驱直入、来势汹汹的态势，决定避其锋芒，为红军第一次反"围剿"确定了"诱敌深入"的作战方针。又见总指挥鲁涤平的嫡系张辉瓒师和谭道源师孤军冒进到离红一方面军主力最近的龙冈、源头一线，遂决心"中间突破"，先打龙冈。毛泽东后来回忆说："我们的第一仗就决定打而且打着了张辉瓒的主力两个旅和一个师部，连师长在内九千人全部俘获，不漏一人一马。一战胜利，吓得谭（道源）师向东韶跑，许（克祥）师向头陂跑。我军又追击谭（道源）师消灭它一半。五天内打两仗（一九三〇年十二月三十日至一九三一年一月三日），于是富田、东固、头陂诸敌畏打纷纷撤退，第一次'围剿'就结束了。"②

1931 年 2 月，蒋介石指派国民政府军政部长何应钦兼任陆海空军总司令南昌行营主任，吸取前次"围剿"长驱直入的教训，改行"稳扎稳打、步步为营"方针，调集 20 万大军于 4 月发起又一次"围剿"。

蒋介石急于消灭朱毛红军，发起的"围剿"，一次紧随一次，一次大过一次。毛泽东却镇定自若，还在紧张部署之余，赋词一首，题为《渔家傲·反第一次大"围剿"》：

万木霜天红烂漫，天兵怒气冲霄汉。雾满龙冈千嶂暗，齐声唤，前

---

① 《郭化若回忆录》，军事科学出版社 1995 年版，第 48 页。
② 《毛泽东选集》第 1 卷，人民出版社 1991 年版，第 217 页。

头捉了张辉瓒。

> 二十万军重入赣，风烟滚滚来天半。唤起工农千百万，同心干，不周山下红旗乱。

这首词的上半阕，描述的是红军第一次反"围剿"的情形。后半阕，讲的是第二次反"围剿"。他在词的末尾，引用了中国远古时代的一个传说，"昔者共工与颛顼争为帝，怒而触不周之山，天柱折，地维绝。天倾西北，故日月星辰移焉；地不满东南，故水潦尘埃归焉"。[1] 他后来还特别说明，"共工是胜利的英雄"，而把中国共产党领导下的红军和工农群众比喻为古代传说中的"共工"。

在井冈山时期和开辟中央苏区时期，毛泽东写了不少这样的诗词，里面用了很多带有浪漫色彩的典故，用以激励人们的斗志。这些诗词不胫而走，直到新中国成立后，有心人把这些诗词收集起来，集中在《诗刊》1957 年创刊号上发表。毛泽东给这些诗词起了个浪漫的名字，叫作"马背上哼成的诗"。

在生死未卜的紧张战争之余，能有雅致赋诗填词，并使之成为战斗号角的，唯有毛泽东！

恰在此时，党内情况发生了重大变化。1931 年 1 月，中共在上海召开了扩大的六届四中全会，开始了以王明（陈绍禹）为代表的"左"倾教条主义统治。所谓教条主义，就是只知道照搬苏联经验、生搬硬套共产国际指示，并且拿"大帽子"唬人。

就在毛泽东指挥红一方面军取得第一次反"围剿"胜利之际，1931 年 1 月 15 日，中共苏区中央局宣告成立，远在上海中央的周恩来任书记（此时未到职），从上海中央派到中央苏区的项英任代理书记，撤销了以毛泽东为书记的中共红一方面军总前委。还宣布建立由中共苏区中央局领导的中央革命军事委员会，项英为主席，朱德、毛泽东为副主席，以毛泽东为主席的中

---

[1] 《淮南子·天文训》。

国工农革命委员会被取消。这样，无论从党的领导上说，还是从军事指挥上说，毛泽东都不再是主要领导人了。

同样在这时，1930 年 11 月 14 日，杨开慧在长沙浏阳门外识字岭被国民党杀害。毛泽东后来得知此噩耗，悲痛异常，给她的亲属写信说："开慧之死，百身莫赎。"①

新中国成立后，毛泽东遇到早年的战友柳直荀烈士的妻子李淑一。她向毛泽东索要过去的诗作，毛泽东回答："（杨）开慧所述那一首不好，不要写了吧。有《游仙》一首为赠。"毛泽东所说的《游仙》，就是《蝶恋花·答李淑一》：

> 我失骄杨君失柳，杨柳轻飏直上重霄九。问讯吴刚何所有，吴刚捧出桂花酒。

> 寂寞嫦娥舒广袖，万里长空且为忠魂舞。忽报人间曾伏虎，泪飞顿作倾盆雨。

词中的"骄杨"，就是杨开慧。"柳"指的是柳直荀。毛泽东借中国古代传说"嫦娥奔月"来寄托对杨开慧等的深深怀念。后来，友人章士钊问毛泽东"骄杨"如何解释时，毛泽东答道："女子革命而丧其元②，焉得不骄？"

毛泽东意志之坚强，内心之强大，非常人所能比。他不为种种打击所动，全身心投入赢得第二次反"围剿"胜利的斗争中。

在苏区中央局讨论作战方针时，出现了三种不同主张。一种主张"分兵退敌"，一种主张退出中央苏区。毛泽东坚决主张继续实行行之有效的"诱敌深入"方针，最后得到项英等多数同志赞同。苏区中央局还同意了毛泽东的意见，反"围剿"作战的第一仗，选在富田地区。

为什么首战地点选在富田？毛泽东从自身经验中得到一个规律，要避敌锋芒、初战必胜。位于富田地区的王金钰国民党军第五路军从北方新到，对南方环境不熟悉，战斗力较弱。其左翼郭华宗、郝梦龄两师，大体相同。同

---

① 逄先知主编：《毛泽东年谱（1893—1949）》（修订本）上卷，中央文献出版社 2013 年版，第 323 页。

② 毛泽东所说的"元"，用的是这个字的古义，指人的头颅。

时，我军从富田打起，向东横扫，可在闽赣交界之建宁、黎川、泰宁地区扩大根据地，征集资材，便于打破下一次"围剿"。若由东向西打去，则限于赣江，战局结束后无发展余地。这一招果真见效。

据毛泽东回忆："当打王金钰时，处于蔡廷锴、郭华宗两敌之间，距郭十余里，距蔡四十余里，有人谓我们'钻牛角'，但终究钻通了。主要因为根据地条件，再加敌军各部之不统一。郭师败后，郝师星夜逃回永丰，得免于难。""胜利后，接着打郭（华宗）、打孙（连仲）、打朱（绍良）、打刘（和鼎）。十五天中（一九三一年五月十六日至三十一日），走七百里，打五个仗，缴枪二万余，痛快淋漓地打破了'围剿'。"[1]

毛泽东指挥红一方面军两次取得反"围剿"胜利，证明"诱敌深入"对于弱小红军来说，是一个克敌制胜的好办法。其制胜关键，还是要集中兵力先打弱敌，确保首战必胜。事实上，真要做到这一点，需要有过人的胆识，还要冒常人不敢冒的风险。毛泽东回忆说："第一次反'围剿'时先想打谭道源，仅因敌不脱离源头那个居高临下的阵地，我军两度开进，却两度忍耐撤回，过了几天找到了好打的张辉瓒。第二次反'围剿'时，我军开进到东固，仅因等待王金钰脱离其富田巩固阵地，宁可冒犯走漏消息的危险，拒绝一切性急快打的建议，迫敌而居，等了二十五天之久，终于达到了要求。"[2]

蒋介石两次组织"围剿"均未得手，很快又组织第三次"围剿"。这次"围剿"与前两次相比，有四点不同。一是自己亲自挂帅，担任"围剿军"总司令，何应钦为前线总司令。二是除了原在中央苏区周围的 20 万杂牌军，调来嫡系部队 10 万人。三是聘请英、日、德等国军事顾问参与策划。四是改取"长驱直入"方针，企图聚歼红一方面军主力。

第三次"围剿"从 1931 年 7 月 1 日开始。在敌人 30 万大军压境时，红

---

[1] 《毛泽东选集》第 1 卷，人民出版社 1991 年版，第 218 页。
[2] 《毛泽东选集》第 1 卷，人民出版社 1991 年版，第 220—221 页。

一方面军各部还处于分散状态，且没有得到必要的休整和补充，没料到敌人的再一次"围剿"来得这么快。

面对无所顾忌、一路猛进的敌军，毛泽东没有慌张。他一面组织力量迟滞敌军前进，一面指挥第一方面军主力边集中边转移，避敌前锋，绕道千里，从福建西北地区秘密回师赣南。

7月底，敌军狼奔豕突20余日，始终未能找到红一方面军主力。蒋介石、何应钦得知红一方面军主力集中在兴国地区后，判断红一方面军主力有西渡赣江的可能，便集中九个师兵力向兴国方向急进。

毛泽东见机会来了，决定采取"避敌主力，打其虚弱"的方针，首先从侧翼打起，由兴国经万安突破富田一点，然后由西而东，向敌人之后方联络线上横扫过去，置深入赣南根据地的敌军主力于无用之地。待敌军主力回头北向，必甚疲劳，乘隙打其弱者。

然而，此次面对的敌人确实是机警万分。"我军向富田开进之际，被敌发觉，陈诚、罗卓英两师赶至。我不得不改变计划，回到兴国西部之高兴圩，此时仅剩此一个圩场及其附近地区几十个方里容许我军集中。集中一天后，乃决计向东面兴国县东部之莲塘、永丰县南部之良村、宁都县北部之黄陂方向突进。第一天乘夜通过了蒋鼎文师和蒋（光鼐）、蔡（廷锴）、韩（德勤）军间之四十华里空隙地带，转到莲塘。第二天和上官云相军（上官指挥他自己的一个师及郝梦龄师）前哨接触。第三天打上官师为第一仗，第四天打郝梦龄师为第二仗，尔后以三天行程到黄陂打毛炳文师为第三仗。三战皆胜，缴枪逾万。此时所有向西向南之敌军主力，皆转旗向东，集中视线于黄陂，猛力并进，找我作战，取密集的大包围姿势接近了我军。我军乃于蒋（光鼐）、蔡（廷锴）、韩（德勤）军和陈（诚）、罗（卓英）军之间一个二十华里间隙的大山中偷越过去，由东面回到西面之兴国境内集中。乃至敌发觉再向西进时，我已休息了半个月，敌则饥疲沮丧，无能为力，下决心退却了。"① 这

---

① 《毛泽东选集》第1卷，人民出版社1991年版，第219页。

已到了 1931 年 9 月中旬。

第三次反"围剿"胜利后，毛泽东指挥红军继续扩大战果，使赣南、闽西两块革命根据地连成一片，中央革命根据地进一步扩大，包括 21 个县，250 万人口，进入了全盛时期。

通过带领朱毛红军挺进赣南闽西，指挥三次反"围剿"，随着革命力量从一个军到一个军团再到一个方面军的跃升，战争形态从以游击战为主向以运动战为主的发展，战争的回旋空间从省内一个割据区域到跨省的大块割据区域再到整个中央苏区的跨越，毛泽东对中国革命战争指挥艺术的理解也大大深化了。

他后来回顾说："到了江西根据地第一次反'围剿'时，'诱敌深入'的方针提出来了，而且应用成功了。等到战胜敌人的第三次'围剿'，于是全部红军作战的原则就形成了。这时是军事原则的新发展阶段，内容大大丰富起来，形式也有了许多改变，主要的是超越了从前的朴素性，然而基本的原则，仍然是那个十六字诀。十六字诀包举了反'围剿'的基本原则，包举了战略防御和战略进攻的两个阶段，在防御时又包举了战略退却和战略反攻的两个阶段。后来的东西只是它的发展罢了。"①

这一时期的实践，对于毛泽东后来写出军事战略的名著《中国革命战争的战略问题》是具有决定意义的。同时，也在红一方面军指战员中树立了领导威信。在大多数人心目中，有毛泽东在，就有胜利在。

对毛泽东来说，严峻的考验还远未结束。在他最后成为全党的领袖之前，还要继续经历许多磨难。

中共扩大的六届四中全会后，上海中央机关遭到极大破坏。1931 年 9 月，鉴于上海的中央政治局委员和中央委员都不到半数，成立了临时中央政治局（通称"临时中央"），由博古（秦邦宪）、洛甫（张闻天）、卢福坦（后叛变）担任临时中央政治局常委，博古负总责。此后，王明从上海前往莫斯科，12 月周恩来前往中央苏区。

---

① 《毛泽东选集》第 1 卷，人民出版社 1991 年版，第 204—205 页。

1931 年 11 月 1 日至 5 日，苏区党的第一次代表大会在江西瑞金召开。异乎寻常的是，这次大会由中央代表团主持。大会通过《政治决议案》等文件，不点名地全面指责毛泽东领导下的红一方面军和中央苏区工作。把毛泽东的反对本本主义的正确主张，指责为"狭隘的经验论"；把"抽多补少、抽肥补瘦"原则，指责为"富农路线"；指责红军"没有完全脱离游击主义的传统"，忽视"阵地战""街市战"。会议特别强调要集中火力反右倾。显然，在这种氛围下，毛泽东难以继续发挥对中央苏区党政军领导作用。

此后，这种排挤继续升级。

1931 年 11 月 7 日至 20 日，中华苏维埃第一次全国代表大会在瑞金举行。大会宣告中华苏维埃共和国成立，通过《宪法大纲》《土地法》《劳动法》等。毛泽东当选中华苏维埃共和国中央执行委员会主席和人民委员会主席。"毛主席"的称呼，由此而来。

然而，在接下来发布的中央执行委员会关于中央革命军事委员会（以下简称"中革军委"）的任命中，毛泽东只是委员，主席为朱德，副主席为王稼祥和彭德怀。同时决定，取消第一方面军总司令和总政委职务。这样，毛泽东的军事领导权被剥夺。

1932 年 3 月至 9 月，毛泽东曾以临时中央政府主席和中革军委委员身份率领东路军入闽作战，并参与领导第四次反"围剿"。但因为在入闽作战中同中央指示意见相左，后在第四次反"围剿"中同苏区中央局指示发生严重抵牾，更加激怒了忠实执行王明"左"倾教条主义错误的领导人。

1932 年 10 月上旬，在宁都召开苏区中央局全体会议。出席会议的有来自后方的任弼时、项英、顾作霖、邓发和已在前方的周恩来、毛泽东、朱德、王稼祥。会议由中央局书记周恩来主持。会上"开展了中央局从未有过的反倾向的斗争"[①]，争论焦点是前线作战方针问题。最终，来自后方的苏区

---

① 《苏区中央局宁都会议经过简报》（1932 年 10 月 21 日），转引自金冲及主编：《毛泽东传（1893—1949）》，中央文献出版社 2004 年版，第 307 页。

中央局成员意见占了上风。会议贯彻执行临时中央的"左"倾教条主义的进攻路线，批评前方同志"有以准备为中心的观念，泽东表现最多"。会议集中批评毛泽东，把他反对攻打赣州等中心城市等意见，指责为对"夺取中心城市"方针的"消极怠工"，是"纯粹防御路线"；把"诱敌深入"方针，指责为"专去等待敌人进攻的右倾主要危险"。会议通过周恩来提出的毛泽东"仍留前方助理"意见，同时批准毛泽东"暂时请病假，必要时到前方"。①

第四次反"围剿"期间，在周恩来的提议下，曾于1932年8月任命毛泽东为红一方面军总政治委员。到了10月下旬，中共临时中央任命周恩来兼任红一方面军总政治委员。毛泽东刚刚恢复不久的军事领导职务再次被剥夺。

毛泽东离开前线，于1932年10月中旬来到闽西长汀福音医院养病。

福音医院是一所教会医院，院长傅连暲毕业于汀州福音医院的亚盛顿医馆。傅连暲同情革命，曾经收治过路经长汀的南昌起义部队伤病员，陈赓、徐特立等在福音医院接受过治疗。1929年红四军挺进闽西时，他积极收治红军伤病员。毛泽东对他有很好的印象。

在傅连暲的安排下，毛泽东住进老古井医院休养所——一栋两层的花园小楼房里。他一到医院，就去看望正在这里分娩的妻子贺子珍。

毛泽东在这里一住就是四个月。为了较好地休养，毛泽东接受傅连暲的建议，坚持到医院后面的卧龙北山散步。

同时住在这里的，还有受王明路线排挤打击的周以栗、陈正人。周以栗是临时中央政府中央执行委员兼内务人民委员，也是临时中央政府机关报《红色中华》的主笔，曾在李立三"左"倾冒险错误统治时期支持过毛泽东。陈正人长期在赣西南特委和江西省委工作，也是毛泽东的坚定支持者。他们三个人几乎每天都在一起聚谈。毛泽东毫不隐讳地谈了对当时许多问题的

---

① 转引自逢先知主编：《毛泽东年谱（1893—1949）》（修订本）上卷，中央文献出版社2013年版，第388—389页。

看法。

毛泽东刚到福音医院，遇到伤愈即将出院的福建省委代理书记罗明。毛泽东对罗明有比较深的了解，便对他谈了自己的一些看法。特别谈到，福建和江西一样，应加紧开展广泛的地方游击战争，配合主力红军的运动战，使主力红军能集中优势兵力，选择敌人的弱点，实行各个击破，消灭敌人的有生力量，粉碎敌人的第四次"围剿"。他还向罗明建议，在上杭、永定、龙岩老区开展游击战争，牵制和打击驻漳州的国民党第十九路军和广东陈济棠部队的进攻。

罗明出院后，在长汀主持召开福建省委会议，传达毛泽东的意见，得到大家的赞同。省委立刻决定派罗明为特派员到上杭、永定、龙岩一带进一步开展游击战争。他到那里后，根据当地的实际情况，向省委写了《对工作的几点意见》，提出红军应向敌人力量薄弱的地区发展，以巩固和扩大闽西根据地；对扩大红军要有计划有步骤地进行，不能一味削弱地方武装去"猛烈扩大红军"等。这在后来被认为是所谓"罗明路线"的"铁证"。

毛泽东在长汀福音医院养病，一直住到了1933年2月中旬。临行前，他建议傅连暲把这所医院变成中央红色医院，搬往瑞金。傅连暲欣然同意。

不久，傅连暲全家和医院一起迁到瑞金。毛泽东看望傅连暲时说：这个医院，是我们的第一个医院，由你当院长。医院的任务很重，你要当好这个院长，首先得有一个观点，为伤病员服务。这个医院除了给红军看病外，也要给老百姓看病。又说：对疾病的预防和治疗要结合进行，要教育大家讲卫生。

中国农村长期缺医少药，农民饱受疾患之苦。毛泽东深知医院的重要，他同傅连暲的这段患难之交，不仅使傅连暲转变为一位忠贞的革命者，也使红军和中央苏区有了自己的医院。

转眼到了1933年。1月下旬，博古等人从上海来到中央苏区。很快，以批判"罗明路线"为突破口，开始用不公开点名的方式来肃清毛泽东在中央苏区的影响。先是撤销了罗明的福建省委代理书记职务，后又撤销了福建省军区司令员谭震林、省苏维埃政府主席张鼎丞的职务。这场斗争又扩展到江西，把邓小平、毛泽覃、谢维俊、古柏等中心县委书记作为江西"罗明路线"的代表。

从宁都会议后到长征初期，毛泽东在中华苏维埃共和国临时中央政府主席任上，度过了最为艰难、也备受煎熬的两年多。

毛泽东后来回忆说："他们迷信国际路线，迷信打大城市，迷信外国的政治、军事、组织、文化的那一套政策。我们反对那一套过'左'的政策。我们有一些马克思主义，可是我们被孤立。我这个菩萨，过去还灵，后头就不灵了。他们把我这个木菩萨浸到粪坑里，再拿出来，搞得臭得很。那时候，不但一个人也不上门，连一个鬼也不上门。"[1]

在这段最为艰难的日子里，贺子珍始终陪伴着他，给了他莫大的精神安慰。作为患难夫妻，贺子珍不仅陪伴着毛泽东忍受了疾患带来的身体煎熬，还陪伴着他忍受了精神上的煎熬。

毛泽东以过人的信念和毅力，顶住各种压力，一边积极参加中华苏维埃临时中央政府工作，一边在休养身体的同时认真研读马克思、恩格斯、列宁的著作，思考和总结革命经验。

1932年4月，毛泽东在率领东路军攻克漳州后，曾找到一批马列经典著作。其中有马克思著《资本论》、恩格斯著《反杜林论》、列宁著《社会民主党在民主革命中的两种策略》《共产主义运动中的"左"派幼稚病》等。这些书陪伴着他度过了这段艰难时日。

据彭德怀回忆：1933年秋天，"接到毛主席寄给我的一本《两种策略》，上面用铅笔写着（大意）：此书要在大革命时读着，就不会犯错误。在这以后不久，他又寄给一本《"左"派幼稚病》（这两本书都是打漳州中学时得到的），他又在书上面写着：你看了以前送的那一本书，叫做知其一而不知其

---

① 转引自金冲及主编：《毛泽东传（1893—1949）》，中央文献出版社2004年版，第333—334页。

二；你看了《"左"派幼稚病》才会知道'左'与右同样有危害性。"①

毛泽东自己也曾回忆说："我没有吃过洋面包，没有去过苏联，也没有留学别的国家。我提出建立以井冈山根据地为中心的罗霄山脉中段红色政权，实行红色割据的论断，开展'十六字诀'的游击战和采取迂回打圈战术，一些吃过洋面包的人不信任，认为山沟子里出不了马克思主义。一九三二年（秋）开始，我没有工作，就从漳州以及其他地方搜集来的书籍中，把有关马恩列斯的书通通找了出来，不全不够的就向一些同志借。我就埋头读马列著作，差不多整天看，读了这本，又看那本，有时还交替着看，扎扎实实下功夫，硬是读了两年书。""后来写成的《矛盾论》《实践论》，就是在这两年读马列著作中形成的。"②

毛泽东从不气馁。他坚信自己的主张是正确的，并且从那些经典著作里汲取了更多的自信与勇气。他耐心地等待着党中央负责同志的觉醒，也坚信这一天终究会到来的。

这一天，果然到了。

---

① 《彭德怀自述》，人民出版社 1981 年版，第 183 页。
② 转引自金冲及主编：《毛泽东传（1893—1949）》，中央文献出版社 2004 年版，第 334 页。

五、"红军不怕远征难"

须知敌人的统帅部，是具有某种战略眼光的。我们只有使自己操练得高人一等，才有战略胜利的可能。

——毛泽东《中国革命战争的战略问题》（1936 年 12 月）

在王明"左"倾教条主义的领导下，从 1933 年 9 月开始的第五次反"围剿"，到 1934 年 4 月 28 日中央苏区北大门广昌失守后，失败成为定局。经过一段准备，并报共产国际同意，同年 10 月，中央红军主力 8.6 万余人踏上了战略转移的漫长征程。谁也没有想到，这一走，就是整整一年，而战略转移的目的地竟是遥远的陕北。为了战胜敌人的围追堵截，这一远征足足走了 2.5 万里。

1934 年 10 月 18 日，毛泽东随着中央纵队离开于都，开始长征。和他同行的，有张闻天、王稼祥。

长征对毛泽东来说，既是更严峻的考验，也是难得的机遇。他后来回忆长征前后的心情时说："一九三四年，形势危急，准备长征，心情又是郁闷的。""万里长征，千回百折，顺利少于困难不知有多少倍，心情是沉郁的。过了岷山，豁然开朗，转化到了反面，柳暗花明又一村了。"[①]

"豁然开朗，转化到了反面，柳暗花明又一村了"，就长征在毛泽东全部革命生涯的意义来说，也是再贴切不过的了。

---

① 《毛泽东文集》第 7 卷，人民出版社 1999 年版，第 460 页。

按照原定计划，中央红军的战略转移，是要到湖南西北部同红二军团、红六军团会合。此刻，蒋介石已经在中央红军西进的道路上布置了四道封锁线。继续坚持原定计划，等于是往敌人布好的口袋里钻。博古（秦邦宪）等人仍然顽固坚持既定计划。英勇的红军忠实地护卫着中共中央、中革军委以及庞大的辎重队伍，以大无畏的牺牲精神强行突破敌人的四道封锁，于12月1日掩护中共中央、中革军委和直属机关安全渡过湘江。中央红军也从出发时的8.6万人锐减至3万多人。

第五次反"围剿"的失败，特别是突破四道封锁线的惨重损失，使红军指战员们开始恢复了独立思考。毛泽东带领他们开辟中央苏区、漂亮地粉碎敌人三次"围剿"的情形，历历在目，同此时由博古等人主持的中央领导恰成鲜明对比。

也正是在此前后，毛泽东开始利用各种机会做王稼祥、张闻天的工作。这两人也是从苏联回国担负中央重要领导工作的，得到共产国际和王明信任，但此时已有所悔悟。毛泽东对他们说明和分析第五次反"围剿"中李德、博古在军事指挥上的错误。王稼祥最先支持毛泽东意见，认为要扭转党和红军的危急局面，必须开中央政治局会议改变中央领导。张闻天也很快接受了毛泽东的主张，并且在中央政治局内开始抵制错误的军事指挥。尔后，毛泽东又同周恩来、朱德等谈话做工作，得到了他们的支持。过了湘江后，毛泽东向中央提出讨论军事失败的问题。

1934年12月18日，中央政治局在贵州黎平召开会议，重新讨论战略方针。会议经过激烈争论，最终采纳了毛泽东的意见，作出决议，指出："过去在湘西创立新的苏维埃根据地的决定在目前已经是不可能的，并且是不适宜的"；"新的根据地区应该是川黔边区地区，在最初应以遵义为中心之地区"。①

李德在《中国纪事》中回忆说："在到达黎平之前，我们举行了一次飞行会议，会上讨论了以后的作战方案。……我提请大家考虑：是否可以让那

---

① 《建党以来重要文献选编》第11册，中央文献出版社2011年版，第656页。

些在平行路线上追击我们的或向西面战略要地急赶的周部和其他敌军超过我们，我们自己在他们背后转向北方，与二军团建立联系。……在湘黔川三省交界的三角地带创建一大片苏区。""毛泽东又粗暴地拒绝了这个建议，坚持继续向西进军，进入贵州内地。这次他不仅得到洛甫和王稼祥的支持，而且还得到了当时就准备转向'中央三人小组'一边的周恩来的支持。因此，毛的建议被通过了。"

1935年元旦刚过，就传来了好消息，红军攻克黔北重镇遵义。

1月15日至17日，中央政治局在一栋很别致的二层小楼里，召开扩大会议。这栋小楼原为国民党军第25军第2师师长柏辉章的私邸。这次会议选在二层一个呈长方形的房间举行，正中摆放着一个长方桌，周围有一圈木边藤心折叠靠背椅。时值隆冬，桌下有一只古老的木炭火盆。

遵义会议召开的目的，以及会议有哪些人参加，很长一段时间由于缺少历史文献做依据，众说纷纭。直到后来找到了重要的见证者陈云在会后不久亲笔写的遵义会议传达提纲，才有了定论。《遵义政治局扩大会议传达提纲》这样写道："遵义政治局扩大会议的召集，是基于在湘南及通道的各种争论而由黎平政治局会议所决定的。这个会议的目的是在：（一）决定和审查黎平会议所决定的暂时以黔北为中心，建立苏区根据地的问题。（二）检阅在反对五次'围剿'中与西征中军事指挥上的经验与教训。当着红军占领遵义以后政治局扩大会议即行开幕，参加这个会议的同志除政治局正式及候补委员以外，一、三军团的军团长与政治委员林（彪）、聂（荣臻）、彭（德怀）杨（尚昆）及五军团的政治委员李卓然、李（富春）总政主任及刘（伯承）参谋长都参加。会议经过三天，作出了自己的决议。"[①]

文中所说的"西征"，就是后来通称的长征。当时参加会议的政治局委员有毛泽东、张闻天、周恩来、朱德、陈云、博古，其中博古、张闻天、周恩来是政治局常委；候补政治局委员有王稼祥、刘少奇、邓发、何克全

---

① 《陈云文选》第1卷，人民出版社1995年版，第36页。

(凯丰);还有担任中央秘书长的邓小平。

会议集中讨论第五次反"围剿"的军事路线问题。博古首先作了关于五次"围剿"总结的报告,然后由周恩来作副报告。接着,张闻天、毛泽东、王稼祥发言,尖锐地批评了博古等在第五次反"围剿"中实行的单纯防御路线。毛泽东在发言中特别指出,博古等人以单纯防御路线代替决战防御,以阵地战、堡垒战代替运动战,以所谓"短促突击"的战术原则支持单纯防御的战略路线,从而被敌人的持久战和堡垒主义的战略战术击败,使红军招致损失。他特别强调,这一路线同红军取得胜利的战略战术的基本原则是完全相反的。

上述意见,得到大多数与会者的支持。会议委托张闻天起草《中央关于反对敌人五次"围剿"的总结的决议》。

会议还调整了中央领导机构。会议增选毛泽东为政治局常委,取消"三人团",取消博古、李德的最高军事指挥权,决定仍由中央军委主要负责人朱德、周恩来指挥军事,周恩来为党内委托的对于指挥军事下最后决心的负责者。会后又作出两项重要决定。一是在中央红军转战途中,2月5日中央政治局常委分工,决定由张闻天代替博古负中央总的责任;决定以毛泽东为周恩来在军事指挥上的帮助者。二是3月中旬,成立由周恩来、毛泽东、王稼祥组成的新的"三人团",以周恩来为团长。这是中央最重要的军事领导机构。

这一系列组织调整,完成了自1931年9月中共临时中央政治局成立后,在中央领导格局上的重要变更。一是取消了博古等人的军事指挥权;二是毛泽东成为中央政治局常委,有了重大问题的决策权;三是通过遵义会议,张闻天、周恩来、朱德、陈云、王稼祥等在毛泽东周围形成了新的党内团结。这样就确立了以毛泽东为代表的新的中央领导。

遵义会议为独立自主解决党内重大问题开了个好头,提供了一个范例。按照毛泽东的建议,这次会议集中讨论军事路线问题,而对王明时期的政治路线问题不去涉及。因此,在陈云的《遵义政治局扩大会议传达提纲》里,也称"扩大会议认为当时党的总的政治路线一般的是正确的"。① 这个做法，既解决了当时最为紧迫、也最为生死攸关的关键问题，又不致党内高层陷入无休止的争论，确保了党内团结。毛泽东深知，没有团结，就没有长征的胜利。

据贺子珍回忆，遵义会议后，毛泽东曾经对她感叹地说："办什么事都要有个大多数啊！"她明显感觉到，毛泽东在遵义会议以后，有很大的变化，他更加沉着、练达，思想更加缜密、周到，特别是更善于团结人了。

遵义会议是在同共产国际失去电报联系的情况下召开的。但是，毛泽东并没有忘记在适当时机派人前往共产国际作汇报。这个人选，就是中央政治局委员陈云。

陈云在中央红军强渡大渡河、攻占泸定县城后，秘密离开部队，前往上海，绕道海参崴，于同年 9 月上旬到达苏联莫斯科。10 月 15 日，向共产国际执行委员会书记处会议作了关于红军西征和遵义会议情况的报告，书记处书记曼努伊尔斯基、候补书记弗洛林等听取汇报。谈到遵义会议时，陈云强调指出："我们在这次会上纠正了第五次反'围剿'最后阶段与西征第一阶段中军事领导人的错误。大家知道，军事领导人在这一阶段犯了一系列错误。现在，这些错误得到了彻底纠正。建立了坚强的领导班子来取代过去的领导人。党对军队的领导加强了。我们撤换了'靠铅笔指挥的战略家'，推选毛泽东同志担任领导。"在结论部分，陈云还表示："我们党能够而且善于灵活、正确地领导国内战争。像毛泽东、朱德等军事领导人已经成熟起来。"②

遵义会议的成功召开，对错误军事路线的批判，更使毛泽东对长期经验积累起来的红军灵活机动的战略战术原则充满信心："从一九三二年一月开始，在党的'三次"围剿"被粉碎后争取一省数省首先胜利'那个包含着严重原则错误的决议发布之后，'左'倾机会主义者就向着正确的原则作斗争，

---

① 《陈云文选》第 1 卷，人民出版社 1995 年版，第 37 页。
② 《陈云文集》第 1 卷，中央文献出版社 2005 年版，第 8—9、34 页。

最后是撤销了一套正确原则，成立了另一整套和这相反的所谓'新原则'，或'正规原则'。从此以后，从前的东西不能叫做正规的了，那是应该否定的'游击主义'。反'游击主义'的空气，统治了整整的三个年头。其第一阶段是军事冒险主义，第二阶段转到军事保守主义，最后，第三阶段，变成了逃跑主义。直到党中央一九三五年一月在贵州的遵义召开扩大的政治局会议的时候，才宣告这个错误路线的破产，重新承认过去路线的正确性。这是费了何等大的代价才得来的啊!"①

遵义会议以后，毛泽东重新回到党和红军领导岗位。这时的中央，由张闻天接替博古负总责。军事方面的指挥权，也由周恩来、毛泽东、王稼祥三人负责。这一安排，使得毛泽东的意见很快能够变成集体决定，并加以贯彻执行。党内政治环境与以前相比，真是天壤之别。

此时，3万多中央红军仍处于国民党军数十万大军的合围之中，包围圈从湖南、广东、广西、贵州、云南一直延伸到四川。很显然，蒋介石已下了聚歼中央红军的最后决心，并穿梭于南昌、贵阳、昆明等地亲自督战。

从1935年1月下旬到4月，毛泽东与国民党"追剿"军斗智斗勇，声东击西、机动灵活地在赤水河两岸调动敌军，导演了一出四渡赤水、威逼贵阳、昆明，巧渡金沙江的战争大戏。

正如毛泽东后来回忆的那样，四渡赤水的战争杰作，是由一场作战失利引发的："我是犯过错误的。比如打仗，高兴圩打了败仗，那是我指挥的；南雄打了败仗，是我指挥的；长征时候的土城战役是我指挥的，茅台那次打仗也是我指挥的。"这里说的土城战役，就是毛泽东在遵义会议后指挥的一场损失惨重的战斗，一般称为青杠坡战斗。

遵义会议后，根据会议确定的北渡长江同红四方面军会合的方针，毛泽东同朱德、周恩来、刘伯承等决心在土城以东青杠坡地区围歼尾追的川军郭勋祺部。1月28日，军委纵队干部团、红三军团、红五军团、红一军团一

---

① 《毛泽东选集》第1卷，人民出版社1991年版，第205页。

部从南北两面向青杠坡地区之敌发起猛攻，激战终日，战斗失利。此时，川军后续部队两个旅迅速增援上来，位于旺隆场的川军两个旅也从侧背攻击中央红军。情况十分危急。

世上没有百战百胜的常胜将军，关键看能不能临危不惧、化险为夷。此时，毛泽东再一次显示出过人的本领。他提议召集中央政治局主要领导人开会，决定立即撤出战斗，指挥作战部队和军委纵队迅速轻装渡赤水河西进，不再固守原先的决定，开始了红军长征中举世闻名的四渡赤水之战。

毛泽东曾经把战争比作舞台，"军事家不能超过物质条件许可的范围外企图战争的胜利，然而军事家可以而且必须在物质条件许可的范围内争取战争的胜利。军事家活动的舞台建筑在客观物质条件的上面，然而军事家凭着这个舞台，却可以导演出许多有声有色威武雄壮的活剧来"。[①] 在长征的险恶环境中，毛泽东就完美地做到了这一点。

指挥四渡赤水战役中，毛泽东充分利用了蒋介石十分惧怕红军渡江与红四方面军会合的心理，示形于敌、声东击西，调动几十万国民党"追剿"军在赤水河两岸兜圈子，然后出其不意地南渡乌江，直逼贵阳，使敌人猝不及防，乱了阵脚。

当时任红军总参谋长的刘伯承回忆说："这时候，蒋介石正亲自在贵阳督战，慌忙调云南军阀部队来'保驾'，又令薛岳和湖南部队东往余庆、石阡等地布防，防止我军东进与二、六军团会师。在部署这次行动时，毛主席就曾说：'只要能将滇军调出来，就是胜利。'果然，敌人完全按照毛主席的指挥行动了。于是，我军以一军团包围贵阳东南的龙里城，虚张声势，迷惑敌人。其余主力穿过湘黔公路，直插云南，与驰援贵阳的滇军背道而行。这次，毛主席又成功地运用了声东击西的灵活的战术，'示形'于贵阳之东，造成敌人的过失，我军得以争取时机突然西去。""一过公路，甩开了敌人，部队就像插上了翅膀，放开大步，一天就走一百二十里。途中，连克定番

---

① 《毛泽东选集》第 1 卷，人民出版社 1991 年版，第 182 页。

（今惠水）、广顺、兴义等县城，并渡过了北盘江。四月下旬，我分三路进军云南：一路就是留在乌江北牵制敌人的别动支队九军团，他们打败了敌人五个团的围追，入滇时，占领宣威，后来经过会泽，渡金沙江；另两路是红军主力，攻克霑益、马龙、寻甸、嵩明等地，直逼昆明。这时，滇军主力全部东调，云南后方空虚，我军入滇，吓得龙云胆颤心惊，忙将各地民团集中昆明守城，我军却虚晃一枪，即向西北方向金沙江边挺进。"①

在奔袭云南途中，毛泽东的妻子贺子珍负了重伤。当时，贺子珍所在的干部休养连遭遇敌机袭击。她因掩护伤员而被炸得遍体鳞伤。她苏醒后对赶来的毛泽民夫妇说："我负伤的事情，请你们暂时不要告诉主席。他在前线指挥作战很忙，不要再分他的心。请你们把我寄放在附近老百姓家里，将来革命胜利了，再见面。"随后，毛泽东赶到。她又说："润之，把我留下，你们前进吧！"毛泽东对她说："子珍，你不要那样想。我和同志们，绝不会把你一个人留在这里！"② 后来毛泽东说过，他一生很少流眼泪。这一次，他流了泪。

长征的艰难，不仅在于随时随地都要同总兵力在 10 倍以上、训练有素、装备精良的国民党"追剿"军作战，经历大大小小上百次的战斗，还在于缺少后勤补给、经常挨饿挨冻的红军长途跋涉，饱受自然界各种灾害的袭击，特别是翻越雪山草地期间，有许多战士倒下去就再也没有爬起来。

长征更有一难，那就是还要稳妥处理好党内斗争的问题。

毛泽东指挥中央红军渡过金沙江，把国民党"追剿"军全部甩掉后，同年 6 月，终于迎来了红一方面军主力同红四方面军会师。原以为两个方面军可以并肩北上，却不料遇到了张国焘的军阀主义。

此时，离 1931 年日本侵略者发动九一八事变、独占东北已过了 4 年，其灭亡中国的野心日益膨胀，已发展到染指华北、威胁北平。全国上下抗日呼声高涨，民族矛盾逐渐上升为社会主要矛盾。

---

① 《刘伯承回忆录》，上海文艺出版社 1981 年版，第 7、8 页。
② 吴吉清:《在毛主席身边的日子里》，江西人民出版社 1983 年版，第 217—219 页。

　　毛泽东一向不赞成王明、博古等人提出的"武装保卫苏联"口号，主张借此机会打出抗日旗帜，团结国内一切可以团结的力量。此刻更是鲜明地提出了"北上抗日"主张。

　　红一方面军与红四方面军会师后，毛泽东等多次致电张国焘等，苦口婆心地劝说他深明大义，共同"北上抗日"。张国焘却以向西发展来搪塞。

　　1935年6月26日，中央政治局会议在懋功县两河口召开。会议讨论红一、红四方面军会师后的战略方针问题。周恩来在会上作报告，提出以运动战迅速攻打松潘胡宗南部，北上创造川陕甘根据地的战略方针；并说两个方面军要统一指挥，集中于军委。张国焘则强调松潘北边情况还没有确切调查。我们去甘南还是站不稳的，还是要移动地区。他坚持向南向成都打，认为这些敌人是不成问题的。

　　毛泽东发言同意周恩来的报告，还补充提出五点意见：（一）中国红军要用全力到新的地区发展根据地。在川陕甘建立根据地，可以把创造苏区运动放在更加巩固的基础上，这是向前的方针。要对四方面军同志作解释，他们是要打成都的。红一、红四方面军会合后有实现向北发展的可能。（二）战争性质不是决战防御，不是跑，而是进攻。根据地是依靠进攻发展起来的。我们要过山战胜胡宗南，占取甘南，迅速向北发展，以建立新的根据地。（三）应看到哪些地方是蒋介石制我命的，应先打破它。我须高度机动，这就有走路的问题，要选好向北发展的路线，先机夺人。（四）集中兵力于主攻方面，如攻松潘。胡宗南如与我打野战，我有二十个团以上，是够的；如不与我打野战，守堡垒，就一定要打破驻点，牵制敌人。现在就是迅速打破胡敌向前夺取松潘。今天决定，明天即须行动。这里人口稀少，天冷衣食困难，应力争在六月突破，经松潘到决定地区去。（五）责成常委、军委解决统一指挥问题。①

---

① 逄先知主编：《毛泽东年谱（1893—1949）》（修订本）上卷，中央文献出版社2013年版，第459页。

会议经过三天讨论，通过北进建立川陕甘根据地的战略方针。

松潘是进入甘南的咽喉，蒋介石特意派嫡系胡宗南率领的国民党军第一军把守。因此，北上行动的关键，是能否立即夺取松潘。此时还是西北的初夏，错过战机，到了天气寒冷时攻打将更加困难。

张国焘在会上见中央方面人多势众，意见又很一致，不便继续反对。但一回到红四方面军，便提出种种托词，拒不执行两河口会议的决定。

张国焘先是提出要提拔新干部，有的可到军委工作。他的如意算盘是，中央红军只有3万人，红四方面军连同地方武装有8万人。他想通过提拔和输送干部，达到控制中央的目的。

7月18日召开的中央政治局常委会议，为了团结张国焘共同北上，同意将原由周恩来担任的红军总政委改由张国焘担任。中革军委当天发出通知："仍以中革军委主席朱德同志兼总司令，并任张国焘同志任总政治委员。"21日，组织前敌总指挥部，以徐向前兼总指挥、陈昌浩兼政治委员，叶剑英兼参谋长。此前，还任命张国焘为中革军委副主席，徐向前、陈昌浩为军委委员。

张国焘见目的已经达到，便趁机以集中统一指挥为名收缴各军团的密电本，企图隔断中央同中央红军的联络。据彭德怀回忆："我完成任务后，回到芦花军团部时，军委参谋部将各军团互通情报的密电本收缴了，连一、三军团和军委、毛主席通报密电本也收缴了。从此以后，只能与前敌指挥部通报了。与中央隔绝了，与一军团也隔绝了。"[1]

在张国焘的一再拖延下，攻打松潘的战机已被贻误。8月初，红军总部重新制订《夏洮战役计划》，将红军分左、右两路北上。红军总司令朱德、总政委张国焘和总参谋长刘伯承随左路军行动，张闻天、毛泽东、周恩来、王稼祥等中央领导人随徐向前、陈昌浩前敌总指挥部率领的右路军行动。

关于右路军的情况，彭德怀回忆说："这次北进，三军团走在右翼纵队

---

[1] 《彭德怀自述》，人民出版社1981年版，第201页。

的最后面，最前面是一军团，中间是红四方面军之四军、三十军、九军和前敌总指挥部。当时使我感觉：张国焘有野心，中央似乎没有察觉。毛主席、张闻天随前敌总指挥部一处住，先一两天到达上下包座，三军团后一两天才到达阿西、巴西，离前敌总指挥部约十五里至二十里。我到宿营地时，立即到前敌总部和毛主席处，其实我只是为了到毛主席处去，才去前总的。这时周恩来、王稼祥均害病住在三军团部。在巴西住了四、五天，我每天都去前总，秘密派第十一团隐蔽在毛主席住处不远，以备万一。"①

张国焘本指望两个方面军会师后，中央能够听他指挥。不料遇到毛泽东这个强劲对手，中央领导从张闻天、周恩来、朱德、王稼祥到博古、李德等，都坚决站在毛泽东一边，使他无隙可乘。绝望之中，张国焘只好于9月9日电令正在北上途中的右路军掉头南下，"彻底开展党内斗争"。毛泽东为避免相互冲突，指挥右路军中的中央红军部队连夜继续北上。身处红四方面军的徐向前在关键时刻也表示："哪有红军打红军的道理！"

9月10日，在出发北上前，发布毛泽东写的《中共中央为执行北上方针告同志书》，指出："自从我们翻过了雪山，通过了草地之后，我们一到包座即打胜了仗，消灭了白军49师。目前的形势是完全有利于我们，我们应该根据党中央正确战略方针，继续北进，大量消灭蒋介石、胡宗南的部队，创造川陕甘新苏区。""我们无论如何不应该再退回原路，再去翻雪山，走草地，到群众完全逃跑的少数民族地区。""南下是绝路。"②

到达陕北后，毛泽东总结说："张国焘路线不相信在藏人和回人地区不能建立我们的根据地，直待碰壁以后方才相信，也是实例。"③张国焘率领红四方面军南下的遭遇，证明了《中共中央为执行北上方针告同志书》的预见。

9月12日，中央政治局在俄界召开扩大会议，通过《关于张国焘同志

---

① 《彭德怀自述》，人民出版社1981年版，第201页。
② 《中共中央为执行北上方针告同志书》（1935年9月10日），《建党以来重要文献选编》第12册，中央文献出版社2011年版，第305页。
③ 《毛泽东选集》第1卷，人民出版社1991年版，第213页。

的错误的决定》。还决定，把红一军、红三军、军委纵队合编为中国工农红军陕甘支队，共8000多人，彭德怀为司令员，毛泽东为政治委员；以毛泽东、周恩来、王稼祥、彭德怀、林彪成立五人团领导军事工作。

随后，中共中央率陕甘支队迅速北上，突破天险腊子口，打开了进入甘南的通道。

在翻越岷山，长征即将取得胜利之时，毛泽东写下了《七律·长征》：

红军不怕远征难，万水千山只等闲。五岭逶迤腾细浪，乌蒙磅礴走泥丸。

金沙水拍云崖暖，大渡桥横铁索寒。更喜岷山千里雪，三军过后尽开颜。

1935年10月19日，毛泽东率领中央红军主力到达陕甘根据地管辖下的吴起镇，胜利地结束了历时一年的二万五千里长征。

11月21日至24日，改编为红一方面军第一军团的中央红军主力，同红十五军团并肩作战，在直罗镇战役中大获全胜。歼灭东北军一个师又一个团，粉碎了蒋介石对陕甘根据地发起的第三次"围剿"，也给张学良、杨虎城一个沉痛的教训。

12月17日至25日，在瓦窑堡召开了中央政治局会议，根据全国抗日高潮的新形势，确定了抗日民族统一战线的策略方针。

会后，毛泽东在12月27日召开的瓦窑堡党的活动分子会议上作《论反对日本帝国主义的策略》报告。他在报告中谈起刚刚结束的长征，充满激情地说："讲到长征，请问有什么意义呢？我们说，长征是历史纪录上的第一次，长征是宣言书，长征是宣传队，长征是播种机。自从盘古开天地，三皇五帝到于今，历史上曾经有过我们这样的长征吗？十二个月光阴中间，天上每日几十架飞机侦察轰炸，地下几十万大军围追堵截，路上遇着了说不尽的艰难险阻，我们却开动了每人的两只脚，长驱二万余里，纵横十一个省。请问历史上曾有过我们这样的长征吗？没有，从来没有的。长征又是宣言书。它向全世界宣告，红军是英雄好汉，帝国主义者和他们的走狗蒋介石等辈则是完全无用的。长征宣告了帝国主义和蒋介石围追堵截的破产。长征又是宣传队。它向十一个省内大约两万万人民宣布，只有红军的道路，才是解放他们的道路。不因此一举，那么广大的民众怎会如此迅速地知道世界上还有红军这样一篇大道理呢？长征又是播种机。它散布了许多种子在十一个省内，发芽、长叶、开花、结果，将来是会有收获的。总而言之，长征是以我们胜利、敌人失败的结果而告结束。谁使长征胜利的呢？是共产党。没有共产党，这样的长征是不可能设想的。中国共产党，它的领导机关，它的干部，它的党员，是不怕任何艰难困苦的。谁怀疑我们领导革命战争的能力，谁就会陷进机会主义的泥坑里去。长征一完结，新局面就开始。直罗镇一仗，中央红军同西北红军兄弟般的团结，粉碎了卖国贼蒋介石向着陕甘边区的'围剿'，给党中央把全国革命大本营放在西北的任务，举行了一个奠基礼。"[1]

在世界历史上，出现过像迦太基首领汉尼拔的远征等，为后人所称道。然而，由毛泽东带领中国工农红军创造的二万五千里长征，无论在艰难程度上，还是在深远影响上，都远远超过了以往的历次远征。

这次长征，本来是第五次反"围剿"失败后一次被动的战略转移，而在毛泽东的运筹帷幄下，使之变成了高举"北上抗日"旗帜的具有积极意义的远征。这次远征的落脚点又选在了最易于主动出击抗日前线的西北地区，更使中国共产党因"北上抗日"得了分，使蒋介石因坚持"剿共"内战失了分。身处西北"剿共"最前线的张学良、杨虎城二将军，很清楚地看到了这一点，所以才在"剿共"失败后，下决心和毛泽东、周恩来等交朋友。

1936年4月9日，周恩来受中央派遣，在延安的一座教堂里，与东北军首领张学良举行会谈。毛泽东在指挥红一方面军主力在山西东征前线作战的同时，指导了这次会谈。

毛泽东在会谈开始前三天，4月6日，致电东北军67军军长王以哲转张学良："敝方代表周同志偕克农依约于八日赴肤施与张学良先生会商救国

---

[1] 《毛泽东选集》第1卷，人民出版社1991年版，第149—150页。

大计"。"双方会谈之问题,敝方拟定为:一、停止一切内战,全国军队不分红白一致抗日救国问题。二、全国红军集中河北,首先抵御日帝迈进问题。三、组织国防政府、抗日联军具体步骤及其政纲问题。四、联合苏联及先派代表赴莫斯科问题。五、贵我双方订立互不侵犯及经济通商初步协定问题。"①

4月9日的会谈,从当晚一直谈到第二天凌晨4点。会谈结果,第二天周恩来在给张闻天、毛泽东、彭德怀的电报中说:关于第一点"停止一切内战","停止内战,一致抗日,他完全同意,但他在公开抗日之先不能不受蒋令进驻苏区。""他再不进兵无以回答蒋(蒋有电责他,并转阎电说他隔岸观火)。"关于第二点"全国红军集中河北","四方面军如北上,他可使陕甘部队让路。二、六军则须取得中央军同意方可,他愿为此事活动。"关于第三点"组织国防政府"等,"国防政府,抗日联军,他认为要抗日只有此出路,他愿酝酿此事。十大纲领,他研究后提出意见。""对蒋问题,他认为蒋部下现有分化,蒋现在歧路上。他认为反蒋做不到。蒋如确降,他当离开他。"关于第五点,"经济通商,普通购物,由我们在他防地设店自购。无线电、药品,他可代办,并可送弹药。""彼此互派一得力人伪装侦察,保持交通。另派有政治头脑及色彩不浓之人在他处做事活动(克农因太公开,不便在他处任事)。"②

有关这次会谈情形的,还有另外一份电报,这就是毛泽东、彭德怀4月11日给林彪、聂荣臻的电报。当时,林彪、聂荣臻正率领红一军团在山西东征前线。电报说:"周副主席于九日下午八时入肤施城,十日晨四时出城,与张学良谈一夜,结果:(一)国防政府、抗日联军认为唯一出路,十大政纲张研究后,提出意见。(二)赞助红军集中河北,四方面军出甘肃,张之部队可让路,二、六军团则须得中央军同意,彼可任斡旋。(三)派赴苏联

---

① 逄先知主编:《毛泽东年谱(1893—1949)》(修订本)上卷,中央文献出版社2012年版,第531页。

② 金冲及主编:《周恩来传(1898—1949)》,人民出版社1989年版,第309页。

代表，他的由欧洲去，我们的张任保护，由新疆去。（四）完全同意停止内战，并谓如红军与日军接触，则全国停战运动更有力。（五）在他未公开表明抗日以前，不能不接受蒋令进占苏区。（六）通商问题，普通办货由我们设店自购，军用品由他代办，子弹可供给。（七）互派代表常驻。（八）张（学良）云，红军出河北恐不利，在山西亦恐难立足，彼主张红军经营绥远，但如红军决定出河北，他可通知万福麟部不打我们。"[1] 其中提到的万福麟，是东北军第 53 军军长。

会谈中，张学良还提出：假如我们能够联合抗日，我们应该怎样对待蒋介石？周恩来表示愿意听一听张学良的意见。张学良认为蒋介石还是有抗日的可能和存心的，问题在于他坚持"剿共"政策，因此目前最主要的问题在于设法把蒋这个错误政策扭转过来，真正实现停止内战，一致抗日。周恩来听完后，对张学良的意见表示同意，并表示这是一个重要的方针政策问题，愿意把这个意见带回去，提请党中央郑重考虑以后，再作最后答复。张学良高兴地说："你们在外边逼，我在里边劝；我们对蒋介石来个内外夹攻，一定可以把他扭转过来。"

对张学良的这个建议，毛泽东高度重视。会谈结束的当天，4 月 9 日，他就致电在后方主持中央工作的张闻天，提出："目前不应发布讨蒋令，而应发布告人民书与通电。""我们的基本口号不是讨蒋令，而是抗日令。"[2] 5 月 5 日，在东征结束后，以中华苏维埃人民共和国中央政府主席毛泽东、中国人民红军革命军事委员会主席朱德的名义发布《停战议和一致抗日通电》，指出："国难当前，双方决战，不论胜负属谁，都是中国国防力量的损失，而为日本帝国主义所称快"。"我们愿意在一个月内与所有一切进攻抗日红军的武装队伍实行停战议和，以达到一致抗日的目的。"在这个通电中，第一

---

[1]　逢先知主编：《毛泽东年谱（1893—1949）》（修订本）上卷，中央文献出版社 2012 年版，第 533 页。

[2]　逢先知主编：《毛泽东年谱（1893—1949）》（修订本）上卷，中央文献出版社 2012 年版，第 532 页。

次用了"蒋介石氏"的称呼。四个月后，9 月 1 日，中共中央正式发出《关于逼蒋抗日问题的指示》，将抗日反蒋方针改为逼蒋抗日。

毛泽东指挥的红一方面军东征，是从 1936 年 2 月 20 日开始的，到 5 月 2 日结束，历时 75 天，席卷山西大部，扩充兵员 8000 余人，筹款 30 余万元，扩大了党和红军的影响，为抗日战争中在山西建立巩固的敌后抗日根据地打下基础。

毛泽东对周恩来同张学良会谈的结果甚为满意。不久便电告周恩来，决定"张、杨两部关系，由你统一接洽并指导之，以其处置随时告我们，我们一般不与发生关系，对外示统一，对内专责成"。①

在此之前，在毛泽东的统一筹划下，同西北军首领杨虎城也达成了一致对外、共同抗日的协议。这样，在中央奠基陕北半年多的时间里，就在西北地区形成了红军、东北军、西北军三足鼎立的抗日统一战线，在逼蒋抗日方面占了政治上的主动。

历史机遇总是眷顾那些有准备的人。1936 年 12 月 12 日西安事变的发生，蒋介石在督剿红军中被爱国将领张学良、杨虎城二将军扣留，给了中国共产党和毛泽东结束国内战争、准备抗日战争的天赐良机。

中共中央和毛泽东并没有事先与闻西安事变，对他们来说，西安事变的到来同样是突如其来的。对西安事变的情况和蒋介石的态度变化，也是派周恩来等到了西安以后，才逐步搞清楚的。因此，很难设想在打了 10 年内战、被国民党和蒋介石屠杀了上百万自己的党员和优秀的领导干部之后，毛泽东等能立即提出和平解决西安事变的方案。况且，在这些被屠杀者中，还有自己的妻子杨开慧、胞弟毛泽覃等。俗话说，"解铃还须系铃人"。国共之间从第一次合作的友党变为完全对立的敌党这个"铃"，不是别人，正是蒋介石从 1927 年"四·一二"反革命政变开始"系"上去的。

---

① 逄先知主编：《毛泽东年谱（1893—1949）》（修订本）上卷，中央文献出版社 2012 年版，第 534 页。

毛泽东在西安事变发生的第二天（12月13日）召开的中央政治局会议上，提出："我们应以西安为中心，以西北为抗日前线，来影响和领导全国，形成抗日战线的中心。围绕这一环，我们要向人民揭露蒋介石的罪恶，稳定黄埔系、CC派，推动元老派、欧美派以及其他杂派赞助西安事变。""我们的政治口号是召集救国大会，其他口号都是附属的。"放在当时的情景看，以上主张并非过激。他同时也表示："我们不是正面反蒋，而是具体指出蒋介石个人的错误"，"又要反蒋，又不反蒋，不把反蒋抗日并列。应该把抗日援绥的旗帜突出起来。"① 这里所说"不把反蒋抗日并列"，正是毛泽东自周恩来与张学良会谈后一直主张的。张闻天则进一步主张，"尽量争取南京政府正统，联合非蒋系队伍。在军事上采取防御，政治上采取进攻"。② 这些都与蒋介石所奉行的"攘外必先安内"有天壤之别。

毛泽东在这次发言中还提出，要派重要的同志去做工作。会后，毛泽东、周恩来致电张学良："恩来拟来西安与兄协商尔后大计，请派飞机来延安接。"③

周恩来一行在西安事变中的工作，以及了解到的重要情况，为中共中央最终确定和平解决西安事变方针，起了关键性作用。12月18日，毛泽东收到周恩来从西安给他和中共中央的电报。其中说：南京亲日派的目的在造成内战；宋美龄给蒋介石的信中称"宁抗日勿死敌手"；孔祥熙企图调和；宋子文以停战为条件来西安；汪精卫将回国。还说：蒋态度开始表示强硬，现亦转取调和，企图求得恢复自由，对红军非降非合，"对张（学良）有以西北问题、对红军求降求合完全交张（学良）处理之表示"。④

---

① 逢先知主编：《毛泽东年谱（1893—1949）》（修订本）上卷，中央文献出版社2012年版，第622页。

② 金冲及主编：《毛泽东传（1893—1949）》，中央文献出版社2004年版，第428页。

③ 逢先知主编：《毛泽东年谱（1893—1949）》（修订本）上卷，中央文献出版社2012年版，第623页。

④ 力平、方铭主编：《周恩来年谱（1898—1949）》（修订本），中央文献出版社1998年版，第341—342页。

12 月 19 日，再次召开中央政治局扩大会议，进一步研究解决西安事变的方针，讨论中央关于西安事变的通电。毛泽东在做会议结论时指出：现在的营垒是两方面，一方是日本帝国主义与亲日派，另一方是共产党与抗日派。中间还有动摇与中立的一派，我们应争取这些中间派。要争取南京，更要争取西安，只有内战结束才能抗日。有六种力量可能使内战结束：一是红军，二是东北军，三是西安的友军，四是人民，五是南京的内部分化，六是国际援助。应把六种反内战的力量团结起来，使内战结束，变国内战争为抗日战争。① 会议通过《中央关于西安事变及我们的任务的指示》，提出"坚持停止内战、一致抗日的组织者与领导者的立场，反对新的内战，主张南京与西安间在团结抗日的基础上，和平解决"。②

在周恩来与张学良、杨虎城的共同努力下，经过反复谈判，迫使蒋介石作出"停止剿共、联红抗日"的承诺，并同宋子文、宋美龄达成九条协议。③ 西安事变至此和平解决。12 月 25 日，蒋介石在张学良陪同下离开西安。

这以后，尽管时局充满变数，蒋介石也没有完全履行诺言，但是停止内战、全民族共同抗日的抗日民族统一战线的建立已是大势所趋。正如毛泽东所说："西安事变结束了内战，也就是抗战的开始。"④

历史上常常有这样的现象，看起来解决问题的希望渺茫，一旦解决起来，却势如破竹。

恰巧是在西安事变和平解决的两个月前，1936 年 10 月 9 日和 22 日，红四方面军、红二方面军（由红二军团与红六军团合编而成）同红一方面军

---

① 逄先知主编：《毛泽东年谱（1893—1949）》（修订本）上卷，中央文献出版社 2012 年版，第 626 页。
② 《建党以来重要文献选编》第 13 册，中央文献出版社 2011 年版，第 422—423 页。
③ 这九条协议是：(一) 孔、宋组行政院，肃清亲日派。(二) 中央军撤兵并调离西北。(三) 蒋允许回后释放爱国领袖。(四) 苏维埃、红军仍旧。两宋担保蒋停止"剿共"，并经张学良接济。抗战发动，红军再改番号，统一指挥，联合行动。(五) 开放政权，召集救国会议。(六) 分批释放政治犯。(七) 抗战发动，中共公开。(八) 联俄，与英、美、法联络。(九) 蒋回后通电自责，辞行政院长职。
④ 金冲及主编：《毛泽东传（1893—1949）》，中央文献出版社 2004 年版，第 435 页。

先后在甘肃会宁、静宁将台堡（今属宁夏回族自治区）胜利会师。这一盼望已久的大会师，使革命力量达到了空前的壮大，也实现了自大革命失败以来从未有过的大集中、大团聚、大统一。这为中国共产党及其军队由国内革命战争转变为全民族抗日战争准备了条件。

1937年1月13日，毛泽东带领中共中央和中革军委从陕北保安到达延安。在这里一住就是10年。这同十年内战期间的辗转奔波形成鲜明的对比。

如果说，从1927年9月领导湘赣边界秋收起义起，毛泽东度过了马背上的10年，那么即将开始的将是延安窑洞中的10年。

六、全民抗战路线与持久战

> 思之思之，日人诚我国劲敌！感以纵横万里而屈于三岛，民数号四万万而对此三千万者为之奴，满蒙去而北边动，胡马……入中原，况山东已失，开济之路已为攫去，则入河南矣。二十年内，非一战不足以图存，而国人犹沉酣未觉，注意东事少。愚意吾侪无他事可做，欲完自身以保子孙，止有磨砺以待日本。
>
> ——毛泽东：《致萧子升信》（1916 年 7 月 25 日）

1937 年 7 月 7 日，在北平发生了震惊中国的卢沟桥事变。日本全面侵华战争爆发了。中华民族感受到前所未有的亡国灭种的现实威胁。

7 月 13 日，毛泽东亲笔题词："保卫平津、保卫华北、保卫全国，同日本帝国主义坚决打到底，这是今日对日作战的总方针。各方面的动员努力，这是达到此总方针的方法。一切动摇游移和消极不努力都是要不得的。"[1]

7 月 17 日，蒋介石在庐山发表谈话，表达了抗战决心："如果战端一开，那就是地无分南北，年无分老幼，无论何人，皆有守土抗战之责任，皆应抱定牺牲一切之决心。"[2]

日本灭亡中国的野心很大，一边从日本本土和朝鲜紧急抽调兵力赶往

---

[1] 逄先知主编：《毛泽东年谱（1893—1949）》（修订本）中卷，中央文献出版社 2013 年版，第 2 页。

[2] 秦孝仪主编：《卢沟桥事变史料》上册（《革命文献》第 106 辑），（台北）"中国国民党中央委员会党史委员会"1986 年版，第 3—4 页。

中国战场，一边加快全面侵华步伐。7月29日占领北平，7月30日占领天津。8月13日，又向上海发起进攻，直接威胁国民党政府的统治中心。形成了同时从华北、华东展开全面侵华战争的态势，企图以速战速决方式占领中国。

8月22日，国民党中央常务委员会召开秘密会议，决定自即日起全国进入战时状态，并通过推选蒋介石为陆海空军大元帅的提议，还通过设立国防最高会议的决议。

同日，国民政府军事委员会发布红军改编的命令。8月25日，中共中央军事革命委员会正式宣布红军改编为国民革命军第八路军。朱德任总指挥，彭德怀任副总指挥，叶剑英任参谋长。下辖第115师、第120师、第129师，全军近4.6万人。[①]9月28日，国民政府军事委员会又发布命令，任命叶挺为新四军军长。在南方坚持游击战争的红军和游击队，陆续改编为新四军，共1.03万余人。[②]

9月22日，国民党中央通讯社播发《中共中央为公布国共合作宣言》。这个宣言，是周恩来代表中共中央于7月15日（卢沟桥事变后的第八天）面交蒋介石的。9月23日，蒋介石发表庐山谈话，实际上承认了共产党的合法地位。

这种崭新的局面，是过去十年内战中不曾有过的，也是自毛泽东带领中央红军到达陕北后一直为之努力的结果。

对此，毛泽东在9月29日发表《国共两党统一战线成立后中国革命的迫切任务》一文，评论说："共产党的这个宣言和蒋介石氏的这个谈话，宣布了两党合作的成立，对于两党联合救国的伟大事业，建立了必要的基础。共产党的宣言，不但将成为两党团结的方针，而且将成为全国人民大团结的根本方针。蒋氏的谈话，承认了共产党在全国的合法地位，指出了团结救国

---

① 《中国人民解放军军史》第2卷，军事科学出版社2010年版，第14页。
② 《中国人民解放军军史》第2卷，军事科学出版社2010年版，第19页。

的必要，这是很好的；但是还没有抛弃国民党的自大精神，还没有必要的自我批评，这是我们所不能满意的。但是不论如何，两党的统一战线是宣告成立了。这在中国革命史上开辟了一个新纪元。这将给予中国革命以广大的深刻的影响，将对于打倒日本帝国主义发生决定的作用。"①

从上述评论透露出，毛泽东对蒋介石的谈话既有不满之处，但更多的还是期待。

此刻，毛泽东最为关心的，是两个迫在眉睫的问题。其一，以国共合作为基础的全民族抗日战争怎么打？其二，中国共产党及其领导下的军队以什么方式投入这场民族战争？

当时的情况，一点不容乐观。当时的日本，侵华气焰正盛。全面侵华战争前，日本陆军总兵力达到 40 余万人，2600 余架作战飞机，200 艘大型舰艇。战争的支撑能力也远胜于中国。1937 年日本工业总产值为 55 亿多美元，年产钢 580 万吨，石油 160 万吨，拥有庞大完整的军事工业体系。② 当时的国民党军拥兵 170 万人，数量上占据优势，但因工业基础薄弱，特别是长期军阀纷争、派系林立造成了各自为政、拥兵自保的习气，其战斗力低下。此时的八路军和新四军，总兵力不过 5.6 万余人，其装备只有常规轻武器，与日军和国民党军的装备均相去甚远。在这种情况下，毛泽东清醒地意识到，无论是中国的全民族抗战，还是投入其中的中国共产党的抗日军队，都只能坚持适合自己情况的战法，避己所短、扬己所长，既不能消极避战，也不能盲目蛮干。

1937 年 7 月 23 日，毛泽东发表《反对日本进攻的方针、办法和前途》一文，表达了中国共产党对于全民族抗战的主张。

在毛泽东看来，实现全民族抗战的关键，在于国民党能否取消一党专政的党禁，容纳国内一切主张抗战的政治派别。因此，他在这篇文章里着重阐

---

① 《毛泽东选集》第 2 卷，人民出版社 1991 年版，第 363—364 页。
② 军事科学院军事历史研究部：《中国人民解放军战史》第 2 卷，军事科学出版社 1987 年版，第 8—9 页。

述了中国共产党的八大纲领：（一）全国军队的总动员。（二）全国人民的总动员。（三）改革政治机构。（四）抗日的外交。（五）宣布改良人民生活的纲领，并立即开始实行。（六）国防教育。（七）抗日的财政经济政策。（八）全中国人民、政府和军队团结起来，筑成民族统一战线的坚固的长城。

这些政纲，后来在陕北洛川召开的中共中央政治局扩大会议上，发展为《中国共产党抗日救国十大纲领》。这次会议，还通过了毛泽东为中央宣传部起草的关于形势与任务的宣传提纲——《为动员一切力量争取抗战胜利而斗争》。

在这个宣传提纲中，毛泽东丝毫不隐瞒对国民党积极抗战的赞许和对其片面抗战政策的担心："国民党在抗战问题上的进步是值得赞扬的，这是中国共产党和全国人民所多年企望的，我们欢迎这种进步。然而国民党政策在发动民众和改革政治等问题上依然没有什么转变，对人民抗日运动基本上依然不肯开放，对政府机构依然不愿作原则的改变，对人民生活依然没有改良的方针，对共产党关系也没有进到真诚合作的程度。"[1]

毛泽东直截了当地点出了片面抗战与全面抗战的不同结局："单纯的政府抗战只能取得某些个别的胜利，要彻底地战胜日寇是不可能的。只有全面的民族抗战才能彻底地战胜日寇。然而要实现全面的民族抗战，必须国民党政策有全部的和彻底的转变"。[2]

接下来，毛泽东在宣传提纲里完整地阐释了十大纲领。十大纲领的要点如下：（一）打倒日本帝国主义；（二）全国军事的总动员；（三）全国人民的总动员；（四）改革政治机构；（五）抗日的外交政策；（六）战时的财政经济政策；（七）改良人民生活；（八）抗日的教育政策；（九）肃清汉奸卖国贼亲日派，巩固后方；（十）抗日的民族团结。[3]

可以说，实现全面的全民族抗战，就是毛泽东和中国共产党人提出十大

---

[1] 《毛泽东选集》第 2 卷，人民出版社 1991 年版，第 353 页。
[2] 《毛泽东选集》第 2 卷，人民出版社 1991 年版，第 354 页。
[3] 《毛泽东选集》第 2 卷，人民出版社 1991 年版，第 354—356 页。

纲领的目的所在，也是对第一个问题"以国共合作为基础的全民族抗日战争怎么打?"的回答。能否将这个纲领作为第二次国共合作的政治基础，是贯穿八年全民族抗战中国共两党矛盾的关键。

如果说，中国共产党内对第一个问题意见比较一致的话，那么，在第二个问题上，即"中国共产党及其领导下的军队以什么方式投入这场民族战争"，意见就不那么一致了。

在攻占北平、天津后，日本侵略军继续沿平汉铁路、平绥铁路和津浦铁路在华北地区展开战略进攻。到9月，日军在华北的兵力已增加到约37万人。[1] 由此，山西继河北之后，成为华北抗战的主要战场。

当时党内很多领导人认为，既然是国共合作，既然是全民族抗战，中国共产党的部队挺进山西前线，就要配合友军打个漂亮仗给全国人民看看。

毛泽东也赞成通过援助友军、打击日军来显示共产党人的真诚，树立起共产党在全国人民中的威信。但他认为，这种真诚与威信，要建立在八路军的发展壮大上，不能干把家当赔光的蠢事。所以，他反复强调坚持"独立自主的山地游击战"。所谓"独立自主"，就是在部队的配备与具体部署上，不能都听蒋介石指挥调遣。所谓"山地游击战"，就是要在以山地纵横著称的山西，"傍着山发展"，打得赢就打、打不赢就走，尽量避免打拼消耗的阵地战和运动战。

1937年8月22日至25日，中共中央政治局在洛川城郊冯家村的一所小学里召开了扩大会议。这是全民族抗日战争爆发后，中共中央召开的一次重要会议。

毛泽东在会上做了关于军事问题和国共两党关系的报告。报告提出："我们的方针最基本的是持久战，不是速决战，持久战的结果是中国胜利"。从这一方针出发，报告规定了红军的战略方针："独立自主的山地游击战争（包括有利条件下消灭敌人兵团与在平原发展游击战争，但着重于山地）"。

---

[1] 《中国抗日战争史简明读本》，人民出版社2015年版，第75页。

游击战争的作战原则是:"分散以发动群众,集中以消灭敌人,打得赢就打,打不赢就走。"报告还提出红军的五条基本任务:"(一)创造根据地;(二)钳制与消灭敌人;(三)配合友军作战(战略支援任务);(四)保存与扩大红军;(五)争取民族革命战争领导权。"

报告在谈到国共关系时说:现在统一战线正在成熟中,但国民党还在限制和破坏我们,我们是继续有原则地让步,即保持党和红军的独立性,要有自由,而采取不决裂的方针。[①]

考虑到蒋介石在陕甘一带部署了 10 个师,毛泽东在会上提出,主力部队开赴前线后,要留下一支部队巩固陕甘宁根据地。

这次会议决定将中央革命军事委员会成员增加为 11 人,书记(实际称主席)是毛泽东,副书记(实际称副主席)是朱德、周恩来。

在发言中,周恩来提出:"我们的地区,是布置敌人后方游击战争,必要时集中力量消灭敌人。"[②] 他把这种打法称作"运动游击战"。这与毛泽东提出的"独立自主的山地游击战"有所不同。由于红军急于出发,对这个问题没有充分展开讨论。

洛川会议后,改编后的八路军主力从陕西省韩城县一带东渡黄河,在吕梁山脉掩护下,北上向恒山山脉一线挺进。此时,日本关东军察哈尔派遣兵团于 9 月 13 日占领山西大同后,其主力沿同浦铁路南下晋北重镇忻口,直指太原。日本华北方面军第 5 师团也正从平绥铁路东段的宣化南下。在这种情况下,如果八路军主力继续向恒山集结,后果不堪设想。

身处延安的毛泽东,高度关注着山西和华北战场的敌我友(友即国民党军)动向。9 月 17 日,他致电正在向北进发的八路军总部和第 115 师、第120 师、第 129 师主官,指示变更原先战略部署。电报说:根据华北日军进攻的形势,恒山山脉成为敌军夺取冀、察、晋三省的战略中枢,敌军向这里

---

① 金冲及主编:《毛泽东传(1893—1949)》,中央文献出版社 2004 年版,第 479 页。

② 金冲及主编:《周恩来传(1898—1949)》,人民出版社 1989 年版,第 371 页。

出动主力，阎锡山指挥的各军已失锐气，节节败退。在此情况下，过去决定八路军全部在恒山山脉创造游击根据地的计划已根本上不适用了，如果仍按原计划全部进到晋东北恒山山脉，必将使自己处于敌人大迂回中，完全陷于被动地位。因此应改变原来的部署，以达到在战略上展开于主动地位，即展开于敌之侧翼，钳制敌之进攻太原与继续南下，援助晋绥军使之不过于损失力量，真正执行独立自主的山地游击战，广泛发动群众，组织义勇军，创造根据地，支援华北游击战争和扩大自己本身。还指出：八路军此时是支队性质，不起决战的决定作用，但如果部署得当，能在华北，主要在山西，起支持游击战争的决定作用。①

9月19日，他还给八路军副总指挥彭德怀发去电报，叮嘱他说："敌于太原，志在必得，此时部署应远看一步。"②21日，再次致电彭德怀，语重心长地说："集中打仗在目前是毫无结果可言的。目前情况与过去国内战争根本不同，不能回想过去的味道，还要在目前照样再做。""今日红军在决战问题上不起任何决定作用，而有一种自己的拿手好戏，在这种拿手戏中一定能起决定作用，这就是真正独立自主的山地游击战（不是运动战）。要实行这样的方针，就要战略上有有力部队处于敌之翼侧，就要以创造根据地发动群众为主，就要分散兵力，而不是以集中打仗为主。"还要他"从远处大处着想，对于个别同志不妥当的观点给予深刻的解释，使战略方针归于一致"。③

对于八路军如何分散部署，抢先在山西完成战略展开，毛泽东在9月16日给朱德、任弼时（八路军政治部主任）的电报中提出："拟以百十五师位于晋东北，以五台为活动重心，暂时在灵丘、涞源，不利时逐渐南移，改以太行山脉为活动地区。以百二十师位于晋西北，以管涔山脉及吕梁山脉

---

① 逄先知主编：《毛泽东年谱（1893—1949）》（修订本）中卷，中央文献出版社2013年版，第22—23页。

② 逄先知主编：《毛泽东年谱（1893—1949）》（修订本）中卷，中央文献出版社2013年版，第23页。

③ 逄先知主编：《毛泽东年谱（1893—1949）》（修订本）中卷，中央文献出版社2013年版，第23页。

之北部为活动地区。以百二十九师位于晋南,以太岳山脉为活动地区。"① 不久,八路军总部下达了执行的命令。

9 月 25 日,八路军第 115 师取得了平型关战役胜利,以自身伤亡 400 余人的代价,歼灭日本华北方面军第 5 师团辎重联队和第 21 旅团各一部,共计 1000 余人。这是自全民族抗战以来中国军队主动寻歼日军的第一个大胜利。随后,八路军在山西前线配合国民党军第二战区部队进行了忻口战役和太原会战,直至 11 月 8 日太原失守后,转入独立自主创建敌后抗日根据地、开辟华北敌后战场的斗争。

从 1937 年 10 月至 1938 年春夏之交,八路军各部在晋察冀边、晋西北、晋东南、晋西南地区逐步完成了战略展开,先后建立晋察冀、晋西北、晋冀豫、晋西南四个抗日根据地。毛泽东的战略意图在敌进、友退、我进的复杂局面中得以完满实现。在 1938 年 10 月战略相持阶段到来之前,八路军和各种抗日武装由 4 万余人发展到 15 万余人,作战 1500 余次,歼灭日伪军 5 万余人,有效地钳制了日军对正面战场的进攻。②

毛泽东在高度关注着八路军发展的同时,也高度关注着整个抗日战争局势的发展。继太原会战失利、太原失守后,历时 3 个月的淞沪会战也以 11 月 12 日上海沦陷而告终。毛泽东敏锐地觉察到时局的变化,在上海沦陷的当天,形成了《上海太原失陷以后抗日战争的形势和任务》报告提纲。

在报告提纲中,毛泽东指出:"目前形势是处在片面抗战到全面抗战的过渡期中"。上海太原失陷后,"在华北,以国民党为主体的正规战争已经结束,以共产党为主体的游击战争进入主要地位。在江浙,国民党的战线已被击破,日寇正向南京和长江流域进攻。国民党的片面抗战已表现不能持久。""因此,从片面抗战转变到全面抗战的前途是存在的。争取这个前途,是一切中国共产党员、一切中国国民党的进步分子和一切中国人民的共同的

---

① 逢先知主编:《毛泽东年谱(1893—1949)》(修订本)中卷,中央文献出版社 2013 年版,第 22 页。
② 《中国抗日战争史简明读本》,人民出版社 2015 年版,第 96 页。

迫切的任务。"

谈到党内状况，毛泽东提出："在卢沟桥事变以后，党内的主要危险倾向，已经不是'左'倾关门主义，而转变到右倾机会主义，即投降主义方面了。这主要是因为国民党已经抗日了的缘故。""我们和国民党及其他任何派别的统一战线，是在实行一定纲领这个基础上面的统一战线。离开了这个基础，就没有任何的统一战线，这样的合作就变成无原则的行动，就是投降主义的表现了。因此，'统一战线中的独立自主'这个原则的说明、实践和坚持，是把抗日民族革命战争引向胜利之途的中心一环。"①

毛泽东的这番话，很快就得到证实。

1937 年 11 月 29 日，曾经担任中共驻共产国际代表的王明（陈绍禹）受共产国际和斯大林派遣来到延安。当时，毛泽东寄予很大希望，亲自到延安机场迎接，称这是"喜从天降"。

12 月 9 日至 14 日，中共中央在延安召开政治局会议（通称"十二月会议"）。王明在第一天的会议上作了题为《如何继续全国抗战与争取抗战胜利呢?》的报告。他在报告中对中共中央自全民族抗战以来的路线提出了全面批评，特别是对洛川会议确定的统一战线独立自主原则和独立自主的山地游击战方针更是直截了当地加以否定。他还针对毛泽东在《上海太原失陷以后抗日战争的形势和任务》报告提纲中提出的"把国民党提高到共产党所主张的抗日救国十大纲领和全面抗战呢，还是把共产党降低到国民党的地主资产阶级专政和片面抗战"，指责说："在统一战线中两党谁是主要的力量? 在全国政权与军事力量上要承认国民党是领导的优势的力量。我们不能提出要国民党提高到共产党的地位，共产党也不能投降国民党，两党谁也不能投降谁。"他还强调："今天的中心问题是一切为了抗日，一切经过抗日民族统一战线，一切服从抗日。现在我们要用这样的原则去组织群众。"②王明自称

① 《毛泽东选集》第 2 卷，人民出版社 1991 年版，第 387、388、390、391、394 页。
② 王明（陈绍禹）在中共中央政治局会议上的报告记录（1937 年 12 月 9 日），转引自金冲及主编：《毛泽东传（1893—1949）》，中央文献出版社 2004 年版，第 522、523 页。

报告中传达了共产国际和斯大林的指示，其主张影响了不少与会者，许多人对洛川会议以来的统一战线工作做了"自我批评"。

毛泽东、张闻天等对王明在报告中提出的观点进行了抵制，这次会议未能就统一战线问题和抗战方针问题形成决议。这就使王明的右倾主张对实际工作的影响受到很大限制。毛泽东后来说："当时，我别的都承认，只有持久战、游击战、统战原则下的独立自主等原则问题，我是坚持到底的。"①

这次会议决定，由项英、周恩来、博古、董必武组成长江中央局，赴武汉领导南方党的工作；由周恩来、王明、博古、叶剑英组成中共代表团，赴武汉同国民党谈判；由刘少奇、杨尚昆负责北方局，朱德、彭德怀负责北方军政委员会，加强对华北游击战争的领导。

会议还决定，中央负责处理各类来往电报的分工如下：党的工作由张闻天处理；军事问题由毛泽东处理；统一战线工作由王明处理，王明外出回到延安前这项工作由张闻天负责。

为准备召开党的第七次全国代表大会，会议决定成立筹备委员会，主席为毛泽东、书记为王明。秘书处由毛泽东、王明、张闻天、陈云、康生五人组成。实际上，这次代表大会直到1945年才得以召开。

会议期间，12月13日，南京失守。此前，国民党及国民政府的政治中心临时迁往武汉。十二月会议结束不久，王明于12月18日抵达武汉，不久同蒋介石会谈。会谈中，蒋介石提出请王明"在汉相助"②。王明遂改变原先十二月会议作出的决定，决意在武汉留了下来，还把中共中央代表团和长江局合并，由他担任长江局书记，周恩来为副书记。③

日本侵略军攻占南京后，制造了惨绝人寰的南京大屠杀，同时调集兵

① 毛泽东在中共中央政治局会议上的发言记录（1943年11月13日），转引自金冲及主编：《毛泽东传（1893—1949）》，中央文献出版社2004年版，第525页。
② 王明（陈绍禹）、周恩来、博古（秦邦宪）、叶剑英致洛甫（张闻天）、毛泽东并中央政治局的电报（1937年12月21日），转引自金冲及主编：《周恩来传（1898—1949）》，人民出版社1989年版，第393页。
③ 金冲及主编：《毛泽东传（1893—1949）》，中央文献出版社2004年版，第526—527页。

力，从济南、南京两个方向夺取徐州，企图打通通往中原腹地的战略通道。

国民党军第五战区司令长官李宗仁，采纳共产党人的建议，于1938年3月下旬至4月上旬取得了台儿庄战役的胜利，以伤亡失踪7500余人的代价，歼灭日军1万余人。但整个徐州会战，仍以中国军队失利告终。5月19日，徐州失陷。6月6日，河南省开封失守。蒋介石于6月9日下令炸开河南郑州附近的花园口黄河大堤，以阻挡日军西进。

此时，日军的进攻锋芒越来越逼近武汉。中国国内，悲观失望的"亡国论"与盲目乐观、指靠外援的"速胜论"同时生长。全民族抗日战争转眼已近一年，当前的这些战法到底行不行？究竟怎样才能赢得这场持久战的胜利？这些都成了迫切需要解答的问题。

随着全民族抗战的发展，毛泽东对这场战争的认识也在深化，最终形成了《论持久战》这篇指导全民族抗战的纲领性文献。

《论持久战》是毛泽东1938年5月26日至6月3日在延安抗日战争研究会所作的一篇讲演。

在此之前，他在5月10日中共中央政治局常委会议上作关于中日战争形势的报告时，谈了他对时局的观察：现在蒋介石与我们的估计都认为抗日战争是持久战。最近《大公报》两篇社论态度变化，认为鲁南战争是准决战①，否认中日战争是持久战。我们对于中日战争的估计，过去也有两种意见。我一贯估计中日战争是持久战，因为中国是大国，日本不能完全吞并中国，同时中国又是弱国，须要持久战争才能取得胜利。②

《论持久战》的非凡之处，不在于提出"持久战"这个概念。实际上，早在全民族抗战爆发以前，就有"持久战"的说法。它的不同凡响，在于

①　1938年4月25日《大公报》社评说："现时的时局，就是抗战前途的重要关头，我们在这一战胜利了，其有形无形的影响，就可以得到准决胜的功效。""全军将士注意！现在就是准决战。"4月26日《大公报》社评又说："这一战当然不是最后战，但不失为准决战。因为在日本军阀，这一战，就是他们最后的挣扎。"
②　逄先知主编：《毛泽东年谱（1893—1949）》（修订本）中卷，中央文献出版社2013年版，第70页。

科学地预见了中国抗日战争必经的三个阶段，并对具体战法提出了独到的见解。

毛泽东指出："中日战争既然是持久战，最后胜利又将是属于中国的，那末，就可以合理地设想，这种持久战，将具体地表现于三个阶段之中。第一个阶段，是敌之战略进攻、我之战略防御的时期。第二个阶段，是敌之战略保守、我之准备反攻的时期。第三个阶段，是我之战略反攻、敌之战略退却的时期。三个阶段的具体情况不能预断，但依目前条件来看，战争趋势中的某些大端是可以指出的。"对其中的第二个阶段，毛泽东又称之为"战略的相持阶段"。①

毛泽东在作这番演讲时，武汉会战尚未开始，距离武汉会战结束、相持阶段到来还有 5 个月时间。他所预言的这些阶段，为后来整个中国抗日战争的发展所逐一证实。在当时，能做这样的战略预见者，唯有毛泽东。

不仅如此，《论持久战》在后面的各节中，一一论述了以下问题：犬牙交错的战争；为永久和平而战；能动性在战争中；战争和政治；抗日的政治动员；战争的目的；防御中的进攻，持久中的速决，内线中的外线；主动性，灵活性，计划性；运动战，游击战，阵地战；消耗战，歼灭战；乘敌之隙的可能性；抗日战争中的决战问题；兵民是胜利之本。很显然，这些问题几乎囊括了抗日战争全过程中已经遇到的和将要遇到的、现实存在的与可能出现的全部问题。能够在中国抗日战争第一阶段尚未完全展开之时，预见性地系统论述这一过程中所包括的全部问题者，唯有毛泽东。

《论持久战》还展现了毛泽东作为政治家兼军事战略家与一般军事家的明显不同。

特别注重思想与心理对战争的影响，是毛泽东持久战法的一个特点。他坦率地承认："日本军队的长处，不但在其武器，还在其官兵的教养——其组织性，其因过去没有打过败仗而形成的自信心，其对天皇和对鬼神的迷

---

① 《毛泽东选集》第 2 卷，人民出版社 1991 年版，第 462、463 页。

信，其骄慢自尊，其对中国人的轻视等等特点；这是日本军阀多年的武断教育和日本的民族习惯造成的。我军对之杀伤甚多、俘虏甚少的现象，主要原因在此。这一点，过去许多人是估计不足的。这种东西的破坏，需要一个长的过程。"怎样辅之以思想宣传和心理战？他指出："破坏的方法，主要的是政治上的争取。对于日本士兵，不是侮辱其自尊心，而是了解和顺导他们的这种自尊心，从宽待俘虏的方法，引导他们了解日本统治者之反人民的侵略主义。另一方面，则是在他们面前表示中国军队和中国人民不可屈服的精神和英勇顽强的战斗力，这就是给以歼灭战的打击。"他特别强调："世界上只有猫和猫做朋友的事，没有猫和老鼠做朋友的事。"

毛泽东持久战法的另一个特点，是特别注重兵民结合在战争中的巨大作用。他指出："抗日的财源十分困难，动员了民众，则财政也不成问题，岂有如此广土众民的国家而患财穷之理？军队须和民众打成一片，使军队在民众眼睛中看成是自己的军队，这个军队便无敌于天下，个把日本帝国主义是不够打的。""战争的伟力之最深厚的根源，存在于民众之中。日本敢于欺负我们，主要的原因在于中国民众的无组织状态。克服了这一缺点，就把日本侵略者置于我们数万万站起来了的人民之前，使它像一匹野牛冲入火阵，我们一声唤也要把它吓一大跳，这匹野牛就非烧死不可。"

这种持久战法还有一个特点，就是特别强调能动性的作用。这是以弱胜强的制胜法宝。毛泽东指出："指导战争的人们不能超越客观条件许可的限度期求战争的胜利，然而可以而且必须在客观条件的限度之内，能动地争取战争的胜利。战争指挥员活动的舞台，必须建筑在客观条件的许可之上，然而他们凭借这个舞台，却可以导演出很多有声有色、威武雄壮的戏剧来。"他把这种能动性形象地比喻为"战争大海中的游泳术"。①

与《论持久战》同时问世的，还有姊妹篇《抗日游击战争的战略问题》。这是一篇论文，在5月30日出版的《解放》杂志第40期发表。

① 《毛泽东选集》第2卷，人民出版社1991年版，第503、512、511—512、478页。

抗日战争初期，红军在改编成八路军挺进山西前线的时候，实际上也在作战样式上进行着一次艰难的战略转变。这就是从十年内战中的以大范围运动战为主到以敌后游击战为主的转变。在这个过程中，中国共产党内外都有许多人轻视游击战争的战略作用，而把胜利的希望寄托于正规战争，特别是国民党军队的作战。为了克服这种现象，毛泽东写了这篇文章。

《抗日游击战争的战略问题》与《论持久战》同时发表，不是偶然的。因为，"整个抗日战争中，中国将不会以阵地战为主要形式，主要和重要的形式是运动战和游击战"。① 也就是说，要解决好持久作战，就要同时解决好坚持抗日游击战争的一系列问题。

毛泽东指出："这样又广大又持久的游击战争，在整个人类的战争史中，都是颇为新鲜的事情。"一般来说，游击战争仅仅是战术层面的事情，为什么会上升到战略层面上来呢？这是由中国抗日战争中敌我双方的特殊性决定的。"敌人在我们这个大国中占地甚广，但他们的国家是小国，兵力不足，在占领区留了很多空虚的地方，因此抗日游击战争就主要地不是在内线配合正规军的战役作战，而是在外线单独作战；并且由于中国的进步，就是说有共产党领导的坚强的军队和广大的人民群众存在，因此抗日游击战争就不是小规模的，而是大规模的；于是战略防御和战略进攻等一全套的东西都发生了。战争的长期性，随之也是残酷性，规定了游击战争不能不做许多异乎寻常的事情，于是根据地的问题、向运动战发展的问题等也发生了。于是中国抗日的游击战争，就从战术范围跑了出来向战略敲门，要求把游击战争的问题放在战略的观点上加以考察。"

毛泽东把全部立论的出发点，放在了一个基本常识上："保存自己消灭敌人的原则，是一切军事原则的根据。""一切技术的、战术的、战役的、战略的原则，都是执行这个基本原则时的条件。"在此基础上，毛泽东分章论述了抗日游击战争的六个具体战略问题。这六个问题是："（一）主动地、灵

---

① 《毛泽东选集》第 2 卷，人民出版社 1991 年版，第 501 页。

活地、有计划地执行防御战中的进攻战,持久战中的速决战和内线作战中的外线作战;(二)和正规战争相配合;(三)建立根据地;(四)战略防御和战略进攻;(五)向运动战发展;(六)正确的指挥关系。这六项,是全部抗日游击战争的战略纲领,是达到保存和发展自己,消灭和驱逐敌人,配合正规战争,争取最后胜利的必要途径。"

特别值得注意的是,毛泽东谈到游击战争必然要向运动战发展,执行游击战任务的游击队可以逐渐变成执行运动战任务的正规部队时,强调指出:"游击战向运动战发展并非废除游击战,而是在广泛发展的游击战之中逐渐地形成一个能够执行运动战的主力,环绕这个主力的仍然应有广大的游击部队和游击战争。这种广大的游击部队,造成这个主力的丰富的羽翼,又是这个主力继续扩大的不断的源泉。"①

在这里,毛泽东实际上勾画出在抗日游击战争中将要形成的"游击队+地方武装+正规军"的人民武装模式。这一模式,不但在抗日战争中发挥了巨大作用,而且在后来的解放战争中也产生了决定性的影响。可以说,毛泽东通过掌握游击战争规律,不仅叩响了通向中国人民抗日战争胜利之门,而且找到了未来赢得中国人民解放战争的锁钥。

---

① 《毛泽东选集》第 2 卷,人民出版社 1991 年版,第 405、407、433—434 页。

七、独立自主的敌后游击战

　　共产党员不争个人的兵权（决不能争，再也不要学张国焘），但要争党的兵权，要争人民的兵权。现在是民族抗战，还要争民族的兵权。在兵权问题上患幼稚病，必定得不到一点东西。

　　日本帝国主义的压迫和全民抗战，把劳动人民推上了战争的舞台，共产党员应该成为这个战争的最自觉的领导者。

　　　　　　　　——毛泽东：《战争和战略问题》（1938 年 11 月 6 日）

　　1938 年 6 月 15 日，日本裕仁天皇主持御前会议，正式决定进攻武汉。为此，日本侵略军先后投入 25 万陆军，另有各型舰艇 120 艘、各型飞机 300 架。[1] 中国军队在蒋介石的统帅下，集全力进行武汉保卫战。中共中央也责成周恩来、董必武、叶剑英等在武汉动员和组织各界民众支持武汉保卫战。武汉会战历时 4 个半月，毙伤日军近 4 万人，最终于 10 月 24 日下令放弃武汉。国民党党政军部门及要人迁往陪都重庆。10 月 21 日，广州失守。自此，全民族抗日战争转入最艰苦、最漫长的阶段——战略相持阶段。

　　为战略相持阶段的到来做好充分准备，1938 年 9 月 29 日至 11 月 6 日，中共扩大的六届六中全会在延安桥儿沟礼堂举行。

　　全会召开前，9 月 14 日至 27 日，先召开了中共中央政治局会议。这次会议，对毛泽东来说，意义非同一般。

---

[1] 《中国抗日战争史简明读本》，人民出版社 2015 年版，第 107 页。

半年前，为了让共产国际更好地了解中国的情况，中共中央政治局曾在
2 月 27 日至 3 月 1 日召开的会议上，决定派任弼时去莫斯科向共产国际做
汇报。4 月 14 日和 5 月 17 日，共产国际执委会主席团两次召开会议，听取
了任弼时的汇报，并于 6 月 11 日通过了《共产国际执委会主席团关于中共
代表报告的决议案》和《共产国际执委会主席团的决定》。随后，任弼时接
替王稼祥担任中共驻共产国际代表。向中国共产党传达共产国际最新指示的
任务，就落在了王稼祥身上。7 月初，共产国际执行委员会总书记季米特洛
夫还和王稼祥、任弼时谈话，明确表态支持毛泽东。

在 9 月 14 日的中央政治局会议上，王稼祥传达了共产国际的指示和共
产国际执行委员会总书记季米特洛夫的意见，最关键的是两点：其一，"国
际认为中共的政治路线是正确的，中共在复杂的环境及困难条件下真正运用
了马列主义。"其二，"在领导机关中，要在毛泽东为首的领导下解决，领导
机关中要有亲密团结的空气。"王稼祥在传达中还特别谈道："在中国，抗日
统一战线是中国人民抗日的关键，而中共的团结又是统一战线的关键。统
一战线的胜利是靠党的一致与领导者间的团结。这是季米特洛夫临别时的
赠言。"

王稼祥还传达了共产国际对召开中共七大的意见："国际认为，中共七
次大会要着重于实际问题，主要着重于抗战中的许多实际问题，不应花很久
时间去争论过去十年内战中的问题。关于总结十年内战经验，国际认为要特
别慎重。"①

共产国际和季米特洛夫的指示，消除了自王明（陈绍禹）回国后给党内
带来的种种迷雾和疑团，澄清了王明（陈绍禹）自十二月会议以来对毛泽东
所代表的中共独立自主抗战路线的种种指责，重新统一了党内高层的认识，
为开好中共扩大的六届六中全会奠定了政治基础。

毛泽东在 9 月 24 日中央政治局会议上作长篇发言。他表示，共产国际

---

① 《王稼祥选集》，人民出版社 1989 年版，第 138、141、141—142 页。

的指示是这次政治局会议成功的保证，同时又是中共六届六中全会和第七次全国代表大会的指导原则，指示的要点是强调党内团结。

在9月27日最后一天会议上，毛泽东再次发言，说这次政治局会议取得了伟大的成功，从而可以保证六届六中全会的成功，并建议在六中全会通过一个中央工作规则。这次政治局会议通过了扩大的六届六中全会的议程，决定由毛泽东代表中央向全会作政治报告。

9月29日，中共扩大的六届六中全会开幕。到会的有中央委员和候补中央委员17人，中央各部门和各根据地负责人38人。这次全会开了近40天，直到11月6日结束。

在全会上，张闻天致开幕词，王稼祥传达了共产国际和季米特洛夫的指示。在随后的一些天里，张闻天作《关于抗日民族统一战线与党的组织问题》报告，周恩来作《中共代表团关于统一战线工作报告》，王明作《共产党员参政员在国民参政会中的工作报告》，朱德作《八路军工作报告》，项英作《新四军工作报告》，陈云作《青年工作报告》，刘少奇作《党规党法报告》，贺龙、杨尚昆、关向应、邓小平、彭真、罗荣桓分别作了所在地方工作的报告，林伯渠、吴玉章在全会上发了言。

10月12日下午、13日下午、14日下午和晚上，毛泽东代表中央政治局连续作了《抗日民族战争与抗日民族统一战线发展的新阶段》政治报告。11月5日下午和6日下午，又连续作了结论报告。

毛泽东在政治报告中，提出战略相持局面快要到来了，这就是抗日民族战争与抗日民族统一战线发展的新阶段，也是整个抗日战争的枢纽。"中国化为殖民地还是获得解放，不决定于第一阶段中主要的大城市与交通线之丧失，而决定于第二阶段中全民族努力的程度。"他预言，"新阶段中，正面防御的是主力军，敌后游击战争将暂时变为主要的形式。但敌后游击战争在敌我相持的新阶段中，将采取一种新形势发展着。"

什么是游击战争的新形势呢？他判断有两种情况。第一种情况是，在广大地区中仍能广泛地发展。第二种情况是，在某些重要战略地区，例如华北与长江下流一带，势将遇到敌人残酷的进攻，平原地带将难以保存大的兵团，山地将成为主要的根据地。因此，毛泽东提出："为了准备转入新阶段，应把敌后游击战争大体分为两种地区。一种是游击战争充分发展了的地区如华北，主要方针是巩固已经建立了的基础，以准备新阶段中能够战胜敌之残酷进攻，坚持根据地。又一种是游击战争尚未充分发展，或正开始发展的地区，如华中一带，主要方针是迅速发展游击战争，以免敌人回师时游击战争发展的困难。"[1]

毛泽东提出的这些判断，都被后来的形势发展所证实。毛泽东提出的这些措施，又为八路军、新四军在战略相持阶段的发展抢占了先机。

全会根据毛泽东的政治报告通过了《抗日民族自卫战争与抗日民族统一战线发展的新阶段》政治决议案。全会批准以毛泽东为代表的中央政治局的路线，确定把党的主要工作放在战区和敌后，还明确了"巩固华北，发展华中、华南"的开展敌后游击战争方针。全会还决定撤销长江局，设立中原局和南方局。王明从此留在了延安。

进入战略相持阶段后，日本调整了战略部署，减少了正面战场的兵力，重点巩固已占领区；建立汪精卫傀儡政权，并加紧对国民政府的政治诱降。

蒋介石国民政府也改变了方针，在军事上将全国军队一分为三，三分之一继续用于正面战场，三分之一用于敌后游击战争，三分之一进行整训；在政治上确定了"溶共、防共、限共"方针，以致后来出现了消极抗日、积极反共的局面。

这些变化，一方面证明中共六届六中全会的判断和部署是正确的，另一方面也使得中国共产党领导下的敌后游击战争面临更加复杂的局面。

为实现"巩固华北"的战略意图，八路军第 120 师主力由晋西北进入冀中抗日根据地，第 129 师主力由太行山区进入冀南抗日根据地，第 115 师主

---

[1] 《建党以来重要文献选编（1921—1949）》第 15 册，中央文献出版社 2011 年版，第592、601、601—602 页。

力开辟鲁南抗日根据地。随后，1939年至1940年，华北各抗日根据地连续粉碎日伪军的反复"扫荡"，取得了击毙日军"名将之花"阿部规秀中将的重大胜利，自身也得到迅速发展。

新四军执行"发展华中"的战略任务，也在1938年11月至1940年，相继开辟皖东、皖苏、豫鄂边等抗日根据地，还和八路军南北对进，共同开辟了苏北抗日根据地。

华南的东江、琼崖也形成了抗日游击根据地。

进入1940年，国内政局出现了复杂的变化。自1939年冬起，国民党军挑起第一次反共高潮。这引起毛泽东的高度关注。他在8月16日中共中央政治局会议上提出：日本企图以截断中国西南交通迫使中国言和，而蒋介石没有外援将不能继续抗战，所以中国抗战有和平妥协的可能。要准备这一年多是国际国内的大的转变关头，中国处在大事变的前夜，我们在思想上要有各种准备，政策要非常谨慎。[①]

为遏制国民党内部的动摇妥协倾向，打破日本侵略军在华北的"囚笼"政策，八路军总部于8月20日向日伪军发起大规模攻势作战。这场攻势作战，覆盖了华北地区的主要交通线。

盘踞在这一地区的日军共约20万人，还有伪军约15万人。[②]这些日伪军依托几条纵横交错的交通线，不断增设据点，向敌后抗日根据地扩大占领地，致使华北各根据地日渐缩小，根据地之间的联系与部队给养发生严重困难。"可是敌伪深入我根据地后，普遍筑碉堡，兵力分散，反而形成敌后的敌后。主要是交通线空虚，守备薄弱，这对我是一个有利的时机。"[③]

这场攻势作战持续时间很长，从1940年8月20日一直进行到1941年1月24日。参战部队逐渐增多，从开始的22个团迅速增加到105个团（"百

---

① 逄先知主编：《毛泽东年谱（1893—1949）》（修订本）中卷，中央文献出版社2013年版，第203—204页。

② 《中国抗日战争史简明读本》，人民出版社2015年版，第150—151页。

③ 《彭德怀自述》，人民出版社1981年版，第235页。

团大战"因此得名）20 余万人。战果也格外丰硕，到 1940 年 12 月 5 日，共作战 1824 次，以伤亡 1.7 万余人的代价，毙伤日军 20645 人、伪军 5155 人。①

毛泽东得知百团大战战果十分高兴。据在前线指挥这场战役的八路军副总指挥彭德怀回忆说："此役胜利的消息传到延安，毛主席立即给我来电报说，'百团大战真是令人兴奋，像这样的战斗是否还可组织一两次？'"②

同时，他也有某种担心。9 月 11 日，毛泽东在中央政治局会议上提出：不要说百团大战是大规模的战役进攻，现在还只是游击性的反攻。③9 月 23 日，他在延安杨家岭作《时局与边区问题》的报告。谈到正在展开的百团大战时说，这是敌我相持阶段中一次更大规模的反扫荡的战役反攻。说这是"一次"，因为以后还要有；说"更大规模"，因为以前有过大规模的反扫荡，但这次更大；说它是"反扫荡的战役反攻"，表示它不是战略反攻。他还表示：百团大战各地方都要干，要继续下去，同时要有防备顽固分子背后进攻的部署。④ 这种担心在当时那种极其复杂敏感的国内外环境中，是可以理解的。

八路军能在短期内调动 20 余万正规部队集中开展破袭战，这使日本高层十分震惊，急忙从正面战场抽调兵力加紧"扫荡"华北根据地和八路军。1941 年 12 月太平洋战争爆发后，日本总兵力已扩充至 240 万人，遂将其中的 130 万兵力投入中国战场，以便巩固战略后方，支援南进战略。在中国战场的相当大兵力，集中在八路军、新四军敌后抗日战场。1941 年至 1942 年，中国共产党领导的敌后战场度过了最为艰难的时期。

此时，八路军、新四军及各类抗日武装在短短两年多时间里，由最初的

---

① 《中国抗日战争史简明读本》，人民出版社 2015 年版，第 152 页。

② 《彭德怀自述》，人民出版社 1981 年版，第 238 页。

③ 逄先知主编：《毛泽东年谱（1893—1949）》（修订本）中卷，中央文献出版社 2013 年版，第 207 页。

④ 逄先知主编：《毛泽东年谱（1893—1949）》（修订本）中卷，中央文献出版社 2013 年版，第 208 页。

不足 6 万人发展到 50 万人，敌后战场吸引并抗击了 58%—62% 的侵华日军和几乎全部伪军，这一点更使国民党蒋介石忧心忡忡。主要针对华北敌后八路军的第一次反共高潮被击退后，蒋介石集团把第二次反共高潮的突破口选在了相对薄弱的华中地区。

蒋介石先唱"文戏"，通过谈判和电令等手段，企图强迫新四军等敌后抗日武装全部由黄河以南撤至黄河以北。随后又导演了一出"武戏"，于 1941 年 1 月 6 日在皖南茂林地区，由预先埋伏好的国民党军向正在北移途中的新四军军部及所属部队共 9000 余人发起围攻。新四军军长叶挺被扣押，副军长项英等在突围中遇害。这就是震惊中外的"皖南事变"。接着，蒋介石在 1 月 17 日宣布新四军为"叛军"，将此次反共高潮推向了顶点。

消息传来，毛泽东判断，蒋介石宣布新四军为"叛逆"，将叶挺付审判，似有与我党破裂决心。我们决定在政治上军事上组织上采取必要步骤。在政治上全面揭破蒋之阴谋，但暂时不提蒋名字，唯仍取防御姿态，在"坚持抗日，反对内战"口号下动员群众。在军事上先取防御战。在组织上拟准备撤销各办事处。

为此，1 月 20 日，中共中央军委发布由毛泽东起草的命令，任命陈毅为新四军代理军长，张云逸为副军长，刘少奇为政治委员，赖传珠为参谋长，邓子恢为政治部主任。1 月 25 日，新四军总部在苏北盐城重建。随后，整编全军为 7 个师和 7 个独立旅，共计 9 万余人，继续在长江南北坚持敌后抗战。

1 月 20 日，发表了由毛泽东起草的中共中央革命军事委员会发言人就皖南事变对新华社记者的谈话。谈话指出："特别是一月十七日的命令，包含着严重的政治意义。因为发令者敢于公开发此反革命命令，冒天下之大不韪，必已具有全面破裂和彻底投降的决心。"谈话警告国民党当局："该军在华中及苏南一带者尚有九万余人，虽受日寇和反共军夹击，必能艰苦奋斗，尽忠民族国家到底。同时，它的兄弟部队八路军各部，决不坐视它陷于夹击，必能采取相当步骤，予以必要的援助，这是我可以率直地告诉他们的。"

谈话中还提出包括"取消一月十七日的反动命令""恢复叶挺自由，继续充当新四军军长""废止一党专政，实行民主政治"在内的解决皖南事变的12条办法。①

这个解决办法义正词严、合情合理，一经提出，立即得到国民党进步人士和社会贤达、民主人士的赞同。1月14日，国民党进步人士宋庆龄、何香凝、柳亚子、彭泽民发出给蒋介石及国民党中央的宣言，谴责国民党违背孙中山遗训，使"剿共问题，竟恍若迫在眉睫，引起国人惶惑，招致友邦疑虑"。②1月25日，苏联驻中国大使潘友新会见蒋介石，指出中国内战意味着灭亡。2月，来华访问的美国总统罗斯福代表居里，也向蒋介石表示：美国在国共纠纷未解决前，无法大量援华。3月1日，民国参政会二届一次会议在重庆开幕，又遭到中共参政员的一致抵制。

恰在这时，日军于1941年1月下旬发动豫南战役，将国民党军15万人包围在平汉铁路以东。这把本已十分被动的蒋介石推向了死胡同。

皖南事变发生后毛泽东的判断是："从破裂开始到全面破裂尚可能有一个过渡时期，其时间快慢长短，依国内外各种条件决定。我们方针，不是促它快，但要准备它快"。而在日军发起豫南战役后，毛泽东改变了判断："此次河南战役是宜昌战役后最大的战役，不论其军事结果如何，在政治上给蒋介石以很大的打击，因他煽起皖南事变造成国共间深刻裂痕，敌乃乘虚而入。""反共高潮可能下降，中日矛盾仍属第一"。③

1941年3月6日，蒋介石在国民参政会二届一次会议第六次会议上发表演讲，在继续攻击中共的同时，也宣称："以后亦决无'剿共'的军事，这是本人可负责声明而向贵会保证的"。④

---

① 《毛泽东选集》第2卷，人民出版社1991年版，第773—774、775、776页。

② 《宋庆龄选集》上卷，人民出版社1992年版，第321—322页。

③ 逄先知主编：《毛泽东年谱（1893—1949）》（修订本）中卷，中央文献出版社2013年版，第264—265、266、267页。

④ 转引自金冲及主编：《毛泽东传（1893—1949）》，中央文献出版社2004年版，第619页。

机敏的毛泽东听出了蒋介石的弦外之音，在 3 月 18 日的党内指示中说："三月六日蒋介石的反共演说和参政会的反共决议，则是此次反共高潮的退兵时的一战。时局可能从此暂时走向某一程度的缓和。"他判断"这次斗争表现了国民党地位的降低和共产党地位的提高，形成了国共力量对比发生某种变化的关键。这种情况迫使蒋介石重新考虑他自己的地位和态度"。①

通过这次和蒋介石的交锋，毛泽东得出了两个结论。第一，"只要中日矛盾继续尖锐地存在，即使大地主大资产阶级全部地叛变投降，也决不能造成一九二七年的形势，重演四一二事变和马日事变。"第二，"和国民党的反共政策作战，需要一整套的战术，万万不可粗心大意。""任何的人民革命力量如果要避免为蒋介石所消灭，并迫使他承认这种力量的存在，除了对于他的反革命政策作针锋相对的斗争，便无他路可循。""但是斗争必须是有理、有利、有节的，三者缺一，就要吃亏。"②

国民党军的军事进攻与摩擦被打退，但其对敌后抗日根据地的经济封锁一天都没有停止过。再加上日军在华北、华中地区的频繁"扫荡"，给八路军、新四军发展造成极大困难。频繁作战与财政困难，使部队得不到及时休整补充。到 1942 年，八路军、新四军由 50 万人减少到 40 余万人，各抗日根据地总人口由 1 亿人减少到 5000 万人以下，其面积也大幅度缩小。即使是在陕甘宁边区，条件也非常艰苦，如毛泽东所说，"我们曾经弄到几乎没有衣穿，没有油吃，没有纸，没有菜，战士没有鞋袜，工作人员在冬天没有被盖。国民党用停发经费和经济封锁来对待我们，企图把我们困死，我们的困难真是大极了"。③

从整个世界局势来看，1941 年是面临法西斯势力严峻挑战的关键一年。6 月 22 日，德国向苏联发动闪电式进攻，苏德战争全面爆发。12 月 8 日，日本突袭美国海军基地珍珠港，太平洋战争爆发。在这一背景下，12 月 28

① 《毛泽东选集》第 2 卷，人民出版社 1991 年版，第 778—779 页。
② 《毛泽东选集》第 2 卷，人民出版社 1991 年版，第 781、782、783 页。
③ 《毛泽东选集》第 3 卷，人民出版社 1991 年版，第 892 页。

日，毛泽东为中共中央书记处、中央军委起草了关于太平洋战争爆发后战略方针的指示。指示说："一九四一年我根据地受了很大损害，应乘一九四二年敌人忙于太平洋对中国采取战略守势之际，集中精力恢复元气。坚决执行中央十二月十三日指示，精兵简政，发展经济，发展民运，发展敌占区工作，发展对敌伪的政治攻势，有计划地训练干部。""总之，明年的中心任务在于积蓄力量，恢复元气，巩固内部，巩固党政军民。对敌伪以政治攻势为主，以游击战争为辅。对国民党以疏通团结为主，以防制其反共为辅。"①

日后的发展证明，这样一个在抗日战争中韬光养晦、休养生息的政策，对于各敌后抗日根据地度过最为艰难的时期具有决定性的意义。

在当时采取的各项政策中，毛泽东最关注的当数大生产运动。早在1939年1月2日，毛泽东在为《八路军军政杂志》写的发刊词中提出："长期抗战中最困难问题之一，将是财政经济问题，这是全国抗战的困难问题，也是八路军的困难，应该提到认识的高度。"②1942年，毛泽东题写了"自己动手""丰衣足食"，向全党和所有抗日部队发出开展大生产运动的动员令。

大生产运动的兴起，还与当时延安的一桩民怨有关。毛泽东回忆说："一九四一年边区要老百姓出二十万石公粮，还要运输公盐，负担很重，他们哇哇地叫。那年边区政府开会时打雷，垮塌一声把李县长③打死了，有人就说，唉呀，雷公为什么没有把毛泽东打死呢？我调查了一番，其原因只有一个，就是征公粮太多，有些老百姓不高兴。那时确实征公粮太多。"④

毛泽东高度评价大生产运动的作用，把它和整风运动并列，说："没有整风和生产这两个环子，革命的车轮就不能向前推进，党就不能前进了！"⑤

---

① 《毛泽东文集》第2卷，人民出版社1993年版，第385—386页。

② 《毛泽东文集》第2卷，人民出版社1993年版，第141页。

③ 据谢觉哉日记1941年6月4日记载："昨日下午大雨时边府会议室触雷电，县长联席会正在开会，有八人中电，延川代县长（现四科科长）李彩云最重，当即身死，今晨汽车运回灵柩。"见《谢觉哉日记》上卷，人民出版社1984年版，第314页。

④ 《毛泽东文集》第3卷，人民出版社1996年版，第338页。

⑤ 《毛泽东文集》第3卷，人民出版社1996年版，第339页。

毛泽东亲自带头，在自己住的窑洞下面开了一块荒地，种上了菜。朱德、刘少奇、周恩来、任弼时等也都参加了大生产运动。

毛泽东还采纳朱德的建议，派王震率领的八路军 359 旅到南泥湾开荒生产，开创了八路军部队屯垦的先例。

1942 年到 1944 年，陕甘宁边区共开垦荒地 200 多万亩。到 1945 年，边区农民大部分做到"耕三余一"，即耕作三年打下来的粮食，除自身消耗，可有一年余粮。从 1943 年起，各敌后根据地党政机关一般能自给两三个月至半年的口粮和蔬菜。大生产运动减轻了农民的负担，改善了军民、干群关系，极大地提升了各抗日根据地支持持久战争的能力。

1943 年，是世界反法西斯战争出现根本性转折的一年。苏联、美国、英国等同盟国军队相继取得斯大林格勒保卫战、瓜达尔卡纳尔岛战役、北非战役等重大胜利，意大利宣告投降。这年 11 月下旬，在埃及首都开罗召开有美国、英国、中国首脑参加的开罗会议，签署了《开罗宣言》。《开罗宣言》宣告："三国之宗旨，在剥夺日本自从一九一四年第一次世界大战开始后在太平洋所夺得或占领之一切岛屿，在使日本所窃取于中国之领土，例如东北四省，台湾，澎湖列岛等，归还中华民国。其他日本以武力或贪欲所攫取之领土，亦务将日本驱逐出境。"①

在此背景下，华北敌后抗日根据地从 1943 年起先后得到恢复发展，其他地区的敌后抗日根据地也度过了最困难时期。1944 年，日本侵略军从中国占领区抽调大量兵力实施打通大陆交通线的作战，还抽调一部分兵力支援太平洋战场，中国敌后战场的日军兵力大为减少。从这年春季到冬季，华北、华中、华南敌后抗日根据地军民抓住时机，向日伪军普遍开展局部反攻。

与敌后抗日军民局部反攻恰成鲜明对照的是，1944 年 4 月，国民党军

---

① 中国第二历史档案馆编:《中华民国史档案资料汇编》第 5 辑第 2 编军事（五），江苏古籍出版社 1998 年版，第 979 页。

正面战场在日本侵略军为打通中国大陆南北交通线的进攻面前，出现了大溃败的局面。在 8 个月中，丢失了豫、湘、贵交通沿线 146 座城市和 20 多万平方公里国土。在这种情况下，毛泽东果断决策，于 1944 年 11 月派八路军第 120 师第 359 旅主力 4000 余人组成南下支队，向被日军侵占的豫、鄂、湘、粤敌后挺进，开辟了新的敌后抗日根据地。

国民党军正面战场的大溃败，恰好发生在世界反法西斯战争节节胜利的情况下，使人们对国民党当局越来越失望。民主人士黄炎培在重庆召开民主宪政问题座谈会，向国民政府提出尊重人民自由、刷新政治等 10 项要求。张澜等在成都发起成立民主宪政促进会。国民党内的进步人士柳亚子、李济深等也在广西成立桂林文化界抗战工作协会，提出"动员民众，坚决抗战，铲除失败主义"口号。

根据大后方民主运动逐渐高涨的新形势，毛泽东和中共中央决定同国民党当局重开谈判。为了进一步使世界舆论了解中国共产党的立场和主张，毛泽东还于这年 6 月 12 日接待冲破国民政府阻挠来延安的中外记者参观团，详细地解答了记者们的提问。

据当时在场的美国《时代杂志》记者爱泼斯坦的记载："毛在延安给我们留下的另一深刻印象是他的从容不迫和安然自得。""我们这些外国记者都来自重庆，我们不由得注意到毛和重庆的蒋介石在举止方面的强烈反差。蒋介石刻板，拘谨，神经质，语言单调，似乎经常处于紧张状态之中。"①

7 月 22 日，美军观察组组长包瑞德上校带领第一批成员来到延安，受到中共中央的热烈欢迎。毛泽东还重新改写了《解放日报》社论《欢迎美军观察组的战友们!》，在 8 月 15 日发表。社论说："中外记者团与美军观察组，均先后冲破国民党的封锁线，来到延安了。这是关系四万万五千万中国人反抗日寇解放中国的问题，这是关系中国两种主张两条路线谁是谁非的问题，这是关系同盟各国战胜共同敌人建立永久和平的问题。""关于国民党的抗战

---

① ［美］伊·爱泼斯坦:《突破封锁访延安》，人民日报出版社 1995 年版，第 27、28 页。

不力、腐败无能这一方面，大半年以来的外国舆论与中国舆论，已经成了定论了。关于共产党的真相究竟如何这一方面，大多数的外国人与大后方的中国人，还是不明白的"。"这次记者团与观察组的来延，将为这种改变开一新阶段。"①

8月23日，毛泽东在同美军观察组成员谢伟思的长时间谈话中，阐述了建立联合政府的设想：国民政府应该立即召开一次临时（或过渡的）国民大会，应邀请一切团体派代表参加。在人数分配方面切实可行的妥协可以是，国民党大概占代表数的一半，所有其他代表占另一半，蒋介石将被确认为临时总统。这次临时国民大会必须有全权改组政府并制定新的法令——保持有效到宪法通过之时为止。它将监督选举，然后召开国民大会。

9月1日，毛泽东主持召开中共六届七中全会主席团会议，讨论提议召开各党派代表会议成立联合政府等问题。9月4日，中共中央发出关于提出改组国民政府的主张及其实施方案给林伯渠等的指示。其中说："目前我党向国民党及国内外提出改组政府主张时机已经成熟，其方案为要求国民政府立即召集各党、各派、各军、各地方政府、各民众团体代表，开国是会议，改组中央政府，废除一党统治。然后由新政府召开国民大会，实施宪政，贯彻抗战国策，实行反攻。"②"这一主张，应成为今后中国人民中的政治斗争目标，以反对国民党一党统治及其所欲包办的伪国民大会与伪宪。"③

1944年9月15日，林伯渠按照中共中央指示，在国民参政会上提出："希望国民党立即结束一党统治的局面，由国民政府召集各党各派、各抗日部队、各地方政府、各人民团体的代表，开国事会议，组织各抗日党派联合

---

① 《建党以来重要文献选编（1921—1949）》第21册，中央文献出版社2011年版，第471页。

② 逄先知主编：《毛泽东年谱（1893—1949）》（修订本）中卷，中央文献出版社2013年版，第542页。

③ 《建党以来重要文献选编（1921—1949）》第21册，中央文献出版社2011年版，第488页。

政府"。① 这一主张很快得到各界人士的热烈响应，中国共产党关于联合政府的主张广为传播，深得人心。

美国政府之所以派美军观察组来延安，一个重要原因，是对日作战越来越接近决战时刻，为了尽量减轻美军将来在日本本土作战的伤亡，就需要中国战区尽可能多地拖住侵华日军。这样，中国战区的战略地位便显得日益重要。而协调国共关系，防止国民政府崩溃，为打败日本协同所有中国军队，就成了这一时期实现美国对华政策的重点工作。

此刻，担任盟军中国战区统帅部参谋长的史迪威将军，与蒋介石发生了矛盾。1944年9月6日，美国总统特使赫尔利少将来到中国，完成协调国共关系的使命。11月7日，赫尔利来到延安。11月8日上午和下午，9日下午，10日上午，毛泽东、朱德、周恩来同赫尔利接连举行四次会谈，足见毛泽东对此次会晤非常重视。

第一次会谈中，赫尔利介绍了他带来的《为着协定的基础》的文件。内容有五点，主要是要中国共产党的军队遵守并执行国民党政府及其军事委员会的命令，要共产党军队的一切军官和士兵接受政府的改组，然后国民党政府才承认共产党的合法地位。

第二次会谈，毛泽东重申了中国共产党关于改组现在的国民党政府，建立包含一切抗日党派和无党无派人士的联合国民政府主张，对《为着协定的基础》提出具体修改意见。主要是：（一）增加将现在的国民党政府改组为包含所有抗日党派及无党无派政治人士的代表的联合国民政府、改组统帅部为包含所有抗日军队代表的联合统帅部的条文；（二）将原条文中的中国共产党的军队要遵守和执行国民党政府及其军事委员会的命令，共产党军队的一切军官和士兵要接受国民党政府的改组，修改为一切抗日军队应遵守与执行联合国民政府及其联合统帅部的命令，并应为这个政府及其统帅部所承

---

① 《建党以来重要文献选编（1921—1949）》第21册，中央文献出版社2011年版，第505页。

认；（三）增加保障人民各种自由权利的规定；（四）要求承认中国共产党及一切抗日党派的合法地位。①

第三次会谈，气氛比较融洽。其间有这样一段对话，为日后的重庆谈判埋下了伏笔：

> 毛泽东：我们所同意的方案，如蒋介石先生也同意，那就非常好。

> 赫尔利：我将尽一切力量使蒋接受，我想这个方案是对的。

> 赫尔利：如果蒋先生表示要见毛主席，我愿意陪毛主席去见蒋，讨论增进中国人民福利、改组政府和军队的大计，并担保毛主席及其随员在会见后能安全地回到延安。

> 毛泽东：我很久以前就想见蒋先生，过去情况不便，未能如愿。现在有美国出面，赫尔利将军调停，这一好机会，我不会让它错过。我还不了解蒋先生是否会同意我们的五要点。他如同意，我即可与他见面。我总觉得在我和蒋先生见面时，要没有多大争论才好。

最后双方商定，当天把文件准备好，第二天签字。②

当晚，毛泽东主持中共六届七中全会全体会议，并向全会报告同赫尔利会谈情况。毛泽东表示：明天签字后，我们的文章做完了，问题即在重庆了。

第四次会谈后，毛泽东与赫尔利分别在《中国国民政府、中国国民党与中国共产党协定》上签字，还特意给蒋介石留下了签字的空白。会谈中，毛泽东表示：我今天还不能和赫尔利将军同去重庆。我们决定派周恩来和你同去。总之，我们以全力支持赫尔利将军所赞助的这个协定，希望蒋先生也在这个协定上签字。③

---

① 逄先知主编：《毛泽东年谱（1893—1949）》（修订本）中卷，中央文献出版社2013年版，第556—557页。

② 逄先知主编：《毛泽东年谱（1893—1949）》（修订本）中卷，中央文献出版社2013年版，第557—558页。

③ 逄先知主编：《毛泽东年谱（1893—1949）》（修订本）中卷，中央文献出版社2013年版，第558页。

　　然而，赫尔利回重庆不久，情况就发生 180 度的大改变。不仅蒋介石拒绝在文件上签字，于 11 月底被任命为美国驻华大使的赫尔利也改变了原先支持的态度。1945 年 4 月 2 日，还在华盛顿举行的国务院记者招待会上，公开宣布不同中国共产党合作。由此，毛泽东认定美国政府是在实行"扶蒋反共政策"。[1]

　　1945 年 4 月 23 日至 6 月 11 日，中国共产党第七次全国代表大会在延安举行。毛泽东向大会提交的书面政治报告，标题即是《论联合政府》。报告的第一部分，在"中国人民的基本要求"标题下，指出："中国应否成立民主的联合政府，已成了中国人民和同盟国民主舆论界十分关心的问题。因此，我的报告，主要地就是讨论这些要求。"[2] 报告围绕建立联合政府主张，详细阐述了中国共产党在夺取抗战胜利关头及其以后的一般纲领和具体纲领，规定了中国共产党在国民党统治区、沦陷区、解放区的任务。

　　报告特别提出了一个衡量中国政党政治的标准："中国一切政党的政策及其实践在中国人民中所表现的作用的好坏、大小，归根到底，看它对于中国人民的生产力的发展是否有帮助及其帮助之大小，看它是束缚生产力的，还是解放生产力的。消灭日本侵略者，实现土地改革，解放农民，发展现代工业，建立独立、自由、民主、统一和富强的新中国，只有这一切，才能使中国社会生产力获得解放，才是中国人民所欢迎的。"[3] 正是这个标准，使得中国共产党在当时以及后来的国共较量中，占了道义上的上风。

　　在中共七大的开幕词中，毛泽东用"两个中国之命运"比喻抗日战争即将结束的中国政局。他认为，在中国人民面前摆着两条路，光明的路和黑暗的路。有两种中国之命运，光明的中国之命运和黑暗的中国之命运。我们应

---

① 参见《毛泽东选集》第 3 卷，人民出版社 1991 年版，第 1102—1103 页。

② 《毛泽东选集》第 3 卷，人民出版社 1991 年版，第 1030 页。

③ 《毛泽东选集》第 3 卷，人民出版社 1991 年版，第 1077 页。

当用全力去争取光明的前途和光明的命运，反对另外一种黑暗的前途和黑暗的命运。

在中共七大的闭幕词中，毛泽东用"愚公移山"比喻建立新民主主义的中国、把中国引向光明，就必须挖掉帝国主义和封建主义两座大山。

这些比喻，预示着中国人民在经历了漫长的八年全民族抗战后，即将迎来的是一场更加惊心动魄的斗争。这场斗争将会彻底改变中国人民自近代以来的历史命运。

八、马克思主义也要中国化

我们说的马克思主义，是要在群众生活群众斗争里实际发生作用的
活的马克思主义，不是口头上的马克思主义。把口头上的马克思主义变
成为实际生活里的马克思主义，就不会有宗派主义了。不但宗派主义的
问题可以解决，其他的许多问题也都可以解决了。

——毛泽东：《在延安文艺座谈会上的讲话》（1942 年 5 月）

延安时期，不但是毛泽东在军事指挥上逐渐走向炉火纯青的时期，而且
是他在思想理论上的收获期。

在遵义会议后的很长一段时间里，毛泽东的军事指挥才能已被全党所公
认，而他在思想理论上的才能还没有被党内许多人所认识。

其实，毛泽东的一生里，最重视的莫过于理论，用力最多的也是理论。
自他投身第一次国共合作起，便提出了分清敌、我、友的阶级分析理论。大
革命失败后，提出工农武装割据理论，还从中国经济政治发展不平衡规律论
证了红色政权为什么能够存在的缘由。长征刚刚结束，又提出抗日民族统一
战线理论，为从国内阶级战争转向中日民族战争奠定了理论基础。然而，也
就是这些对中国革命最管用、最切实际的理论，在当时不被认为是理论，甚
至在中央苏区时期还有人认为"山沟里出不了马克思主义"。

这就提出一个问题，什么是马克思主义？应当怎样对待马克思主义？毛
泽东要打开马克思主义中国化的通道，就必须解答这些问题。

1930 年 5 月，毛泽东写了一篇题为《调查工作》[①]的短文。此刻，他正在赣南寻乌县搞调查研究。经过多年摸索，他对调查研究的重要性有了深切的体会。再加上经过从红四军七大到九大的那场争论，使他痛感在对待马克思主义和共产国际指示、党的决议问题上，有一种盲从的教条主义倾向。他后来在重新找到这篇文章后，曾经写道："这是一篇老文章，是为了反对当时红军中的教条主义思想而写的。那时没有用'教条主义'这个名称，我们叫它做'本本主义'。"[②]

毛泽东在这篇文章里提出了一个观点："我们说马克思主义是对的，决不是因为马克思这个人是什么'先哲'，而是因为他的理论，在我们的实践中，在我们的斗争中，证明了是对的。我们的斗争需要马克思主义。我们欢迎这个理论，丝毫不存什么'先哲'一类的形式的甚至神秘的念头在里面。""马克思主义的'本本'是要学习的，但是必须同我国的实际情况相结合。我们需要'本本'，但是一定要纠正脱离实际情况的本本主义。"[③]

在当时中国共产党内把马克思主义教条化、把共产国际指示和苏联经验神圣化盛行的背景下，特别是在后来王明教条主义占据主导地位的情况下，敢于讲出这番话，是要何等的勇气！

既然实际情况比"本本"上说的更重要，怎样才能了解实际情况呢？毛泽东在这篇文章里提出两条原则。第一，"中国革命斗争的胜利要靠中国同志了解中国情况"，这就是说，脑袋要长在自己身上，也就是毛泽东后来一直强调的独立自主。第二，"没有调查，没有发言权"[④]。一年以后，1931 年 4 月 2 日发出的《总政治部关于调查人口和土地状况的通知》中，毛泽东又

[①] 这篇文章 1964 年编入《毛泽东著作选读（甲种本）》时，毛泽东将题目改为《反对本本主义》。后收入《毛泽东选集》第 1 卷，人民出版社 1991 年版。

[②] 逄先知主编：《毛泽东年谱（1893—1949）》（修订本）上卷，中央文献出版社 2013 年版，第 306 页。

[③]《毛泽东选集》第 1 卷，人民出版社 1991 年版，第 111—112 页。

[④]《毛泽东选集》第 1 卷，人民出版社 1991 年版，第 115、109 页。

进一步提出"不做正确的调查同样没有发言权"①。他还号召"到群众中作实际调查去",指出"一切结论产生于调查情况的末尾,而不是在它的先头"②。这实际上也包含了走群众路线的思想。

正是这些思想,后来遭到党内一些人的嘲讽。他在延安时期曾经说:"'没有调查就没有发言权',这句话,虽然曾经被人讥为'狭隘经验论'的,我却至今不悔;不但不悔,我仍然坚持没有调查是不可能有发言权的。""我们党吃所谓'钦差大臣'的亏,是不可胜数的。而这种'钦差大臣'则是满天飞,几乎到处都有。"③ 这里所说的"钦差大臣",便是王明"左"倾教条主义统治时期,打着各种旗号向各根据地派出的中央特派员。

尽管毛泽东在创建中央苏区时期已经鲜明地提出了"反对本本主义"的口号,也有了实事求是、群众路线、独立自主的思想萌芽,但毕竟势单力薄、和者盖寡,更不足以形成扭转教条主义的党内大气候。

历史机遇总是惠顾那些有准备的人。真正提供了这一转机的,是遵义会议。为此,毛泽东经过了多年的耐心等待。也正是有了这一经历,所以他一生都确信"真理往往掌握在少数人手里"④。

1935年1月15日至17日,在中央红军长征途中召开的中共中央政治局扩大会议(遵义会议),是中国共产党独立自主解决党内问题的成功之举。在此之前,无论是对陈独秀右倾投降主义的处理,还是对瞿秋白、李立三等人的"左"倾冒险错误的处理,都是在共产国际的直接指导下进行的,也必然会遗留下种种历史后遗症。

在遵义会议期间,毛泽东考虑到王明"左"倾教条主义有共产国际的背景,也考虑到全党的实际认识水平,因而没有提出政治路线错误的问题,只着重解决党内最为紧迫的组织问题和军事路线问题。这在后来证明是明智之

① 《毛泽东文集》第1卷,人民出版社1993年版,第268页。
② 《毛泽东选集》第1卷,人民出版社1991年版,第116、110页。
③ 《毛泽东选集》第3卷,人民出版社1991年版,第179页。
④ 《毛泽东文集》第8卷,人民出版社1999年版,第308页。

举，确保了全党的团结。

在遵义会议通过的《中共中央关于反对敌人五次"围剿"的总结的决议》里，许多地方特意突出了两条军事路线的比较，通过这种比较显示出毛泽东所主张的军事战略路线的正确。如指出："我们的战略路线应该是决战防御（攻势防御），集中优势兵力，选择敌人的弱点，在运动战中，有把握的去消灭敌人的一部或大部，以各个击破敌人，以彻底粉碎敌人的'围剿'。"同时又指出："然而在反对五次'围剿'的战争中却以单纯防御路线（或专守防御）代替了决战防御，以阵地战堡垒战代替了运动战，并以所谓'短促突击'的战术原则来支持这种单纯防御的战略路线。这就使敌人持久战与堡垒主义的战略战术达到了他的目的，使我们主力红军受到部分损失并离开了中央苏区根据地。应该指出，这一路线同我们红军取得胜利的战略战术的基本原则是完全相反的。"

在具体的战略战术上，也是如此。如指出："由于敌人是处于外线，战略上采取包围与分进合击的方针，这就造成了我们各个击破敌人的机会，使我们在战略的内线作战下能够收到战役的外线作战（局部外线）的利益。即是以我军的一部钳制敌人的一路或数路，而集中最大力量包围敌之一路而消灭之，用这种办法去各个击破敌人，粉碎敌人的'围剿'。"同时又指出："但是过去单纯防御路线的领导者为了抵御各方面敌人的前进，差不多经常分散（主要是一、三军团的分散）兵力。这种分兵主义的结果，就使我们经常处于被动地位，就使我们的兵力处处薄弱，而便利于敌人对我们各个击破。"

遵义会议决议还强调："'不放弃苏区寸土'的口号，在政治上是正确的，而机械的应用到军事上尤其在战略上则是完全的错误，而适足成为单纯防御路线的掩盖物。"[1]

用这样的口吻来清算王明"左"倾教条主义的军事路线，这在长征出发

---

[1] 《建党以来重要文献选编（1921—1949）》第12册，中央文献出版社2011年版，第51、53页。

前是根本不可想象的。这反映了遵义会议已使人们对这些靠"洋教条"吃饭的人的迷信开始动摇，为毛泽东后来更加从容地解决解放思想、统一思想的问题创造了条件。

即便如此，在遵义会议上还是有人对毛泽东的理论水平提出了质疑。这就是凯丰（何克全），当时是中央政治局候补委员、青年团中央局书记、红九军团中央代表。据毛泽东回忆："在遵义会议上，凯丰（何克全）说：你那些东西，并不见得高明，无非是《三国演义》加《孙子兵法》。我就问他一句：你说《孙子兵法》一共有多少篇？第一篇的题目叫什么？请你讲讲。他答不出来。我说：你也没看过，你怎么晓得我就熟悉《孙子兵法》呢？""《三国演义》我是看过的，《孙子兵法》当时我就没有看过。"[1]

中央红军主力长征胜利到达陕北后，特别是1936年7月到保安后，陕北局面初步打开，前线战事相对平稳，中央的驻地也更加固定，这些条件都使得毛泽东有更好的条件和更多的时间静下心来研究理论问题，对土地革命战争时期的历史经验做一个总结。

无论是与中国共产党成立初期相比，还是同第一次国共合作的大革命时期相比，土地革命战争时期的经验都更为丰富。尽管经历过大革命的失败，又经过三次"左"倾带来的严重挫折，党毕竟有了一支能征善战的红色武装，有了进行根据地建设的成套经验，还有组织红色政权建设的初步经验，初到陕北又积累了统一战线的重要经验，同过去相比是大大成熟了。这些都是毛泽东进行理论创作从未有过的有利条件。

毛泽东后来回忆说："在抗日战争前夜和抗日战争时期，我写了一些论文，例如《中国革命战争的战略问题》、《论持久战》、《新民主主义论》、《〈共产党人〉发刊词》，替中央起草过一些关于政策、策略的文件，都是革命经验的总结。那些论文和文件，只有在那个时候才能产生，在以前不可能，因为没有经过大风大浪，没有两次胜利和两次失败的比较，还没有充分的经

---

[1] 《毛泽东文集》第8卷，人民出版社1999年版，第263页。

验，还不能充分认识中国革命的规律。"①

毛泽东对土地革命时期历史经验的总结，首先从军事战略问题开始，最终的成果，便是 1936 年 12 月的《中国革命战争的战略问题》。

据毛泽东回忆说："一九三六年，红军大学要我去讲革命战略问题。好，我就看参考书，考虑怎样总结国内革命战争的经验，写讲义。我看了国民党的军事材料，看了日本、俄国和西欧国家的一些军事著作，其中包括克劳塞维茨的军事著作，也看了一点苏联编的军事资料和中国古代的兵书孙子兵法等，主要是总结中国十年内战的经验。写的讲义题目是《中国革命战争的战略问题》，还没有写完，还有关于战略进攻、政治工作、党的工作等问题，因为西安事变发生，没有工夫再写。"②

这里所说的"克劳塞维茨的军事著作"，即《战争论》。后来，他还和来华访问的英国陆军元帅蒙哥马利谈起过。下面就是他们的对话。

蒙哥马利说："我读过你关于军事的著作，写得很好。"毛泽东答："我不觉得有什么好。我是从你们那儿学来的。你学过克劳塞维茨，我也学过。他说战争是政治的另一种形式的继续。"

蒙哥马利："我也学过成吉思汗，他强调机动性。"毛泽东："你没有看过两千年以前我国的《孙子兵法》吧？里面很有些好东西。"

蒙哥马利："是不是提到了更多的军事原则？"

毛泽东："一些很好的原则，一共有十三篇。"③

毛泽东不止一次读过克劳塞维茨的《战争论》。1938 年 2 月，毛泽东在延安还组织过克劳塞维茨《战争论》研究会。据参加研究会学习的八路军留守兵团政治部主任莫文骅回忆说："学习地点就在毛主席的住处，每周学习讨论一次，晚上七八点开始至深夜 11 点钟。""当时《战争论》翻译的是文

---

① 《毛泽东文集》第 8 卷，人民出版社 1999 年版，第 299 页。
② 《建国以来毛泽东军事文稿》下卷，军事科学出版社、中央文献出版社 2010 年版，第 241 页。
③ 《毛泽东文集》第 8 卷，人民出版社 1999 年版，第 184 页。

言本，加之翻译粗劣，晦涩难懂。开始只有一本书，大家轮流看。后来由何思敬同志直接从德文原版译出来，译一章，介绍、研究一章，并发了讲义。记得当时讨论最多、最热烈的是关于集中兵力问题。毛主席在学习讨论这一问题时说：'克劳塞维茨的作战指挥实践不多，但集中兵力问题讲得好，拿破仑用兵重要一条也是集中兵力。我们讲以多胜少，也是在战术上集中比敌人多5倍到10倍的兵力。'"①

除了克劳塞维茨的《战争论》，毛泽东还看了日本人写的军事操典，看了苏联人写的论战略、几种兵种配合作战的书等，一共八本书，都是为了写《中国革命战争的战略问题》用的。②

毛泽东看这些书的时间，现在已无从可考。从现在保留下来的一封信判断，应当在1936年10月以后。

1936年9月7日，毛泽东致电在西安负责同东北军联络的刘鼎询问："前电请你买军事书，已经去买否？现红校需用甚急，请你快点写信，经南京、北平两处发行军事书的书店索得书目，择要买来，并把书目付来。"③

10月22日，毛泽东又给当时在西安做统战工作的叶剑英和刘鼎发电报，说："买来的军事书多不合用，多是战术技术的，我们要的是战役指挥与战略的，请按此标准选买若干。"还特意嘱咐："买一部孙子兵法来。"④

当然，要写出《中国革命战争的战略问题》这样的军事名著，光靠看别人的是远远不够的，更多的还是靠毛泽东的独立思考。他这样说过："当教员也有好处，可以整理思想。""他们来请我当教员，我就得研究，看书，思

---

① 《莫文骅回忆录》，解放军出版社1996年版，第380、381页。
② 《建国以来毛泽东军事文稿》下卷，军事科学出版社、中央文献出版社2010年版，第113—114页。
③ 逢先知主编：《毛泽东年谱（1893—1949）》（修订本）上卷，中央文献出版社2013年版，第576页。
④ 《毛泽东书信选集》，中央文献出版社2003年版，第68页。

考问题，总结经验"。①

同他的许多著作一样，毛泽东在《中国革命战争的战略问题》中展开自己的论点，采用的是"层层剥笋"的办法。先从战争的一般规律（即第一章"如何研究战争"）开始，进而论述中国共产党和中国革命战争的关系（第二章"中国共产党和中国革命战争"），再论及中国革命战争的特殊性（第三章"中国革命战争的特点"）。通过这种论证结构，将特殊规律同一般规律紧紧地联系在一起，从而凸显了列宁的一句名言："马克思主义的精髓，马克思主义的活的灵魂：对具体情况作具体分析。"② 也就是说，重要的、具有决定意义的，不是那些一般性原则，而是从具体情况出发的具体分析。这就不点名地剥夺了那些教条主义者的政治资本："他们自称为马克思列宁主义者，其实一点马克思列宁主义也没有学到。"③

接下来的第四章，指明了国共内战的主要形式是"围剿"与反"围剿"，由此决定了进攻与防御这两种作战形式的长期反复交替。一味地主张进攻、"机械地反对使用军事防御的手段"，是"左"倾机会主义军事路线的基本特点。

第五章专论战略防御。如果说前四章着重讲的是"战争论"与"战争认识论"的话，第五章则系统讨论了战略学与战役学中的诸问题。与一般战争理论著作不同的是，尽管这一章也是按照范畴分类论述的④，但它的出发点不是抽象的概念，而是具体的事实与鲜活的战例。因此，毛泽东后来把他的著作称之为"血的著作"，亦即"是付出了流血牺牲的代价的"。⑤ 这些战例，

---

① 《建国以来毛泽东军事文稿》下卷，军事科学出版社、中央文献出版社 2010 年版，第 241 页。
② 《列宁全集》第 39 卷，人民出版社 1986 年版，第 128 页。
③ 《毛泽东选集》第 1 卷，人民出版社 1991 年版，第 187 页。
④ 这些范畴构成了第五章"战略防御"的第一至九节，即：（一）积极防御和消极防御；（二）反"围剿"的准备；（三）战略退却；（四）战略反攻；（五）反攻开始问题；（六）集中兵力问题；（七）运动战；（八）速决战；（九）歼灭战。
⑤ 逄先知、冯蕙主编：《毛泽东年谱（1949—1976）》第 5 卷，中央文献出版社 2013 年版，第 329 页。

从开辟井冈山革命根据地起，直到第五次反"围剿"失败、红军被迫进行战略转移，无论是成功与失败，都包含着中国革命战争的特殊规律。在当时，亲身参与其中的比比皆是，能在这些中国革命的大悲大喜之中总结出规律性认识、并找到制胜之道者，只有毛泽东。

在总结了十年内战中的军事路线问题之后，毛泽东把理论总结的目光投向了思想路线方面。这是因为，同教条主义的斗争中，使他深刻地体察到，"一切大的政治错误没有不是离开辩证唯物论的"。①

毛泽东一向对马克思主义哲学有浓厚的兴趣。这不仅是因为有人讥讽说"山沟里没有马克思主义"，更重要的是他从切身感受中体会到，只有马克思主义哲学才能在茫茫大海中给人以方向感。

早在率领红四军七大前后围绕建军原则发生争论时，毛泽东就曾在1929 年 11 月 28 日写给中央的信中提出："惟党员理论常识太低，须赶急进行教育。除请中央将党内出版物(布报②，《红旗》，《列宁主义概论》③，《俄国革命运动史》④ 等，我们一点都未得到) 寄来外，另请购书一批 (价约百元，书名另寄来)。""我们望得书报如饥如渴，务请勿以事小弃置。"⑤ 他在同日写给中央政治局常委、中宣部长李立三的信中还说："我知识饥荒到十分，请你时常寄书报给我，能抽暇写信指导尤幸。"⑥

到了中央苏区时期，毛泽东处于被排斥的地位。那些教条主义者动辄就引经据典，给人扣吓人的大帽子。毛泽东痛感对马克思列宁主义的经典著作知之甚少，便发奋刻苦读一切可以找到的经典著作，尤其是哲学著作。他曾

---

① 《毛泽东哲学批注集》，中央文献出版社 1988 年版，第 311—312 页。
② 指中共中央机关刊《布尔塞维克》，创刊于 1927 年 10 月 24 日。
③ 即斯大林《论列宁主义基础》一书。
④ 瞿秋白：《俄国革命运动史》，新青年社 1927 年版。
⑤ 《毛泽东书信选集》，中央文献出版社 2003 年版，第 22 页。
⑥ 《毛泽东书信选集》，中央文献出版社 2003 年版，第 24 页。

经说，他是"在马背上学的马列主义"①。

1932年4月，红军攻克漳州，找到恩格斯《反杜林论》等一批马列著作，送给毛泽东。毛泽东对《反杜林论》爱不释手，多次通读，在长征途中还读过。

1937年1月到延安后，正值国共内战已经停止、全民族抗日战争尚未爆发之际，毛泽东有了更多的时间钻研马克思主义哲学。

从现在保存下来的毛泽东批阅过的图书看，毛泽东从1936年11月起，即还在保安的时候，就开始读苏联哲学家布罗科夫（当时译作西洛可夫）和爱森贝格（当时译作爱森堡）等写的《辩证法唯物论教程》中译本（第3版）。直到1937年4月，先后读了三四遍，写下约1.2万字的批注。这些批注，多集中在马克思主义的认识论和辩证法上，特别是有关对立统一规律的批注占了全部批注文字的一半。可见当时毛泽东的关注点，是下决心要用马克思主义的认识论和辩证法观点，去纠正党内存在的教条主义和形而上学。他并非是要借此建立一个包罗万象、包医百病的庞大理论体系，而是要借助这样一个"显微镜和望远镜"，来扫清理论联系实际的思想障碍。

他在批注中指出了只看重书本而看轻实践的思想危害："不从具体的现实出发，而从空虚的理论命题出发，李立三主义和后来的军事冒险主义与军事保守主义都犯过此错误，不但不是辩证法，而且不是唯物论。"② 所以，他把自己的两篇哲学著作，一篇定名为《实践论》③，另一篇定名为《矛盾论》④，就是想唤起全党特别是高级领导干部对马克思主义认识论、辩证法的高度重视。用他自己的话说，叫作"有的放矢"。

---

① 转引自龚育之、逄先知、石仲泉：《毛泽东的读书生活》，生活·读书·新知三联书店2010年版，第28页。

② 《毛泽东哲学批注集》，中央文献出版社1988年版，第9页。

③ 当时是毛泽东为中国人民抗日军政大学讲课准备的《辩证法唯物论（讲授提纲）》的第2章第11节，写于1937年7月。

④ 当时是《辩证法唯物论（讲授提纲）》的第3章第1节，写于1937年8月，原题为"矛盾统一法则"。

毛泽东为写《实践论》《矛盾论》，花费了许多心血。他回忆说："写《实践论》、《矛盾论》，是为了给抗大讲课。他们请我讲课，我也愿意去当教员。去讲课，可以总结革命的经验。讲一次课，整整要花一个星期的时间做准备，而且其中还要有两个通宵不能睡觉。准备了一个星期，讲上两个钟头的课，就'卖'完了。课不能照书本去讲。那样讲，听的人要打瞌睡。自己做准备，结合实际讲，总结革命经验，听的人就有劲头了。"①

毛泽东对这次讲课十分重视，专门准备了讲课提纲《辩证法唯物论（讲授提纲)》，《实践论》和《矛盾论》就是其中的两节。毛泽东当年讲课的情况，据《中国人民抗日军事政治大学史》记载："每星期二、四上午，毛泽东准时到抗大讲课，每次讲授4小时，下午还参加学员讨论，随时回答大家提出的问题。从5月起直至7月'卢沟桥事变'前后，共授课110多小时。"②

在《实践论》里，毛泽东着重解决的是轻视实践的问题，因此他用了一个非常中国化的副标题："论认识和实践的关系——知和行的关系"③。知和行的关系，是一个古老的中国哲学命题，它的源头至少可以追溯到春秋战国时期。

《实践论》开宗明义，点出了立论的依据："马克思主义者认为，只有人们的社会实践，才是人们对于外界认识的真理性的标准。"接下来，还是采用"层层剥笋"式的分析方法，深入探讨了"认识的发展过程"，进而说明"人的认识究竟怎样从实践发生，而又服务于实践"。

他列举了当时特有的现象，即国民政府考察团来延安的例子，来说明人的认识发展过程，其实是经过从感性认识到理性认识。然后，又用无产阶级对资本主义的认识、中国人民对帝国主义的认识、人们对战争的认识、工作

---

① 《建国以来毛泽东军事文稿》下卷，军事科学出版社、中央文献出版社2010年版，第114页。

② 中国人民解放军国防大学著：《中国人民抗日军事政治大学史》，国防大学出版社2000年版，第37页。

③ 《毛泽东选集》第1卷，人民出版社1991年版，第282页。

中从没有把握到有把握等例子，来强化说明上述论点，进而证明："离开实践的认识是不可能的"。

从知与行、认识与实践如此紧密的关系中，毛泽东特别强调两点。第一，"理性认识依赖于感性认识"；第二，"认识有待于深化，认识的感性阶段有待于发展到理性阶段"。强调前者，以反对教条主义；强调后者，以反对经验主义。在毛泽东看来，在土地革命时期，两者相互作用，经验主义往往成为教条主义的思想俘虏，对中国革命危害极大。

在这里，已经显示出毛泽东进行理论创造的独有品格，即从不追求建立教科书式或百科全书式的思想体系，而是特别注重思想的有用性，即是否既源于实践又高于实践。

说到这里，毛泽东认为还没有完成实践的使命，更没有完成理论的使命。他强调："认识从实践始，经过实践得到了理论的认识，还须再回到实践去。"这就是理论指导实践的过程，也是"检验理论和发展理论的过程"。强调任何一种理论都必须接受实践的检验，实际上打破了对马克思主义的那种僵化教条式的思维定式，从而引发了一场真正意义上的思想解放运动。

后来，他对这一思想又作了进一步发展，1963年5月在《人的正确思想是从哪里来的?》一文中提出："人们的认识经过实践的考验，又会产生一个飞跃。这次飞跃，比起前一次飞跃来，意义更加伟大。因为只有这一次飞跃，才能证明认识的第一次飞跃，即从客观外界的反映过程中得到的思想、理论、政策、计划、办法等等，究竟是正确的还是错误的，此外再无别的检验真理的办法。而无产阶级认识世界的目的，只是为了改造世界，此外再无别的目的。"[1]

《实践论》最后的结论，是耐人寻味的："马克思列宁主义并没有结束真理，而是在实践中不断地开辟认识真理的道路。我们的结论是主观和客观、理论和实践、知和行的具体的历史的统一，反对一切离开具体历史的'左'

---

[1] 《毛泽东文集》第8卷，人民出版社1999年版，第321页。

的或右的错误思想。"①

《实践论》从认识论上反对教条主义，《矛盾论》则从方法论上反对教条主义。毛泽东在《矛盾论》开篇说："我们现在的哲学研究工作，应当以扫除教条主义思想为主要的目标。"②

《矛盾论》从"两种宇宙观"破题，一开始就点出了在事物发展的根本原因上"内因论"与"外因论"的对立。在遵义会议上，博古（秦邦宪）所作的关于五次"围剿"总结报告，就是片面强调敌强我弱是第五次反"围剿"失败的主要原因。

《矛盾论》接下来要说明的是矛盾普遍性与特殊性的关系。这是全篇的关键。毛泽东指出："矛盾的普遍性和矛盾的特殊性的关系，就是矛盾的共性和个性的关系。""然而这种共性，即包含于一切个性之中，无个性即无共性。""这一共性个性、绝对相对的道理，是关于事物矛盾的问题的精髓，不懂得它，就等于抛弃了辩证法。"③

在《实践论》中，强调实践比理论更重要。《矛盾论》中，进一步强调"无个性即无共性"。这为确立马克思主义普遍真理同中国革命实际相结合的原则，使中国共产党从把马克思主义教条化、把共产国际指示神圣化的束缚中解放出来，奠定了哲学基础。

毛泽东讲授《实践论》和《矛盾论》之际，适逢日本全面侵华战争爆发。随后，他便全身心地投入指导全民族抗日战争之中。但不久，又遇到王明教条主义从右的方面的种种干扰。这又印证了毛泽东总结的一条规律，国共关系破裂时容易产生"左"倾错误，国共关系改善时又会产生右的危险。

1938年10月12日至14日，毛泽东在中共六届六中全会上作《论新阶段》报告。这个报告，一方面通过不点名的方式纠正了王明右倾投降主义，另一

---

① 以上《实践论》的引文，见《毛泽东选集》第1卷，人民出版社1991年版，第284、288、290、291、292、296页。
② 《毛泽东选集》第1卷，人民出版社1991年版，第299页。
③ 《毛泽东选集》第1卷，人民出版社1991年版，第319、319—320、320页。

方面又全面阐述了中国共产党的政治路线、军事路线、组织路线，以及抗日民族统一战线中的独立自主原则。

这个报告比以往更进一步的是，明确提出"马克思主义的中国化"命题。他说："没有抽象的马克思主义，只有具体的马克思主义。所谓具体的马克思主义，就是通过民族形式的马克思主义，就是把马克思主义应用到中国具体环境的具体斗争中去，而不是抽象地应用它。成为伟大中华民族之一部分而与这个民族血肉相联的共产党员，离开中国特点来谈马克思主义，只是抽象的空洞的马克思主义。因此，马克思主义的中国化，使之在其每一表现中带着中国的特性，即是说，按照中国的特点去应用它，成为全党亟待了解并亟须解决的问题。洋八股必须废止，空洞抽象的调头必须少唱，教条主义必须休息，而代替之以新鲜活泼的、为中国老百姓所喜闻乐见的中国作风与中国气派。"①

由此，"马克思主义的中国化"有了两方面的含义。一方面，它是指把马克思主义普遍原理同中国革命具体实际相结合；另一方面，它是指具有民族形式的马克思主义，即具有中国作风与中国气派的马克思主义，是具体的马克思主义。他特别强调："马克思、恩格斯、列宁、斯大林的理论，是'放之四海而皆准'的理论。不是把他们的理论当作教条看，而是当作行动的指南。不是学习马克思列宁主义的字母，而是学习他们观察问题与解决问题的立场与方法。"

毛泽东向全党提出："学习理论是胜利的条件。在主要领导责任的观点上说，如果中国有一百个至二百个系统地而不是零碎地、实际地而不是空洞地学会了马克思主义的同志，那将是等于打倒一个日本帝国主义。"②从中不难体会毛泽东在思想理论上常有一种"和者盖寡"的孤独感。

---

① 《建党以来重要文献选编（1921—1949）》第15册，中央文献出版社2011年版，第651页。
② 《建党以来重要文献选编（1921—1949）》第15册，中央文献出版社2011年版，第650页。

从 1939 年起，按照毛泽东的要求开展了有组织的学习运动。学习的内容，按照毛泽东在六届六中全会上提出的，主要是学习马克思主义理论，学习历史，学习当前运动。为此成立了中央干部教育部，张闻天任部长，李维汉为副部长。1940 年，中共中央还下发了 10 多个关于学习的文件，初步形成了干部学习教育制度。

在学习运动中，暴露出理论与实践脱节的问题。特别是在这期间，1940年 3 月，王明（陈绍禹）把他在 1931 年所写、作为王明"左"倾教条主义代表作的《为中共更加布尔什维克化而斗争》一书，在延安重印了第三版。不少人不明就里，把这本书也作为重要的理论著作来学习。种种情况表明，在彻底清算教条主义的政治路线以前，端正思想路线与学风的任务不可能真正完成。这样，对王明时期"左"倾冒险主义政治路线清算，就成为必须迈过去的一道门槛。

1940 年 12 月 4 日，毛泽东在中共中央政治局会议上，正式提出了要总结党的历史上特别是苏维埃运动后期的政策错误问题。他说：我党在历史上有三个时期。在大革命末期，陈独秀主张联合一切，下令制止工农运动。到苏维埃时期，在初期暴动时实行打倒一切，到六大时纠正了。但到苏维埃末期又是打倒一切，估计当时是苏维埃与殖民地两条道路的决战。实行消灭富农及小地主的政策，造成赤白对立。这种"左"的政策使军队损失十分之九，苏区损失不止十分之九，所剩的只有陕北苏区，实际上比立三路线时的损失还大。

他特别强调：遵义会议决议只说是军事上的错误，没有说是路线上的错误，实际上是路线上的错误，所以遵义会议决议须有些修改。[①]

然而，在这次会上，有人明确表示不同意苏维埃运动后期的错误是路线错误的提法。由于当时正处在蒋介石蓄意制造皖南事变的前夜，有许多更为紧急的事情要做决定，毛泽东没有急于统一大家的思想，同意对过去的经验

---

① 逄先知主编：《毛泽东年谱（1893—1949）》（修订本）中卷，中央文献出版社 2013 年版，第 237 页。

教训要作专门研究。

1941年5月19日，毛泽东在中央党校作《改造我们的学习》报告。这时，国民党第二次反共高潮已被打退，抗战战局相对平稳。有了前次中央政治局会议的经验，他决心依旧从学风问题上打开突破口。

这个报告的第一句话就点明了目的："我主张将我们全党的学习方法和学习制度改造一下。"

围绕六届六中全会提出的三项学习任务，毛泽东在报告中对学习的现状表示了强烈不满。在研究当前问题上，"缺乏调查研究客观实际状况的浓厚空气。'闭塞眼睛捉麻雀'，'瞎子摸鱼'，粗枝大叶，夸夸其谈，满足于一知半解"。在研究历史上，"不论是近百年的和古代的中国史，在许多党员的心目中还是漆黑一团。许多马克思列宁主义的学者也是言必称希腊，对于自己的祖宗，则对不住，忘记了。"在研究理论上，"虽然读了，但是消化不了。只会片面地引用马克思、恩格斯、列宁、斯大林的个别词句，而不会运用他们的立场、观点和方法，来具体地研究中国的现状和中国的历史，具体地分析中国革命问题和解决中国革命问题。"

报告中通过学风问题阐发了著名的实事求是思想，指出："'实事'就是客观存在着的一切事物，'是'就是客观事物的内部联系，即规律性，'求'就是我们去研究。""这种态度，就是党性的表现，就是理论和实际统一的马克思列宁主义的作风。这是一个共产党员起码应该具备的态度。"

他还尖锐地批评理论与实践脱离的倾向："这种反科学的反马克思列宁主义的主观主义的方法，是共产党的大敌，是工人阶级的大敌，是人民的大敌，是民族的大敌，是党性不纯的一种表现"。"只有打倒了主观主义，马克思列宁主义的真理才会抬头，党性才会巩固，革命才会胜利。"[1]

据胡乔木回忆："毛主席讲话用语之辛辣，讽刺之深刻，情绪之激动，

---

[1] 《毛泽东选集》第3卷，人民出版社1991年版，第795、796—797、801、800页。

都是许多同志在此以前从未感受过的。"①

这个报告后，中共中央于同年 7 月 1 日作出《关于增强党性的决定》，8 月 1 日又作出《关于调查研究的决定》。在此之前，毛泽东还为他的一本农村调查文集《农村调查》先后写了序和跋。他在序中，尖锐地批评了一些轻视实践和调查研究的人，说："有许多人，'下车伊始'，就哇喇哇喇地发议论，提意见，这也批评，那也指责，其实这种人十个有十个要失败。"在跋里，他特别提出十年内战后期的许多政策是错误的。②

有了上述准备之后，1941 年 9 月 10 日至 10 月 22 日，召开了中共中央政治局整风会议（也称"九月会议"）。这次会议时断时续开了一个多月，集中讨论了 5 次。会议重点是检讨党在十年内战后期的领导路线问题。毛泽东在会上多次发言，以大量事实说明了苏维埃运动后期存在着一条以教条主义为特征的错误路线。这次会议，对十年内战后期中共中央领导犯了"左"倾机会主义路线错误的问题，基本上取得一致的认识。与会者一致认为，所说的"十年内战后期"，是指从 1931 年 9 月开始的中共临时中央领导的时期。这样，就把王明"左"倾教条主义放在了党的历史审判席上。会上，张闻天、博古（秦邦宪）、王稼祥等纷纷发言，作了自我批评。只有王明（陈绍禹）在会上不作自我批评，还把责任推给别人。

也就在此前后，毛泽东主持编辑《六大以来》（又称"党书"）党内重要历史文献集，以便使党的高级领导干部在学习和研究党的历史过程中，进一步认识教条主义对党的严重危害。这部书的编辑，对于成功召开上述中央政治局会议发挥了关键作用。毛泽东说：到了一九四一年五月，我作《改造我们的学习》的报告，毫无影响。六月后编了党书，党书一出许多同志解除武装，才可能召开一九四一年九月会议，大家才承认十年内战后期中央领导的错误是路线错误。一九四一年九月会议是一个关键，否则我是不敢到党校去

---

① 《胡乔木回忆毛泽东》（修订本），人民出版社 2014 年版，第 192—193 页。
② 《毛泽东选集》第 3 卷，人民出版社 1991 年版，第 791、792 页。

作整风报告的,我的《农村调查》等书也不能出版,整风也整不成。①

据胡乔木回忆说:"当时没有人提出过四中全会后的中央存在着一条'左'倾路线。现在把这些文件编出来,说那时中央一些领导人存在主观主义、教条主义就有了可靠的根据。有的人就哑口无言了。毛主席怎么同'左'倾路线斗争,两种领导前后一对比,就清楚看到毛主席确实代表了正确路线,从而更加确定了他在党内的领导地位。""编辑《六大以来》就是为了解决政治路线问题","《六大以来》成了党整风的基本武器"。②

九月会议后,全党范围的整风运动逐渐展开。整风先从延安开始,逐渐向各抗日根据地展开;先从高级领导干部开始,再向普通党员干部铺开。特别是继《改造我们的学习》之后,毛泽东先后于1942年2月1日在中央党校开学典礼上作《整顿学风党风文风》的报告,2月8日在中央宣传部干部会议上作《反对党八股》的报告,对整风运动深入开展起了推动作用。

关于整风运动的目的,他提出:"反对主观主义以整顿学风,反对宗派主义以整顿党风,反对党八股以整顿文风,这就是我们的任务。"

关于什么是理论,他指出:"真正的理论在世界上只有一种,就是从客观实际抽出来又在客观实际中得到了证明的理论,没有任何别的东西可以称得起我们所讲的理论。"

关于什么是理论家,他说:"我们读了许多马克思列宁主义的书籍,能不能就算是有了理论家呢?不能这样说。因为马克思列宁主义是马克思、恩格斯、列宁、斯大林他们根据实际创造出来的理论,从历史实际和革命实际中抽出来的总结论。我们如果仅仅读了他们的著作,但是没有进一步地根据他们的理论来研究中国的历史实际和革命实际,没有企图在理论上来思考中国的革命实践,我们就不能妄称为马克思主义的理论家。"③

---

① 逄先知主编:《毛泽东年谱(1893—1949)》(修订本)中卷,中央文献出版社2013年版,第469页。
② 《胡乔木回忆毛泽东》(修订本),人民出版社2014年版,第48页。
③ 《毛泽东选集》第3卷,人民出版社1991年版,第812、817、814页。

这些今天看来是常识的认识，对于饱受教条主义之害的中国共产党来说，却是用血的代价换来的真理。在延安整风中经过毛泽东的阐发，给人以耳目一新的强烈感觉。

1942 年 4 月 3 日，中共中央宣传部发出经毛泽东修改审定的《关于在延安研究讨论中央决定与毛泽东整顿三风报告的决定》。这个决定规定了整风学习文件共 18 种。[①] 不久，4 月 16 日，中宣部又发出通知，将整风文件从 18 种增加到 22 种。[②]

1942 年 6 月 8 日，中共中央宣传部又发出《关于在全党进行整顿三风学习运动的指示》。这个指示总结了延安整风的经验，并将这些经验连同《中央直属系统四个月研究二十二个文件的计划》向全党推广。《指示》的第二个附件《延安学习组织的概略》中说："中央成立总学习委员会，以毛泽东同志为主，康生为副，领导全延安学习。"还具体描述了延安组织整风学习的概况："延安各机关学校的高级干部均成立中心学习组（甲组），自己把文件学好来领导其他干部学习。此外有中级学习组（乙组）与普通学习组（丙组）。甲组人数较少，但是领导的中心。乙组人数最多，都是中级干部，是学习运动中最应注意的部分，甲组同志应分别参加之。丙组人数不很多，是文化较低组，又应该学习文件的若干干部，则采取上课的办法为主。延安共

[①] 这 18 种整风文件是：（一）毛泽东 1942 年 2 月 1 日在党校的报告；（二）毛泽东 1942 年 2 月 8 日在延安干部会上的报告；（三）康生两次报告；（四）中央关于增强党性决定；（五）中央关于调查研究决定；（六）中央关于延安干部学校决定；（七）中央关于在职干部教育决定；（八）毛泽东在边区参议会的演说；（九）毛泽东关于改造学习的报告；（十）毛泽东论反对自由主义；（十一）毛泽东农村调查序言二；（十二）联共党史结束语六条；（十三）斯大林论党的布尔塞维克化十二条；（十四）刘少奇论共产党员的修养第二章第二、第三、第四、第五节；（十五）陈云论怎样做一个共产党员；（十六）红四军第九次代表大会论党内不正确倾向；（十七）宣传指南小册；（十八）中央宣传部关于在延安讨论中央决定及毛泽东同志整顿三风报告的决定。

[②] 新增加的第 19 种至第 22 种整风文件分别是：斯大林论领导与检查；列宁斯大林等论党的纪律与党的民主；斯大林论平均主义；季米特洛夫论干部政策与干部教育政策。

有一万零九十八人参加这次的整风学习。"①

整风运动前后，毛泽东从中国实际出发，进行了大量理论创作活动，推出了一批重要成果，使马克思主义中国化向前推进了一大步，也使全党的理论水平提高了一大步。这些标志性的著作有：《〈共产党人〉发刊词》（1939年10月4日）、《大量吸收知识分子》（1939年12月1日）、《中国革命和中国共产党》（1939年12月）、《新民主主义论》（1940年1月）、《〈农村调查〉的序言和跋》（1941年3月、4月）、《关于打退第二次反共高潮的总结》（1941年5月8日）、《改造我们的学习》（1941年5月19日）、《整顿党的作风》（1942年2月1日）、《在延安文艺座谈会上的讲话》（1942年5月）、《抗日时期的经济问题和财政问题》（1942年12月）、《关于领导方法的若干问题》（1943年6月1日）等。这些著作，哺育了一代又一代中国共产党人。

通过整风运动，毛泽东的威望进一步提高，以毛泽东为核心的中共中央领导集体进一步巩固。1943年3月20日，中央政治局通过《中共中央关于中央机构调整及精简的决定》，规定了中央政治局和中央书记处的职权范围。关于中央政治局的职权范围，规定："在两次中央全会之间，中央政治局担负领导整个党的工作的责任，有权决定一切重大问题。政治局推定毛泽东为主席，凡重大的思想、政治、军事、政策和组织问题必须在政治局会议上讨论通过。"关于中央书记处的职权范围，规定："书记处是根据政治局所决定的方针处理日常工作的办事机关"，"书记处由毛泽东、刘少奇、任弼时组成，毛泽东为主席。会期不固定，得随时由主席召集之。书记处会议所讨论的问题，主席有最后决定权。""书记处必须将自己的工作向政治局作报告。"②

延安整风运动的后期，按规定要进行审查干部的工作。这是保持党的组

---

① 《建党以来重要文献选编（1921—1949）》第19册，中央文献出版社2011年版，第329—330页。

② 《建党以来重要文献选编（1921—1949）》第20册，中央文献出版社2011年版，第173页。

织纯洁性的正常工作，在此以前也多次进行过审干工作。鉴于以前历次审干和肃反工作都出现过"逼供信"等问题，毛泽东强调："我们过去在肃反中有很沉痛的教训。我们这次无论如何不要搞逼供信，要调查研究，要重证据，没有物证，也要有人证。不要听人家一说，你就信以为真，要具体分析，不要轻信口供。对于有问题的人，一个不杀，大部不捉。"①

尽管如此，这次审干还是出现了严重偏差，演变成所谓"抢救失足者运动"，一时间搞得人心惶惶、"特务如麻"，延安地区十几天内揪出所谓特务分子1400多人，造成大批冤假错案。

对这些问题，毛泽东主动承担了责任，多次向受到错误伤害的同志"脱帽鞠躬"，"赔礼道歉"。他郑重表示：在审干中，"党校就犯了许多错误，谁负责？我负责，因为我是党校的校长。整个延安犯了许多错误，谁负责？我负责，因为发号施令的是我。"②

整风运动的直接成果，是经过近一年的起草和反复修改，在1945年4月20日中共六届七中全会上通过了《关于若干历史问题的决议》，对党的历史问题作了结论，并充分肯定以毛泽东为代表的中国共产党的正确路线，这就为胜利召开中国共产党第七次全国代表大会创造了条件。

1945年4月23日至6月11日，中国共产党第七次全国代表大会在延安举行。大会将马克思主义中国化的理论成果，正式命名为毛泽东思想，并将毛泽东思想作为党的一切工作的指针，郑重地写入了《中国共产党党章》。《党章》规定："中国共产党，以马克思列宁主义的理论与中国革命的实践之统一的思想——毛泽东思想，作为自己一切工作的指针，反对任何教条主义的或经验主义的偏向。中国共产党以马克思主义的辩证唯物主义与历史唯物主义为基础，批判地接收中国的与外国的历史遗产，反对任何唯心主义的或

---

① 逢先知主编：《毛泽东年谱（1893—1949）》（修订本）中卷，中央文献出版社2013年版，第460页。

② 《毛泽东文集》第3卷，人民出版社1996年版，第262页。

机械唯物主义的世界观。"①

刘少奇在大会上关于修改党章的报告中说:"毛泽东思想,就是马克思主义在目前时代的殖民地、半殖民地、半封建国家民族民主革命中的继续发展,就是马克思主义民族化的优秀典型。""毛泽东思想,从他的宇宙观以至他的工作作风,乃是发展着与完善着的中国化的马克思主义,乃是中国人民完整的革命建国理论。""这些理论与政策,完全是马克思主义的,又完全是中国的。这是中国民族智慧的最高表现和理论上的最高概括。"②

这时,也只有到这时,毛泽东所代表的马克思主义中国化的方向,才得到全党的高度认可与称道。

---

① 《建党以来重要文献选编(1921—1949)》第 22 册,中央文献出版社 2011 年版,第 390 页。
② 《刘少奇选集》上卷,人民出版社 1981 年版,第 335 页。

九、以谈对谈，以打对打

我们总有一天要胜利。这原因不是别的，就在于反动派代表反动，而我们代表进步。

——毛泽东：《和美国记者安娜·路易斯·斯特朗的谈话》

（1946 年 8 月 6 日）

1945 年 8 月 15 日，日本公开播放了日本天皇裕仁宣读《终战诏书》录音，用这种方式宣布无条件投降。消息传来，整个中国沉浸在欢庆胜利的喜悦之中。

这对中国人民来说，意味着历时 14 年的中国人民抗日战争终于以中国胜利而告结束。这是中国自近代以来从来没有过的事情。然而，就在中国人民为抗战胜利载歌载舞之时，内战的阴霾也渐渐地逼近了神州大地上空。

决不能同共产党等组建联合政府，决不给中共及其军队以合法地位，这是蒋介石已经确定的底线。但是，眼下马上发动内战，他还办不到。他最需要的是时间。对此，时任美国总统的杜鲁门看得一清二楚："蒋介石的权力只及于西南一隅，华南和华东仍被日军占领着，长江以北则连任何一种中央政府的影子也没有。""事实上，蒋介石甚至连再占领华南都有极大的困难。要拿到华北，他就必须同共产党人达成协议，如果他不同共产党人及俄国人达成协议，他就休想进入东北。"①

---

① 《杜鲁门回忆录》（中译本）第 2 卷，世界知识出版社 1965 年版，第 70、71 页。

在这种背景下，蒋介石一面于 1945 年 8 月 11 日发布命令，要求第十八集团军（即八路军）"所有该集团军所属部队，应就原地驻防待命"；一面于 8 月 14 日、20 日、23 日连发三封电报，邀请毛泽东来重庆"共定大计"。

毛泽东对自己的老对手蒋介石，已然了如指掌。8 月 13 日，他在延安干部会议上作《抗日战争胜利后的时局和我们的方针》的讲演，指出：国民党怎么样？看它的过去，就可以知道它的现在；看它的过去和现在，就可以知道它的将来。抗日时期，我们在敌后，他上了山。现在他要下山了，要下山来抢夺抗战胜利的果实了。必须清醒地看到，内战危险是十分严重的，因为蒋介石的方针已经定了。蒋介石对于人民是寸权必夺，寸利必得。我们呢？我们的方针是针锋相对，寸土必争。我们是按照蒋介石的办法办事。"我们的方针要放在什么基点上？放在自己力量的基点上，叫做自力更生。"这样，他为即将到来的这场斗争确定了两个原则：一是针锋相对，一是自力更生。

毛泽东还点明了今后一系列斗争的主题："蒋介石说要'建国'，今后就是建什么国的斗争。是建立一个无产阶级领导的人民大众的新民主主义的国家呢，还是建立一个大地主大资产阶级专政的半殖民地半封建的国家？这将是一场很复杂的斗争。"①

收到蒋介石的电报后，毛泽东于 8 月 23 日主持召开中共中央政治局扩大会议，决定亲自赴重庆谈判，并作了最坏打算，由刘少奇代理中共中央主席职务。当时的中央书记处，相当于通常的中央政治局常委会。为充实党中央领导力量，会议在毛泽东、朱德、刘少奇、周恩来、任弼时五位中央书记处书记之外，增选陈云、彭真为中央书记处候补书记。会议还决定毛泽东任中共中央军委主席，朱德、刘少奇、周恩来、彭德怀任副主席。

当时，大家都担心毛泽东的安全。8 月 25 日，毛泽东对搭乘美军观察组飞机回太行山前线的刘伯承、邓小平说："你们回到前方去，放手打就是

---

① 《毛泽东选集》第 4 卷，人民出版社 1991 年版，第 1132、1130 页。

了，不要担心我在重庆的安全问题。你们打得越好，我越安全，谈得越好。别的法子是没有的。"①

8月26日，毛泽东为中共中央起草了关于同国民党进行和平谈判的通知。

通知对重庆谈判表示了信心："现在苏美英三国均不赞成中国内战，我党又提出和平、民主、团结三大口号，并派毛泽东、周恩来、王若飞三同志赴渝和蒋介石商量团结建国大计，中国反动派的内战阴谋，可能被挫折下去。"国民党"在内外压力下，可能在谈判后，有条件地承认我党地位，我党亦有条件地承认国民党的地位，造成两党合作（加上民主同盟等）、和平发展的新阶段。"

通知要全党对谈判中必要的让步做好准备："在谈判中，国民党必定要求我方大大缩小解放区的土地和解放军的数量，并不许发纸币，我方亦准备给以必要的不伤害人民根本利益的让步。无此让步，不能击破国民党的内战阴谋，不能取得政治上的主动地位，不能取得国际舆论和国内中间派的同情，不能换得我党的合法地位和和平局面。""在我党采取上述步骤后，如果国民党还要发动内战，它就在全国全世界面前输了理，我党就有理由采取自卫战争，击破其进攻。"②

在作了充分部署后，8月28日上午11时许，毛泽东、周恩来、王若飞在蒋介石代表张治中、美国驻华大使赫尔利陪同下，乘飞机离开延安。下午3时许，抵达重庆九龙坡机场，受到重庆各界代表的隆重欢迎。

在毛泽东来重庆前，已对他在重庆的住所与会客、办公的地方作了精心安排。张治中把他在城内曾家岩的官邸桂园给毛泽东用，作为毛泽东在重庆期间会客、办公的场所。晚上休息，则回到位于郊外红岩的第十八集团军驻渝办事处，也是中共南方局的所在地。

---

① 逄先知主编：《毛泽东年谱（1893—1949）》（修订本）下卷，中央文献出版社2013年版，第13页。
② 《毛泽东选集》第4卷，人民出版社1991年版，第1153—1154页。

毛泽东到达重庆的当天晚上，即前往蒋介石官邸林园，参加蒋介石为迎接毛泽东一行举行的宴会。宴会可谓盛况空前。张治中、张群、陈诚、吴国桢、邵力子、王世杰、周至柔、蒋经国，以及美国驻华大使赫尔利、美军中国战区司令官魏德迈，出席宴会。宴会结束后，蒋介石还请毛泽东住在林园。

这是国共两党首脑，在蒋介石1927年"四一二"大屠杀后的第一次见面。许多国民党进步人士、民主党派人士、社会贤达对此抱有很大希望。

蒋介石对毛泽东能赴约来重庆谈判准备不足，连日来同党政军要员紧急商讨对策和原则。8月26日，蒋介石在日记里写下了包括"共部之处理"、"国民大会办法"、"参加政府办法"、"释放共犯办法"等内容的"与毛商谈要目与方针"[1]。8月28日毛泽东到重庆的当天，蒋介石日记记载："正午会谈对毛泽东应召来渝后之方针，决以诚挚待之。政治与军事应整体解决，但对政治之要求予以极度之宽容，而对军事则严格之统一不稍迁就。"[2] 也就是说，在政治上开些空头支票，而诱使中共在军事上被迫让步，即是蒋介石的待客之道。

毛泽东到重庆的第二天，8月29日下午，毛泽东在林园同蒋介石第一次直接商谈。蒋介石表示一切问题愿听取中共方面意见，并重提所谓中国无内战的说法。毛泽东列举十年内战和抗日战争中的大量事实指出，说中国没有内战是欺骗。最后蒋介石提出谈判三原则：（一）所有问题整个解决；（二）一切问题之解决，均须不违背政令军令之统一；（三）政府之改组，不得超越现有法统之外。这天晚上，蒋介石依然请毛泽东住在林园。[3]

也就在这一天，以国民党政府陆军总司令何应钦的名义，密令各战区印

---

[1] 转引自杨天石：《找寻真实的蒋介石——蒋介石日记解读》（下），山西出版集团、山西人民出版社2008年版，第430页。

[2] 转引自张秀章：《蒋介石日记揭秘》（下），团结出版社2007年版，第730页。

[3] 逄先知主编：《毛泽东年谱（1893—1949）》（修订本）下卷，中央文献出版社2013年版，第17页。

发了蒋介石在"围剿"红军时编订的《剿匪手本》。谈判桌后面的刀光剑影依稀可见。

接下来的几天，双方均是一般性的商谈，国民党方面始终拿不出像样的方案或建议来。毛泽东利用这段时间，一边思考中共方面的建议，一边利用一切可能广泛会见在重庆的各方面人士，并继续指导延安和各解放区工作。

8月30日，毛泽东将拟议好的十一条意见发电报给刘少奇和中共中央。9月3日，毛泽东将这十一条意见略加修改，请周恩来、王若飞通过张群、张治中、邵力子转交蒋介石。这十一条意见的要点是：（一）在和平、民主、团结基础上实现全国的统一，建设独立、自由和富强的新中国，彻底实现三民主义。（二）拥护蒋先生，承认蒋先生在全国的领导地位。（三）承认国共两党及抗日党派的平等合法地位，确立长期合作、和平建国方针。（四）承认解放区部队及地方政权在抗日战争中的功绩和合法地位。（五）严惩汉奸，解散伪军。（六）重划受降地区，解放区抗日军队参加受降工作。（七）停止一切武装冲突，各部暂留原地待命。（八）实现政治民主化，军队国家化，党派平等合法。还提出政治民主化、军队国家化、党派平等的必要办法。[①]

9月4日，蒋介石将他自拟的《对中共谈判要点》交张群、王世杰、张治中、邵力子。要点共四条：（一）中共军队之编组，以十二个师为最高限度。（二）承认解放区，绝对行不通。（三）拟将原国防最高委员会改组为政治会议，由各党派人士参加。（四）原当选之国民大会代表，仍然有效，可酌量增加名额。蒋介石还正式指定他们四人为谈判代表，要其拟具对中共9月3日所提方案的复案。[②]

从9月4日至10月5日，中共代表周恩来、王若飞同国民党政府代表张群、张治中、邵力子，共进行十二次谈判。

谈判进行得很不顺利，焦点集中在中共军队整编限额与解放区的合法地

---

① 详见《毛泽东文集》第4卷，人民出版社1996年版，第20—22页。

② 逢先知主编：《毛泽东年谱（1893—1949）》（修订本）下卷，中央文献出版社2013年版，第21页。

位问题。由于国民党方面始终拒不接受中共提出的十一条建议，自己又拿不出可替代的谈判方案，致使双方谈判在 9 月 4 日开始后，无端中断了 3 天，至 9 月 8 日继续谈判。直到 9 月 21 日，双方代表始终在军队和解放区等问题上争执不下。其间，9 月 12 日毛泽东、周恩来同蒋介石、张群、邵力子、张历生商谈军队整编问题，9 月 17 日毛泽东同蒋介石、赫尔利再次商谈，均没有任何进展。

9 月 13 日，中共中央书记处发出重庆谈判情况通报，指出："我们与国党初步交换意见的谈判，已告一段落，国党毫无诚意，双方意见相距甚远，谈判将拖延一时。""蒋表面上对毛周王招待很好，在社会上造成政府力求团结的气象。实际上对一切问题不放松削弱以致消灭我的方针，并利用全国人民害怕与反对内战心理，利用其合法地位与美国的支持与加强他（保障美国在远东对苏联的有利地位），使用强大压力，企图迫我就范，特别抓紧军队国家化问题。因此在谈话态度上只要求我们认识与承认他的法统及军令政令的统一，而对我方则取一概否认的态度。"[1]

9 月 21 日，赫尔利约毛泽东谈话。他要求共产党交出解放区，要么承认，要么破裂。毛泽东不为所动，沉着回答：不承认，也不破裂，问题复杂，还要讨论。[2]

同一天，周恩来在忍无可忍的情况下，面对谈判僵局严正指出："今日我等之商谈，系出于平等之态度，然而国民党之观念是自大的，是不以平等待中共的。故国民党及其政府皆视我党为被统治者，自西安事变以来即一贯如此。"[3]

此后，中共代表中断了同国民党代表的谈判，并将谈判中断的原因如实

[1] 《建党以来重要文献选编（1921—1949）》第 22 册，中央文献出版社 2011 年版，第 677—678 页。

[2] 转引自金冲及主编：《周恩来传（1898—1949）》，人民出版社 1989 年版，第 599—600 页。

[3] 金冲及主编：《周恩来传（1898—1949）》，人民出版社 1989 年版，第 599 页。

向社会各界说明。国民党方面终于坐不住了，主动提出于9月27日重开谈判，态度上也比以前有所收敛。

这一轮谈判，尽管在军队、解放区、国民大会、政治会议等问题上意见仍未达成一致，但双方距离在逐步缩小。10月5日，周恩来将所起草的《会议纪要》提交国民党方面讨论。这个《会谈纪要》，不仅把双方已一致同意的内容在文字上确定下来，而且对没有取得一致的问题也分别说明双方各自看法。在解放区地方政府问题上说明了中共先后提出的四种解决方案和双方争执所在。

此时的蒋介石，原本无意同毛泽东达成协议，看了《会谈纪要》后，如坐针毡，他在10月2日的日记中写道："共党反盗为主，其到重庆，在军事政治上作各种无理要求犹在其次，而且要将国民政府一切法令与组织根本推翻，不加承认，甚至实施宪政之日期与依法所选举之国民大会亦欲彻底推翻重选，而代之以共党之法令与组织，必使中国非依照其主张，受其完全控制而成为纯一共党之中国，终不甘心。"①

尽管如此，蒋介石外惧于美苏压力，内迫于求和平要民主的呼声，不愿承担阻挠重庆谈判达成协议的罪名。9月27日，毛泽东答路透社记者甘贝尔问又在《新华日报》公开发表，昭示了"在实现全国和平、民主、团结的条件下，中共准备作重要的让步，包括缩减解放区的军队在内"②的立场。再加上前方传来阎锡山的部队进攻上党地区失利的消息，也证明国民党军尚未做好发动内战的准备。种种因素都迫使蒋介石不得不重新考虑在重庆谈判纪要上签字的问题。

蒋介石在10月6日的日记中表示："对共问题，郑重考虑，不敢稍有孟浪。总不使内外有所藉口，或因此再起纷扰，最后惟有天命是从也。"正午时分，讨论中共方面起草的《会谈纪要》及毛泽东离渝时间，蒋介石表示"立

---

① 转引自杨天石：《找寻真实的蒋介石——蒋介石日记解读》（下），山西出版集团、山西人民出版社 2008 年版，第 441 页。

② 《毛泽东文集》第 4 卷，人民出版社 1996 年版，第 25 页。

允其速行，以免其疑虑"。①

两天后，10月8日晚，毛泽东出席张治中在国民党军委礼堂举行的欢送宴会，到会各党派、各界人士有四五百人。毛泽东在讲话中指出："中国今天只有一条路，就是和，和为贵，其他的一切打算都是错的。"②

历时45天的重庆谈判，终于迎来了盼望已久的一天。10月10日下午，国共双方代表周恩来、王若飞和王世杰、张群、张治中、邵力子在桂园客厅签署《政府与中共代表会谈纪要》。

10月11日下午1：30，毛泽东、王若飞在张治中的陪同下安全返回延安。随即，毛泽东主持召开中共中央政治局会议，并向会议报告了重庆谈判经过。会议一致同意《政府与中共代表会谈纪要》。

10月17日，毛泽东在延安干部会上作《关于重庆谈判》的报告。他表示："谈判的结果，国民党承认了和平团结的方针。这样很好。国民党再发动内战，他们就在全国和全世界面前输了理，我们就更有理由采取自卫战争，粉碎他们的进攻。"③

重庆谈判结束了，但蒋介石并没有放弃军事解决中国问题的准备。他在10月13日发出"酉元密令"，要求国民党军各部队"遵照中正所订的剿匪手本，督励所属，努力进剿，迅速达成任务，其功于国家者必得膺赐，其迟滞贻误者，当必执法以罪。"④这个密令，在邯郸战役中被晋冀鲁豫部队缴获，由新华社1945年11月6日公布，引起一片哗然。

尽管此时国民党军在美军舰船和飞机的帮助下，先后进入东北、华北、山东等地，但毕竟立足未稳、准备未周，还得指靠通过停战、和谈争取时间。

① 转引自杨天石：《找寻真实的蒋介石——蒋介石日记解读》（下），山西出版集团、山西人民出版社2008年版，第441页。
② 《毛泽东文集》第4卷，人民出版社1996年版，第31页。
③ 《毛泽东选集》第4卷，人民出版社1991年版，第1159页。
④ 转引自逢先知主编：《毛泽东年谱（1893—1949）》（修订本）下卷，中央文献出版社2013年版，第35—36页。

1946 年 1 月 10 日，国共双方签署《关于停止冲突、恢复交通的命令和声明》，规定于 1 月 13 日实现除东北外的全线停战。就在同一天，政治协商会议在重庆国民政府礼堂召开。按照事先商议的代表分配方案，国民党代表 8 人，中共代表 7 人，青年党代表 5 人，民主同盟代表 9 人，社会贤达 9 人，共 38 人出席会议。经过激烈争论，会议最终在改组政府、施政纲领、军事、国民大会、宪法草案问题上，不同程度地达成了协议，并于 1 月 31 日宣告闭幕。

在这一过程中，中共方面尽最大可能作了让步。这一方面是为了显示中国共产党为谋求国内和平、避免内战的诚意，另一方面也是为了巩固发展民主党派和社会贤达与中国共产党从抗战后期起建立起来的合作关系。尽管这些协议还是纸上的，国民党当局也并未准备认真实行，但由此树立了一个判别内战与和平的政治标尺。

到了 1946 年 6 月，国民党军对各解放区发动全面进攻的准备已经就绪，可用于进攻解放区的总兵力达到 160 万人。6 月 17 日，通过签订《中美处置租借物资协定》，国民党政府接受了价值 5170 万美元的军用物资。[1] 特别是在东北，自苏军 1946 年 3 月初按照协议陆续从城市和铁路沿线撤出后，国民党军占据了沈阳，并多路向东北各根据地进攻，在损失 1 万余人后攻克战略重镇四平市，又在 5 月下旬占领长春，控制了松花江以南大部分地区。5 月初，国民党政府宣布还都南京，更加紧了全面进攻部署。

蒋介石将全面内战首战的突破口选在了中原地区。6 月 26 日，国民党军向中原解放区大举进攻，全面内战爆发。

毛泽东预感到全面内战的到来。中原突围前三天，6 月 23 日，他在为中共中央起草给中原局的电报中表示："同意立即突围，愈快愈好，不要有任何顾虑，生存第一，胜利第一。"还特别嘱咐："今后行动，一切由你们自

---

① 中共中央党史研究室著：《中国共产党的九十年》（新民主主义革命时期），中共党史出版社、党建读物出版社 2016 年版，第 279 页。

己决定，不要请示，免延误时机，并保机密。"①

此时，各解放区的人民武装总体处于劣势。这种劣势，不仅是装备上的，更重要的是经过多年抗战病残的老战士尚未复员、新兵尚未来得及补充，大多数部队对突如其来的全面内战缺乏足够的准备，且许多部队尚未完成从分散独立的敌后游击战向较大规模运动战的转变。早在1945年8月11日，毛泽东为中共中央起草的《关于日本投降后党的任务的指示》中就提出："各地应将我军大部迅速集中，脱离分散游击状态，分甲、乙、丙三等，组织成团或旅或师，变成超地方性的正规兵团。"②但真正实现这一转变，尚需时日。

蒋介石完全低估了毛泽东和中国共产党领导下的解放区的作战能力。他把占全部正规军80%的193个旅（师）共160万国民党军全部用于进攻各解放区，希望在3—6个月以内首先解决关内共产党军队，然后再解决东北问题。具体部署是：以郑州为中心，用22万兵力进攻中原解放区；以徐州为中心，用46万兵力进攻华东解放区；以郑州、徐州为中心，用25万兵力进攻晋冀鲁豫解放区；以北平、太原为中心，用26万兵力进攻晋察冀、晋绥解放区；以西安为中心，用15.5万兵力进攻陕甘宁解放区。③

与蒋介石不同，毛泽东历来把人心向背作为敌我双方力量对比的重要因素。抗日战争时期是如此，面对国民党军的全面进攻也是如此。他看出，全面进攻犹如"图穷匕见"，是自"双十协定"到"政协协议"蒋介石在政治斗争中走下坡路的开始，只要树立敢打必胜信心，将全面进攻击退，就可以给蒋介石以致命打击。

1946年7月20日，毛泽东起草发出了《以自卫战争粉碎蒋介石的进攻》

① 逄先知主编：《毛泽东年谱（1893—1949）》（修订本）下卷，中央文献出版社2013年版，第97页。
② 《毛泽东文集》第3卷，人民出版社1996年版，第454页。
③ 军事科学院军事历史研究部：《中国人民解放军战史》第3卷（全国解放战争时期），军事科学出版社1987年版，第46页。

的党内指示。在鼓舞士气的同时，他在党内指示中提出了战胜蒋介石的三个办法。一是军事上的："战胜蒋介石的作战方法，一般地是运动战。因此，若干地方，若干城市的暂时放弃，不但是不可避免的，而且是必要的。暂时放弃若干地方若干城市，是为了取得最后胜利，否则就不能取得最后胜利。"二是政治上的："为着粉碎蒋介石的进攻，必须和人民群众亲密合作，必须争取一切可能争取的人。""应注意团结一切中间分子，孤立反动派。在国民党军队中，应争取一切可能反对内战的人，孤立好战分子。"三是经济上的："为着粉碎蒋介石的进攻，必须作持久打算。必须十分节省地使用我们的人力资源和物质资源，力戒浪费。"①

8月6日，毛泽东在延安会见美国记者安娜·路易斯·斯特朗，在全面开展自卫战争的背景下，提出了"一切反动派都是纸老虎"的著名论断。他还预言："拿中国的情形来说，我们所依靠的不过是小米加步枪，但是历史最后将证明，这小米加步枪比蒋介石的飞机加坦克还要强些。"②

实际上，毛泽东作出以自卫战争反对全面进攻的决策，是顶着巨大压力的。当时受美苏关系日趋紧张的国际形势影响，国内弥漫着所谓"美苏必战"和"第三次世界大战必然爆发"的悲观情绪。党内一些人惧怕美国，惧怕引发新的世界战争，因而在国民党军全面进攻面前表现迟疑和软弱。对此，毛泽东在全面进攻爆发前，1946年4月写了《关于目前国际形势的几点估计》一文。

针对"美苏必战"的论调，毛泽东指出："世界反动力量确在准备第三次世界大战，战争危险是存在着的。但是，世界人民的民主力量超过世界反动力量，并且正在向前发展，必须和必能克服战争危险。因此，美、英、法同苏联的关系，不是或者妥协或者破裂的问题，而是或者较早妥协或者较迟妥协的问题。"还说："这一类的妥协在目前短时期内还不会很多。美、英、

① 《毛泽东选集》第4卷，人民出版社1991年版，第1187、1188页。
② 《毛泽东选集》第4卷，人民出版社1991年版，第1195页。

法同苏联的通商贸易关系则有扩大的可能。"

针对美、英、法同苏联之间的妥协是否也要求我们作妥协的担心，毛泽东指出："这种妥协，并不要求资本主义世界各国人民随之实行国内的妥协。各国人民仍将按照不同情况进行不同斗争。"①

这些党内文件与对外谈话，都准确无误地传递了一个信息，那就是中国共产党人能够赢得这场看似军事力量悬殊的战争。

接下来的两个多月，初步证实了这一点。在向各解放区的进攻中，国民党军除攻城略地有所斩获外，并没有给解放区军队以重大杀伤。相反地，1946年7月13日到8月31日，粟裕、谭震林指挥华中野战军在苏中的泰兴、如皋、海安、邵伯一带，集中优势兵力，"七战七捷"，歼灭汤恩伯指挥的国民党军6个旅、5个交通警察大队，共5.3万余人，占其总兵力的将近一半。9月3日至8日，刘伯承、邓小平指挥晋冀鲁豫野战军主力，先后在山东菏泽、定陶、曹县一带歼灭国民党军4个旅共1.7万余人，取得定陶战役胜利。

毛泽东总结这些战役的成功经验，于9月16日为中共中央军委起草发出《集中优势兵力，各个歼灭敌人》的指示。他指出："在抗日时期，我军以分散兵力打游击战为主，以集中兵力打运动战为辅。在现在的内战时期，情况改变了，作战方法也应改变，我军应以集中兵力打运动战为主，以分散兵力打游击战为辅。而在蒋军武器加强的条件下，我军必须特别强调集中优势兵力、各个歼灭敌人的作战方法。"

毛泽东决心采取这种战法，既有战场上的成功战例为佐证，也看出了蒋介石全面进攻部署的破绽，因而集中攻其"软肋"。蒋介石部署的破绽，一是在于二线兵力严重不足，二是在于军心难以持久。对此，毛泽东强调："这种战法的效果是：一能全歼；二能速决。全歼，方能最有效地打击敌军，使敌军被歼一团少一团，被歼一旅少一旅。对于缺乏第二线兵力的敌人，这种战法最为有用。全歼，方能最充分地补充自己。这不但是我军目前武器弹

---

① 《毛泽东选集》第4卷，人民出版社1991年版，第1184—1185页。

药的主要来源，而且是兵员的重要来源。全歼，在敌则士气沮丧，人心不振；在我则士气高涨，人心振奋。速决，则使我军有可能各个歼灭敌军的增援队，也使我军有可能避开敌军的增援队。在战术和战役上的速决，是战略上持久的必要条件。"①

到了1947年2月，国民党军的全面进攻宣告结束。蒋介石不得不收缩兵力，调整部署，将全面进攻改为重点进攻，并把重点进攻方向选择在一东（山东解放区）一西（陕甘宁解放区）这两端上，投入了占进攻各解放区总兵力43%的力量。②日后的战局发展证明，这一部署恰好犯了兵家大忌，将中原地带充分暴露，被毛泽东和人民解放军充分利用，才有刘邓大军挺进大别山之举。

从1947年3月13日起，国民党军第一战区司令长官指挥15个旅共14万余人，从洛川、宜川两路进攻陕北。此时，人民解放军在陕北战场的全部兵力不过3万人。兵力对比悬殊。3月19日，毛泽东和中央党政军机关主动撤离延安，开始了转战陕北的历程。

毛泽东放弃延安，有自己的考虑。一是可使国民党军背上一个沉重的包袱，不能不分兵把守；二是可使国内外都知道蒋介石的背信弃义到了何等地步；三是可使蒋介石助长骄横之心。③而更深层的考虑，还是利用蒋介石急于要消灭中共首脑机关的心理，"我们若能将胡敌大部吸引在陕甘宁而加以打击消灭，这正便利于其他解放区打击和消灭敌人，恢复失地"。④

身为最高统帅，能将个人安危置之度外，全将己身当作战略棋子运筹帷幄者，古今中外唯有毛泽东。

3月29日晚至30日，毛泽东在陕北清涧县枣林沟主持召开中共中央会

---

① 《毛泽东选集》第4卷，人民出版社1991年版，第1199、1198页。
② 军事科学院军事历史研究部：《中国人民解放军战史》第3卷（全国解放战争时期），军事科学出版社1987年版，第97页。
③ 参见师哲：《在历史巨人身边》，中央文献出版社1991年版，第337、338页。
④ 逄先知主编：《毛泽东年谱（1893—1949）》（修订本）下卷，中央文献出版社2013年版，第176页。

中国有个毛泽东

议。会议作出一个重要决定：毛泽东、周恩来、任弼时率中央机关和人民解
放军总部留在陕北，主持中央工作；由刘少奇、朱德、董必武组成中央工作
委员会，以刘少奇为书记，前往晋西北或其他适当地点，进行中央委托的工
作。从这时起，毛泽东化名"李得胜"。

此后，毛泽东、周恩来、任弼时带领中共中央机关忽西忽东，在当地老
百姓的掩护下，同胡宗南国民党军兜起了圈子。同时，指挥彭德怀西北野战
军主力，接连取得青化砭战斗（3月25日）、羊马河战斗（4月14日）、蟠
龙战斗（5月2日至4日）三战三捷，以伤亡2200余人的代价，歼灭国民
党军1.4万余人。[1]8月18日至20日，西北野战军主力又在沙家店战役中，
以伤亡1800人的代价，歼灭胡宗南集团三大主力之一的整编第36师师部及
两个旅共6000余人。沙家店战役成为西北野战军转入战略反攻的转折点，
彻底粉碎了蒋介石企图将中共中央和西北野战军歼灭于陕北、或赶至黄河以
东的计划。

通过对胡宗南发起对陕北进攻以来部署的观察，特别是对蟠龙战斗后部
署的观察，毛泽东判断其意图是驱赶西北野战军过黄河，因此进一步坚定了
不过黄河的决心。5月11日，毛泽东为中共中央军委起草发出给华东、晋
冀鲁豫、西北各野战军负责人并告中央工委负责人的电报，指出："胡宗南
此次进攻，亦是企图将我驱至河东，寅世（3月31日）占清涧故意不去绥德，
让一条路给我走。差不多过了一个月，卯宥（4月26日）起才令董钊率八
个半旅北上，辰冬（5月2日）到绥德，认为可以驱我渡河。辰微（5月5日）
我克蟠龙，彼始惊悉我在延安附近，令董钊迅速南撤，绥德不留一兵仍然开
放着。由此证明，胡军目的完全不是所谓打通咸榆公路，而是驱我过河。"
电报最后提出："蒋将发现他的迷梦归于破产。"[2]

从1947年3月19日撤离延安起，毛泽东在转战陕北期间，途经清涧、

---

[1] 军事科学院军事历史研究部：《中国人民解放军战史》第3卷（全国解放战争时期），
军事科学出版社1987年版，第102—106页。
[2] 《毛泽东军事文集》第4卷，军事科学出版社、中央文献出版社1993年版，第68页。

148

子长、子洲、靖边、横山、绥德、米脂、佳县等县，行程 2000 余里，最后于 11 月 22 日来到佳县杨家沟，在这里召开了中共中央十二月会议。次年 3 月 21 日，又从这里踏上了东渡黄河、前往晋察冀根据地指挥战略决战的路。在这一年多的时间里，毛泽东一边与胡宗南所部斗智斗勇，一边同时指挥西北、山东、华北、东北、晋冀鲁豫几个战略区作战，使几路大军、上百万人马在横跨数百公里的广阔战场上高度协同、游刃有余，展现出炉火纯青的军事指挥艺术。

国民党军对山东解放区的重点进攻，从 1947 年 3 月下旬开始。国民党军调集 45 万兵力，吸取了全面进攻时的教训，采取集中兵力、密集靠拢、稳扎稳打、齐头并进的战法，于 4 月上旬实现了占领鲁南地区的第一步计划，随即向鲁中山区挺进。

在这种情况下，毛泽东多次电令华东野战军要有极大忍耐心，要掌握最大兵力在手，让敌放胆前进，总有歼敌机会。华东野战军于 1947 年 5 月中旬，将国民党五大主力之一的整编 74 师分割包围在孟良崮及附近狭小区域内。5 月 15 日至 16 日，发起孟良崮战役，以伤亡 1.2 万余人的代价，全歼整编第 74 师等 3.2 万余人，击毙中将师长张灵甫。

到 1947 年 6 月，整个战局发生重大转变。国民党军总兵力从 430 万下降到 373 万人，其中正规军由 200 万人降至 150 万人。在全面进攻和重点进攻中，不但既定作战目标基本落空，而且兵力使用上捉襟见肘的弱点进一步暴露。用于进攻各解放区的兵力占比，由 1946 年 6 月的 80%增至 92%，但在可调动的 248 个旅中，70 个旅集中在华北、东北战场，157 个旅集中在山东、晋冀鲁豫、陕北战场，在长江以南和西北等地只有 21 个旅。

机敏的毛泽东早就注意到蒋介石布阵排兵上的致命弱点，并察觉其"将战争继续引向解放区、进一步破坏和消耗解放区的人力物力、使我不能持久"[①] 的战略方针，当即抓住这一稍纵即逝的难得机会，在这年 6 月正

---

① 《毛泽东选集》第 4 卷，人民出版社 1991 年版，第 1230 页。

式作出派刘伯承、邓小平率领的晋冀鲁豫野战军主力（以下简称"刘邓大军"）千里挺进大别山的重大决策。此举的目的，一是变被动为主动，将战争引向国民党统治区；二是加速解放战争进程，直接由战略防御转向战略进攻。

从1947年6月底开始，刘邓大军自鲁北强渡黄河，由鲁西南转进豫皖苏边区和大别山地区。为配合刘邓大军挺进大别山，毛泽东还命令陈赓、谢富治率领的晋冀鲁豫野战军第四纵队等（以下简称"陈谢集团"），不再增援陕北战场，改由晋南强渡黄河，在豫陕鄂边地区配合刘邓大军；又命令陈毅、粟裕指挥华东野战军西线兵团等（以下简称"陈粟大军"），在豫皖苏边地区支持刘邓大军。

在毛泽东的指挥下，刘邓大军冲破重重围堵，于8月27日进入大别山北麓，在长江以北的鄂豫皖边地区实施战略展开。陈谢集团于11月抵达豫陕鄂边地区，陈粟大军于10月通过一系列战斗扩大了豫皖苏解放区。这样，三支大军鼎足而立，如一把钢刀直指国民党统治重心的中原地区，使蒋介石顿感如芒在背，感受到了毛泽东的厉害。

这时，毛泽东已经看到了胜利的曙光。1947年10月10日，就在"双十节"当天，毛泽东起草的《中国人民解放军宣言》公开发布。此前，他一直十分谨慎地称当前这场战争为"自卫战争"。此刻，他在《宣言》中宣告："本军作战目的，迭经宣告中外，是为了中国人民和中华民族的解放。而在今天，则是实现全国人民的迫切要求，打倒内战祸首蒋介石，组织民主联合政府，借以达到解放人民和民族的总目标。"[1]在这个宣言中，还公布了包括"打倒蒋介石独裁政府，成立民主联合政府"在内的中国共产党八项纲领。同时，还以中国人民解放军总部名义发布了《关于重行颁布三大纪律八项注意的训令》。这些都预示着中国革命的一个新阶段正在快步走来。

毛泽东清楚地知道，现在到了全面提出建立新中国的政治、军事、经济

---

① 《毛泽东选集》第4卷，人民出版社1991年版，第1235页。

纲领的时候了。1947 年 12 月 25 日至 28 日，毛泽东在陕北米脂县杨家沟主持召开中共中央扩大会议，并向会议提交《目前形势与任务》的书面报告。

这个书面报告从一开始，就洋溢着胜利就在眼前的喜悦："中国人民的革命战争，现在已经达到了一个转折点。这即是中国人民解放军已经打退了美国走狗蒋介石的数百万反动军队的进攻，并使自己转入了进攻。""这是蒋介石的二十年反革命统治由发展到消灭的转折点。这是一百多年以来帝国主义在中国的统治由发展到消灭的转折点。这是一个伟大的事变。这个事变所以带着伟大性，是因为这个事变发生在一个拥有四亿七千五百万人口的国家内，这个事变一经发生，它就将必然地走向全国的胜利。"

报告总结了解放战争的军事胜利，从中得出十大军事原则，并且自信地说："我们的战略战术是建立在人民战争这个基础上的，任何反人民的军队都不能利用我们的战略战术。"阐明了彻底实行土地革命的政策，指出："我们的方针是依靠贫农，巩固地联合中农，消灭地主阶级和旧式富农的封建的和半封建的剥削制度。"阐明了彻底完成中国革命的经济纲领，即"没收封建阶级的土地归农民所有，没收蒋介石、宋子文、孔祥熙、陈立夫为首的垄断资本归新民主主义的国家所有，保护民族工商业。这就是新民主主义革命的三大经济纲领"。阐明了未来新中国的经济构成："总起来说，新中国的经济构成是：（1）国营经济，这是领导的成分；（2）由个体逐步地向着集体方向发展的农业经济；（3）独立小工商业者的经济和小的、中等的私人资本经济。这些，就是新民主主义的全部国民经济。而新民主主义国民经济的指导方针，必须紧紧地追随着发展生产、繁荣经济、公私兼顾、劳资两利这个总目标。一切离开这个总目标的方针、政策、办法，都是错误的。"阐明了基本政治纲领："联合工农兵学商各被压迫阶级、各人民团体、各民主党派、各少数民族、各地华侨和其他爱国分子，组成民族统一战线，打倒蒋介石独裁政府，成立民主联合政府。"提出并阐明了整党整风的任务，指出："解决这个党内不纯的问题，整编党的队伍，使党能够和最广大的劳动群众完全站在一个方向，并领导他们前进，是解决土地问题和支援长期战争的一个决定性的环节。"①

在一篇著作里包含着如此之多的纲领和政策，这在毛泽东的著作里并不多见。这表明此时的毛泽东正处于思想理论创作的高峰。这些建设性的纲领与政策对于此刻的中国共产党来说是何等重要！正如后来毛泽东深有感触地说："只有党的政策和策略全部走上正轨，中国革命才有胜利的可能。"②

---

① 《毛泽东选集》第 4 卷，人民出版社 1991 年版，第 1243、1244、1248、1250、1253、1255—1256 页。
② 《毛泽东选集》第 4 卷，人民出版社 1991 年版，第 1298 页。

十、将革命进行到底

> 钟山风雨起苍黄，百万雄师过大江。虎踞龙盘今胜昔，天翻地覆慨而慷。
>
> 宜将剩勇追穷寇，不可沽名学霸王。天若有情天亦老，人间正道是沧桑。
>
> ——毛泽东：《七律·中国人民解放军占领南京》（1949 年 4 月）

当蒋介石在军事战场上陷入困境之时，他在政治上也开始遇到了前所未有的危机。具有讽刺意味的是，这种危机，恰恰是他一手造成的。其转折点是召开"国民大会"。

1946 年 10 月 11 日，国民党军占领华北解放区重镇张家口，全面进攻"胜利"的假象达于顶点。当天下午，蒋介石宣布将召开所谓"国民大会"。11 月中旬，"国民大会"在南京召开，通过所谓的《中华民国宪法》。中国共产党和中国民主同盟等一致抵制这个"国民大会"，只有青年党和少数"社会贤达"为其捧场。中国民主同盟秘书长梁漱溟看到蒋介石宣布召开"国民大会"的消息，讲了一句意味深长的话："一觉醒来，民主已死。"[1]

蒋介石在十年内战中的得意之笔，是吸引了一批民族资产阶级的代表人物和知识分子，而如今，同国民党离心离德者越来越多。从破坏"双十协定"

---

[1]　转引自中共中央党史研究室著：《中国共产党的九十年》（新民主主义革命时期），中共党史出版社、党建读物出版社 2016 年版，第 284 页。

关闭谈判大门，到破坏停战协定发动全面内战，再到召开"国民大会"撕毁政协协议，蒋介石在世人面前立起了一个又一个和平民主的愿景，又一个接一个地亲手把它打碎。就这样，他在输掉了靠武力支撑的军事战场的同时，也输掉了靠民心支撑的政治战场。特别是在1947年10月27日宣布民主同盟为"非法团体"之后，更是将自己推向了彻底失败的不归之路。

毛泽东清楚地看到了这一点。1947年5月，他在为新华社写的一篇评论中指出："中国境内已有了两条战线。蒋介石进犯军和人民解放军的战争，这是第一条战线。现在又出现了第二条战线，这就是伟大的正义的学生运动和蒋介石反动政府之间的尖锐斗争。学生运动的口号是要饭吃，要和平，要自由，亦即反饥饿，反内战，反迫害。""学生运动是整个人民运动的一部分。学生运动的高涨，不可避免地要促进整个人民运动的高涨。"[1] 在11月3日为新华社写的时评《蒋介石解散民盟》中，他又预言："民盟之被蒋介石宣布为非法并不能损害民盟，却反而给了民盟以走向较之过去更为光明的道路的可能性。"[2]

就在国民党越来越陷入政治孤立，越来越多的民主人士放弃"第三条道路"幻想另求新生之际，在毛泽东提议下，中共中央于1948年4月30日发布《纪念"五一"劳动节口号》，提出："各民主党派、各人民团体、各社会贤达迅速召开政治协商会议，讨论并实现召集人民代表大会，成立民主联合政府。"[3] 这个口号很快就得到民主党派、人民团体和无党派民主人士的积极响应，甘冒生命危险陆续云集解放区。

在即将到来的胜利面前，毛泽东显得格外冷静。长期的政治经验告诉他，敌人已经彻底孤立了，但是敌人的孤立并不就等于我们的胜利。如果在

---

[1] 《毛泽东选集》第4卷，人民出版社1991年版，第1224—1225页。

[2] 逢先知主编：《毛泽东年谱（1893—1949）》（修订本）下卷，中央文献出版社2013年版，第249页。

[3] 《建党以来重要文献选编（1921—1949）》第25册，中央文献出版社2011年版，第283—284页。

政策上犯了错误，还是不能取得胜利，我们仍会失败。从东渡黄河前往晋察冀解放区，到在城南庄短暂停留，再到西柏坡，毛泽东用了很大精力纠正在土地改革、工商业政策、统战政策等方面出现的形形色色的"左"倾错误。直到1948年9月8日至13日在西柏坡主持召开的中共中央政治局会议上，毛泽东认为这项工作已经取得了令人满意的结果。

在认真做了以上部署后，毛泽东又把主要精力放在领导指挥即将到来的战略决战上。

战略决战的战场究竟选在哪里？当国民党军加强中原防御部署、中原地区战局呈现胶着状态时，毛泽东曾经设想由粟裕率领三个纵队在长江以南的国统区寻机作战，吸引国民党军20个至30个旅从中原回防江南，"将战争引向长江以南，使江淮河汉之敌容易被我军逐一解决"①。他在1948年1月27日为中共中央军委起草发出的给粟裕的电报中提出："你们以七八万人之兵力去江南，先在湖南、江西两省周旋半年至一年之久，沿途兜圈子，应使休息时间多于行军作战时间，以跃进方式分几个阶段达到闽浙赣，使敌人完全处于被动应付地位，防不胜防，疲于奔命。"②

粟裕接到中央军委电报后，经反复研究，向毛泽东和中央军委提出主力暂不渡江南进而留在中原作战的构想。毛泽东高度重视这个建议，立刻决定要陈毅、粟裕尽快来中央。并在1948年4月30日至5月7日召开的中共中央书记处扩大会议上，听取了粟裕的汇报。

5月5日，毛泽东起草发出中共中央军委致刘伯承、邓小平并华东局的电报，决定："目前粟裕兵团（一、四、六纵）的任务，尚不是立即渡江，而是开辟渡江的道路，即在少则四个月多则八个月内，该兵团加上其他三个纵队在汴徐线南北地区，以歼灭五军等部五六个至十一二个正规旅为目标，完成准备渡江之任务。"还特别告知："以上计划是我们和陈（毅）、粟（裕）

---

① 《毛泽东军事文集》第4卷，军事科学出版社、中央文献出版社1993年版，第459页。

② 逄先知主编：《毛泽东年谱（1893—1949）》（修订本）下卷，中央文献出版社2013年版，第272页。

及（薄）一波、（李）先念所商定者。"①

这以后的几个月，对于毛泽东最后下定在长江以北聚歼国民党军主力的决心，至关重要。不但粟裕集团取得豫东战役解放开封、歼敌9万余人的胜利，中原野战军取得襄樊战役胜利，西北野战军收复延安，而且华东野战军部队继收复山东、苏北大部分地区后，又于9月24日攻克济南，使华北、华东两大解放区连接起来，彻底切断华北地区国民党军与中原的联系。在此之前，东北野战军发起冬季攻势，将东北国民党军压缩于长春、沈阳、锦州等孤立的城市内。整个北方战局有了根本性改观。

在这种情况下，10月10日，毛泽东发出《中共中央关于九月会议的通知》，在传达中央政治局九月会议精神时指出："国民党现有全部正规军二百八十五个旅，一百九十八万人，其中在第一线者二百四十九个旅，一百七十四万二千人（北线九十九个旅，六十九万四千人，南线一百五十个旅，一百零四万八千人），在其后方者，仅有三十六个旅，二十三万八千人，并且大部分是新建立的部队，缺乏战斗力。因此中央决定人民解放军第三年仍然全部在长江以北和华北、东北作战。"②

此时，蒋介石也意识到了前线兵力部署分散、二线兵力严重不足的问题，但已无力回天。1947年底，蒋介石决定设立华北"剿匪"总司令部，统一晋、察（哈尔）、冀、热（河）、绥（远）军政权力，由傅作义任总司令。1948年5月至7月，撤销东北行辕，扩大东北"剿匪"总司令卫立煌的职权。撤销武汉行辕等，设立徐州、华中两个"剿匪"总司令部，分别任命刘峙、白崇禧为总司令。还一度考虑将东北国民党军主力退守锦州，待机转用于华北或华东战场。③ 这一部署调整，恰好为毛泽东指挥人民解放军在长江以北各个击破作为国民党军主力的这些战略集团创造了条件。

---

① 《毛泽东军事文集》第4卷，军事科学出版社、中央文献出版社1993年版，第459页。
② 《毛泽东选集》第4卷，人民出版社1991年版，第1346页。
③ 军事科学院军事历史研究部：《中国人民解放军战史》第3卷（全国解放战争时期），军事科学出版社1987年版，第233页。

毛泽东经过精心研究，考虑到各种可能，最后把战略决战的突破口指向东北卫立煌集团。

此时，东北卫立煌集团有 10 万兵力守卫长春，30 万兵力守卫沈阳一带，15 万兵力在义县、锦州、锦西、山海关一线防守。毛泽东的考虑是，要想造成"关门打狗"之势，"封闭蒋军在东北加以各个歼灭"①，就必须走一着险棋，也是敌人料不到的棋，这就是先打锦州。毛泽东在 9 月 7 日给林彪、罗荣桓的电报中说："为了歼灭这些敌人，你们现在就应该准备使用主力于该线，而置长春、沈阳两敌于不顾，并准备在打锦州时歼灭可能由长、沈援锦之敌。"为此要做到，"（一）确立攻占锦（州）、榆（指榆关，即山海关）、唐（山）三点并全部控制该线的决心。（二）确立打你们前所未有的大歼灭战的决心，即在卫立煌全军来援的时候敢于同他作战。"②

9 月 12 日，辽沈战役正式打响。至 10 月 1 日，完全切断北宁路，使锦州成为孤城。此举打中了蒋介石的痛处。10 月 2 日，他急忙飞至沈阳，同傅作义、卫立煌磋商，调华北"剿总"部队及烟台守军迅速海运增援葫芦岛，会同锦西、葫芦岛之敌组成东进兵团；调沈阳地区主力组成西进兵团，由第九兵团司令官廖耀湘指挥，企图配合锦州守军对包围锦州的东北野战军主力形成反包围。

此种态势使林彪的攻锦决心发生动摇，于 10 月 2 日 22 时致电中共中央军委，提出或继续攻锦、或改攻长春两个方案。毛泽东收到林彪的电报后，连续于 3 日下午 5 时、7 时和 4 日晨 6 时，三次电令坚决攻克锦州，并说："只要打下锦州，你们就有了战役上的主动权，而打下长春，并不能帮助你们取得主动，反而将增加你们下一步的困难。望你们深刻计算到这一点。"③由此反映出作为最高军事统帅的毛泽东同方面军统帅的林彪，在眼界、格局、魄力等方面的巨大差异。

① 《毛泽东军事文集》第 4 卷，军事科学出版社、中央文献出版社 1993 年版，第 391 页。
② 《毛泽东选集》第 4 卷，人民出版社 1991 年版，第 1335、1336 页。
③ 《毛泽东军事文集》第 5 卷，军事科学出版社、中央文献出版社 1993 年版，第 37 页。

此后，辽沈战役进行得十分顺利。10月15日攻克锦州，10月19日长春和平解放，10月28日全歼廖耀湘兵团。11月2日，攻克沈阳、营口。东北野战军以主力部队70万人、地方武装33万人的绝对优势兵力，取得了全歼国民党军47.2万余人的决定性胜利，东北全境宣告解放。东北野战军乘胜挥师入关，为取得平津战役胜利创造了条件。

毛泽东用兵的一个特点，是不给敌人以喘息机会。辽沈战役还没结束，他就把目光转向了中原战场。10月11日，他在起草发出的中共中央军委给华东野战军负责人并告华东局、中原局的电报中，提出了淮海战役的作战方针。其中说："本战役第一阶段的重心，是集中兵力歼灭黄百韬兵团，完成中间突破，占领新安镇、运河车站、曹八集、峄县、枣庄、临城、韩庄、沭阳、邳县、郯城、台儿庄、临沂等地。"[1]电报还对淮海战役后面几个阶段的作战作了部署。

毛泽东此时对整个战役的设想，是"淮海战役的结果，将是开辟了苏北战场，山东苏北打成一片"[2]。而实际的结果，大大超出毛泽东的预想。淮海战役发展成为在以徐州为中心，东起海州，西止商丘，北起临城（今薛城），南达淮河的广大地区，同国民党军进行的一次决定性的战略决战。

如果说，发起辽沈战役时，东北野战军对国民党守军占据绝对优势的话，那么在淮海战役中，双方力量对比基本上是势均力敌。国民党军队有徐州"剿总"总司令刘峙、副总司令杜聿明指挥下的4个兵团和4个绥靖区部队，连同后来从华中增援的黄维兵团，共5个兵团和4个绥靖区部队。总兵力近80万人，且多为蒋介石倚重的国民党军精锐部队。[3]人民解放军参加这次战役的有华东野战军16个纵队，中原野战军7个纵队，华东、中原军区和华

① 《毛泽东选集》第4卷，人民出版社1991年版，第1351页。
② 逄先知主编：《毛泽东年谱（1893—1949）》（修订本）下卷，中央文献出版社2013年版，第358页。
③ 中共中央党史研究室著：《中国共产党历史》第1卷（1921—1949）下册，中共党史出版社2011年版，第330页。

北军区所属冀鲁豫军区的地方武装，共 60 余万人。

在如此广阔的区域，同如此强大的敌人作战，我方参战的又是两个野战军，这就必须加强最高层的统一指挥。在淮海战役过程中，11 月 16 日，中央军委决定由刘伯承、陈毅、邓小平、粟裕、谭震林组成总前委，"可能时开五人会议讨论重要问题，经常由刘（伯承）、陈（毅）、邓（小平）三人为常委临机处置一切，（邓）小平同志为总前委书记"。① 淮海战役的进程表明，这是决定胜利的关键之笔。

济南失守后，徐州就成了拱卫南京、上海的第一屏障。徐州周围，有津浦铁路线与陇海铁路线纵横两条大动脉，交通便利，地势平坦，利于大兵团机动作战。在徐州至蚌埠沿线，部署有国民党军第七兵团（黄百韬）、第二兵团（邱清泉）、第十三兵团（李弥）、第十六兵团（孙元良）、第十二兵团（黄维），以及直属徐州"剿总"的 4 个军、第三绥靖区（冯治安）所属两个军。同时，做好了随时弃守徐州的准备。

11 月 6 日，国民党军开始向徐州至蚌埠间的津浦铁路两侧进一步收缩。华东、中原野战军主力抓住有利战机，发起淮海战役。毛泽东指示采取攻打济南的战法，用一半兵力包围黄百韬第七兵团，另以一半兵力阻击援敌。在对黄百韬兵团形成包围的关键时刻，中共地下党员何基沣、张克侠率领国民党军 2.3 万人在台儿庄等地起义，使人民解放军得以迅速切断黄百韬兵团退路，至 11 月 11 日将黄百韬兵团四个军包围在以碾庄为中心的不到 18 平方公里的狭小地域内。

蒋介石见黄百韬兵团被围，徐州刘峙集团有被分割围歼的危险，急忙改变在徐州与蚌埠之间集中兵力的计划，命令徐州"剿总"主力迅速向徐州靠拢，并增援黄百韬兵团。蒋介石在 11 月 10 日写给黄百韬的信中称："徐淮会战实为我革命成败、国家存亡最大之关键。"② 他万万没有想到，此举正是

① 《毛泽东军事文集》第 5 卷，军事科学出版社、中央文献出版社 1993 年版，第 231 页。
② 转引自军事科学院军事历史研究部：《中国人民解放军战史》第 3 卷（全国解放战争时期），军事科学出版社 1987 年版，第 271 页。

毛泽东所期待的。11 月 13 日，毛泽东在给华东野战军的电报中说："现邱清泉正在向东增援，请粟（裕）、陈（士榘）、张（震）酌量对黄百韬各军被歼情形，当黄部将近全歼之际，让邱清泉向东深入大许家、曹八集，以便将邱兵团包围使其跑不掉，然后徐图歼灭之。"① 在 11 月 16 日的电报中又提出："此战胜利，不但长江以北局面大定，即全国局面亦可基本上解决。望从这个观点出发统筹一切。"②

与此同时，毛泽东在为新华社写的评论《中国军事形势的重大变化》（11 月 14 日发表）中公开提出："原来预计，从一九四六年七月起，大约需要五年左右时间，便可能从根本上打倒国民党反动政府。现在看来，只需从现时起，再有一年左右的时间，就可能将国民党反动政府从根本上打倒了。"③

11 月 22 日，华东野战军全歼黄百韬兵团，黄百韬本人被击毙。中原野战军于 11 月 15 日攻克战略枢纽宿县，将徐州与蚌埠之敌拦腰斩断。随即，毛泽东采纳总前委建议，以中原野战军全部和华东野战军一部围歼黄维第十二兵团，至 12 月 15 日歼灭蒋介石嫡系部队黄维兵团，黄维被俘。

还在黄维第十二兵团被围之时，蒋介石在南京紧急召见徐州"剿总"副总司令兼前进指挥部主任杜聿明，决定弃守徐州，将徐州主力南撤，并救出黄维兵团。杜聿明奉命率领第二、第十三、第十六三个兵团从徐州撤退，并带走大批国民党党政机关人员等，人员车辆拥挤不堪，秩序混乱异常。蒋介石情急之中，用飞机空投给杜聿明的亲笔信，严令他改道增援黄维兵团。不料，杜聿明集团在跃进突击中，被华东野战军合围。孙元良第十六兵团在突围中，被全部歼灭，仅孙元良化装逃脱。

在淮海战役取得歼灭黄维第十二兵团和孙元良第十六兵团、合围杜聿明集团两个兵团的战果后，为配合正在开始的平津战役，不使蒋介石下决心将

---

① 《毛泽东军事文集》第 5 卷，军事科学出版社、中央文献出版社 1993 年版，第 209 页。
② 《毛泽东军事文集》第 5 卷，军事科学出版社、中央文献出版社 1993 年版，第 230—231 页。
③ 《毛泽东选集》第 4 卷，人民出版社 1991 年版，第 1361 页。

平津守敌海运南下，毛泽东果断地按下了"暂停键"。12月14日，毛泽东以中共中央军委名义发出电令，要求"整个就现阵地态势休息若干天，只作防御，不作攻击"①。12月16日，又电令："向杜(聿明)、邱(清泉)、李(弥)连续不断地进行政治攻势，除部队所做者外，请你们起草口语广播词，每三五天一次，依据战场具体情况变更其内容，电告我们修改播发。"②

在毛泽东胸中，装的是聚歼国民党军主力于长江以北的大棋局。几乎同时展开的三大战役，紧密配合，张弛有度，收放自如，其指挥艺术到了出神入化的境地。

辽沈战役尚未结束之际，毛泽东即令林彪、罗荣桓率东北野战军主力秘密入关，揭开了平津战役的帷幕。

善于抓住推动事物发展变化的枢纽（即主要矛盾）加以解决，是毛泽东的重要方法。这一点在指挥三大战役中体现得淋漓尽致。

在辽沈战役中，首先攻克锦州、防止东北之敌退入关内是成败关键。淮海战役，国民党军重兵集团集中在徐州至蚌埠一线，拦腰斩断、实现中间突破又是打开战局的关键。毛泽东抓住这些关键排兵布阵，使蒋介石顾东顾不了西，在疲于应付中落得满盘皆输。如今，在平津战役中，傅作义集团已成惊弓之鸟，蒋介石也在弃守与坚守间游移不决，毛泽东抓住这一特点，判断"不使蒋介石迅速决策海运平津诸敌南下"③是关键，对此采取了至关重要的几招，打开了通向胜利之门。

一是命令东北野战军迅速秘密入关。11月18日，毛泽东电令东北野战军主力提前入关，"取捷径以最快速度行进，突然包围唐山、塘沽、天津三处敌人，不使逃跑"。④同时电令华北军区部队攻打宣化、张家口之敌，截断傅作义集团西退绥远的路。

---

① 《毛泽东军事文集》第5卷，军事科学出版社、中央文献出版社1993年版，第401页。
② 《毛泽东军事文集》第5卷，军事科学出版社、中央文献出版社1993年版，第410页。
③ 《毛泽东选集》第4卷，人民出版社1991年版，第1365页。
④ 《毛泽东军事文集》第5卷，军事科学出版社、中央文献出版社1993年版，第239页。

二是先行确定整个平津战役的攻击顺序。"攻击次序大约是：第一塘芦区，第二新保安，第三唐山区，第四天津、张家口两区，最后北平区。""首先包围天津、塘沽、芦台、唐山诸点"，"只要塘沽（最重要）、新保安两点攻克，就全局皆活了"。①

三是在特定时间段分别采取"围而不打"或"隔而不围"的办法。"从本日起的两星期内（十二月十一日至十二月二十五日）基本原则是围而不打（例如对张家口、新保安），有些则是隔而不围（即只作战略包围，隔断诸敌联系，而不作战役包围，例如对平、津、通州），以待部署完成之后各个歼敌。"②

这几招果然奏效。到12月20日前后，东北野战军主力和华北军区部队将傅作义集团包围在平津、平张铁路沿线，完成了对张家口、新保安、北平、天津、塘沽地区守敌的分割。随即，大体按照毛泽东确定的攻击顺序发起攻势。12月12日攻克新保安。12月24日攻克张家口。在发起对塘沽的攻击前，经慎重考虑，决定改变围歼塘沽之敌的计划，集中兵力从1949年1月3日起向天津发起进攻。激战至1949年1月15日，解放天津，俘获天津警备司令陈长捷。塘沽之敌见大势已去，乘船南逃。

此时，北平已成无援可待、无险可守的孤城。为了保护这座历史名城和古都，毛泽东决心力争通过和平谈判解决问题。经过谈判，北平守敌在傅作义率领下接受和平改编。1949年1月31日，人民解放军进入北平，北平宣告和平解放。

在平津战役中，除塘沽守敌5万余人由海上逃跑外，共歼灭和改编了国民党军队52万余人。绥远国民党军也在北平和平解放的感召下，于1949年9月通电起义，接受改编。

就在东北野战军发起对天津的进攻、傅作义集团从海上南撤的可能彻底

① 《毛泽东选集》第4卷，人民出版社1991年版，第1366、1364、1365页。
② 《毛泽东选集》第4卷，人民出版社1991年版，第1365页。

被消除后，毛泽东和中共中央军委下达了发起淮海战役最后总攻的命令。

此刻，杜聿明集团两个兵团 8 个军被合围在以陈官庄为中心长约 10 公里、宽约 5 公里的狭长区域里，雨雪交加、饥寒交迫，士气低落到了极点，在总攻前投诚的官兵已达 1.4 万余人。1949 年 1 月 6 日，淮海战役总攻开始。至 1 月 10 日，全歼杜聿明集团，杜聿明本人被俘，邱清泉被击毙，仅李弥化装逃脱。至此，规模巨大的淮海战役以歼灭国民党军 55.5 万人的战果宣告结束。

通过辽沈、淮海、平津三大战役，国民党军主力基本被消灭，国民党政权统治基础已从根本上动摇。蒋介石不得不在 1949 年 1 月 21 日宣告"引退"，由副总统李宗仁代理总统。在"引退"前，蒋介石于 1 月 1 日公开表示："只要共党一有和平的诚意，能作确切的表示，政府必开诚相见，愿与商讨停止战事，恢复和平的具体方法。"对此，1 月 14 日，毛泽东发表关于时局的声明，对蒋介石的和谈建议作出回应，提出和平谈判的八项条件。[①] 1 月 22 日，李济深、沈钧儒、马叙伦、郭沫若等 55 人联名发表对时局意见，表示完全支持中共提出的八项条件。

就在国共双方磋商举行和平谈判的过程中，1949 年 3 月 5 日至 13 日，毛泽东在河北平山县西柏坡村，主持召开了中共七届二中全会。出席的有中央委员 34 人，候补中央委员 19 人。全会对解放战争进行了总结，对下一步工作特别是筹建新中国的工作作了部署。

毛泽东在报告中提出，在全国胜利的局面下，党的工作重心必须由乡村移到城市，城市工作必须以生产建设为中心。报告还指出了中国由农业国转变为工业国、由新民主主义社会转变为社会主义社会的发展方向。

他在报告最后告诫全党："夺取全国胜利，这只是万里长征走完了第一步。""在过了几十年之后来看中国人民民主革命的胜利，就会使人们感觉

---

① 这八项条件是：（一）惩办战争罪犯；（二）废除伪宪法；（三）废除伪法统；（四）依据民主原则改编一切反动军队；（五）没收官僚资本；（六）改革土地制度；（七）废除卖国条约；（八）召开没有反动分子参加的政治协商会议，成立民主联合政府，接收南京国民党反动政府及其所属各级政府的一切权力。

那好像只是一出长剧的一个短小的序幕。剧是必须从序幕开始的，但序幕还不是高潮。中国的革命是伟大的，但革命以后的路程更长，工作更伟大，更艰苦。这一点现在就必须向党内讲明白，务必使同志们继续地保持谦虚、谨慎、不骄、不躁的作风，务必使同志们继续地保持艰苦奋斗的作风。"

他还提醒全党警惕"糖衣炮弹"的进攻："因为胜利，人民感谢我们，资产阶级也会出来捧场。敌人的武力是不能征服我们的，这点已经得到证明了。资产阶级的捧场则可能征服我们队伍中的意志薄弱者。可能有这样一些共产党人，他们是不曾被拿枪的敌人征服过的，他们在这些敌人面前不愧英雄的称号；但是经不起人们用糖衣裹着的炮弹的攻击，他们在糖弹面前要打败仗。我们必须预防这种情况。"①

这次全会还根据毛泽东的提议，形成了六条不成文的规定：一曰不作寿；二曰不送礼；三曰少敬酒；四曰少拍掌；五曰不以人名作地名；六曰不要把中国同志和马（克思）、恩（格斯）、列（宁）、斯（大林）平列。②

中共七届二中全会闭幕后不久，3月23日，毛泽东率领中共中央、中央军委离开西柏坡，前往北平。这标志着筹备建立新中国的工作正式提上了日程，也标志着中国共产党经过长期武装斗争之后开始把工作重心从乡村转向城市。毛泽东在离开西柏坡时，说了一句意味深长的话："我们决不当李自成"。③

3月25日，毛泽东和中共中央、中央军委进驻北平。当天下午5时，毛泽东、朱德、刘少奇、周恩来、任弼时、林伯渠等在北平西苑机场，同前来迎接的各界代表和民主人士1000多人见面，还乘车检阅身经百战的中国人民解放军部队。随后，便在位于香山的双清别墅住下。

第二天，3月26日，中共中央将关于举行和平谈判事宜通知南京国民

---

① 《毛泽东选集》第 4 卷，人民出版社 1991 年版，第 1438—1439 页。
② 《毛泽东著作专题摘编》（下），中央文献出版社 2003 年版，第 2128 页。
③ 逢先知主编：《毛泽东年谱（1893—1949）》（修订本）下卷，中央文献出版社 2013 年版，第 470 页。

党政府:"(一)谈判开始时间:四月一日。(二)谈判地点:北平。(三)派周恩来、林伯渠、林彪、叶剑英、李维汉为代表(按:4月1日又决定加派聂荣臻为代表),周恩来为首席代表,与南京方面的代表团举行谈判,按照一月十四日毛泽东主席对时局的声明及其所提八项条件以为双方谈判的基础。"①

3月29日,毛泽东以中共中央军委名义致电刘伯承、陈毅、邓小平等,对渡江战役开始时间作了部署,表示:同意你们推迟至4月15日渡江。已定4月1日为我们和国民党开始谈判时间,4月10日左右结束,谈判成败要到那时才能清楚。②

4月1日,由张治中、邵力子、黄绍竑、章士钊、李蒸、刘斐组成的南京国民党政府代表团到达北平,住进六国饭店。随后,国共双方代表团开始举行和平谈判。这次谈判超出了预定时间,4月12日还处在非正式谈判阶段,直到4月15日方才形成《国内和平协定》最后修正案。谈判拖延的主要原因,是蒋介石实际上在遥控一切。他既不愿意面对大势已去的现实,更不愿意接受北平的"城下之盟"。

为了尽显中国共产党的诚意,4月8日,毛泽东、周恩来在香山双清别墅接见张治中。毛泽东当场表示:为了减少你们代表团的困难,可以不在和平条款中提出战犯的名字。还表示,将来签字,如果李宗仁、何应钦、于右任、居正、童冠贤③等都来参加就更好了。④ 同一天,毛泽东还复电李宗仁,提出对战犯实行宽大政策的标准:"总以是否有利于中国人民解放事业之推

---

① 《建党以来重要文献选编(1921—1949)》第26册,中央文献出版社2011年版,第235页。

② 逄先知主编:《毛泽东年谱(1893—1949)》(修订本)下卷,中央文献出版社2013年版,第472页。

③ 何应钦、于右任、居正、童冠贤,当时分别任国民政府行政院院长、监察院院长、总统府国史馆馆长、立法院院长。

④ 逄先知主编:《毛泽东年谱(1893—1949)》(修订本)下卷,中央文献出版社2013年版,第478页。

进，是否有利于用和平方法解决国内问题为标准，在此标准下，我们准备采取宽大的政策。"①

与此同时，毛泽东并不放弃另一手准备。4月15日，毛泽东致电正在做渡江战役准备的总前委，告知："（一）和平谈判决以四月二十日为限期，本日即向南京代表团宣布，彼方是否签字，必须在该日以前决定态度，该日以后我军即须渡江。（二）和平协定草案最后修正稿本日交付南京代表团，彼方明日派黄绍竑飞宁请示，南京是否愿意签字尚难预料，有可能拒绝签字。（三）你们接到此电，请立即准备好，于二十日确实攻占除安庆、两浦以外的一切北岸及江心据点。勿误为要。"②

4月20日到了。南京国民党政府拒绝在《国内和平协定（最后修正案）》上签字。当晚，渡江战役开始。4月21日，中国人民革命军事委员会主席毛泽东、中国人民解放军总司令朱德发出《向全国进军的命令》，要求中国人民解放军"奋勇前进，坚决、彻底、干净、全部地歼灭中国境内一切敢于抵抗的国民党反动派，解放全国人民，保卫中国领土主权的独立和完整"③。

4月20日夜至21日，第二野战军（原中原野战军）、第三野战军（原华东野战军）在长江中下游长达500余公里的战线上，发起渡江战役，彻底摧毁国民党军苦心经营了3个半月的长江防线。4月23日，占领南京，宣告国民党全国统治的覆灭。

与渡江作战同时，聂荣臻、徐向前等领导的华北各兵团，4月24日攻克太原。

在东南沿海，陈毅、粟裕、谭震林等领导的第三野战军于5月3日解放杭州，5月22日解放南昌，5月27日攻克上海，8月17日解放福州，10月

---

① 逢先知主编：《毛泽东年谱（1893—1949）》（修订本）下卷，中央文献出版社2013年版，第478页。

② 逢先知主编：《毛泽东年谱（1893—1949）》（修订本）下卷，中央文献出版社2013年版，第482页。

③ 《毛泽东选集》第4卷，人民出版社1991年版，第1451页。

17 日解放厦门。

在华中和华南地区，林彪、罗荣桓等领导的第四野战军（原东北野战军），于 5 月 16 日至 17 日解放武昌、汉阳和汉口，国民党湖南省主席程潜、第一兵团司令陈明仁于 8 月 4 日宣布起义，湖南省和平解放。随后，又发起衡（阳）宝（庆）战役，歼灭国民党军白崇禧部主力，并向广东、广西进军。10 月 14 日解放广州，11 月 22 日解放桂林，12 月 4 日解放南宁。

在西北地区，彭德怀、贺龙等领导的第一野战军（原西北野战军）于 5 月 20 日解放西安，又会同第十九、第二十兵团于 8 月 26 日攻克兰州，9 月 5 日解放西宁，9 月 23 日解放银川，全歼国民党军马步芳、马鸿逵部。9 月下旬，国民党新疆省警备总司令陶峙岳、省主席鲍尔汉宣布起义，新疆省和平解放。

在西南地区，刘伯承、邓小平等领导的第二野战军同贺龙、李井泉等领导的第十八兵团和第一野战军一部，于 11 月 15 日解放贵阳，11 月 30 日解放重庆。12 月 9 日，国民党云南省主席卢汉，西康省主席刘文辉，西南军政长官公署副长官邓锡侯、潘文华等人宣布起义，云南、西康两省和平解放。12 月下旬发起成都战役，全歼国民党军胡宗南集团，12 月 27 日解放成都。

就这样，到 1949 年 12 月底，人民解放军全部歼灭了中国大陆上的国民党军队，解放了除西藏以外的全部中国大陆。蒋介石被迫于 12 月 10 日从成都撤离大陆，飞往台湾。从此，再也没有回到大陆。

1949 年 9 月 21 日，渴望已久的中国人民政治协商会议第一届全体会议正式开幕。毛泽东在开幕词中庄严宣告："诸位代表先生们，我们有一个共同的感觉，这就是我们的工作将写在人类的历史上，它将表明：占人类总数四分之一的中国人从此站立起来了。"

"我们的民族将从此列入爱好和平自由的世界各民族的大家庭，以勇敢而勤劳的姿态工作着，创造自己的文明和幸福，同时也促进世界的和平和自由。我们的民族将再也不是一个被人侮辱的民族了，我们已经站起来了。我们的革命已经获得全世界广大人民的同情和欢呼，我们的朋友遍于全世界。"

"随着经济建设的高潮的到来，不可避免地将要出现一个文化建设的高潮。中国人被人认为不文明的时代已经过去了，我们将以一个具有高度文化的民族出现于世界。"

"让那些内外反动派在我们面前发抖吧，让他们去说我们这也不行那也不行吧，中国人民的不屈不挠的努力必将稳步地达到自己的目的。"[1]

1949 年 9 月 30 日，中国人民政治协商会议第一届全体会议闭幕后，下午 6 时，在天安门广场举行人民英雄纪念碑奠基典礼。毛泽东和政协会议全体代表参加典礼。周恩来代表主席团致辞。毛泽东宣读他亲自拟写的人民英雄纪念碑碑文：

> 三年以来，在人民解放战争和人民革命中牺牲的人民英雄们永垂不朽！
>
> 三十年以来，在人民解放战争和人民革命中牺牲的人民英雄们永垂不朽！
>
> 由此上溯到一千八百四十年，从那时起，为了反对内外敌人，争取民族独立和人民自由幸福，在历次斗争中牺牲的人民英雄们永垂不朽！[2]

一个英雄的时代行将结束，又一个英雄的时代即将开始。

---

[1] 《毛泽东文集》第 5 卷，人民出版社 1996 年版，第 343、344、345 页。
[2] 《毛泽东文集》第 5 卷，人民出版社 1996 年版，第 350 页。

十一、"换了人间"

大雨落幽燕，白浪滔天，秦皇岛外打鱼船。一片汪洋都不见，知向谁边？

往事越千年，魏武挥鞭，东临碣石有遗篇。萧瑟秋风今又是，换了人间。

——毛泽东《浪淘沙·北戴河》（1954 年夏）

1949 年 10 月 1 日，是个激动人心的日子。毛泽东带领中国共产党和中国人民在漫漫黑夜中摸索，终于赢来了中华民族发展史上的崭新一页。下午 3 时，毛泽东在北京天安门城楼上，用洪亮的湖南乡音向全世界宣告："中华人民共和国中央人民政府今天成立了！"

然而，毛泽东此刻的心情并不轻松。新中国接手的是一个烂摊子。国库洗劫一空，经济凋敝，交通瘫痪，工厂遭受破坏，百姓生活困苦，新生人民政权并不巩固，大量的国民党军警特残余力量还在大陆，为害百姓的匪患长期不绝。党内一些人以为大功告成开始滋生享乐之风，民族资产阶级及其知识分子还在犹疑观望之中，美国人在大洋彼岸等待着"尘埃落定"。共产党能否"下马治天下"，成为必须面对的直接考验。

为巩固新生人民政权，毛泽东在财经战线上指挥打了第一仗。

就在欢庆解放的日子里，上海等大城市却连续出现多次大的物价波动，还出现商店拒收人民币的情况。有人扬言，"共产党在军事上得了满分，在政治上是八十分，在经济上恐怕要得零分"。在这种情况下，稳定物价，才能稳定人心、稳定政权。毛泽东把这一重担交给了陈云，由他组建中央财政经济委员会，并担任主任。

1949年6月10日，上海市军管会查封金融投机的大本营上海证券大楼，首先平息银元涨价风。投机资本又转向粮食、棉纱和煤炭市场，7月底到10月中旬，上海物价平均指数上涨了一点五倍。为平抑物价、打击投机资本，中央紧急调集大批粮食、棉纱、煤炭，选择11月25日物价上涨最猛的那天，一面敞开抛售，一面收紧银根、征收税款，使得投机资本纷纷破产。上海一位有影响的民族资本家在事后说："六月银元风潮，中共是用政治力量压下去的。这次仅用经济力量就能压住，是上海工商界所料想不到的。"[1]

此后，在毛泽东的决策下，中央财政经济委员会又采取统一财经等措施，到1950年3月，全国物价基本稳定，通货膨胀得到有效抑制，人民币在全国站住了脚，为国民经济的迅速恢复奠定了基础。民族资产阶级从此开始认真接受中国共产党的领导。毛泽东高度评价这一斗争的胜利，认为其意义不下于淮海战役。[2]

接着，毛泽东又领导完成了民主革命的遗留任务。这些遗留任务包括：推动婚姻自由、妇女解放，完成土地改革，实行民主改革、禁绝娼妓毒品等。

早在大革命时期，毛泽东就对封建婚姻制度有深刻的批判，指出："女子，除受上述三种权力的支配以外，还受男子的支配（夫权）。这四种权力——政权、族权、神权、夫权，代表了全部封建宗法的思想和制度，是束缚中国人民特别是农民的四条极大的绳索。"[3] 新中国成立后，1950年5月1日，中央人民政府公布施行《中华人民共和国婚姻法》。这是新中国颁布的第一部法律。规定废除包办强迫、男尊女卑、漠视子女利益的封建婚姻制

---

[1] 薄一波：《若干重大决策与事件的回顾》（修订本）上卷，人民出版社1997年版，第83—84页。
[2] 转引自《陈云年谱（1905—1995）》中卷，中央文献出版社2000年版，第40页。
[3] 《毛泽东选集》第1卷，人民出版社1991年版，第31页。

度，实行男女婚姻自由、一夫一妻、男女权利平等、保护妇女和子女合法利益的新婚姻制度。这部法律的实施，一改中国封建社会男尊女卑传统，有史以来第一次实现了真正意义上的男女平等、婚姻自由，有力地推动了妇女解放事业。广大妇女真正翻身做了主人。

1950年6月30日，中央人民政府颁布《中华人民共和国土地改革法》，规定土地改革的目的，是"废除地主阶级封建剥削的土地所有制，实行农民的土地所有制，借以解放农村生产力，发展农业生产，为新中国的工业化开辟道路"①。到1952年冬，除台湾省和一部分少数民族地区外，全国的土地改革基本结束，使3亿多无地或少地的农民分得了约7亿亩土地和其他生产资料。分得土地的农民，第一次有了翻身做主人的感觉。

黄赌毒，是旧社会的一个毒瘤。早在《湖南农民运动考察报告》里，毛泽东就以赞许的口吻写道："共产党领导农会在乡下树立了威权，农民便把他们所不喜欢的事禁止或限制起来。最禁得严的便是牌、赌、鸦片这三件。"②

废除娼妓制度之举，首先从北京开始。1949年11月21日下午5时30分起，全市统一行动，将224家妓院在一夜之间全部封闭。1300多名妓女通过医治性病，学习文化和劳动技能，安排工作，使之自食其力，获得新生。③随后，上海等地也取缔了全部妓院。一年以后，彻底废除了娼妓制度。

禁毒工作更为艰巨。新中国刚成立时，全国吸毒者约2000万人，占全国总人口的4.4%。1950年2月24日，政务院下达《关于严禁鸦片烟毒的通令》。1952年下半年，还掀起全国范围的禁毒热潮。在强大的社会压力面前，一些毒贩主动向公安机关自首悔过。在禁毒运动中，共逮捕情节严重的

① 《建国以来重要文献选编》第1册，中央文献出版社1992年版，第336页。
② 《毛泽东选集》第1卷，人民出版社1991年版，第35页。
③ 当代中国研究所著：《中华人民共和国史稿》第1卷（1949—1956），人民出版社、当代中国出版社2012年版，第115页。

毒犯 82056 人，罪大恶极又民愤极大者 880 人被判处死刑。①

更令毛泽东担忧的，还是党内。1951 年 11 月，毛泽东看到东北局的一份报告，反映在增产节约运动中，揭露出一些贪污、浪费和官僚主义现象。他在 11 月 20 日为中共中央起草的批语中，首次提出"进行坚决的反贪污、反浪费、反官僚主义的斗争"②。从此，"三反"运动在全国开始。

同年 11 月 29 日，中共中央华北局向中央报告了刘青山、张子善严重贪污案。刘青山、张子善都是土地革命战争时期入党的老党员，都领导过革命斗争，也都被国民党政府在监狱中关押，表现得宁死不屈。但在革命成功后，两人先后担任天津地委书记期间，贪污腐化、勾结私商、挪用公款、倒卖钢材，蜕化成为大贪污犯。

在公审执行枪决前，有人提议不要枪毙他们。毛泽东听到这个意见，说：正因为他们的地位高、功劳大、影响大，才要下决心处决他们。只有处决他们，才可能挽救 20 个、200 个、2000 个、20000 个干部。③

这件事，不但在党内震动很大，也使老百姓深切地感受到，真是新旧社会两重天，世道大变样了，现在的政府是真正为民办事的人民政府。

1949 年 12 月 6 日，毛泽东踏上了西行的列车，前往苏联访问。这是他有生以来第一次出国，肩负着开启新中国外交的使命。

在新中国诞生前夕，毛泽东为新中国外交提出了三句话：第一句是"另起炉灶"，第二句是"一边倒"，即"倒向社会主义一边"，第三句是"打扫干净房子再请客"。这三句话，成为新中国外交基本方针。④

根据这一方针，新中国不承认旧中国同任何国家签订的不平等条约，在

---

① 当代中国研究所著：《中华人民共和国史稿》第 1 卷（1949—1956），人民出版社、当代中国出版社 2012 年版，第 119 页。

② 逄先知、冯蕙主编：《毛泽东年谱（1949—1976）》第 1 卷，中央文献出版社 2013 年版，第 422 页。

③ 薄一波：《若干重大决策与事件的回顾》（修订本）上卷，人民出版社 1997 年版，第 157—158 页。

④ 《周恩来外交文选》，中央文献出版社 1990 年版，第 48—50 页。

"平等、互利及互相尊重领土主权等项原则"①基础上同外国政府建立外交关系。苏联是第一个承认中华人民共和国并建立外交关系的国家。但在两国开始新的关系之前,还遗留有1945年国民党政府同苏联政府签订的《中苏友好同盟条约》等历史问题需要妥善处理。这也是毛泽东此行的重要目的之一。

12月16日,毛泽东一抵达莫斯科,便受到隆重的接待。还安排毛泽东住进了莫斯科郊外姐妹河苏联卫国战争时期斯大林的别墅。当天晚上,斯大林在克里姆林宫会见毛泽东,并举行第一次会谈。这也是毛泽东第一次见到斯大林。

据随行担任翻译的师哲回忆说:"6时整,厅门大开了。斯大林和苏共全体政治局委员及维辛斯基外长站成一排迎接毛主席。这是很破例的,因为斯大林一般不到门口迎接外宾。他为了表示对中国人民及其领袖的尊重、信任及特殊的礼遇,所以特地作了这样的安排。"②

毛泽东在12月18日给刘少奇的电报中,用"情意恳切"四个字评价这次会谈的情况。他说:"下午十时谒见斯大林大元帅,情意恳切,谈两小时。谈了和平可能性、条约、借款、台湾及毛选出版等项问题。我方为我一人。苏方有莫洛托夫、马林科夫、布尔加宁及维辛斯基等四人参加,是一小型会谈。师哲、费德林科(今译费德林)二人当翻译。"③

毛泽东向斯大林提出的第一个问题,是"如何和在多大程度上能够保障国际和平"。斯大林回答:"如果我们齐心协力,不仅能够保障五至十年的和平,而且能够保障二十至二十五年,甚至更长时间的和平。"④

毛泽东之所以关心这个问题,是因为当时正在考虑部署国内经济恢复和大规模工业化建设,需要对近期有没有爆发新的世界大战的危险做出判断。后来,他在1951年2月召开的中央政治局扩大会议上,提出"三年准备、

---

① 《毛泽东文集》第6卷,人民出版社1999年版,第2页。

② 《在历史巨人身边——师哲回忆录》,中央文献出版社1991年版,第434页。

③ 逄先知、金冲及主编:《毛泽东传》第3卷,中央文献出版社2011年版,第998页。

④ 逄先知、金冲及主编:《毛泽东传》第3卷,中央文献出版社2011年版,第995页。

十年计划经济建设"的构想，就和这一判断有直接的关系。他在 12 月 18 日给刘少奇的电报中说："斯大林说，美国人很怕打仗，美国人叫别人打，别人也怕打。看他这种说法，仗是很难打起来的，和我们的估计一样。"①

毛泽东向斯大林提出的第二个问题更加敏感，即如何处理关于 1945 年苏联同国民党政府缔结的《中苏友好同盟条约》问题。毛泽东的意见，是重新订立新的条约来取代同国民党政府订立的条约，这也符合"另起炉灶"的精神。在这次出访前，12 月 1 日，毛泽东还召集张澜、李济深、郭沫若、黄炎培、沈钧儒等 12 位民主人士座谈，听取他们关于签订中苏条约的意见。②

据俄罗斯总统档案馆保存的会谈记录，斯大林的答复是：这个条约是根据雅尔塔协定缔结的，这个协定规定了条约的主要内容。这就意味着，这个条约的签订，可以说是取得了美国和英国的同意的。考虑到这个情况，我们在自己的小范围内已决定，对这个条约暂不作任何修改，因为即使对某一条款的修改，也会在法律上给美国和英国以口实，他们会提出也要修改有关千岛群岛、南库页岛等条款的问题。③

据毛泽东给刘少奇的电报，听了斯大林的这番话，毛泽东表达了中方的意见："照顾雅尔塔协议的合法性是必要的。惟中国社会舆论有一种感想，认为原条约是和国民党订的，国民党既然倒了，原条约就似乎失了存在的意义。"

对此，斯大林回复说："原条约总是要修改的，大约在两年后可以修改。"④

---

① 逄先知、金冲及主编:《毛泽东传》第 3 卷，中央文献出版社 2011 年版，第 998 页。

② 逄先知、冯蕙主编:《毛泽东年谱（1949—1976）》第 1 卷，中央文献出版社 2013 年版，第 53 页。

③ 转引自逄先知、金冲及主编:《毛泽东传》第 3 卷，中央文献出版社 2011 年版，第 996 页。

④ 转引自逄先知、金冲及主编:《毛泽东传》第 3 卷，中央文献出版社 2011 年版，第 998 页。

第二个问题的讨论，就这样结束了。

在讨论第二个问题中，斯大林谈到了从旅顺口撤出苏军和中长铁路可根据中方愿望修改协定，毛泽东提出是否需要兼任外交部部长的周恩来到莫斯科来。

关于这个问题，毛泽东在给刘少奇的电报中说："关于是否要中国外长来此的问题，他（指斯大林）说签订一个声明似乎外长不来也可以。我说，待我考虑一下是否连借款、民航、通商等事一起同时签订协定，如果同时签订协定，则外长似宜来此。"①

在这个电报中，毛泽东要刘少奇和周恩来商量，并召开中央政治局会议讨论一下。21 日，刘少奇、朱德、周恩来联名复电说："大家赞成如果苏联同意现在签订关于旅顺、借款、航空及通商协定，恩来同志即去莫斯科一次。""但是如果苏联方面并不准备现在签订借款、航空、通商诸协定，只准备就旅顺驻兵问题及对一般政治问题发表一个声明，则恩来同志去莫，似无必要。"②

在这次会谈中，毛泽东向斯大林提出，中国缺少海军和空军，希望在解放台湾时得到苏联的援助。斯大林表示：提供援助是不成问题的，但援助的形式必须考虑。这里主要的问题是不给美国提供进行干涉的口实。③ 这使毛泽东再次感受到没有强大工业化基础的缺憾。

12 月 21 日，毛泽东出席在莫斯科大剧院举行的庆祝斯大林 70 寿辰大会。这是毛泽东第一次访苏的另一个重要目的。当天晚间，他在给中共中央的电报中说："本（二十一）日庆祝会除苏联各共和国代表讲话外有十三个国家的代表讲话，在这十三个国家中由我代表中国第一个致词，受到盛大欢

① 逄先知、金冲及主编：《毛泽东传》第 3 卷，中央文献出版社 2011 年版，第 998 页。
② 逄先知、金冲及主编：《毛泽东传》第 3 卷，中央文献出版社 2011 年版，第 1000 页。
③ 逄先知、金冲及主编：《毛泽东传》第 3 卷，中央文献出版社 2011 年版，第 997 页。

迎，三次全场起立长时间鼓掌。"① 由此可以感受到，中国共产党领导的新中国在社会主义阵营中的地位，以及斯大林对毛泽东的重视。

受这种热烈气氛的影响，毛泽东在第二天（12 月 22 日）约柯瓦廖夫来姐妹河别墅谈话。当时，柯瓦廖夫在中苏两党之间充当翻译和联络员。毛泽东要他把谈话记录交给斯大林。其中提到：希望在 12 月 23 日或 22 日举行预定的会见，打算下一步谈判解决以下问题：中苏条约、贷款协定、贸易协定、航空协定，拟请周恩来前来莫斯科完成签字手续。②

斯大林很快就于 12 月 24 日晚同毛泽东举行第二次会谈。但令毛泽东失望的是，斯大林在长达五个半小时的会谈中，始终不提中苏条约问题。在答复是否请周恩来来莫斯科时，斯大林表示，政府主席既已来此，内阁总理又来，则在对外观感上可能有不利影响，研究结果还是认为周恩来以不来为宜。③

尽管如此，斯大林还是对毛泽东不断作出热情友好的表示。据毛泽东在给中共中央的电报中说："斯大林同志每天都打电话给招待我们的人，询问我的生活是否安适，表示特别的关心。"④

9 天之后，事情有了出乎意料的进展。斯大林不但同意重新签订中苏新约以代替同国民党政府签订的旧的条约，还同意请周恩来到莫斯科具体商量签订新约及其他有关协定。这对苦苦等待的毛泽东来说，真是喜出望外。

他在 1950 年 1 月 2 日晚给中共中央的电报中说："最近两日这里的工作有一个重要发展。斯大林同志已同意周恩来同志来莫斯科，并签订新的中苏

---

① 逄先知、冯蕙主编：《毛泽东年谱（1949—1976）》第 1 卷，中央文献出版社 2013 年版，第 61—62 页。

② 逄先知、冯蕙主编：《毛泽东年谱（1949—1976）》第 1 卷，中央文献出版社 2013 年版，第 62 页。

③ 逄先知、冯蕙主编：《毛泽东年谱（1949—1976）》第 1 卷，中央文献出版社 2013 年版，第 62—63 页。

④ 逄先知、冯蕙主编：《毛泽东年谱（1949—1976）》第 1 卷，中央文献出版社 2013 年版，第 63 页。

友好同盟条约及贷款、通商、民航等项协定。"①

毛泽东在这封电报里还说，他在当天下午同莫洛托夫的谈话中提出：我的电报 1 月 3 日到北京，周恩来准备 5 天，1 月 9 日从北京动身，坐火车 11 天，1 月 19 日到莫斯科，1 月 20 日至月底约 10 天时间谈判及签订各项条约，2 月初我和周（恩来）一道回国。同时又谈到我出外游览的问题，商定晋谒列宁墓，去列宁格勒、高尔基城等处看一看，并看一看兵工厂、地下电车（这二项是莫（洛托夫）米（高扬）二同志提的）、集体农场等处。又谈到和苏联各负责同志谈话的问题（到现在我还没有出门去单独看过他们任何一人）。②

后面的进展情况，大体上按照毛泽东的预计进行。

1 月 10 日，周恩来一行离开北京。20 日，抵达莫斯科。1 月 22 日晚，毛泽东和周恩来同斯大林举行第三次会谈，讨论了中苏条约、中长铁路、归还旅顺口、大连是否作为自由港等问题。

斯大林之所以在 10 天之内会有这样大的变化，直接原因是因为英国通讯社造谣说毛泽东在莫斯科被软禁，塔斯社于 1950 年 1 月 2 日发表对毛泽东的访问记，其中说，"我逗留苏联时间的长短，部分地决定于解决有关中华人民共和国利益的各项问题所需的时间。""在这些问题当中，首先是现有的中苏友好同盟条约问题，苏联对中华人民共和国贷款问题，贵我两国贸易和贸易协定问题，以及其他问题。"③ 这些回答，使谣言不攻自破。据毛泽东后来说，这个访问记是斯大林起草的，并征得毛泽东同意。④

促成这一变化的更重要原因，是斯大林重新考虑了雅尔塔协定的约束力问题。在同毛泽东的第一次谈话里，斯大林明确表示不能不顾及雅尔塔协定的约束。在毛泽东 12 月 18 日给刘少奇的电报里说："斯大林说，因为雅尔

---

① 《建国以来重要文献选编》第 1 册，中央文献出版社 1992 年版，第 95 页。

② 《建国以来重要文献选编》第 1 册，中央文献出版社 1992 年版，第 96 页。

③ 《人民日报》1950 年 1 月 3 日。

④ 逄先知、金冲及主编：《毛泽东传》第 3 卷，中央文献出版社 2011 年版，第 1003 页。

塔协议的原故，目前不宜改变原有中苏条约的合法性。如果改变原有的，重
订新的，就会牵连到千岛群岛的问题，美国人就有理由要拿走千岛群岛。"①
而在 1 月 22 日晚同毛泽东、周恩来的谈话里，斯大林明确表示，我们必须
对涉及中苏关系的现有的条约和协定进行修改，尽管我们曾经认为还是保留
好。这些条约和协定之所以必须修改，是因为条约的基础是反对日本的战
争。既然战争已经结束，日本已被打败，形势发生了变化，因此这个条约就
成为过时的东西了。②

由于斯大林下了这样的决心，因此围绕重新签订中苏新约、废除同国民
党政府订立的旧约，以及废除原先有关中国长春铁路、旅顺口及大连的协定
等，原先存在的种种障碍也就迎刃而解了。

1950 年 2 月 14 日，毛泽东和斯大林共同出席在克里姆林宫举行的签字
仪式。周恩来和维辛斯基分别代表中苏两国政府，先后在《中苏友好同盟互
助条约》《中苏关于中国长春铁路、旅顺口及大连的协定》《中苏关于贷款给
中华人民共和国的协定》等文件上签字。

《中苏友好同盟互助条约》，是新中国成立后，与外国政府签订的第一个
建立在平等基础上的条约，从根本上改变了旧中国"跪在地上办外交"的局
面，实现了"另起炉灶"的承诺，标志着中国人民在外交上开始自立于世界
民族之林。

在《中苏友好同盟互助条约》中，突出强调了这个同盟是为了防止日本
军国主义的复活："缔约国双方保证共同尽力采取一切必要的措施，以期制
止日本或其他直接间接在侵略行为上与日本相勾结的任何国家之重新侵略与
破坏和平。"③

在《中苏关于中国长春铁路、旅顺口及大连的协定》里，强调了第二次
世界大战结束后远东局势的新变化，指出："中华人民共和国中央人民政府

---

① 逄先知、金冲及主编:《毛泽东传》第 3 卷，中央文献出版社 2011 年版，第 998 页。
② 逄先知、金冲及主编:《毛泽东传》第 3 卷，中央文献出版社 2011 年版，第 1007 页。
③ 《建国以来重要文献选编》第 1 册，中央文献出版社 1992 年版，第 118 页。

与苏维埃社会主义共和国联盟最高苏维埃主席团确认自一九四五年以来远东形势起了根本的变化，即：帝国主义的日本遭受了失败，反动的国民党政府已被推翻，中国成为人民民主的共和国，成立了新的人民政府；这新的人民政府统一了全中国，推行了与苏联友好合作的政策，并证明了自己能够坚持中国国家的独立自主与领土完整，民族的荣誉及人民的尊严。""这种新的情况提供了重新处理中国长春铁路、旅顺口及大连诸问题的可能性。"①

1945 年 8 月 14 日，苏联政府曾同国民党政府在订立《中苏友好同盟条约》的同时，签订过《关于中国长春铁路之协定》《关于大连之协定》《关于旅顺口之协定》，并规定期限为 30 年。而在 4 年多以后，经过这次缔结《中苏友好同盟互助条约》的谈判，新中国政府收回了本应属于中国的主权。

在《关于中国长春铁路之协定》中曾有这样的规定："日本军队驱出东三省以后，中东铁路及南满铁路由满洲里至绥芬河及由哈尔滨至大连、旅顺之干线合并成一条铁路，定名为中国长春铁路，应归中华民国及苏维埃社会主义共和国联邦共同所有，并共同经营。"②而在中苏两国政府《关于中国长春铁路、旅顺口及大连的协定》（以下简称"一揽子协定"）中规定："缔约国双方同意苏联政府将共同管理中国长春铁路的一切权利以及属于该铁路的全部财产无偿地移交中华人民共和国政府。此项移交一俟对日和约缔结后立即实现，但不迟于一九五二年末。"③

在《关于大连之协定》中曾有这样的规定："为保证苏维埃社会主义共和国联邦对大连为其货物进出口之利益获得保障起见，中华民国同意：一、宣布大连为一自由港，对各国贸易及航运一律开放。二、中国政府同意依照另订之协定，在该自由港指定码头及仓库租与苏联。"④而在新的"一揽

---

① 《建国以来重要文献选编》第 1 册，中央文献出版社 1992 年版，第 121 页。
② 李嘉谷编：《中苏国家关系史资料汇编（1933—1945）》，社会科学文献出版社 1997 年版，第 645 页。
③ 《建国以来重要文献选编》第 1 册，中央文献出版社 1992 年版，第 121 页。
④ 李嘉谷编：《中苏国家关系史资料汇编（1933—1945）》，社会科学文献出版社 1997 年版，第 647 页。

子协定"中规定:"缔约国双方同意在对日和约缔结后,必须处理大连港问题。""至于大连的行政,则完全直属中华人民共和国政府管辖。""现时大连所有财产凡为苏联方面临时代管或苏联方面租用者,应由中华人民共和国政府接收。"①

在《关于旅顺口之协定》中曾有这样的规定:"为加强中苏两国之安全,以防制日本再事侵略起见,中华民国政府同意,两缔约国共同使用旅顺口为海军根据地。""苏联政府在第二条所述之地区内有权驻扎陆海空军,并决定其驻扎地点。"②对此,斯大林在1月24日的会谈中,也当面向毛泽东承认,关于旅顺口协定是不平等的。③而在新的"一揽子协定"中规定:"缔约国双方同意一俟对日和约缔结后,但不迟于一九五二年末,苏联军队即自共同使用的旅顺口海军根据地撤退,并将该地区的设备移交中华人民共和国政府而由中华人民共和国政府偿付苏联自一九四五年起对上述设备之恢复与建设的费用。"④

在谈判过程中,能取得上述结果,殊为不易。特别是在归还中国长春铁路权益问题的谈判中,双方争论很大,但最终还是同意了中国政府的意见。按照毛泽东的说法,是把老虎口里的肉拿出来了。⑤

1950年2月17日,毛泽东一行带着丰硕成果离开莫斯科,踏上了回国的路途。

对于签订《中苏友好同盟互助条约》的意义,毛泽东评价说:"现在把两国的友谊在条约上固定下来,我们可以放手搞经济建设。外交上也有利。为建设,也为外交,而外交也是为建设。我们是新起的国家,困难多,万一

---

① 《建国以来重要文献选编》第1册,中央文献出版社1992年版,第122—123页。
② 李嘉谷编:《中苏国家关系史资料汇编(1933—1945)》,社会科学文献出版社1997年版,第648、649页。
③ 逄先知、金冲及主编:《毛泽东传》第3卷,中央文献出版社2011年版,第1008页。
④ 《建国以来重要文献选编》第1册,中央文献出版社1992年版,第122页。
⑤ 逄先知、金冲及主编:《毛泽东传》第3卷,中央文献出版社2011年版,第1014页。

有事，有个帮手，这减少了战争的可能性。"①

新中国百废待兴，但最让毛泽东惦念的，莫过于大规模经济建设。他知道，"中国落后的原因，主要的是没有新式工业。日本帝国主义为什么敢于这样地欺负中国，就是因为中国没有强大的工业，它欺侮我们的落后。因此，消灭这种落后，是我们全民族的任务。"②

在新中国成立前夕，毛泽东估计要想使经济恢复，没有三年时间是不行的。为使国民经济更快恢复和发展，他提出了"公私兼顾，劳资两利，城乡互助，内外交流"，被称作"四面八方"的经济政策。他认为，实行这样的政策，就可以把工人阶级、农民阶级、小资产阶级、民族资产阶级的联盟巩固住。

1949年11月29日，毛泽东在全国政协一届常委会第二次会议的讲话中，提出"三年五年恢复，十年八年发展"的设想。

过了一年多，到1951年2月，在中央政治局扩大会议上，他把这个设想概括为"三年准备、十年计划经济建设"。③ 这里说的"三年准备"，就是要通过三年时间把国民经济恢复到日本发动全面侵华战争之前的最好水平，为大规模工业化建设做好准备。这里说的"十年计划经济建设"，则是通过国家工业化建设，为向社会主义过渡打下坚实的物质基础。

新中国成立之初，国家财政基础十分脆弱，却面临着诸多两难问题。既要平抑物价，又要鼓励私营工商业生产；既要克服商品滞销，又要维持生产；既要打碎国民党政府旧的国家机器，又要把原国民党军政人员包下来，使他们保持正常工作和生活。用当时陈云的话说，"现在政府挑的是两筐鸡蛋，不要碰破一头"。④

---

① 逄先知、冯蕙主编：《毛泽东年谱（1949—1976）》第1卷，中央文献出版社2013年版，第112页。
② 《毛泽东文集》第3卷，人民出版社1996年版，第146—147页。
③ 《毛泽东文集》第6卷，人民出版社1999年版，第143页。
④ 《陈云文选》第2卷，人民出版社1995年版，第91页。

这些两难问题，在一般人看来，都是难以克服的困难。但对善于驾驭复杂矛盾的毛泽东来说，却不是不可克服的。他在 1949 年 12 月 2 日中央人民政府委员会第四次会议上，对当时国家财政状况讲了三句话："有困难的，有办法的，有希望的。"①

毛泽东在第一次访苏回国后，经过认真研究准备，于 1950 年 6 月 6 日至 9 日在北京中南海怀仁堂主持召开了中共七届三中全会，专门研究国民经济恢复时期的任务。毛泽东在会上提交了《为争取国家财政经济状况的基本好转而斗争》的书面报告。

这个报告首先分析了国际环境，认为："帝国主义阵营的战争威胁依然存在，第三次世界大战的可能性依然存在。但是，制止战争危险，使第三次世界大战避免爆发的斗争力量发展得很快"，"新的世界战争是能够制止的"。这次全会之后，爆发了朝鲜战争，也没有使毛泽东改变这个判断。

报告提出了在三年内实现财政经济状况根本好转的任务，还分析了实现根本好转的三个条件："（一）土地改革的完成；（二）现有工商业的合理调整；（三）国家机构所需经费的大量节减。"②并部署了包括上述三项在内的八项工作。

毛泽东就是这样，在繁杂的矛盾与工作中，总能理出头绪，抓住重点，再用简洁明快的语言表达出来，易懂、易于贯彻。

毛泽东在全会上还讲了话。中心思想是告诫全党，不要把各方面关系搞得很紧张，不要"四面出击"，不要到处树敌，要认真谨慎地做好统一战线工作，"使工人、农民、小手工业者都拥护我们，使民族资产阶级和知识分子中的绝大多数人不反对我们"。③这有效抑制了正在党内蔓延的急于消灭私营资本等急躁情绪。

国民经济的恢复，进行得很顺利。不久，出现了抗美援朝、国家军费支

① 《毛泽东文集》第 6 卷，人民出版社 1999 年版，第 24 页。
② 《毛泽东文集》第 6 卷，人民出版社 1999 年版，第 67、68、70 页。
③ 《毛泽东文集》第 6 卷，人民出版社 1999 年版，第 75—76 页。

出大量增加的特殊情况，对经济恢复造成了一定困难。但毛泽东很快提出"边打、边稳、边建"方针，又在国内广泛开展"抗美援朝、保家卫国"运动，促进了各阶层人民支援前方、努力生产的积极性，形成了人民群众与人民政府共渡难关的局面。结果，抗美援朝不但没有妨碍国民经济恢复，反而成为促进恢复的有效推动力。这也使毛泽东对经济建设要搞群众运动深信不疑。

到 1952 年底，国民经济恢复交出了一份不错的成绩单。

经过三年努力，1952 年工农业总产值达到 810 亿元，比 1949 年增长 77.6%，比日本发动全面侵华战争之前的最好水平 1936 年增长 23%。国家财政总收入，从 1950 年到 1952 年共计 361.07 亿元，同期财政总支出共计 362.19 亿元，入不敷出的局面根本改观。在财政支出中，经济建设支出为 125.7 亿元，占财政总支出的 34.3%，经济建设日益成为国家的重点。

农业、工业、交通运输业，是国民经济恢复时期的重点。粮食总产量，1949 年为 11318.4 万吨，1952 年为 16393.1 万吨，增长 44.8%；1952 年与 1936 年比，增长了 9.3%。这在农业依然主要依靠人力耕作的条件下，不能不说是个奇迹，显示了土地改革使农民分得田地的威力。钢、生铁、原煤、原油、水泥、电力等主要工业产品，都超过了历史最高年产量。[①]

铁路一直是中国近代国家发展的障碍。新中国成立前夕，毛泽东曾经说过："中国从前是被帝国主义统治的国家，修筑铁路多是向帝国主义国家借款，帝国主义国家借款修筑的每一条铁路，都是和那些帝国主义国家的侵略目的相配合的。铁路成为帝国主义压迫、榨取我们的工具。""现在我们不受帝国主义统治了，我们有可能并且应该很好地恢复铁路和发展铁路。"他设想："我们这样大的国家，现在还只有二万多公里铁路，这太少了。我们需要有几十万公里的铁路。"[②]

在解放战争提出"打倒蒋介石，解放全中国"口号后，毛泽东在 1948

---

① 中共中央党史研究室著：《中国共产党的九十年》（社会主义革命和建设时期），中共党史出版社、党建读物出版社 2016 年版，第 414、411、413 页。

② 《毛泽东文集》第 5 卷，人民出版社 1996 年版，第 305、306 页。

年 1 月 8 日给林彪、罗荣桓并告中央工委的电报中就提出："请考虑某些铁路不破坏或只作战术性破坏，而不彻底破坏。"①1949 年 1 月，成立了铁道部，按照毛泽东的要求，"解放军打到哪里，铁路就修到哪里"。到 1949 年底，全国通车的铁路已到达 21810 公里。到 1952 年底，又新建铁路 1320 公里，恢复 1170 公里。其中最著名的，是连通成都和重庆的成渝铁路，曾经是清朝末年筹建的川汉铁路的一段，1936 年国民党政府再次提出修建，始终没有动工。而在新中国人民政府领导下，505 公里的成渝铁路于 1950 年 6 月动工，1952 年 7 月 1 日正式通车。

在国民经济迅速恢复的同时，统一祖国大陆的事业也有了新的进展。1951 年 5 月 23 日，《中央人民政府和西藏地方政府关于和平解放西藏办法的协议》（以下简称和平解放西藏办法协议）在北京中南海勤政殿举行签字仪式。24 日晚，毛泽东举行盛大宴会，庆祝和平解放西藏办法协议签字。他在致辞中指出："几百年来，中国各民族之间是不团结的，特别是汉民族与西藏民族之间是不团结的，西藏民族内部也不团结。这是反动的清朝政府和蒋介石政府统治的结果，也是帝国主义挑拨离间的结果。现在，达赖喇嘛所领导的力量与班禅额尔德尼所领导的力量与中央人民政府之间，都团结起来了。这是中国人民打倒了帝国主义及国内反动统治之后才达到的。"②根据和平解放西藏办法协议，1951 年 10 月 26 日，人民解放军抵达拉萨。1952 年 7 月，抵达山南地区、阿里和亚东。五星红旗从此在西藏高原飘扬。中华各族人民大团结的梦想，成为现实。

统一祖国大陆，也包括如何解决香港问题。对此，国际社会高度关注。毛泽东则从更长远的眼光考虑问题，为新中国打破西方封锁创造了更为有利的条件。

早在 1946 年 12 月 9 日，毛泽东在回答外国记者提问时就表示过：现在

① 逄先知主编：《毛泽东年谱（1893—1949）》（修订本）下卷，中央文献出版社 2013 年版，第 264 页。
② 《毛泽东文集》第 6 卷，人民出版社 1999 年版，第 168 页。

不提出立即归还的要求，将来可按协商方法解决。①

三大战役圆满收官之际，斯大林派苏共中央政治局委员米高扬到西柏坡。毛泽东从 1949 年 1 月 31 日起，多次同他会谈。其间，谈到了香港问题。毛泽东表示：不必急于解决香港、澳门问题，利用这两地的原来地位，特别是香港，对我们发展海外关系、进出口贸易更为有利。总之，要看形势的发展再作最后决定。②

后来，毛泽东在 1963 年 8 月 9 日同外宾的谈话中，依然表示："至于香港，英国没有多少军事力量，我们要占领是可以的。但过去有条约关系，小部分是割让的，大部分是租的，租期是九十九年，还有三十四年才满期。这是特殊情况，我们暂时不准备动它。""香港是通商要道，如果我们现在就控制它，对世界贸易、对我们同世界的贸易关系都不利。"他还特别强调："我们不动它并不是永远不动它，英国现在安心，将来会不安心的。"③

后来的历史，证明了毛泽东的眼光。他从不把一盘棋做死。在他博大的心中，始终既考虑中华民族的现在，更考虑到中华民族的未来。

---

① 逄先知主编：《毛泽东年谱（1893—1949）》（修订本）下卷，中央文献出版社 2013 年版，第 153 页。
② 转引自《在历史巨人身边——师哲回忆录》，中央文献出版社 1991 年版，第 380 页。
③ 《毛泽东文集》第 8 卷，人民出版社 1999 年版，第 336—337 页。

十二、抗美援朝保家卫国

你们说的都有理由，但是别人处于国家危急时刻，我们站在旁边看，不论怎样说，心里也难过。

——毛泽东：在中共中央政治局扩大会议上的讲话

(1950 年 10 月 4 日)

正当毛泽东和中国共产党为恢复国民经济而努力的关键时刻，1950 年 6 月 25 日，朝鲜内战爆发。6 月 27 日，美国总统杜鲁门发表声明，宣布美国军队进入朝鲜，支援韩国军队作战，并派第七舰队侵入台湾海峡，阻止人民解放军解放台湾。7 月 7 日，联合国安理会通过决议，组成由美国指挥的"联合国军"。7 月 10 日，杜鲁门任命美国远东军总司令麦克阿瑟为"联合国军"总司令。"联合国军"总部，设在日本美国远东军总部内。

美国在朝鲜半岛问题上接连采取的举动表明，它在应对朝鲜内战时，是把整个远东地区连在一起考虑的，并同当时已经开始的与苏联冷战对峙全球战略相联系。

还在 9 月中旬美军在朝鲜半岛西海岸的仁川登陆之前，美国空军从 8 月 27 日起，不断入侵中国领空，并对中朝边境等地进行扫射和轰炸。9 月 30 日，美军又全线进抵它在 1945 年同苏军为接受日军投降而划定的临时军事分界线——三八线。

在这种情况下，中国政府于 9 月 30 日和 10 月 3 日两次向美国政府发出警告，一旦美军越过三八线，中国决不能坐视不顾。美国无视中国政府的警告，侵朝美军于 10 月 8 日大举越过三八线，向朝鲜北方迅速挺进。"联合国军"总司令、美国远东军总司令麦克阿瑟甚至提出要在感恩节前结束战争。如果这一意图实现，不但整个朝鲜半岛被美国全部控制，中国东北地区和山东半岛的安全都会受到威胁。

在毛泽东看来，朝鲜战争既是美国打到中国家门口的一场战争，也是一场不期而遇、但又别无选择的战争。

从 1950 年 6 月 27 日美国宣布干涉朝鲜内战并阻挠中国人民解放台湾之日起，毛泽东就密切注视着美国的一举一动，并立即作出反应。不同的是，美国在逐步扩大事态，而毛泽东则希望将事态控制在朝鲜半岛以内。

6 月 28 日，毛泽东在中南海勤政殿召开的中央人民政府委员会第八次会议上正告美国政府："中国人民早已声明，全世界各国的事务应由各国人民自己来管，亚洲的事务应由亚洲人民自己来管，而不应由美国来管。美国对亚洲的侵略，只能引起亚洲人民广泛的和坚决的反抗。"他还针对杜鲁门 27 日声明说："杜鲁门在今年一月五日还声明说美国不干涉台湾，现在他自己证明了那是假的，并且同时撕毁了美国关于不干涉中国内政的一切国际协议。"[1]

第二天的《人民日报》，发表了毛泽东讲话的上述内容。

6 月 28 日，周恩来还以外交部长名义发表《关于美国武装侵略中国领土台湾的声明》。

7 月 7 日，联合国安理会通过决议，组成侵朝"联合国军"。毛泽东立即提议成立东北边防军，并请周恩来于 7 日和 10 日两次召开中央军委会议，研究保卫国防、组建东北边防军问题。当时的考虑是，朝鲜人民军大举南下，如果美军突破三八线，中国可及时派遣部队支援朝鲜人民军作战，抵抗美军。

---

[1] 《建国以来毛泽东军事文稿》上卷，军事科学出版社、中央文献出版社 2010 年版，第 154 页。

7月7日中央军委会议结束后，由代总参谋长聂荣臻将会议决议事项报送毛泽东。毛泽东于当日24时批复："本日会议决议事项同意，请即按此执行。原件存我处。"①

这次会议议定了五个事项。第一，部队调动部署。4个军3个炮兵师限7月底全部调往安东（今丹东）、辑安（今吉林集安）、本溪等地集结。第二，指挥机构组织。以粟裕为东北边防军司令员兼政治委员、萧华为副政治委员。第三，后勤工作准备。第四，兵员补充准备。统由总后勤部订出实施计划，限期完成。第五，政治动员工作。总的是在保卫国防安全的口号下，进行政治动员，具体计划由总政治部起草一个指示。②

当时确定由原先主抓攻台准备的粟裕担任东北边防军司令员兼政治委员。当毛泽东得知粟裕因病不能到职后，即于7月10日亲自致电粟裕："来电悉。有病应当休养，可以缓来，但仍希望你于八月上旬能来京。那时如身体已好，则担任工作，如身体不好则继续休养。"17日，又以中央军委名义起草电报给华东局并粟裕等："毛主席前电粟，要他于八月上旬来京，依情况或留京休养，或担任工作。现粟已去青岛休养，甚好。请粟于八月上旬来电报告身体情况，如病重则继续在青岛休养，不要来京，如病已愈则盼来京。"③ 其爱将之心，情真意切。

7月13日，毛泽东收到并批准周恩来报送的《关于保卫东北边防的决定》。这个决定，是根据中央军委7日和10日两次会议研究事项综合完善而成。决定分别从河南、广东、广西、湖南、黑龙江等地抽调第十三兵团的第三十八军、第三十九军、第四十军及第四十二军，炮兵第一师、第二师、第八师，以及一个高射炮团、一个工兵团，共计二十五万五千余人，组成东北

① 《建国以来毛泽东军事文稿》上卷，军事科学出版社、中央文献出版社2010年版，第158页。

② 逄先知、冯蕙主编：《毛泽东年谱（1949—1976）》第1卷，中央文献出版社2013年版，第161页注〔1〕。

③ 《建国以来毛泽东军事文稿》上卷，军事科学出版社、中央文献出版社2010年版，第160页。

边防军。边防军指挥机构，以粟裕为司令员兼政治委员，萧劲光为副司令员，萧华为副政治委员，李聚奎为后勤司令。以第十五兵团部为基础组成第十三兵团部，邓华为司令员，赖传珠为政治委员，解方为参谋长，杜平为政治部主任。炮兵、战车、工兵、高射炮兵部队由万毅指挥。成立东北空军司令部，以段苏权任司令员。还对部队车运计划、集结地域、后勤工作准备、兵员补充准备等作了具体规定。①

　　毛泽东和中央军委之所以要原先负责准备解放台湾的粟裕到东北边防军担纲，是有特殊考虑的。根据朝鲜战争爆发后的新情况，中央作出了"支援朝鲜人民，推迟解放台湾"的重大决定。后因粟裕养病难以到职，毛泽东于8月5日为中央军委起草电令，由东北军区司令员兼政治委员高岗"负主责"②。

　　"兵贵神速"。到8月上旬，除高炮团外，东北边防军全部进入指定的集结位置。

　　如此大规模的部队集中调往中朝边境，不能不考虑部队的防空问题。在自身没有足够的防空力量的情况下，毛泽东向斯大林提出了请求。不久，收到了斯大林的建议。7月20日，毛泽东在给斯大林的复电中表示："在研究了我们出动到中朝边界上的部队之空中掩护问题，以及我国空军转入使用喷气式飞机并接收两个苏联空军师的一切器材的问题之后，我们欢迎您的提议，并对您及苏联政府给我们的帮助致特别感谢之意。""我们拟将您派来掩护我们部队的喷气式空军师，驻扎在沈阳附近，两个团驻鞍山，一个团驻辽阳。这样驻扎，在与驻在安东（即今丹东）附近的我国空军混成旅所属驱逐团协同动作之下，可以解决掩护部队以及保护沈阳、安东、抚顺工业区的

---

① 《建国以来毛泽东军事文稿》上卷，军事科学出版社、中央文献出版社2010年版，第158、159页。

② 《建国以来毛泽东军事文稿》上卷，军事科学出版社、中央文献出版社2010年版，第179页。

问题。"①

8月初，毛泽东还批准代总参谋长聂荣臻的一个报告，同意派部分高炮部队进入朝方一侧，以确保鸭绿江大桥的安全。

8月4日，毛泽东主持召开中共中央政治局会议，讨论美国武装侵略朝鲜后中国应该采取的对策问题。他在讲话中表示：如果美帝得胜，就会得意，就会威胁我国。对朝鲜不能不帮，必须帮助，用志愿军的形式，时机当然还要适当选择，我们不能不有所准备。他还表示："台湾是一定要收回的，对朝鲜、越南则不能坐视。"②

8月5日，毛泽东致电高岗，根据朝鲜战局变化，要求东北边防军在本月内完成一切准备工作，9月上旬能投入作战。18日，又把完成一切准备工作的期限推迟到了9月30日以前。

组建东北边防军并在中朝边境提前部署，此举至关重要。后来担任中国人民志愿军司令员兼政治委员的彭德怀这样评价说："当美帝国主义发动侵略战争时，我们即调了五个军置于鸭绿江北岸，待敌越过三八线向我国边境逼近时，出敌不意地给以痛击，取得第一个战役的胜利。这不仅挽救了当时朝鲜人民军败退的局面，而且取得了战争的主动权。如果预先无此准备，想要凭空扭转当时极不利极严重的局面，那是不可设想的。"③

朝鲜战争进入8月中旬后，双方在洛东江一线呈胶着状态。毛泽东决定，再抽调第九兵团和第十九兵团作为东北边防军的第二线部队和第三线部队。第九兵团于10月下旬基本进入津浦铁路山东段指定区域，第十九兵团位于陇海铁路沿线集结。这些未雨绸缪之举，为后来的抗美援朝决策赢得了先机。

---

① 《建国以来毛泽东军事文稿》上卷，军事科学出版社、中央文献出版社2010年版，第168页。

② 军事科学院军事历史研究部著：《抗美援朝战争史》第1卷，军事科学出版社2000年版，第60页。

③ 《彭德怀军事文选》，中央文献出版社1988年版，第466页。

8月20日朝鲜人民军发起的第四战役结束后，朝鲜战局进入僵持状态。美军和韩国军队被压缩至仅有1万余平方公里的狭小区域，凭借着火力与海空军优势，顽强死守。朝鲜人民军因战线拉长，主力部队损耗较大得不到及时补充，攻势有所减弱。与此同时，美国飞机从8月27日起，连续袭击中朝边境鸭绿江中国一侧的辑安、临江、丹东、宽甸等地。

在这种情况下，毛泽东判断朝鲜战争有持久化的可能。9月5日，他在中南海勤政殿主持召开的中央人民政府委员会第九次会议上，明确指出："就目前的情况来看，朝鲜战争持久化的可能性正在逐渐增大。过去，我们对于朝鲜战局的估计有速决和持久两种可能性。所谓速决，就是朝鲜人民军乘胜追击，把美军和李承晚的残余伪军赶到海里去。现在美国在朝鲜已经增加了它的军队，因而战争持久的可能性也就随之增加了。朝鲜人民是可能坚持这个持久的战局的，他们动员的人力已超过一百万，朝鲜人民军队现在有十几万人，今后还能继续补充。朝鲜人民斗争很勇敢，美国飞机一面炸桥，朝鲜人民就一面修桥。开始时是白天炸黑夜修，后来则是随时炸随时修，飞机来了，朝鲜人民只在旁边躲一躲，然后还是照旧去修桥。战争开始时，美帝国主义原以为用空军一炸，朝鲜人民就会害怕，结果却碰了一个钉子。"他还表示："我们的愿望是不要打仗，但你一定要打，就只好让你打。你打你的，我打我的，你打原子弹，我打手榴弹，抓住你的弱点，跟着你打，最后打败你。对战争打起来的时候，不是小打而是大打，不是短打而是长打，不是普通的打而是打原子弹，我们要有充分准备。你如果一定要那样干，我们就跟上来。"①

朝鲜战局出现的新情况，加大了东北边防军以志愿军名义入朝作战的可能。毛泽东9月3日复电高岗，嘱咐他"必须以现代战争观点教育部队，切记不可轻敌"。同时，他又要周恩来负责安排东北边防军有关人员，以驻朝鲜大使馆武官名义先期到朝鲜"实地调查作战情况"，并用调查结果教育

---

① 《毛泽东文集》第6卷，人民出版社1999年版，第92、93—94页。

部队。①

此刻，又出现了新的情况。8月下旬，经多方研究，毛泽东判定美军有在朝鲜半岛仁川等地登陆的可能，并将这一危险告知苏联与朝鲜，告诉朝鲜方面要有应付最坏情况的准备。②

此刻，箭在弦上的朝鲜人民军又于8月31日发起第五次战役，突破敌人防线，一度逼近大邱、釜山。经过激烈的拉锯战后，朝鲜人民军撤回洛东江西岸。

预料之中的事，终于发生了。9月15日，美军在仁川登陆，与固守在大邱、釜山一带的美军、英军、韩国军队相呼应，使朝鲜人民军主力腹背受敌。9月28日，美军攻入汉城（即今韩国首都首尔）。南下与北进的美军等相继会合，并于9月29日全线进逼三八线。这时，在朝鲜半岛南部的"联合国军"已超过33万人。朝鲜人民军主力被阻挡在三八线以南，三八线以北广大地区防守空虚。朝鲜战局面临"命悬一线"的紧急关头。

9月27日，朝鲜劳动党中央委员会委员长、朝鲜民主主义人民共和国政府首相、朝鲜人民军最高司令官金日成在讲话中提出："现阶段，我们党的战略方针是：最大限度地阻缓敌人的进攻速度，争取时间营救出人民军主力部队，组建新的后备部队来组成强大的反攻力量，并进行有计划的撤退。"③

毛泽东对朝鲜人民军的境遇报以高度关切和同情。在督促东北边防军加紧做好出国作战准备的同时，尽一切可能向金日成提出建议和帮助，并随时与苏联方面交换意见。

① 《建国以来毛泽东军事文稿》上卷，军事科学出版社、中央文献出版社2010年版，第196、199、205页。
② 力平、马芷荪主编：《周恩来年谱（1949—1976）》上卷，中央文献出版社1997年版，第67页。参见逄先知、金冲及主编：《毛泽东传》第3卷，中央文献出版社2011年版，第1075页。
③ 军事科学院军事历史研究部著：《抗美援朝战争史》第1卷，军事科学出版社2000年版，第125页。

9 月 20 日，毛泽东审阅修改了关于朝鲜人民军作战方针给金日成的电报稿。这个电报，是由周恩来起草的。当时，美军在仁川登陆时间不长，汉城尚在朝鲜人民军掌握之中。电报中说："估计敌人在仁川方面尚有增加可能，其目的在于向东延伸占领，切断朝鲜南北交通，并向三八线进逼。而人民军必须力争保住三八线以北，进行持久战方有可能。因此，请考虑在坚持自力更生、长期奋斗的总方针下如何保存主力便于各个歼灭敌人的问题。"并提醒他注意"敌人如果占领汉城则人民军后路有被切断的危险"。电报最后说："敌人要求速决害怕持久，而我人民军则速决既不可能，唯有以持久战争取胜。以上所陈，系站在朋友和同志的立场提出，供你们参考。"①21日，金日成收到了通过中国驻朝鲜大使倪志亮转交的这封电报。

9 月 27 日和 30 日，金日成两次召见中国驻朝鲜大使倪志亮，通报朝鲜战局。

9 月 29 日夜，周恩来写信给毛泽东，报告说："美帝国主义已在公开表示将进军三八线以北。从倪志亮二十七日电看来，三八线北已无防守部队，似此情况甚为严重，敌人有直驱平壤可能。"②

对中国来说，这场极力设法避免的战争，已无可避免。

这时，新中国成立一周年国庆节在即。9 月 30 日，全国政协举行中华人民共和国成立一周年庆祝大会。周恩来在会上发表《为巩固和发展人民的胜利而奋斗》的讲话。毛泽东审阅修改了这个讲话。其中针对朝鲜战争郑重声明："中国人民热爱和平，但是为了保卫和平，从不也永不害怕反抗侵略战争。中国人民决不能容忍外国的侵略，也不能听任帝国主义者对自己的邻人肆行侵略而置之不理。"③

10 月 1 日，是朝鲜战局发生重大变化的一天。毛泽东照常登上天安门城楼，神情自若地出席中华人民共和国成立一周年庆祝大会，检阅中国人民

---

① 《周恩来军事文选》第 4 卷，人民出版社 1997 年版，第 56、57 页。
② 《周恩来军事文选》第 4 卷，人民出版社 1997 年版，第 58 页。
③ 《周恩来外交文选》，中央文献出版社 1990 年版，第 24 页。

解放军部队和群众游行队伍。晚上，又在天安门城楼观看焰火。

也就在同一天，麦克阿瑟向朝鲜人民军发出最后通牒。从 9 月 30 日起，韩国军队开始越过三八线。美军也在作北进准备。10 月 2 日，麦克阿瑟下达联合国军司令部第 2 号作战命令，要美军第八集团军越过三八线，占领平壤。

也是在 10 月 1 日，斯大林来电要求中国立即派出至少五六个师到三八线，以便让朝鲜组织起保卫三八线以北地区的战斗。①

同样是在 10 月 1 日。深夜，金日成紧急约见倪志亮，向中国政府提出出兵支援的请求。10 月 3 日，朝鲜劳动党中央常务委员、内务相朴一禹带来朝鲜劳动党中央委员会委员长、朝鲜民主主义人民共和国政府首相、朝鲜人民军最高司令官金日成和朝鲜劳动党中央委员会副书记、朝鲜民主主义人民共和国政府副首相兼外务相朴宪永给毛泽东的信。信中提出："在敌人进攻三八线以北地区的情况下，极盼中国人民解放军直接出动援助我军作战。"②

在这种情况下，10 月 3 日凌晨 1 时，周恩来紧急约见印度驻华大使潘尼迦，明确表示："第一，美军企图越过三八线，以扩大战争，我们要管，这是美国政府造成的严重情况。第二，我们主张朝鲜事件应该和平解决，不但朝鲜战事必须即刻停止，侵朝军队必须撤退，而且有关国家必须在联合国内会商和平解决的办法。"③美国政府很快获知了这个谈话内容，但对周恩来代表中国政府的警告置若罔闻。

与此同时，毛泽东决心先召开中央书记处会议讨论是否出兵抗美援朝。10 月 2 日凌晨 2 时，毛泽东以中央军委名义致电高岗、邓华："（一）请高

---

① 逄先知、冯蕙主编：《毛泽东年谱（1949—1976）》第 1 卷，中央文献出版社 2013 年版，第 200 页。
② 军事科学院军事历史研究部著：《抗美援朝战争史》第 1 卷，军事科学出版社 2000 年版，第 149 页。
③ 《周恩来外交文选》，中央文献出版社 1990 年版，第 27 页。

岗同志接电后即行动身来京开会；（二）请邓华同志令边防军提前结束准备工作，随时待命出动，按原定计划与新的敌人作战；（三）请邓（华）将准备情况及是否可以立即出动即行电告。"①邓华当时是第十三兵团司令员兼政治委员。后来，以第十三兵团领导机关为基础，组建起了中国人民志愿军总部。

10月2日，在召开中央书记处会议之前，毛泽东先拟好了给斯大林10月1日来电的复电。原准备在这次会后发出，后因多数与会者不赞成出兵，而暂时搁置。但从这封电报，可以了解毛泽东当时的考虑。

毛泽东在电报中说："（一）我们决定用志愿军名义派一部分军队至朝鲜境内和美国及其走狗李承晚的军队作战，援助朝鲜同志。我们认为这样做是必要的。因为如果让整个朝鲜被美国人占去了，朝鲜革命力量受到根本的失败，则美国侵略者将更为猖獗，于整个东方都是不利的。（二）我们认为既然决定出动中国军队到朝鲜和美国人作战，第一，就要能解决问题，即要准备在朝鲜境内歼灭和驱逐美国及其他国家的侵略军；第二，既然中国军队在朝鲜境内和美国军队打起来（虽然我们用的是志愿军名义），就要准备美国宣布和中国进入战争状态，就要准备美国至少可能使用其空军轰炸中国许多大城市及工业基地，使用其海军攻击沿海地带。（三）这两个问题中，首先的问题是中国的军队能否在朝鲜境内歼灭美国军队，有效地解决朝鲜问题。只要我军能在朝境内歼灭美国军队，主要地是歼灭其第八军（美国的一个有战斗力的老军），则第二个问题（美国和中国宣战）的严重性虽然依然存在，但是，那时的形势就变为于革命阵线和中国都是有利的了。这就是说，朝鲜问题既以战胜美军的结果而在事实上结束了（在形式上可能还未结束，美国可能在一个相当长的时期内不承认朝鲜的胜利），那么，即使美国已和中国

---

① 《建国以来毛泽东军事文稿》上卷，军事科学出版社、中央文献出版社2010年版，第225页。

公开作战，这个战争也就可能规模不会很大，时间不会很长了。"①

朝鲜战争，是在美苏两大阵营严重对峙的冷战格局下发生的。在当时，无论是苏联还是美国，都认为这场战争有可能引发新的世界大战。而毛泽东在上述分析中，提出了一种全新的看法。即认为这是一场可控的局部战争，只要"朝鲜问题既以战胜美军的结果而在事实上结束了"，"即使美国已和中国公开作战，这个战争也就可能规模不会很大，时间不会很长了"。抗美援朝战争，证实了毛泽东的判断。以战争消灭战争，以战争控制战争，在毛泽东看来，恰恰是战争问题上的辩证法。

这时，美军还没有越过三八线，更没有出现平壤迅速失守的情况，毛泽东的出兵设想还是基于朝鲜战争长期化的判断。因此，这封没有发出的电报提出，先派12个师位于北朝鲜的适当地区，"第一个时期只打防御战，歼灭小股敌人，弄清各方面情况；一面等候苏联武器到达，并将我军装备起来，然后配合朝鲜同志举行反攻，歼灭美国侵略军"。②

然而，当天下午，在中南海菊香书屋召开的中共中央书记处会议上，尽管毛泽东认为出兵朝鲜已是万分火急，但会上多数人不赞成出兵。于是，会议决定再召开一次扩大的中央政治局会议，继续讨论出兵入朝作战问题。

这次会后，毛泽东将中央书记处会议讨论的结果通过苏联驻华大使罗申转告斯大林。

根据俄罗斯总统档案馆保存的材料，10月3日，罗申将毛泽东关于中国暂不出兵的初步意见电告斯大林。下面是罗申转述的毛泽东的谈话："我们原先曾打算，当敌人向三八线以北进攻时，调动几个师的志愿军到北朝鲜帮助朝鲜同志。但是，经过慎重考虑，我们现在认为，这一举动会造成极为严重的后果。第一，靠几个师很难解决朝鲜问题（我军装备极差，同美军作

---

① 《建国以来毛泽东军事文稿》上卷，军事科学出版社、中央文献出版社2010年版，第226—227页。

② 《建国以来毛泽东军事文稿》上卷，军事科学出版社、中央文献出版社2010年版，第227页。

战无胜利把握），敌人会迫使我们退却。第二，最大的可能是，这将引起美国与中国的公开冲突，结果苏联也可能被拖进战争中来，这样一来，问题就变得极其严重了。中共中央的许多同志认为，对此必须谨慎行事。""因此，目前最好还是克制一下，暂不出兵，同时准备力量，这样做在把握与敌作战的时机上会比较有利。"①

值得注意的是，罗申在转述毛泽东的回复中，有这样一段话："关于这个问题还没有做出最后决定"，"我们将举行一次中央会议，中央各部门的主要同志都将出席"。②

10 月 4 日下午，毛泽东根据 2 日中央书记处会议决定，在中南海颐年堂主持召开中共中央政治局扩大会议，讨论朝鲜战局和中国出兵援朝问题。出席会议的有：毛泽东、朱德、刘少奇、周恩来、任弼时、林伯渠、董必武、彭真、陈云、张闻天、彭德怀（会议中间赶到）、高岗。列席会议的有：罗荣桓、林彪、邓小平、饶漱石、薄一波、邓子恢、李富春、胡乔木、杨尚昆。③

毛泽东首先让大家讲讲出兵的不利情况。与会者各抒己见。多数人不赞成出兵或者对出兵存有种种疑虑。他们的意见是，不到万不得已，最好不打这一仗。毛泽东说："你们说的都有理由。但是别人处于国家危急时刻，我们站在旁边看，不论怎样说，心里也难过。"④他最后宣布，明天继续开政治局扩大会议。

毛泽东始终没有放弃出兵抗美援朝的念头，并一直在督促着做好各方面准备。他深知，将要面对的是一个特别难对付的对手，初战必慎。当天，他在审阅周恩来关于赴朝武官参观组安排给倪志亮的复电时，特意加写了一段

---

① 逄先知、冯蕙主编：《毛泽东年谱（1949—1976）》第 1 卷，中央文献出版社 2013 年版，第 201 页注〔1〕。

② 逄先知、金冲及主编：《毛泽东传》第 3 卷，中央文献出版社 2011 年版，第 1080 页。

③ 逄先知、金冲及主编：《毛泽东传》第 3 卷，中央文献出版社 2011 年版，第 1080 页。

④ 《彭德怀自述》，人民出版社 1981 年版，第 257 页。

话，要求一个组调查平壤附近及平壤安东线、平壤辑安线的各种情况，另一个组调查平壤元山线及元山清津线及其以北山区的各种情况。并嘱如有可能也要对平壤元山线至三八线之间的情况略作调查，但勿深入。

抗美援朝出兵决策，是毛泽东一生最难作出的一次决策。其之所以艰难，不仅因为事关重大，也不仅因为对手非同一般，更重要的还是主帅难定。

前面说到，毛泽东在组建东北边防军时，就曾考虑由粟裕担纲，但不料粟裕身体有病，未能到职。随后，他也考虑过林彪，林彪也表示身体不行。9月3日，毛泽东在给高岗的电报中说："林（彪）、粟（裕）均病，两萧①此间有工作，暂时均不能来，几个月后则有可能，估计时间是有的。"②

如今，通过10月2日和4日两次会议，毛泽东心里有了底，相信最终是可以说服大家赞成出兵的。但由谁来挂帅，却成为刻不容缓的难题。他把希望寄托到了敢打恶仗的彭德怀身上。

还在10月2日中央书记处会议后，毛泽东就要周恩来派飞机到西安，接彭德怀来北京参加4日下午的中央政治局会议。彭德怀赶到会场，因不了解情况，没有发言。

10月5日下午，中央政治局扩大会议继续开会。这天上午，毛泽东请彭德怀到中南海，同他谈出兵援朝问题。毛泽东直截了当地问：你看，出兵援朝谁挂帅合适？彭德怀反问：中央不是已决定派林彪同志去吗？毛泽东谈了林彪的情况后说：我们的意见，这担子，还得你来挑。彭德怀表示：我服从中央的决定。毛泽东说：这我就放心了。③

在5日下午继续举行的中央政治局扩大会议上，据彭德怀回忆说："在

① 两萧，指萧劲光、萧华，当时分别任东北边防军副司令员、副政治委员，同时还分别担任海军司令员、军委总政治部副主任。
② 《建国以来毛泽东军事文稿》上卷，军事科学出版社、中央文献出版社2010年版，第199页。
③ 逄先知、冯蕙主编：《毛泽东年谱（1949—1976）》第1卷，中央文献出版社2013年版，第204—205页。

其他同志发言后，我讲了几句：'出兵援朝是必要的，打烂了，等于解放战争晚胜利几年。如美军摆在鸭绿江岸和台湾，它要发动侵略战争，随时都可以找到借口。'主席决定我去朝鲜，我也没有推诿。"①会议最后作出"抗美援朝，保家卫国"的战略决策。会议还决定由彭德怀率志愿军入朝作战，并决定派周恩来、林彪去苏联同斯大林会谈。

一个历史性的决定，就这样作出了。

10月8日，当美军大举越过三八线北进之际，毛泽东发布了组成中国人民志愿军的命令，任命彭德怀为中国人民志愿军司令员兼政治委员。同日，毛泽东还把这个决定用确定无疑的口吻电告金日成，并请他派朴一禹到沈阳同彭德怀、高岗"会商与中国人民志愿军进入朝鲜境内作战有关的诸项问题"。②当天上午，中国驻朝鲜大使倪志亮将这封电报面交金日成。12日，毛泽东又要宋时轮担任司令员兼政治委员的第九兵团"提前北上，直开东北"。

此时，毛泽东心头一块石头落了地，另一块石头又压在了心头。他深知，即将到来的是与抗日战争、解放战争完全不同的一场现代化战争。一旦彭德怀率领中国人民志愿军入朝作战，就会面临没有制空权的危险，这意味着增加许多伤亡。在毛泽东的军事学中，向来是把战士的生命放在第一位的，他有句名言"战争的基本原则是保存自己消灭敌人"。他把解决制空权问题的希望，寄托在苏联身上。

就在毛泽东发布组成中国人民志愿军命令的同一天，周恩来一行登上了西行的飞机。10月11日，抵达克里米亚，同在这里休养的斯大林举行会谈。

在会谈中，周恩来提出只要苏联同意出动空军给予空中掩护，中国就可以出兵援朝，并要求苏联援助中国抗美援朝所需军事装备。斯大林表示，苏联可以完全满足中国提出的飞机、坦克、大炮等项装备，但是苏联空军尚未

---

① 《彭德怀自述》，人民出版社1981年版，第258页。
② 《建国以来毛泽东军事文稿》上卷，军事科学出版社、中央文献出版社2010年版，第237页。

准备好，在两个月或两个半月后才能出动空军支援志愿军作战。①

　　这不仅出乎毛泽东的预料，也是原先中央政治局会议没有预料到的，意味着中国人民志愿军入朝作战，将要面临更大的困难，付出更多的牺牲。毛泽东决定召开政治局会议讨论此事，并通知各方暂不实行已下达的命令。

　　10月13日，毛泽东在中南海颐年堂主持召开中共中央政治局会议，再次讨论中国出兵援朝问题。由于前几次会议围绕是否出兵展开过充分讨论，这次会议的意见高度一致。与会者一致认为，即使苏联不出空军支援，在美军越过三八线大举北进的情况下，我们仍应出兵援朝不变。

　　据彭德怀在1955年2月8日对身边工作人员的谈话记录："毛主席这时（指10月13日中央政治局会议）就以此为由（指苏联暂不出动空军掩护）又问我，可不可以打，苏联是不是完全洗手？我说：'这是半洗手（指苏联），也可以打。'最后是毛主席讲：'即令打不过也好，他总是欠我们一笔账，我什么时候想打，就可以再打'。"②

　　当晚10时，毛泽东把这个决定电告已从克里米亚回到莫斯科的周恩来，表示："我们认为应当参战，必须参战。参战利益极大，不参战损害极大。"还提出："请你留在莫斯科几天，和苏联同志重新商定上述问题③，并以电报速复为盼。"④会商的最终结果，苏联方面将只派空军到中国边境内驻防，两个月或两个半月后也不准备进入朝鲜境内作战。⑤

　　既然苏联一时难以提供空中掩护，毛泽东就需要根据新的情况重新考虑

---

① 力平、马芷荪主编：《周恩来年谱（1949—1976）》上卷，中央文献出版社1997年版，第85页。

② 《党的文献》1995年第6期，第87页。

③ 这些问题是指，（一）苏可以完全满足我们的飞机、大炮、坦克等项装备，不知它是用租借办法，还是要用钱买；（二）只要苏联能于两个月或两个半月内除出动志愿空军帮助我们在朝鲜作战外，又能出动掩护空军到京、津、沈、沪、宁、青等地，则我们也不怕整个的空袭。

④ 《毛泽东文集》第6卷，人民出版社1999年版，第104页。

⑤ 力平、马芷荪主编：《周恩来年谱（1949—1976）》上卷，中央文献出版社1997年版，第87页。

入朝作战的具体部署。

在 10 月 14 日给周恩来的电报里，他表示赞同彭德怀提出的入朝作战方案，说："彭德怀同志在安东研究情况后，认为如果我军能以一个军进至平壤东北方面约二百公里之德川县山岳地区，而以其余三个军及三个炮兵师位于德川以北之熙川、前川、江界地区，则第一，可能使美伪军有所顾虑而停止继续前进，保持平壤、元山线以北地区至少是山岳地区不被敌占。如此，则我军可以不打仗，而争取时间装备训练。第二，如元山、平壤两敌向北进攻德川等处山岳地带，则我军可以必要兵力钳制平壤之敌而集中主力歼灭由元山方向来攻之伪军，只要歼灭一二个或二三个完整的伪军师，局势就大为松动了。彭（德怀）及高岗同志均认为打伪军有把握，他们和我一样，都认为参战为必需和有利。"①

人民解放军没有出国作战的经验，更缺乏在两面临海、中间多山的复杂地形下作战的经验，且面临拥有强大制空权和制海权、有着丰富的现代战争经验的对手，在这种情况下，电报里所说"我军可以不打仗，而争取时间装备训练"的可能如果出现，对于中国人民志愿军来说，无疑会增大初战必胜的把握。尽量减少部队伤亡、夺取战争胜利，这自然是每个军队统率者所尽力争取的理想目标。

为了更全面地了解朝鲜的情况，毛泽东还决心让彭德怀先走一步。10月 15 日凌晨 1 时，毛泽东以周恩来的名义起草了给金日成的电报，"请即派以为熟悉道路的同志于十月十六日到安东（即今丹东）接引彭德怀同志和金日成同志会面"。②他把这一决定同时电告周恩来。在给周恩来的电报里，点明了彭德怀与金日成会面地点在德川。

按照当时的判断，"美军现尚停留在三八线，它进攻到平壤需要时间，

---

① 《建国以来毛泽东军事文稿》上卷，军事科学出版社、中央文献出版社 2010 年版，第 257 页。

② 《建国以来毛泽东军事文稿》上卷，军事科学出版社、中央文献出版社 2010 年版，第 261 页。

由平壤再向德川进攻又需要时间。如平壤美军不向德川进攻，元山的伪军估计也难于单独进攻，这样就给我军的开进及修筑布防的时间"。

根据这样的判断，毛泽东最终确定了中国人民志愿军入朝作战的时间。"我军决于十月十九日开动，先头军步行二百公里至德川需七天，休息一二天，可于十月二十八日在德川、宁远线以南地区开始构筑工事。全军二十六万人渡过鸭绿江需要十天时间，即要到十月二十八日才可以渡江完毕。"他还从争取 11 月在德川附近打一胜仗的考虑出发，确定了志愿军入朝作战的兵力："为着准备在十一月内在敌进攻德川区域时打一个胜仗，我们决定还是出发二十六万人（十二个步兵师、三个炮兵师）均开进为好。在工事已经修好，敌又固守平壤、元山不敢来攻的情况下，再将军队的一半左右开回中国境内练兵就粮，打大仗时再去。"①

毛泽东还作了一个重要决定，批准长子毛岸英的请求，随彭德怀作为中国人民志愿军的一员参加抗美援朝。深谙历史的毛泽东，用超乎寻常举动，表达了对彭德怀的高度信任，表达了对抗美援朝战争必胜的信心。后来，毛岸英不幸在朝鲜战场牺牲，毛泽东强忍内心的悲痛，嘱咐把毛岸英的遗体安葬在他生前捍卫过的朝鲜国土上，嘱咐彭德怀一定注意自身安全。他把毛岸英生前用过的衣物，放在一个手提箱中，珍藏在身边，直到去世。

10 月 18 日，周恩来从苏联回到北京。毛泽东当即主持召开中共中央政治局会议。周恩来汇报了同斯大林、莫洛托夫等商谈苏联帮助中国出兵援朝的情况，彭德怀汇报志愿军入朝准备情况。会议决定：中国人民志愿军按预定计划于 19 日跨过鸭绿江入朝作战。

10 月 18 日 21 时，毛泽东正式下达中国人民志愿军入朝作战的命令。并嘱咐："为严格保守秘密，渡河部队每日黄昏开始至翌晨四时即停止，五

---

① 《建国以来毛泽东军事文稿》上卷，军事科学出版社、中央文献出版社 2010 年版，第 258—259 页。

时以前隐蔽完毕并须切实检查。"①

1950 年 10 月 19 日，是新中国历史上令人难忘的日子。从这天起，中国人民志愿军"雄赳赳、气昂昂，跨过鸭绿江"，拉开了抗美援朝战争的帷幕。

这时，朝鲜北部战局正出现重大变化。美军大举越过三八线后，经过几天休整，加快了向北进攻的速度。10 月 17 日，麦克阿瑟下令改变美第 8 集团军和美第 10 军在平壤至元山一线会合的计划，由美第 8 集团军指挥西线部队、美第 10 军指挥东线部队，分头向朝鲜北部边境地区快速推进。随即兵分多路快速推进。就在中国人民志愿军开始渡过鸭绿江入朝作战的同一天，10 月 19 日，美军和韩国军队攻陷平壤。随即兵分多路快速推进，企图在感恩节前占领全朝鲜。

这样，原定在德川同金日成会面的计划已不可能。彭德怀渡江后，立即向昌城郡东仓、北镇之间的一座叫大洞的小村庄疾驰而去。10 月 21 日上午，在大洞同金日成第一次会面。随后，于下午4时致电毛泽东等。电报说："本日晨9时在东仓、北镇间之大洞与金日成见面。前线情况很混乱，由平壤撤退之部队已三天未联络，现朝方仅有三个师，但均系新兵，如敌继续北进势难阻击。目前应控制妙香山、杏川洞线以南，构筑工事。请邓（华）、洪（学智）、韩（先楚）速来我处商筹全局部署。"②

此时，毛泽东也从不同渠道了解到朝鲜北部前线的情况，迅即作出判断："截至此刻为止，美伪均未料到我志愿军会参战，故敢于分散为东西两路，放胆前进。""现在是争取战机问题，是在几天之内完成战役部署以便几天之后开始作战的问题，而不是先有一个时期部署防御然后再谈攻击的问题。"同时，他还致电邓华："我意十三兵团部应即去彭德怀同志所在之地点和彭（德怀）住在一起并改组为中国人民志愿军司令部，以便部署作战。"

① 《建国以来毛泽东军事文稿》上卷，军事科学出版社、中央文献出版社 2010 年版，第 266 页。
② 王焰主编：《彭德怀年谱》，人民出版社 1998 年版，第 444 页。

在另一封电报里，还叮嘱："彭（德怀）、邓（华）要住在一起，不要分散。"①
这是他从长期战争中得来的经验。

在毛泽东的军事学中，历来既重视作战的计划性，更重视作战的灵活
性。随机应变，是跟随毛泽东南征北战的人民军队的拿手好戏。10 月 24 日，
邓华带领第十三兵团部同彭德怀在昌城郡大榆洞会合。彭德怀等立即重新调
整部署，于入朝后不久即发起了第一次战役。

美军和韩国军队在向边境地区多路开进中，是韩国军队在前，美军在
后。10 月 25 日，中国人民志愿军部队在云山和温井地区分别同韩国军队交
战，打响了抗美援朝战争。

从这时起，在毛泽东的悉心指导下，彭德怀带领中国人民志愿军，同朝
鲜人民军协同作战，从 1950 年 10 月 25 日起，到 1951 年 6 月 10 日止，先
后发起五次战役，在既没有海空优势，又没有现代后勤的情况下，以伤亡
18.9 万余人的代价，歼敌 23.3 万余人，将以美国为首的"联合国军"从逼
近鸭绿江边赶回到三八线以南，还一度攻克汉城（即今韩国首都首尔）。这
在现代战争史上，第一次粉碎了美军不可战胜的神话。

在五次战役中，第五次战役双方投入的总兵力达到 100 万人，规模最
大，歼敌也最多，共歼敌 8.2 万余人。经过这次重创后，魏德迈在美国参议
院军事委员会和外交事务委员会听证会上承认："朝鲜战争是一个无底洞，
看不到联合国军有胜利的希望。"②

此刻，毛泽东也在考虑对下一步的方针作重大调整。

在打的方面，他决心用长期战争方针解决朝鲜问题，办法是利用三八线
附近的有利地形，通过阵地战来消耗敌人。他在 1951 年 6 月 3 日给斯大林
的电报中说："因为我军技术条件比敌人差得很远，无法迅速解决朝鲜问题，

---

① 《建国以来毛泽东军事文稿》上卷，军事科学出版社、中央文献出版社 2010 年版，第
268、270、269 页。

② 美新处 1951 年 6 月 12 日电讯。转引自逢先知、金冲及主编：《毛泽东传》第 3 卷，中
央文献出版社 2011 年版，第 1117 页。

而决定用长期战争的方针去解决它，则需要有一个逐步削弱敌人的阶段，然后转到最后解决问题的阶段。""在削弱敌人的阶段中，打的地点和打的方法，必须适合情况。在三八线附近地区，山地甚多，利于防御，距后方近，补给较易。而在汉城附近及汉城以南这两个条件就差远了。"[1]

在谈的方面，毛泽东提出边打边谈、以打促谈的方针。同年6月初，他在听取杨成武汇报第二十兵团入朝作战的准备情况时说：如今，美国开始有了一点谈判的意向，这是件不容易的事，说明我们的仗打得不错。美国当局已经意识到光靠军事斗争是解决不了问题的。他表示：既然敌人肯坐下来同我们谈判，我们当然同意，不过敌人也很有可能利用谈判搞点什么名堂。我们军队的同志，头脑要清醒，不能有速胜的想法。我们的方针是持久作战，积极防御，在进行军事和政治两方面斗争的同时，争取和谈，以打促谈。这就是准备持久作战，准备打阵地战，同时争取和谈，以达到这场战争的结束。[2]

1951年6月，毛泽东与金日成在北京会面，决定根据朝鲜战局变化，采取边打边谈方针，政治斗争和军事斗争双管齐下。[3]朝鲜停战谈判从1951年7月10日开始，直到1953年7月27日，终于迫使美国在朝鲜停战协定上签字。历时两年零九个月的抗美援朝战争，终于以中国人民的胜利宣告结束。

1953年9月12日，毛泽东在中央人民政府委员会第24次会议上的讲话中，对抗美援朝战争做了总结。他说："这一次，我们摸了美国军队的底。对美国军队，如果不接触它，就会怕它。我们跟它打了三十三个月，把它的底摸熟了。美帝国主义并不可怕，就是那么一回事。"他特别强调："依靠人

---

① 逄先知、冯蕙主编：《毛泽东年谱（1949—1976）》第1卷，中央文献出版社2013年版，第355页。

② 逄先知、冯蕙主编：《毛泽东年谱（1949—1976）》第1卷，中央文献出版社2013年版，第356、357页。

③ 《中国人民解放军军史》第4卷，军事科学出版社2011年版，第208页。

民，再加上一个比较正确的领导，就可以用我们劣势装备战胜优势装备的敌人。"①

　　毛泽东确信，打仗如此，搞建设也要如此。

---

① 《建国以来毛泽东军事文稿》中卷，军事科学出版社、中央文献出版社 2010 年版，第 174—175 页。

十三、建立社会主义制度

一个团体要有一个章程，一个国家也要有一个章程，宪法就是一个总章程，是根本大法。用宪法这样一个根本大法的形式，把人民民主和社会主义原则固定下来，使全国人民有一条清楚的轨道，使全国人民感到有一条清楚的明确的和正确的道路可走，就可以提高全国人民的积极性。

——毛泽东：《关于中华人民共和国宪法草案》（1954 年 6 月 14 日）

进入 1953 年，整个国家的形势根本改观。祖国大陆初步统一，国民经济已经恢复，国家工业化建设业已开始，抗美援朝战争胜利在望，中国共产党和人民政权的威信空前提高。

在这种情况下，毛泽东开始具体地考虑向社会主义过渡问题。

有的时候，特别是在社会大变革的年月，实践发展往往会超出人们原先的设想。在社会主义改造问题上，就是如此。按照原先的设想，是先搞三个五年计划的工业化建设，待到具备一定的物质基础之后，再通过实行国有化等方式，一举向社会主义过渡。这一设想的形成，参考了苏联实行国有化的经验。而实际情况超出了原先的设想。

一是通过没收官僚资本、恢复和发展生产，国营经济的主导地位已经确立。官僚资本的高度集中与民族资本的先天不足，是中国半殖民地半封建经济的显著特征。这为新中国比较顺利地确立国营经济的主导地位，创造了有利条件。到 1952 年国民经济恢复后，这一比重又有明显提升。在全国工业总产值中，国营工业比重从 1949 年的 34.2% 上升到 1952 年的 52.8%。社会商品批发总额中，国营商业的比重上升更快，从 1950 年的 23.2% 上升到 1952 年的 60.5%。[①]

二是通过国家鼓励民族资本恢复发展的工商业政策调整，实际上已经形成从加工订货、经销代销到统购包销、公私合营等一系列从低级到高级的国家资本主义形式。

三是在恢复农业生产的过程中，参加互助组这种低级形式的生产合作组织的农户，已经达到 40%。[②]原来估计，中国农村是小生产者也是小私有者的汪洋大海，农业合作化需要走先机械化、后合作化的道路。而实际上，半殖民地半封建社会的旧中国，已经使广大自耕农处于解体或半解体状态，难以独立进行生产。因此在新中国实行土地改革后，重新获得土地的农民，一方面具有个体生产积极性，另一方面也有强烈的互助合作积极性。他们在加入互助合作组织后，生产状况和生活状况都有明显改善，这就更增强了互助合作积极性。

经过调查研究，特别是委托李维汉对私营工商业的调研，使毛泽东和中共中央强烈地感受到了这种变化。是继续坚持原先的构想，还是根据新的变化了的情况重新调整思路？历来重视调查研究、坚持实事求是的毛泽东，很自然地选择了后者。

1953 年 6 月 15 日，毛泽东在中共中央政治局会议上，正式提出党在过渡时期的总路线。他指出："从中华人民共和国成立，到社会主义改造基本完成，这是一个过渡时期。党在过渡时期的总路线和总任务，是要在十年到十五年或者更多一些时间内，基本上完成国家工业化和对农业、手工业、资本主义工商业的社会主义改造。"他特别强调："党在过渡时期的总路线是照

---

① 中共中央党史研究室著：《中国共产党历史》第 2 卷（1949—1976）上册，中共党史出版社 2011 年版，第 184 页。

② 中共中央党史研究室著：《中国共产党历史》第 2 卷（1949—1976）上册，中共党史出版社 2011 年版，第 184 页。

耀我们各项工作的灯塔。不要脱离这条总路线，脱离了就要发生'左'倾或右倾的错误。"①

此刻，毛泽东还在指导着朝鲜停战协定签字前夕的重大军事斗争和政治斗争。与此同时，中国社会前所未有的深刻大变革，正在毛泽东的推动下拉开了帷幕。

社会主义改造，首先从农业互助合作运动开始。1951年，全国互助组发展到467.5万余个，参加农户2100万户。数量的增加，提出了一个现实问题，要不要把互助组进一步发展为以土地入股分红为标志的初级生产合作社。1951年4月17日，中共山西省委向华北局和中央写了《把老区互助组织提高一步》的报告，提出："老区互助组的发展，已经达到了一个转折点，使得互助组必须提高，否则就要后退"。② 刘少奇和华北局不赞成这一观点。6月3日，刘少奇在同薄一波、刘澜涛、陶鲁笳等人的谈话中指出："在农业生产上，不能发动农民搞生产合作社，只能搞互助组。""现在农村阶级分化，正是将来搞社会主义的基础，将来我们依靠政权，下个命令就能剥夺它。""农业集体化要等机器，不要机器不妥当。农业集体化必须以国家工业化使农业能用机器耕种和土地国有为条件。"③7月3日，刘少奇在对山西省委上述报告的批语中写道："已有人提出了这样的意见：应该逐步地动摇、削弱直至否定私有基础，把农业生产互助组织提高到农业生产合作社，以此作为新因素，去'战胜农民的自发因素'。这是一种错误的、危险的、空想的农业社会主义思想。"④

这件事惊动了毛泽东。毛泽东找刘少奇和主持华北局工作的薄一波、刘澜涛谈话，明确谈了自己的意见。据薄一波回忆说："毛主席批评了互助组

---

① 逄先知、冯蕙主编：《毛泽东年谱（1949—1976）》第2卷，中央文献出版社2013年版，第116页。
② 《建国以来重要文献选编》第2册，中央文献出版社1992年版，第354页。
③ 逄先知、金冲及主编：《毛泽东传》第3卷，中央文献出版社2011年版，第1307页。
④ 《建国以来刘少奇文稿》第3册，中央文献出版社2005年版，第528页。

不能生长为农业生产合作社的观点和现阶段不能动摇私有基础的观点。他说：既然西方资本主义在其发展过程中有一个工场手工业阶段，即尚未采用蒸汽动力机械、而依靠工场分工以形成新生产力的阶段，则中国的合作社，依靠统一经营形成的新生产力，去动摇私有基础，也是可行的。他讲的道理把我们说服了。"①

按照毛泽东设想的这条先搞合作化、再搞机械化的思路，中国的农业社会主义改造突破了苏联农业集体化模式，走上了一条适合中国农村实际情况的快车道。

这条快车道有由低级到高级的三个主要链条，首先是简单互助劳动性质的互助组，其次是带有半社会主义性质的初级农业生产合作社，最后是完全社会主义性质的高级农业生产合作社。通过这样一条快车道，到1956年，在全国范围的土地改革完成以后不到四年的时间内，基本上完成了农业的社会主义改造，把全国的1.1亿农户组织成为100万个左右大小不等的、高级的和初级的农业生产合作社。

对资本主义工商业的社会主义改造，是"三大改造"中最为敏感又最为重要的一环。如果说，农业互助合作运动的突破口，是打开了先机械化后合作化，还是先合作化后机械化这一思想上的瓶颈，那么，找到国家资本主义由低级向高级的过渡形式，鼓励民族工商业者过好社会主义这一关，则是确保对资本主义工商业的社会主义改造顺利进行的关键。

按照原先的设想，"在征收资本家的工厂归国家所有时，我们设想在多数的情形下可能采取这样一种方式，即劝告资本家把工厂献给国家，国家保留资本家消费的财产，分配能工作的资本家以工作"。②

1953年5月，通过李维汉对私营工商业的调查，形成了《资本主义工业中的公私关系问题》报告，描述了国家资本主义几种形式在国民经济恢复

---

① 薄一波：《若干重大决策与事件的回顾》（修订本）上卷，人民出版社1997年版，第197—198页。

② 《建国以来刘少奇文稿》第4册，中央文献出版社2005年版，第526页。

时期的发展情况。报告中说："三年来，合营有相当发展，加工有很大的发展，租借形式则没有发展，但同时新出现了不少种发达的形式，如工业上的订货、包销、统购、统销、专卖、经销等，形成一系列由低级到高级的形式。"报告提出："这些私营工厂国家资本主义化的过程，从低级的国家资本主义形式向高级的国家资本主义形式发展的过程，也就是逐步改造其生产关系和逐步走向社会主义的过程"。①

李维汉在报告中提出的观点，给毛泽东以很大启发。6 月 29 日晚，毛泽东在中南海西楼会议室主持召开中共中央政治局扩大会议，讨论《关于利用、限制和改造资本主义工商业的若干问题（修改稿）》。他在讲话中说：中国的资产阶级与苏联和东欧新民主主义国家的不同，是从历史不同来的，他们参加过反对帝国主义的斗争，没有理由没收他们的企业。我们对帝国主义国家在华的资产，也分两种处理办法，对英国、美国、法国的是征用，所有权没有转变。现在中国的资本主义是在人民政府管理下的、和社会主义经济联系着的并受其领导的、受工人监督的资本主义，即国家资本主义。国家资本主义有多种形式。"五反"前，没有来得及搞。"五反"后，阶级关系起了很大变化，所以我们有可能经过公私合营等国家资本主义形式将资本主义经济逐步改造成社会主义经济，并消灭资本主义。②

新中国条件下的民族资本同旧中国下的民族资本，在性质上有没有不同，这是确定对资本主义工商业进行社会主义改造政策的前提。这个问题搞错了，其他都会跟着错。毛泽东明确指出："现在已经是在人民政府管理下的、和社会主义经济联系着的并受其领导的、受工人监督的资本主义，我们的同志还把它们看成是同国民党统治下一样的，把它们搞垮完事，不采取积

---

① 《建国以来重要文献选编》第 4 册，中央文献出版社 1993 年版，第 222、227 页。
② 逄先知、冯蕙主编:《毛泽东年谱（1949—1976）》第 2 卷，中央文献出版社 2013 年版，第 121—122 页。

极态度。要写一段来批评党和工人阶级中的这种思想。"[1]

与上述问题联系的，还有一个问题，在现阶段还能不能利用资本主义经济法则。毛泽东的意见也很明确："在社会主义经济法则支配下，适当地利用资本主义经济法则，资本主义经济法则是受限制的。社会主义经济法则是发展生产，保障需要，这是主要的、基本的，是起领导作用的经济法则。但资本主义经济法则是客观存在的。事物存在，法则当然存在，不能消灭；事物受了限制，法则也受限制。不执行劳资两利，把它变为一利，就是不了解这个法则。"[2]

以上两个问题，一个涉及对私营工商业性质的判断，一个涉及对资本主义工商业改造所遵循的经济法则。这些问题解决了，对私营工商业实行赎买政策的问题也就迎刃而解了。

在社会主义改造进入高潮后，毛泽东在 1955 年 10 月 29 日召开的资本主义工商业社会主义改造问题座谈会上表示："我们现在对资本主义工商业的社会主义改造，实际上就是运用从前马克思、恩格斯、列宁提出过的赎买政策。它不是国家用一笔钱或者发行公债来购买资本家的私有财产（不是生活资料，是生产资料，即机器、厂房这些东西），也不是用突然的方法，而是逐步地进行，延长改造的时间，比如讲十五年吧，在这中间由工人替工商业者生产一部分利润。"他还说："对资本主义工商业，是采取一九四九年对官僚资本那样全部没收、一个钱不给这个办法好呢，还是拖十五年、十八年，由工人阶级替他们生产一部分利润，而把整个阶级逐步转过来这个办法好呢？这是两个办法：一个恶转，一个善转；一个强力的转，一个和平的转。我们现在采取的这个方法，是经过许多的过渡步骤，经过许多宣传教育，并且对资本家进行安排，应当说，这样的办法比较好。对资本家的安排主要是

---

[1] 逄先知、冯蕙主编：《毛泽东年谱（1949—1976）》第 2 卷，中央文献出版社 2013 年版，第 122 页。

[2] 《毛泽东文集》第 6 卷，人民出版社 1999 年版，第 289 页。

两个，一个是工作岗位，一个是政治地位，要通统地安排好。"①

1954 年 3 月 4 日，毛泽东和中共中央批准下发《关于有步骤地将有十个工人以上的资本主义工业基本上改造成为公私合营企业的意见》。经过两年多的努力，到 1956 年上半年，基本实现了资本主义工商业的全行业公私合营。

这以后，对公私合营企业又进行了清产核资、定股定息、人事安排、企业改革、经济改组工作。据 1956 年底的统计数据，在定股定息中，全国公私合营企业中私股共计 24 亿元人民币，私股股东共 114 万人。定股后，国家发给每位私股股东年息 5% 的股息，从 1956 年 1 月 2 日起算。后到"文化大革命"自行取消。

在农业互助合作运动和对资本主义工商业的社会主义改造带动下，手工业的社会主义改造也迅速开展起来。在半殖民地半封建的旧中国，传统手工业已出现难以为继的趋势。据对全国重点省市 18 种手工业产品的估算，从抗日战争到 1949 年全国解放为止，手工业者破产了 47% 左右。在国民经济恢复时期，手工业已恢复到历史最高水平的 96.6%，并出现由消费性向生产性的转变。1952 年，全国有独立手工业者 736.4 万人，农民兼营手工业者 1200 多万人。②

分散落后，是当时手工业的基本特点。因此，对手工业的社会主义改造，也是从组织手工业生产小组、试办手工业供销合作社或生产合作社开始起步，逐渐摸索出从手工业生产小组到手工业供销合作社、再到手工业生产合作社的过渡形式。到 1956 年上半年，组织起来的手工业者已占从业人员的 90% 以上。另外，还有大量的个体商贩，在手工业的社会主义改造中纷纷参加合作小组或合作商店。到 1956 年底，商业和饮食业的小商小贩参加合作小组的有 115 万户，组成合作商店的有 80 万户。另有 54 万个个体商贩

① 《毛泽东文集》第 6 卷，人民出版社 1999 年版，第 499 页。
② 当代中国研究所著：《中华人民共和国史稿》第 1 卷（1949—1956），人民出版社、当代中国出版社 2012 年版，第 199 页。

因过于分散而保持原样。①

到了 1956 年 9 月，刘少奇在中共八大的政治报告中宣布："我国的农业、手工业、资本主义工商业的社会主义改造，现在已经取得了决定性的胜利。""改变生产资料私有制为社会主义公有制这个极其复杂和困难的历史任务，现在在我国已经基本上完成了。"②

在毛泽东和中国共产党领导下，在中国漫长的历史上，第一次消灭了人剥削人的社会制度，建立起社会主义公有制，为人民当家作主奠定了物质基础和制度基础。这是了不起的一件大事，也是前无古人的创举。而这件中国历史上空前的深刻社会变革，是在没有造成大的社会动荡的情况下实现的，社会生产力不仅没有遭到破坏，反而持续向前发展。

作为社会主义改造的物质基础和生产力支柱的国家工业化建设，到 1956 年底，第一个国民经济计划所规定的主要指标，大多数已提前实现。1956 年，制造出第一辆解放牌载重汽车、第一辆蒸汽机车、第一架喷气式歼击机。到 1957 年，"一五"计划超额完成。钢产量达到 535 万吨，5 年间年均增长 32%；粮食产量达到 19505 万吨，年均增长 3.7%。5 年中，全民所有制职工平均工资增长 42.8%，农民收入增加 30%。③

因此，毛泽东充满自信地说："我们进行社会主义革命所用的方法是和平的方法。对于这种方法，过去在共产党内和共产党外，都有许多人表示怀疑。但是从去年（指 1955 年）夏季以来，由于农村中合作化运动的高潮和最近几个月以来城市中社会主义改造的高潮，他们的疑问已经大体解决了。在我国的条件下，用和平的方法，即用说服教育的方法，不但可以改变个体的所有制为社会主义的集体所有制，而且可以改变资本主义所有制为社会主

---

① 当代中国研究所著：《中华人民共和国史稿》第 1 卷（1949—1956），人民出版社、当代中国出版社 2012 年版，第 202 页。

② 《刘少奇选集》下卷，人民出版社 1985 年版，第 207、218—219 页。

③ 当代中国研究所著：《中华人民共和国史稿》第 1 卷（1949—1956），人民出版社、当代中国出版社 2012 年版，第 181、185、187 页。

义所有制。过去几个月来社会主义改造的速度大大超过了人们的意料。过去有些人怕社会主义这一关难过，现在看来，这一关也还是容易过的。"①

这样一场声势浩大的社会变革，不可能尽善尽美。毛泽东很快也发现了一些问题。

1956年3月4日，他在听取手工业部门汇报时说："提醒你们，手工业中许多好东西，不要搞掉了。王麻子、张小泉的刀剪一万年也不要搞掉。我们民族好的东西，搞掉了的，一定都要来一个恢复，而且要搞得更好一些。"②

同年12月7日，他在同全国工商联和民主建国会在京的主任委员和副主任委员座谈时提出了一个重要的思路："可以消灭了资本主义，又搞资本主义。当然要看条件，只要有原料，有销路，就可以搞。"从这一思路出发，他表示："上海的地下工厂同合营企业也是对立物。因为社会有需要，就发展起来。要使它成为地上，合法化，可以雇工。现在做衣服要三个月，合作工厂做的衣服裤腿一长一短，扣子没眼，质量差。最好开私营工厂，同地上的作对，还可以开夫妻店，请工也可以。这叫新经济政策。"他还说："王麻子、东来顺、全聚德要永远保存下去。内容是社会主义的，名称是封建时代的也可以。"③

1956年，随着中国建立起社会主义制度，进入了社会主义社会，毛泽东提出了许多闪光的思想。如果按照这些思路走下去，本来是可以少走些弯路，使中国的社会主义更具自己的特色，更加具有活力。但历史就是历史，历史已成过去，就没有了那么多的如果与假设。

1953年底，当举国上下开始按照毛泽东确定的党在过渡时期总路线向社会主义进发时，毛泽东带着一个精干的工作团队来到有"人间天堂"之称的杭州，在西子湖畔开始了另一项具有奠基意义的大事，主持起草新中国的

① 《毛泽东文集》第7卷，人民出版社1999年版，第1—2页。
② 《毛泽东文集》第7卷，人民出版社1999年版，第12页。
③ 《毛泽东文集》第7卷，人民出版社1999年版，第170、171页。

第一部宪法。

毛泽东总是这样，既不远离实践，也不落后于实践，而把自己的思绪和目光始终聚焦于实践的前方。

制定宪法，代替起着临时宪法作用的《共同纲领》，这是新中国历史上带有标志性的一件大事。

国民经济刚一恢复，各项工作相继走上正轨，毛泽东就及时提出在普选基础上召开全国人民代表大会、制定宪法的任务。

1952年12月24日，在全国政协一届常委会第43次会议上，周恩来代表中国共产党提议，由全国政协向中央人民政府委员会建议，在1953年召开全国人民代表大会和地方各级人民代表大会，并开始进行起草选举法和宪法草案等准备工作。这个建议得到一致赞同。

1953年1月13日，这个建议得到中央人民政府委员会第24次会议批准，通过了《中央人民政府委员会关于召开全国人民代表大会及地方各级人民代表大会的决议》。

这个决议还决定成立中华人民共和国宪法起草委员会，"以毛泽东为主席，以朱德、宋庆龄、李济深、李维汉、何香凝、沈钧儒、沈雁冰、周恩来、林伯渠、林枫、胡乔木、高岗、乌兰夫、马寅初、马叙伦、陈云、陈叔通、陈嘉庚、陈伯达、张澜、郭沫若、习仲勋、黄炎培、彭德怀、程潜、董必武、刘少奇、邓小平、邓子恢、赛福鼎、薄一波、饶漱石为委员组成之"。①

由于过渡时期总路线的酝酿制定，抗美援朝进入停战谈判协议签订的关键时刻，占用了毛泽东的主要精力，宪法的起草工作一直没有启动。直到1953年12月27日，毛泽东才抽身来到杭州，开始起草中华人民共和国宪法。

半月以后，1954年1月15日，毛泽东向中央提出了一份详细的宪法起

---

① 《建国以来重要文献选编》第4册，中央文献出版社1993年版，第17页。

草工作计划。计划后面，还附了毛泽东在主持起草工作时广泛参阅各国宪法等的书单。全文照录如下：

少奇同志并中央各同志：

宪法小组的宪法起草工作已于一月九日开始，计划如下：

（一）争取在一月三十一日完成宪法草案初稿①，并随将此项初稿送中央各同志阅看。

（二）准备在二月上半月将初稿复议一次②，请邓小平、李维汉两同志参加。然后提交政治局（及在京各中央委员）讨论作初步通过。

（三）三月初提交宪法起草委员会讨论③，在三月份内讨论完毕并初步通过。

（四）四月内再由宪法小组审议修正，再提政治局讨论，再交宪法起草委员会通过。

（五）五月一日由宪法起草委员会将宪法草案公布④，交全国人民讨论四个月，以便九月间根据人民意见作必要修正后提交全国人民代表大会作最后通过。

为了在二月间政治局便于讨论计，望各政治局委员及在京各中央委员从现在起即抽暇阅看下列各主要参考文件：

（一）一九三六年苏联宪法及斯大林报告（有单行本）；

（二）一九一八年苏俄宪法（见政府办公厅编宪法及选举法资料汇编一）；

（三）罗马尼亚、波兰、德国、捷克等国宪法（见人民出版社《人民民主国家宪法汇编》），该书所辑各国宪法大同小异，罗、波取其较新，

---

① 实际完成时间为 2 月 17 日前后。

② "三读稿"的实际完成时间为 2 月 25 日。

③ 中华人民共和国宪法起草委员会第一次会议于 3 月 23 日举行。

④ 1954 年 6 月 14 日，中央人民政府委员会第 30 次会议通过《中华人民共和国宪法草案》和《关于公布中华人民共和国宪法草案的决定》。即日，根据这个决定公布了宪法草案，提交全国人民讨论并征求意见。

德、捷取其较详并有特异之点，其余有时间亦可多看）；

（四）一九一三年天坛宪法草案，一九二三年曹锟宪法，一九四六年蒋介石宪法(见宪法选举法资料汇编三，可代表内阁制、联省自治制、总统独裁制三型）；

（五）法国一九四六年宪法（见宪法选举法资料汇编四，可代表较进步较完整的资产阶级内阁制宪法）。

有何意见望告。①

从这份书单的行文判断，毛泽东开列这份书单时，已经在认真研究这些宪法文本，并形成了自己的考虑。

对于这些历史上形成的宪法，毛泽东后来大都作过评点。他在1954年6月14日中央人民政府委员会第30次会议上，对宪法的起草工作做了说明。其中说：

"这个宪法草案，总结了历史经验，特别是最近五年的革命和建设的经验。它总结了无产阶级领导的反对帝国主义、反对封建主义、反对官僚资本主义的人民革命的经验，总结了最近几年来社会改革、经济建设、文化建设和政府工作的经验。

"这个宪法草案也总结了从清朝末年以来关于宪法问题的经验，从清末的'十九信条'② 起，到民国元年的《中华民国临时约法》③，到北洋军阀政府的几个宪法和宪法草案④，到蒋介石反动政府的《中华民国训政时期约法》⑤，一直到蒋介石的伪宪法⑥。这里面有积极的，也有消极的。比如民国元年的

---

① 《毛泽东文集》第6卷，人民出版社1999年版，第320—321页。

② 指1911年11月清政府颁布的《重大信条十九条》。

③ 《中华民国临时约法》是1912年3月以中华民国临时大总统孙中山名义公布的。1914年5月被袁世凯废除。

④ 指袁世凯政府先后于1913年10月拟定的《天坛宪法草案》和1914年5月公布的《中华民国约法》，曹锟政府于1923年10月颁布的《中华民国宪法》，段祺瑞执政府于1925年12月起草的《国宪草案》。

⑤ 《中华民国训政时期约法》是国民党政府于1931年6月公布的。

⑥ 指国民党政府于1946年12月操纵"国民大会"通过的《中华民国宪法》。

《中华民国临时约法》，在那个时期是一个比较好的东西；当然，是不完全的、有缺点的，是资产阶级性的，但它带有革命性、民主性。这个约法很简单，据说起草时也很仓促，从起草到通过只有一个月。其余的几个宪法和宪法草案，整个说来都是反动的。

"我们这个宪法草案，主要是总结了我国的革命经验和建设经验，同时它也是本国经验和国际经验的结合。我们的宪法是属于社会主义宪法类型的。我们是以自己的经验为主，也参考了苏联和各人民民主国家宪法中好的东西。

"讲到宪法，资产阶级是先行的。英国也好，法国也好，美国也好，资产阶级都有过革命时期，宪法就是他们在那个时候开始搞起的。我们对资产阶级民主不能一笔抹杀，说他们的宪法在历史上没有地位。但是，现在资产阶级的宪法完全是不好的，是坏的，帝国主义国家的宪法尤其是欺骗和压迫多数人的。我们的宪法是新的社会主义类型，不同于资产阶级类型。我们的宪法，就是比他们革命时期的宪法也进步得多。我们优越于他们。"①

我们还可以通过为数不多的当事人的回忆，从一个侧面了解毛泽东对一些宪法的评价。据当时在宪法起草小组里负责资料工作的史敬棠回忆："社会主义类型的宪法，毛主席看了一九一八年苏俄宪法、一九三六年苏联宪法、东欧国家的宪法。一九一八年苏俄宪法，把列宁写的《被剥削劳动人民权利宣言》放在前面，作为第一篇。毛主席从中受到启发，决定在宪法总纲的前面写一段序言。"②

起草宪法期间，毛泽东和起草小组成员住在西湖畔的刘庄一号楼，每天到北山路84号工作。据时任浙江省委书记谭启龙回忆说："毛主席住在刘庄一号楼。每天午后三点，他便带领起草小组驱车绕道西山路，穿过岳王庙，来到北山路八十四号的办公地点。当时北山路八十四号大院三十号是由主楼

---

① 《毛泽东文集》第6卷，人民出版社1999年版，第325—326页。
② 逄先知、金冲及主编：《毛泽东传》第3卷，中央文献出版社2011年版，第1280—1281页。

和平房两部分组成。主楼先前是谭震林一家居住的，谭震林调到上海后，我家搬进去了。我们让出后，毛主席就在平房里办公，宪法起草小组在主楼办公，往往一干就是一个通宵。"①

在起草过程中，对宪法的写法提出了不同意见。一种意见认为，宪法只应该写事实。另一种意见认为，应当像列宁搞1918年宪法那样，既有事实，也有纲领。对此，毛泽东表示赞成后者。他后来说："一般地说，法律是在事实之后，但在事实之前也有纲领性的。一九一八年苏维埃俄罗斯宪法就有纲领性的。后头一九三六年斯大林说，宪法只能承认事实，而不能搞纲领。我们起草宪法那个时候，乔木称赞斯大林，我就不赞成，我就赞成列宁。我们这个宪法有两部分，就是纲领性的。国家机构那些部分是事实，有些东西是将来的，比如三大改造之类。"② 这样，宪法的写法，就由毛泽东确定下来。

在1954年1月9日宪法起草小组开始工作之前，1953年11月至12月间，曾由陈伯达起草过一个宪法草稿，没有被采纳。

毛泽东带领宪法起草小组从1月9日起，开始了紧张的重新起草工作。用了近40天时间，于2月17日左右形成草案初稿。随后，起草小组进入通读通改阶段。2月24日前完成"二读稿"，2月25日完成"三读稿"，3月9日拿出"四读稿"，宪法草案初稿起草小组工作结束。

毛泽东自始至终全神贯注地投入这一高强度、极富创造性的工作。据陈伯达1954年3月23日在中华人民共和国宪法起草委员会第一次会议上关于起草工作所作的说明中说："宪法草案的内容，是根据中共中央和毛主席的指示而写成的。中共中央指定了一个宪法起草小组，这个小组，是在毛主席的亲自领导下和亲自参加下进行工作的。宪法草案的每一章、每一节、每一

---

① 浙江省毛泽东思想研究中心、中共浙江省委党史研究室编：《毛泽东与浙江》，中共党史出版社1993年版，第1279页。
② 逄先知、金冲及主编：《毛泽东传》第3卷，中央文献出版社2011年版，第5页。

条，毛主席都亲自参加了讨论。"①

从草案初稿起，每一稿都提交中共中央政治局会议讨论修改。

草案初稿完成后，2月17日，毛泽东致电刘少奇并中共中央书记处各同志："现将宪法初稿（五份）派人送上，请加印分送政治局及在京中委各同志，于二月二十日以后的一星期内开会讨论几次，将修改意见交小平、维汉二同志带来这里，再行讨论修改（约七天左右即够）。然后，再交中央讨论，作初步决定（仍是初稿），即可提交宪法起草委员会讨论。""送初稿的人明（十八）日动身，二十日可到北京。"②

"二读稿"形成后，毛泽东于2月24日致信刘少奇："兹将宪草初稿第二章以下二读稿及宪草小组报告送上，请印发各同志阅看。"③

2月25日，宪法起草小组改出《中华人民共和国宪法草案（初稿）》三读稿。2月28日和3月1日，刘少奇在北京主持召开中央政治局扩大会议，讨论并基本通过了宪法草案初稿的"三读稿"。会议决定由董必武、彭真、张际春三人，以董必武为主，根据政治局扩大会议讨论的意见，对"三读稿"进行研究和修改。还请周鲠生和钱端升为法律顾问，叶圣陶和吕叔湘为语文顾问。

"四读稿"于3月9日完成后，3月12日、13日、15日，刘少奇主持召开中央政治局扩大会议，讨论《中华人民共和国宪法草案（初稿）》"四读稿"。会议决定：由陈伯达、胡乔木、董必武、彭真、邓小平、李维汉、张际春、田家英组成宪法小组，负责宪法草案初稿的最后修改；组成宪法起草委员会办公室，李维汉为秘书长。

至此，有了一个可以提交宪法起草委员会讨论修改的宪法草案。

---

① 逄先知、冯蕙主编：《毛泽东年谱（1949—1976）》第2卷，中央文献出版社2013年版，第225页注〔1〕。
② 逄先知、冯蕙主编：《毛泽东年谱（1949—1976）》第2卷，中央文献出版社2013年版，第221—222页。
③ 逄先知、冯蕙主编：《毛泽东年谱（1949—1976）》第2卷，中央文献出版社2013年版，第222页。

3月初，毛泽东修改审定了《宪法草案初稿说明》。这个说明是提交宪法起草委员会讨论时用的，共分五个问题。

第一个问题，宪法草案从法律上保证实施过渡时期的总路线。宪法草案分析了我国现存的各种生产资料所有制，并且分别规定了国家同这些所有制的关系。作出这些规定，就使我国的宪法"区别于一切资本主义国家的宪法以及我国自清末以来的历次宪法。这些宪法都不敢涉及社会制度方面，而其实宪法的基本任务总是维护某种社会制度。"

第二个问题，宪法草案从法律上保证发展国家的民主化。"国家的社会主义化从根本上保证国家的民主化。同时国家的社会主义化也要求国家的进一步民主化。宪法草案关于国家机构和人民权利的各项规定从法律上保障了国家民主化的发展。""全国人民代表大会选出国务院作为国家管理机关，同时选出自己的执行委员会①作为国家政权机关的日常工作机关。国务院不但向全国人民代表大会负责并报告工作，而且在全国人民代表大会闭会期间，也向全国人民代表大会执行委员会负责并报告工作。这种既彻底民主又不互相掣肘的制度，是任何资本主义国家所没有和不能有的。这种制度反映我国广大人民的政治上的统一。"

第三个问题，宪法草案从法律上加强各民族的团结。"草案在序言和总纲中确定我国是统一的多民族国家，各民族享有自由平等的地位，结成友爱互助的大家庭，反对大民族主义和地方民族主义，禁止民族间的歧视和压迫，禁止分裂各民族团结的行为。这是我国民族关系的基本原则。"

第四个问题，宪法草案是《共同纲领》的发展。"宪法草案在起草的时候充分利用了《共同纲领》，所以草案的序言说，宪法是以《共同纲领》为基础，而在内容上有新的发展。""宪法草案保留了《共同纲领》中关于我国国家性质、人民民主制度、人民权利、民族政策各方面的各种基本原则，而作了充分详细的规定。《共同纲领》中的经济政策的原则，一部分仍然有效，

---

① 这是当时在《宪法草案初稿》中的名称，后来确定为全国人民代表大会常务委员会。

一部分已经过时，宪法草案抛弃了那些已经过时的原则而作了新的规定，这中间最重要的就是关于实行过渡时期总路线的各项规定。"

第五个问题，关于宪法草案在结构和文字上的特点。宪法草案的结构和文字力求简明。草案只分四章，凡是可以在这四章中规定的，都不另设专章。关于宪法的总任务、宪法产生的基本背景和实施宪法总任务的条件，都写在草案的序言里。宪法草案的条文不足一百条，字数连序言不足一万字。这在各国宪法中要算是比较短的一个。之所以这么简要，是由于宪法是国家的根本大法，凡是可以由普通法律规定的东西一般无须列入宪法。"宪法是必须在全国人民中间普遍宣传和普遍遵守的，因此条文固然要尽量简单，文字尤其要尽量通俗。从这个观点出发，宪法草案的文字完全用白话写成，凡是可以避免的难懂的字眼，一律加以避免。"①

3月17日，毛泽东回到北京。

3月23日下午3时，中华人民共和国宪法起草委员会第一次会议在中南海勤政殿举行。毛泽东主持会议。在会上，毛泽东代表中国共产党，向会议正式提出《中华人民共和国宪法草案（初稿）》。随后，陈伯达受毛泽东委托，在会上作关于宪法草案（初稿）起草工作的说明。②

此后的两个多月时间里，《中华人民共和国宪法草案（初稿）》先后在8000多人的范围里展开讨论，提出修改意见5900余条。从5月27日到31日，由刘少奇主持，宪法起草委员会召开四次全体会议，对草案初稿逐章讨论，形成宪法草案(修正稿)。6月8日，又召开宪法起草委员会第六次会议，讨论宪法草案（修正稿）。

6月11日，毛泽东主持召开宪法起草委员会第七次会议，决定将《中华人民共和国宪法草案》提请中央人民政府委员会审议通过。在讲话中，毛

---

① 逄先知、金冲及主编：《毛泽东传》第3卷，中央文献出版社2011年版，第1284—1285、1287、1288—1289页。

② 逄先知、冯蕙主编：《毛泽东年谱（1949—1976）》第2卷，中央文献出版社2013年版，第227页。

泽东不禁回顾起这部宪法的起草经过：宪法的起草，前后差不多七个月。最初第一个稿子是在去年十一、十二月间，那是陈伯达同志一个人写的。第二次稿，是在西湖两个月，那是一个小组。第三次稿是在北京，就是中共中央提出的宪法草案初稿，到现在又修改了许多。每一次稿本身都有多次修改。在西湖那一次稿，就有七八次稿子。前后总算起来，恐怕有一二十个稿子了。大家尽了很多力量。全国有八千多人讨论，提出了五千几百条意见，采纳了百把十条。最后到今天还依靠在座各位讨论修改。总之是反复研究，不厌其详。将来公布以后，还要征求全国人民的意见。宪法是采取征求广大人民的意见这样一个办法起草的。这个宪法草案大体上是适合我们的国家的情况的。①

在 6 月 14 日中央人民政府委员会第三十次会议后，《中华人民共和国宪法草案》于当日公布，提交全国人民讨论。这在中国的历史上，是破天荒的第一次。

在近 3 个月的时间里，有 1.5 亿人参加了讨论，占当时全国总人口的 1/4，共提出 118 万余条修改意见。

1954 年 9 月 15 日，在共和国历史上是一个永远值得纪念的日子。举国上下盼望已久的第一届全国人民代表大会第一次会议，在北京中南海怀仁堂隆重举行。经过普选产生的 1141 位代表济济一堂，共同行使由全国人民赋予的历史重托。

9 月 20 日的全体会议上，一致通过了《中华人民共和国宪法》。

9 月 27 日的全体会议上，毛泽东当选中华人民共和国首任国家主席，朱德当选国家副主席，刘少奇当选第一届全国人大常委会委员长。经毛泽东提名，决定周恩来为国务院总理。

从此，在中国历史上，一种崭新的社会制度诞生了。这就是适合中国国

---

① 逄先知、冯蕙主编：《毛泽东年谱（1949—1976）》第 2 卷，中央文献出版社 2013 年版，第 247—248 页。

情的社会主义制度。她从诞生之日起，就扎根于中国广袤的大地上，具有鲜明的中国特色。她的灵魂，就是 8 个大字：人民民主、社会主义。

新中国第一部宪法规定："中华人民共和国是工人阶级领导的、以工农联盟为基础的人民民主国家。"这就是共和国的国体。"人民"具有其他国家所没有的更加广大的范围，是这一国体的显著特点。

宪法还规定："中华人民共和国的一切权力属于人民。人民行使权力的机关是全国人民代表大会和地方各级人民代表大会。"这就是共和国的根本政治制度。这一代表大会制度具有"议行合一"的特点，有别于其他国家的议会制度。

宪法又规定："全国人民代表大会、地方各级人民代表大会和其他国家机关，一律实行民主集中制。"这就是共和国的政体。民主集中制原则的普遍实行，使中国的政体，既有别于欧美等国家，也有别于苏联东欧等国家。

宪法还把中国共产党领导的多党合作、政治协商制度，单一制国家内的民族区域自治制度，最终确定下来。这样，在政党制度上，既有别于欧美等国家的多党制，也有别于一党制，具有"长期共存、互相监督"的制度优势。在解决单一制国家内部民族问题上，既不搞"联邦制"，更不搞"民族自决"，而是实行民族区域自治制度，"各民族自治地方都是中华人民共和国不可分离的部分"，确保了中华各民族的大团结。

这些富有创意的制度，一直延续至今，在中国当代现实生活中发挥着支柱性作用，使共和国的后人不能不感佩开国元勋们的奇思妙想。

十四、"以苏为鉴"

> 最近苏联方面暴露了他们在建设社会主义过程中的一些缺点和错误,他们走过的弯路,你还想走?过去我们就是鉴于他们的经验教训,少走了一些弯路,现在当然更要引以为戒。
>
> ——毛泽东:《论十大关系》(1956 年 4 月 25 日)

毛泽东一生都在走自己的路。然而,在国家大规模工业化开始之初,新中国一缺技术、二缺人才、三缺经验,不能不向苏联学习。受苏联影响,高度集中的经济体制在中国建立起来。久而久之,就把这种体制当成了社会主义的固有特征。

在社会主义改造完成后,毛泽东要探索适合中国国情的社会主义道路,就需要打破对苏联的迷信。他后来回顾说:"前八年照抄外国的经验。但从一九五六年提出十大关系起,开始找到自己的一条适合中国的路线。"①

如同毛泽东每一部重要著作的产生过程一样,《论十大关系》的问世,也是从调查研究开始,从系统总结经验教训开始。

毛泽东后来回忆说:"建国后这十一年我做过两次调查,一次是为合作化的问题,看过一百几十篇材料,每省有几篇,编出了一本书,叫做《中国农村的社会主义高潮》。有些材料看过几遍,研究他们为什么搞得好,我调

---

① 逄先知、冯蕙主编:《毛泽东年谱(1949—1976)》第 4 卷,中央文献出版社 2013 年版,第 418—419 页。

查研究合作化问题就是依靠了那些材料。还有一次是关于十大关系问题，用一个半月时间同三十四个部门的负责人讨论，每天一个部门或两天一个部门，听他们的报告，跟他们讨论，然后得出十大关系的结论，这是向上层人们，向各部部长调查。"①

在进行上述调研之前，毛泽东的主要精力在研究农业问题上。1955年11月间，他在杭州和天津先后同14个省的省委书记和内蒙古自治区党委书记，共同商定了"农业十七条"。12月21日，他起草中共中央通知，将"农业十七条"下发各省委、市委、自治区党委征求意见。随后，又在乘专列前往杭州的途中，先后在保定、郑州、武汉、长沙、南昌等地召开有省、地、县负责人参加的座谈会，听取对"农业十七条"的意见。到达杭州后，又在1956年1月1日至9日，连续召开修改"农业十七条"的会议，并于1月5日至9日在杭州大华饭店召开的省市委书记会议上，形成《一九五六年到一九六七年全国农业发展纲要（草案）》。随即，他写信给周恩来，要求在中央政治局会议上讨论这个草案，并在即将召开的中央关于知识分子问题会议上向与会者征求意见。

毛泽东深知，中国的基本问题是农民、农村、农业问题。如同搞民主革命和社会主义革命一样，搞工业化建设也要从农业抓起。他下功夫搞这个纲要的思路是："全国农业合作化的高潮正在引起全国农业生产的高潮，并转而促进整个国民经济和科学、文化、教育、卫生事业的新的高潮。"②

实际上，制定这个纲要的过程，也是一次较大规模的关于农业问题的调查研究，为明确农业现代化的发展目标和发展战略奠定了基础。

1月12日晚，毛泽东回到北京。据薄一波回忆："1956年初，毛主席刚从杭州归来，我去向他汇报工作，偶然谈到，现在少奇同志正在听取一些部委的汇报。没想到，毛主席对这件事很感兴趣，对我说：'这很好，我也想

① 《毛泽东文集》第8卷，人民出版社1999年版，第260—261页。
② 《建国以来重要文献选编》第8册，中央文献出版社1994年版，第46页。

听听。你能不能替我也组织一些部门汇报？'我当然乐于承担。没有多久，汇报就开始了。"①

当时，刘少奇正在为1956年召开中共八大做准备。这是新中国成立后首次召开的中国共产党全国代表大会。为了充分做好大会准备工作，刘少奇从1955年12月7日起，至1956年3月9日，先后约请中共中央和国务院37个部门的主要负责人汇报座谈，内容包括工业、农业、商业、交通、财政、金融、文化、体育、卫生和国民经济计划等方面。

"无巧不成书"。历史中的许多必然，都是在偶然之中打开通道的。毛泽东的这次调查研究也不例外。前次围绕制定"农业十七条"的调研，集中在农业。这次调研则集中在经济部门，按照重工业、轻工业、交通邮电、农林水利、财贸金融、国民经济计划的顺序进行，这些部门恰恰又是中国共产党人最缺乏经验、受苏联影响最多的地方，因此毛泽东的思考也突破了为中共八大做准备的范围，实际上成为"以苏为鉴"、独立自主探索中国社会主义建设道路的开端。

毛泽东的调查研究，从1956年2月14日开始，到4月24日结束。在这43天中，先后听取了国务院35个部门的工作汇报②，还听取了国家计委关于第二个五年计划的汇报。

毛泽东听汇报的地点，固定在中南海颐年堂。为了照顾汇报者的作息习惯，他改变了夜间工作的习惯，每天一起床，就开始听汇报，每次长达四五个小时。

毛泽东的调查研究，别具一格。他要求各部门事先把书面材料送来，听汇报时，不允许汇报者照本宣科，采取的是提问、插话加议论的办法，整个气氛十分轻松活跃，使汇报者敢于讲出自己的真实想法和意见。

---

① 薄一波：《若干重大决策与事件的回顾》（修订本）上卷，人民出版社1997年版，第482页。

② 逄先知、冯蕙主编：《毛泽东年谱（1949—1976）》第2卷，中央文献出版社2013年版，第560页。

据时任新华社社长的吴冷西回忆:"在我参加听汇报时,看到毛主席听得很认真,不时做笔记,还不时提出一些问题,要汇报人回答,或同到会的同志讨论。许多部长在汇报时开始都很紧张,像考场上口试或论文答辩那样。他们虽然在汇报前做了大量的准备工作,但临场仍然有不少问题说不清楚或者简直就答不上来,弄得满头大汗。只是随着汇报过程中中央同志谈笑风生,各抒己见,他们才活跃起来,畅所欲言。"①

在毛泽东的插话和议论中,提出了不少富于创见的思想。

关于中央和地方的关系。毛泽东说:我去年出去了一趟,跟地方同志谈话。他们流露不满,总觉得中央束缚了他们,地方同中央有些矛盾,若干事情不放手让他们管。他们是块块,你们是条条,你们无数条条往下达,而且规格不一。他们若干要求,你们也不批准,约束了他们。还说:苏联有一个时期很集中,也有好处,但缺点是使地方积极性减少了。我们现在要注意这个问题。地方政权那么多,不要使他们感到无事可做。他还表示:是不是中央部门想多管一点?要注意发挥地方的积极性,中央企业和地方企业划分的主要根据是供销范围。

关于沿海与内地的关系。毛泽东说:要采取积极合理发展的方针。有的可以内迁,不能内迁的应该积极合理利用,不要加以限制。有的同志,好像战争就要来的样子,准备着架子等待战争,因此要限制沿海。这样不妥。轻工业百分之七十在沿海,不积极利用还靠什么来提高生产?还说:沿海地区限制发展是错误的,不能限制发展,应该是充分利用或充分合理利用。上海、天津的企业一般不内迁,个别有条件的,经济合算的,可以内迁。

关于基建投资与解决民生的关系。他说:降低利润,初看起来,国家财政收入似乎要减少一些,但是基本建设多了,生产也发展了,结果利润会更大。基本建设发展了,工人也增加了,消费性的、服务性的市场也扩大了。

---

① 吴冷西:《新的探索和整风反右:吴冷西回忆录之一》,中央文献出版社2016年版,第14页。

关于解决制度问题与解决思想问题的关系。毛泽东认为：解决制度问题比解决思想问题更重要，更带有根本性质。他说：批评本位主义的文章要写，但光批评，光从思想上解决问题不行，还要研究解决制度问题。人是生活在制度之中，同样是那些人，实行这种制度，人们就不积极，实行另外一种制度，人们就积极起来了。解决生产关系问题，要解决生产的诸种关系问题，也就是各种制度问题，不单是要解决一个所有制问题。农业生产合作社实行包工包酬制度，据说二流子也积极起来了，也没有思想问题了。人是服制度不服人的。

关于发展海运问题。毛泽东说：我国海船吨位只占世界总吨位不到百分之零点三，这表现我国太穷。我国地势比较完整，东面是大海，西面是高山，统一起来，帝国主义不容易进来，发展航运有重大意义。还说：交通运输一定要与工农业发展相适应。要多修公路。发展地方工业和修公路，多发挥地方的积极性。

关于北京市远景规划。万里问：北京远景规划是否摆大工业？人口发展到多少？毛泽东说：现在北京不摆大工业，不是永远不摆。按自然发展规律，按经济发展规律，北京会发展到一千万人，上海也是一千万人。将来世界不打仗了，和平了，会把天津、保定、北京连在一起。北京是个好地方，将来会摆许多工厂的。

关于向苏联学习问题。毛泽东说：要分两类。一类按中国的，一类规规矩矩、老老实实地学。如土改，我们不学，不照它的。如财经方面有些建议，陈云不学。对资本家的政策，我们也不学它。技术问题横直一概照抄，比较好的，或者我们根本不知道的，学过来再说。

关于向西方国家学习问题。周恩来讲到要派人到资本主义国家去学技术。毛泽东接着说：不论美国、法国、瑞士、挪威……只要他们要我们的学生，我们就派去。周恩来说：把各国经验都学过来，要有这个气魄。[①]

[①] 以上毛泽东插话和议论的引文，见逄先知、金冲及主编：《毛泽东传》第4卷，中央文献出版社2011年版，第1434、1439、1440、1435—1436、1442、1437、1438页。

毛泽东还谈到一个设想，就是只要找到一条正确的道路，中国的发展速度完全可以超过苏联。他说：我国建设能否超过苏联头几个五年计划的速度？我看是可以赶上的，工业也可以超过。中国有两条好处，一曰穷，二曰白，一点负担没有。美国在华盛顿时代，也是白，所以发展起来是很快的。要打破迷信，不管是中国的迷信，还是外国的迷信。我们的后代也要打破对我们的迷信。我国工业化，工业建设，完全应该比苏联少走弯路。我们不应该被苏联前几个五年计划的速度所束缚。我们可以超过它，理由有四：国际条件不同；国内条件不同；技术水平不同；中国人口多，农业发展快。同样，即使在技术发展方面，在现代技术发展方面，也可以超过苏联，有社会主义积极性，有群众路线，少搞官僚主义。我们有群众工作的传统，有群众路线，这是我们的好处。①

这一大段论述，点明了毛泽东这次大规模调研的主要目的。

就在毛泽东开始对经济部门进行大规模调研的同时，2月14日至25日，苏共第二十次全国代表大会召开了。在大会行将结束时，2月24日夜至25日晨，赫鲁晓夫在只有苏共代表出席的内部会议上，作了长达四个半小时的《关于个人崇拜及其后果》的报告（通称"秘密报告"）。会后，苏共中央将赫鲁晓夫秘密报告的主要内容向中共代表团通报。随后，又派苏共中央主席团委员、部长会议第一副主席米高扬来华，将秘密报告文本送交中共中央。②

3月12日晚，毛泽东在中南海颐年堂主持召开中央政治局扩大会议。他用"一分为二"的方法分析了赫鲁晓夫秘密报告的影响。他说：现在看来，至少可以指出两点：一是它揭了盖子，一是它捅了娄子。说揭了盖子，就是讲，他的秘密报告表明，苏联、苏共、斯大林并不是一切都是正确的，这就破除了迷信。说捅了娄子，就是讲，他作的这个秘密报告，无论在内容上或

---

① 参见逄先知、金冲及主编：《毛泽东传》第4卷，中央文献出版社2011年版，第1438页。
② 杨胜群、闫建琪主编：《邓小平年谱（1904—1974）》（中），中央文献出版社2009年版，第1273页。

方法上，都有严重错误。是不是这样，大家可以研究。①

3月23日晚，毛泽东在中南海游泳池住处主持召开中共中央书记处扩大会议，讨论赫鲁晓夫的秘密报告和中国共产党的对策。毛泽东谈了四点意见：

第一，共产主义运动，从马克思和恩格斯发表《共产党宣言》算起，于今只有一百年多一点。无产阶级专政的历史，从十月革命算起，还不到四十年。实现共产主义是空前伟大而又空前艰巨的事业。不艰巨就不能说伟大，因为很艰巨才很伟大。在这艰巨斗争的过程中，不犯错误是不可能的，因为我们走的是前无古人的道路。我历来是"难免论"。斯大林犯错误是题中应有之义，赫鲁晓夫同样也要犯错误。苏联要犯错误，我们也要犯错误。问题在于共产党能够通过批评和自我批评克服自己的错误。

第二，社会主义社会，仍然存在着矛盾。否认存在矛盾就是否认唯物辩证法。斯大林的错误证明了这一点。矛盾无时不在，无所不在。有矛盾就有斗争，只不过斗争的性质和形式不同于阶级社会而已。

第三，斯大林犯过严重错误，但他有伟大功绩。他在某些方面违背马克思主义的原则，但他仍然是一位伟大的马克思主义者。他的著作虽然包含了某些错误，但仍然值得我们学习，只不过在学习时要采取分析的态度。

第四，赫鲁晓夫这次揭了盖子，又捅了娄子。他破除了那种认为苏联、苏共和斯大林一切都是正确的迷信，有利于反对教条主义。不要再硬搬苏联的一切了，应该用自己的头脑思索了。应该把马列主义的基本原理同中国社会主义革命和建设的具体实际结合起来，探索在我们国家里建设社会主义的道路了。

最后，毛泽东提出，对于苏共二十大赫鲁晓夫大反斯大林，我们党应当表示态度，方式可以考虑发表文章。这篇文章可以在支持苏共二十大反对个

---

① 逄先知、冯蕙主编：《毛泽东年谱（1949—1976）》第2卷，中央文献出版社2013年版，第545页。

人迷信的姿态下面讲一些道理，补救赫鲁晓夫秘密报告的失误。会议决定由陈伯达执笔，中宣部和新华社协助。①

毛泽东讲的四点意见，实际上为这篇文章定了基调。

这篇文章初稿于 3 月 29 日写出，又经中央政治局集体讨论，毛泽东多次作了修改，将文章定名为《关于无产阶级专政的历史经验》，还加写了题下说明"这篇文章是根据中国共产党中央政治局扩大会议的讨论，由人民日报编辑部写的"。

4 月 4 日中午，毛泽东召集刘少奇、周恩来、彭真、邓小平、陈伯达、胡乔木、胡绳、吴冷西、田家英等开会，最后一次讨论修改《关于无产阶级专政的历史经验》稿。4 月 5 日，《关于无产阶级专政的历史经验》在《人民日报》发表，在国际上产生很好的反响。

在 4 月 4 日会上，毛泽东讲了一番话，既为发表这篇文章的目的点了题，也为这次广泛听取国务院各经济部门汇报的意义点了题。

他说：这篇文章算是我们初步总结了经验教训。我认为最重要的教训是独立自主，调查研究，摸清本国国情，把马克思列宁主义的基本原理同我国革命和建设的具体实际结合起来，制定我们的路线、方针、政策。民主革命时期，我们走过一段弯路，吃了大亏之后才成功地实现了这种结合，取得了革命的胜利。现在是社会主义革命和建设时期，我们要进行第二次结合，找出在中国进行社会主义革命和建设的正确道路。他还表示：现在我们有了自己的初步实践，又有了苏联的经验和教训，应当更加强调从中国的国情出发，强调开动脑筋，强调创造性，在结合上下功夫，努力找出在中国这块大地上建设社会主义的具体道路。②

从 3 月 10 日起，听取国务院有关部门汇报，被研究赫鲁晓夫秘密报告

---

① 逄先知、冯蕙主编：《毛泽东年谱（1949—1976）》第 2 卷，中央文献出版社 2013 年版，第 549—550 页。

② 吴冷西：《十年论战——1956—1966 中苏关系回忆录》，中央文献出版社 2014 年版，第 15 页。

和讨论修改《关于无产阶级专政的历史经验》一文所影响，时断时续。直到4月11日，毛泽东听完了国务院35个部门的汇报。4月12日至17日，接连6天下午，毛泽东在中南海瀛台认真参观了机械工业展览。这也是一种调研，使他对机械工业增加了不少感性认识。

4月18日至21日、23日和24日，毛泽东每天下午连续听取国务院副总理兼国家计委主任李富春关于第二个五年计划的汇报。此时，一方面有连续听取汇报、系统调研形成的经验总结，另一方面有在研究赫鲁晓夫秘密报告、讨论修改《关于无产阶级专政的历史经验》过程中形成的思想认识，再加上国家计委汇报中所涉及的大多是宏观层面的问题，毛泽东边听边议，《论十大关系》的思想轮廓基本形成。

4月25日至28日，中共中央政治局扩大会议在中南海勤政殿举行。参加这次会议的，除了中央政治局委员和候补委员，还有各省委、市委、自治区党委第一书记。会议于每天下午举行，毛泽东主持会议。

在第一天的会议上，毛泽东发表《论十大关系》讲话。5月2日，他在最高国务会议第7次会议上，再一次系统阐述十大关系。现在看到的《论十大关系》文稿，是1975年在邓小平主持下，将这两次讲话的记录稿综合整理而成。同年7月13日，邓小平报送毛泽东，毛泽东当天圈阅同意。①

在《论十大关系》中，一共讨论了十种关系。即：重工业和轻工业、农业的关系；沿海工业和内地工业的关系；经济建设和国防建设的关系；国家、生产单位和生产者个人的关系；中央和地方的关系；汉族和少数民族的关系；党和非党的关系；革命和反革命的关系；是非关系；中国和外国的关系。其中，前五种属于经济建设的关系，后五种是政治关系。毛泽东说过："在十大关系中，工业和农业，沿海和内地，中央和地方，国家、集体和个人，国

---

① 冷溶、汪作玲主编：《邓小平年谱（1975—1997）》（上），中央文献出版社2004年版，第68页。

防建设和经济建设，这五条是主要的。"①

《论十大关系》采用的一个基本方法，是毛泽东在《矛盾论》中所阐述的矛盾分析法，也是运用对立统一规律的分析方法。文中列举了党和国家经济建设和政治生活中的十大关系，每一对关系，都是一个对立统一体，都是一对矛盾。处理好每一对矛盾，都有辩证法，都有侧重点，也都有一个需要谨慎把握的平衡点（度）。因此，毛泽东说："这十种关系，都是矛盾。世界是由矛盾组成的。没有矛盾就没有世界。我们的任务，是要正确处理这些矛盾。这些矛盾在实践中是否能完全处理好，也要准备两种可能性，而且在处理这些矛盾的过程中，一定还会遇到新的矛盾，新的问题。但是，像我们常说的那样，道路总是曲折的，前途总是光明的。"②

《论十大关系》采用的另一个基本方法，是中外比较法。正如他后来所说："十大关系的基本观点，就是同苏联作比较。除了苏联办法之外，是否可以找到别的办法，比苏联、东欧各国搞得更快更好。"③"以苏为鉴"，就是比较法的运用。它的实际意义，是少犯错误、少走弯路，从别人的教训中找到和坚持自己的道路。"以苏为鉴"，探索适合中国国情的社会主义建设道路，恰恰是这篇讲话的出发点和落脚点。

在《论十大关系》中贯穿的一个指导思想，是调动一切积极因素。后来，也成为中共八大的指导思想。毛泽东指出："提出这十个问题，都是围绕着一个基本方针，就是要把国内外一切积极因素调动起来，为社会主义事业服务。""我们一定要努力把党内党外、国内国外的一切积极的因素，直接的、间接的积极因素，全部调动起来，把我国建设成为一个强大的社会主义国家。"

这一思想，实际上是革命战争年代统一战线思想在社会主义建设上的

① 逄先知、冯蕙主编：《毛泽东年谱（1949—1976）》第3卷，中央文献出版社2013年版，第311页。
② 《毛泽东文集》第7卷，人民出版社1999年版，第44页。
③ 逄先知、金冲及主编：《毛泽东传》第4卷，中央文献出版社2011年版，第1446页。

运用。正如毛泽东所说:"过去为了结束帝国主义、封建主义和官僚资本主义的统治,为了人民民主革命的胜利,我们就实行了调动一切积极因素的方针。现在为了进行社会主义革命,建设社会主义国家,同样也实行这个方针。"①

《论十大关系》体现了经济建设上的辩证法。比如,在谈到"重工业和轻工业、农业的关系"时,毛泽东说:"这里就发生一个问题,你对发展重工业究竟是真想还是假想,想得厉害一点,还是差一点?你如果是假想,或者想得差一点,那就打击农业、轻工业,对它们少投点资。你如果是真想,或者想得厉害,那你就要注重农业、轻工业,使粮食和轻工业原料更多些,积累更多些,投到重工业方面的资金将来也会更多些。"

又比如,在讲到"沿海工业和内地工业的关系"时,毛泽东说:"好好地利用和发展沿海的工业老底子,可以使我们更有力量来发展和支持内地工业。如果采取消极态度,就会妨碍内地工业的迅速发展。所以这也是一个对于发展内地工业是真想还是假想的问题。如果是真想,不是假想,就必须更多地利用和发展沿海工业,特别是轻工业。"

还比如,在谈到"经济建设和国防建设的关系"时,毛泽东表示:"在今天的世界上,我们要不受人家欺负,就不能没有这个东西(指原子弹)。怎么办呢?可靠的办法就是把军政费用降到一个适当的比例,增加经济建设费用。只有经济建设发展得更快了,国防建设才能够有更大的进步。"②

这些论述表明,发展中的辩证观点,也就是发展中的长远与可持续的观点。

《论十大关系》也体现着"以苏为鉴"精神。例如,在谈到"重工业和轻工业、农业的关系"时,毛泽东指出:"在处理重工业和轻工业、农业的关系上,我们没有犯原则性的错误。我们比苏联和一些东欧国家作得好些。

---

① 《毛泽东文集》第7卷,人民出版社1999年版,第23、44页。
② 《毛泽东文集》第7卷,人民出版社1999年版,第25、26、27页。

像苏联的粮食产量长期达不到革命前最高水平的问题，像一些东欧国家由于轻重工业发展太不平衡而产生的严重问题，我们这里是不存在的。他们片面地注重重工业，忽视农业和轻工业，因而市场上的货物不够，货币不稳定。我们对于农业、轻工业是比较注重的。我们一直抓了农业，发展了农业，相当地保证了发展工业所需的粮食和原料。我们的民生日用商品比较丰富，物价和货币是稳定的。"

又例如，在谈到"国家、生产单位和生产者个人的关系"时，毛泽东说："苏联的办法把农民挖得很苦。他们采取所谓义务交售制等项办法，把农民生产的东西拿走太多，给的代价又极低。他们这样来积累资金，使农民的生产积极性受到极大的损害。你要母鸡多生蛋，又不给它米吃，又要马儿跑得好，又要马儿不吃草。世界上哪有这样的道理！"

还例如，在谈到"中央和地方的关系"时，毛泽东表示："我们的国家这样大，人口这样多，情况这样复杂，有中央和地方两个积极性，比只有一个积极性好得多。我们不能像苏联那样，把什么都集中到中央，把地方卡得死死的，一点机动权也没有。"①

如同在延安整风时期批评教条主义那样，毛泽东也尖锐地批评了建设问题上的教条主义，指出："过去我们一些人不清楚，人家的短处也去学。当着学到以为了不起的时候，人家那里已经不要了，结果栽了个斤斗，像孙悟空一样，翻过来了。""有些人对任何事物都不加分析，完全以'风'为准。今天刮北风，他是北风派，明天刮西风，他是西风派，后来又刮北风，他又是北风派。自己毫无主见，往往由一个极端走到另一个极端。"②

这时，毛泽东已经清楚地看到，向外国学习先进经验，是社会主义建设中的长期任务。因此，他特别提出："我们的方针是，一切民族、一切国家的长处都要学，政治、经济、科学、技术、文学、艺术的一切真正好的东西

---

① 《毛泽东文集》第7卷，人民出版社1999年版，第24、29—30、31页。

② 《毛泽东文集》第7卷，人民出版社1999年版，第41—42页。

都要学。但是，必须有分析有批判地学，不能盲目地学，不能一切照抄，机械搬用。他们的短处、缺点，当然不要学。"①

1956 年 9 月 15 日至 27 日，中国共产党第八次全国代表大会在北京全国政协礼堂隆重举行。毛泽东致开幕词，刘少奇作政治报告，周恩来作关于发展国民经济的第二个五年计划的建议的报告，邓小平作关于修改党章的报告。大会一致通过关于政治报告的决议，选举出第八届中央委员会。

9 月 28 日，召开中共八届一中全会。全会选举毛泽东为中央委员会主席，刘少奇、周恩来、朱德、陈云为副主席，邓小平为总书记，并由上述 6 人组成中央政治局常务委员会。

中共八大正确分析了社会主义改造完成后，中国社会的主要矛盾，规定了党和国家的主要任务。大会郑重宣布：我国无产阶级同资产阶级之间的矛盾已经基本上解决，几千年来的阶级剥削制度的历史已经基本上结束，社会主义的社会制度在我国已经基本上建立起来。我国国内的主要矛盾已经是人民对于建立先进的工业国的要求同落后的农业国的现实之间的矛盾，已经是人民对于经济文化迅速发展的需要同当前经济文化不能满足人民需要的状况之间的矛盾；党和全国人民当前的重要任务，就是要集中力量来解决这个矛盾，把我国尽快地从落后的农业国变为先进的工业国。大会号召："我们必须在经济、政治、文化等方面采取正确的政策，团结国内外一切可能团结的力量，利用一切有利的条件，来完成这个伟大的任务。"②

一个崭新的社会制度，一个从未有过的社会变迁，一个宏伟的建设蓝图，通过中共八大的召开，展现在全国人民面前。

与此同时，国内国际的种种迹象表明，社会主义社会不是一个没有矛盾的社会，而是一个充满矛盾的社会。然而，这些矛盾究竟是什么样的矛盾，这些矛盾的性质是什么，应当怎样处理这些矛盾，对于这一连串的问题，人

---

① 《毛泽东文集》第 7 卷，人民出版社 1999 年版，第 41 页。
② 《建国以来重要文献选编》第 9 册，中央文献出版社 1994 年版，第 342 页。

们不仅搞不清楚，而且毫无思想准备。

毛泽东把 1956 年称为"多事之秋"[1]，不是没有道理的。在国际，1956年6月，波兰波兹南地区出现流血冲突。同年 10 月下旬至 11 月上旬，匈牙利首都布达佩斯及其他地区，先是发生 20 万人游行示威，随后演变为反政府的暴乱。在中国国内，据不完全统计，从 1956 年 9 月到 1957 年 3 月，先后约有 1 万多工人罢工，1 万多学生罢课请愿。农村发生闹退社、闹缺粮的风潮。[2] 党内一些领导干部把这些问题当作敌我矛盾来处理，其结果，反而造成矛盾的激化。

面对国际国内的种种情况，毛泽东陷入深深的思考中。他没有把这些问题简单化、概念化，也没有把这些问题看作是孤立的事件，而是从社会大变动的具体历史条件出发，努力从中找出规律性认识。毛泽东的基本方法，还是他在 1937 年《矛盾论》里提出的矛盾学说。

1956 年 11 月 15 日，毛泽东在中共八届二中全会的讲话中指出："世界充满着矛盾。民主革命解决了同帝国主义、封建主义、官僚资本主义这一套矛盾。现在，在所有制方面同民族资本主义和小生产的矛盾也基本上解决了，别的方面的矛盾又突出出来了，新的矛盾又发生了。"[3] 他把工人罢工、学生罢课这一类问题产生的根源，归结为官僚主义，而不是阶级敌人的破坏。

12 月 4 日，他在写给黄炎培[4]的信里，进一步提出了两类矛盾的思想。他写道："社会总是充满着矛盾。即使社会主义和共产主义社会也是如此，不过矛盾的性质和阶级社会有所不同罢了。既有矛盾就要求揭露和解决。有两种揭露和解决的方法：一种是对敌（这说的是特务破坏分子）我之间的，

---

① 《杨尚昆日记》(上)，中央文献出版社 2001 年版，第 251 页。
② 中共中央党史研究室著：《中国共产党的九十年》(社会主义革命和建设时期)，中共党史出版社、党建读物出版社 2016 年版，第 483 页。
③ 逄先知、金冲及主编：《毛泽东传》第 4 卷，中央文献出版社 2011 年版，第 1576 页。
④ 黄炎培，时任中国民主建国会主任委员、全国人大常委会副委员长。

一种是对人民内部的（包括党派内部的，党派与党派之间的）。前者是用镇压的方法，后者是用说服的方法，即批评的方法。"

面对"多事之秋"，毛泽东并不感觉一筹莫展，反而充满信心。他在这封信的末尾这样写道："国际间麻烦问题不少，但是总有办法解决的。我是乐观主义者，我想先生也会是这样的。"①

经过一段深入思考和梳理思绪，在 1957 年 2 月 27 日下午举行的最高国务会议第 11 次扩大会议上，毛泽东发表了题为"如何处理人民内部的矛盾"的讲话。

这次讲话持续了近 4 个钟头，从下午 3 点一直讲到将近晚上 7 点。毛泽东对这次讲话格外重视，事先写好了讲话提纲。事后，根据讲话的原始记录加以整理，经过毛泽东反复修改和补充，于 6 月 19 日在《人民日报》正式发表，题目改为《关于正确处理人民内部矛盾的问题》。

这篇讲话从"两类不同性质的矛盾"破题，指出：社会主义社会不但存在着矛盾，而且存在着性质不同的两类矛盾，即：敌我之间的矛盾和人民内部的矛盾。"敌我之间的矛盾是对抗性的矛盾。人民内部的矛盾，在劳动人民之间说来，是非对抗性的；在被剥削阶级和剥削阶级之间说来，除了对抗性的一面以外，还有非对抗性的一面。"

讲话接着回答了什么是人民内部矛盾。"一般说来，人民内部的矛盾，是在人民利益根本一致的基础上的矛盾。""在我国现在的条件下，所谓人民内部的矛盾，包括工人阶级内部的矛盾，农民阶级内部的矛盾，知识分子内部的矛盾，工农两个阶级之间的矛盾，工人、农民同知识分子之间的矛盾，工人阶级和其他劳动人民同民族资产阶级之间的矛盾，民族资产阶级内部的矛盾，等等。"此外，还有人民政府同人民群众的矛盾，表现为"国家利益、集体利益同个人利益之间的矛盾，民主同集中的矛盾，领导同被领导之间的矛盾，国家机关某些工作人员的官僚主义作风同群众之间的矛盾"。

---

① 《毛泽东文集》第 7 卷，人民出版社 1999 年版，第 164、165 页。

同马克思主义的学说相比较，毛泽东关于人民内部矛盾的论述，不仅"人民"这个概念所包括的范围更加广泛，而且强调人民内部矛盾是利益根本一致基础上的矛盾，是非对抗性矛盾，更重要的是根据中国的实际情况，把工人阶级同民族资产阶级的矛盾纳入了人民内部矛盾范畴。毛泽东指出："工人阶级和民族资产阶级之间存在着剥削和被剥削的矛盾，这本来是对抗性的矛盾。但是在我国的具体条件下，这两个阶级的对抗性的矛盾如果处理得当，可以转变为非对抗性的矛盾，可以用和平的方法解决这个矛盾。"

总结波兰和匈牙利事件的教训，毛泽东指出："在一般情况下，人民内部的矛盾不是对抗性的。但是如果处理得不适当，或者失去警觉，麻痹大意，也可能发生对抗。这种情况，在社会主义国家通常只是局部的暂时的现象。"

为此，他提出要采用民主方法解决人民内部矛盾的问题，并指出："在人民内部是实行民主集中制。""在人民内部实行民主制度"。"在人民内部，不可以没有自由，也不可以没有纪律；不可以没有民主，也不可以没有集中。这种民主和集中的统一，自由和纪律的统一，就是我们的民主集中制。在这个制度下，人民享受着广泛的民主和自由；同时又必须用社会主义的纪律约束自己。"

在回答了什么是人民内部矛盾、怎样正确处理人民内部矛盾之后，毛泽东接着说明什么是社会主义社会的基本矛盾。他指出："在社会主义社会中，基本的矛盾仍然是生产关系和生产力之间的矛盾，上层建筑和经济基础之间的矛盾。不过社会主义社会的这些矛盾，同旧社会的生产关系和生产力的矛盾、上层建筑和经济基础的矛盾，具有根本不同的性质和情况罢了。"

社会主义社会的基本矛盾，同资本主义社会的基本矛盾有哪些不同呢？毛泽东这样回答："它（指社会主义社会的基本矛盾）不是对抗性的矛盾，它可以经过社会主义制度本身，不断地得到解决。""社会主义生产关系已经建立起来，它是和生产力的发展相适应的；但是，它又还很不完善，这些不完善的方面和生产力的发展又是相矛盾的。除了生产关系和生产力发展的这种又相适应又相矛盾的情况以外，还有上层建筑和经济基础的又相适应又相矛盾的情况。"他接着又说："矛盾不断出现，又不断解决，就是事物发展的辩证规律。"上面这些论述，实际上为实行社会主义改革提供了理论基石。

在这个讲话里，毛泽东还含蓄地批评了斯大林在社会主义社会矛盾问题上的形而上学。他指出："马克思主义的哲学认为，对立统一规律是宇宙的根本规律。这个规律，不论在自然界、人类社会和人们的思想中，都是普遍存在的。""这个规律，列宁讲得很清楚。这个规律，在我国，懂得的人逐渐多起来了。但是，对于许多人说来，承认这个规律是一回事，应用这个规律去观察问题和处理问题又是一回事。许多人不敢公开承认我国人民内部还存在着矛盾，正是这些矛盾推动着我们的社会向前发展。"①

这个讲话还分别论述了"肃反问题""农业合作化问题""工商业者问题""知识分子问题""少数民族问题""统筹兼顾、适当安排""关于百花齐放、百家争鸣、长期共存、互相监督""关于少数人闹事问题""坏事能否变成好事？""关于节约""中国工业化的道路"11 个问题。这些问题大都是社会主义社会各种矛盾的具体体现。

在毛泽东对这些问题的解答中，最有理论价值和深远影响的有两点。

一是将"统筹兼顾、适当安排"作为社会主义建设的基本原则。他指出："在目前社会大变动的过渡时期，困难问题还是很多的。又发展又困难，这就是矛盾。任何矛盾不但应当解决，也是完全可以解决的。我们的方针是统筹兼顾、适当安排。无论粮食问题，灾荒问题，就业问题，教育问题，知识分子问题，各种爱国力量的统一战线问题，少数民族问题，以及其他各项问题，都要从对全体人民的统筹兼顾这个观点出发，就当时当地的实际可能条件，同各方面的人协商，作出各种适当的安排。决不可以嫌人多，嫌人落后，嫌事情麻烦难办，推出门外了事。我这样说，是不是要把一切人一切事

① 以上《关于正确处理人民内部矛盾的问题》的引文，见《毛泽东文集》第7卷，人民出版社 1999 年版，第 205、206、211、207、209、214、213—214、215、216、213 页。

都由政府包下来呢？当然不是。许多人，许多事，可以由社会团体想办法，可以由群众直接想办法，他们是能够想出很多好的办法来的。而这也就包括在统筹兼顾、适当安排的方针之内"。①

二是提出了"中国工业化的道路"。这是对《论十大关系》关于重工业和轻工业、农业关系论述的进一步发挥。他首先指出："我国的经济建设是以重工业为中心，这一点必须肯定。"他同时强调："我国是一个大农业国，农村人口占全国人口的百分之八十以上，发展工业必须和发展农业同时并举，工业才有原料和市场，才有可能为建立强大的重工业积累较多的资金。"他还指出："在第二个五年计划和第三个五年计划期间，如果我们的农业能够有更大的发展，使轻工业相应地有更多的发展，这对于整个国民经济会有好处。农业和轻工业发展了，重工业有了市场，有了资金，它就会更快地发展。"② 他正是以这样的战略眼光，投入很大精力去搞《一九五六年到一九六七年全国农业发展纲要》的。着力点在眼前，在农业，为的却是长远，是未来，是重工业的大发展。因为他从近代中国被动挨打的切肤之痛中深切地感受到，没有一个社会主义的现代化强国，人民中国是不可能自立于世界民族之林的。

对于中国工业化道路，毛泽东不久又作了重要补充。1957 年 10 月 9 日，他在中共八届三中全会的讲话中说："必须实行工业与农业同时并举，逐步建立现代化的工业和现代化的农业。过去我们经常讲把我国建成一个工业国，其实也包括了农业的现代化。"③

在对适合中国情况的社会主义建设道路的艰辛探索中，《关于正确处理人民内部矛盾的问题》，同 1956 年 4 月 25 日发表的《论十大关系》，是两个紧密联系的姊妹篇。前者初步解决了社会主义建设中的基本方针、基本原则，后者初步回答了社会主义社会存在哪些基本矛盾，以及如何将正确处理

---

① 《毛泽东文集》第 7 卷，人民出版社 1999 年版，第 228 页。
② 《毛泽东文集》第 7 卷，人民出版社 1999 年版，第 241 页。
③ 《毛泽东文集》第 7 卷，人民出版社 1999 年版，第 310 页。

人民内部矛盾作为党和国家政治生活主题的一系列方向性问题。

这两个姊妹篇，同中共八大路线一起，标志着对中国社会主义建设道路的探索有了一个良好开端。

十五、"大跃进"的波澜

一山飞峙大江边，跃上葱茏四百旋。冷眼向洋看世界，热风吹雨洒江天。

云横九派浮黄鹤，浪下三吴起白烟。陶令不知何处去，桃花源里可耕田？

——毛泽东：《七律·登庐山》（1959 年 7 月 1 日）

1957 年，在毛泽东看来，是全面收获的一年。

这一年，第一个五年计划（1953 年至 1957 年）超额完成。

一个历史性变化，是工农业同时增长，工业总产值的比重首次超过农业。1957 年，农业总产值达到 537 亿元，比 1952 年增长 24.8%；工业总产值达到 704 亿元，同期增长 128.6%。这一年，工农业总产值达到 1241 亿元，农业总产值占比从 1952 年的 56.9%，下降到 43.3%；工业总产值占比从 1952 年的 43.1%，上升到 56.7%。[①]

另一个重要变化，是区域布局更趋合理。在旧中国，70% 以上的重工业和轻工业集中在东部沿海，广大内地只有 30% 的工业设施。第一个五年计划确立的 156 项工业建设骨干项目[②]中，民用企业（共 106 个）有 50 个部署在东北地区，32 个部署在中部地区；国防企业（共 44 个）有 35 个部署在

[①] 中共中央党史研究室著：《中国共产党历史》第 2 卷（1949—1978）上册，中共党史出版社 2011 年版，第 417 页。

[②] 在 156 个项目中，实际施工 150 项，其中在第一个五年计划期间施工的为 146 项。

中部和西部地区，其中 21 个部署在四川和陕西。电力工业建设，大多安排在河北、山东、山西、内蒙古、甘肃、河南、湖北、湖南、四川、云南、新疆等电力工业落后的省区。①

再一个显著变化，是随着大型骨干项目投产发挥效益，以及原有企业改造挖潜，主要工农业产品产量大幅度增长，综合国力明显增强。1957 年，钢产量达到 535 万吨，比 1952 年增长 296%；发电量达到 193 亿度，同期增长 164%；金属切削机床 2.8 万台，增长 1.04 倍；粮食产量达到 3900.9 亿斤，增长 19%；棉花产量达到 3280 万担，增长 26%。交通运输条件显著改善。铁路营业里程达到 2.67 万公里，比 1952 年增长 16.6%；公路里程达到 25.46 万公里，同期增长 1 倍；内河航运里程达到 14.4 万多公里，增长 51.6%。邮政线路总长达 222 万公里，70%的乡可通电话。②

以上这些变化，是旧中国不可能做到的，显示出独立统一的新中国制度的优越性。

毛泽东深知，农业的命脉在水利。中国古代农耕之所以发达，除了精耕细作，就是靠兴修水利。

1957 年 10 月 9 日，毛泽东看到山东莒南县厉家寨大山农业社争取丰收的报告。这个报告讲了一个感人的故事：1955 年冬，农业社组织农民把零碎地块平整成梯田，还因地制宜修建小型水库 11 座，将荒山全部种上了树。结果，1956 年粮食平均亩产达到 558 斤，产量比治理前增长 4 倍多。毛泽东当即写下批语："愚公移山，改造中国，厉家寨是一个好例。"③ 他要求把这个报告和他的批语向正在召开的中共八届三中全会印发。

在毛泽东的大力推动下，1957 年冬，全国兴起了大规模农田水利建设

---

① 中共中央党史研究室著：《中国共产党历史》第 2 卷（1949—1978）上册，中共党史出版社 2011 年版，第 414 页。
② 中共中央党史研究室著：《中国共产党历史》第 2 卷（1949—1978）上册，中共党史出版社 2011 年版，第 418、419 页。
③ 逢先知、冯蕙主编：《毛泽东年谱（1949—1976）》第 3 卷，中央文献出版社 2013 年版，第 220 页。

的热潮。到 1958 年 1 月，全国共有近 1 亿人投入平整农田、兴修水利之中。通过兴修大中小水库和引水渠、灌溉渠等水利工程，从 1957 年 10 月到 1958 年 4 月，全国扩大灌溉面积 3.5 亿亩，比新中国成立后 8 年内增加的灌溉面积总和还多 8000 万亩；还改造低洼易涝耕地 2 亿多亩，改善灌溉面积 1.4 亿亩，控制水土流失面积 16 万平方公里；还植树造林 2.9 亿亩，等于新中国成立后 8 年造林总面积的 1.5 倍。[①] 一些地方提出办大社的要求，就是由农田水利建设的需要提出来的。

1957 年还发生了一件大事，这就是中国共产党第一次开门整风。所谓"开门"，按照毛泽东的要求，就是向民主党派和民主人士、知识分子、广大群众敞开大门，给共产党提意见，在各方面的监督下，帮助中国共产党的各级党组织和广大党员搞好整风。

这是历史上从未有过的事，也遇到了意想不到的情况。在开门整风过程中，一些人提出现在是"党天下"，要求"轮流坐庄"，共产党退出机关、学校，公方代表退出合营企业，主张成立"政治设计院"，在中国共产党领导以外设立一个负责平反的领导机构，还对一些表示要拥护中国共产党领导的民主党派人士写匿名信，进行谩骂和恐吓。

在这种情况下，毛泽东决定在继续整风的同时，发动反右派斗争。6 月 8 日，中共中央发出组织力量反击右派分子进攻的党内指示，其中说：不打胜这一仗，社会主义是建不成的，并且有出匈牙利事件的某些危险。整风和反右派斗争，到 1958 年夏季完全结束，全国共有 55 万多人被划为"右派分子"，其中绝大多数是被错划为"右派"的。[②]

反右派斗争严重扩大化，使中国共产党探索中国社会主义建设道路的良好开端遭受挫折，各项事业遭受了损失，许多知识分子受到伤害。但在当时情况下，这些失误并没有被认识到。相反地，当时普遍认为，通过整风和反

---

① 《建国以来重要文献选编》第 11 册，中央文献出版社 1995 年版，第 294—295 页。
② 中共中央党史研究室著：《中国共产党的九十年》（社会主义革命和建设时期），中共党史出版社、党建读物出版社 2016 年版，第 493 页。

右派斗争，大大激发了人民群众进行社会主义建设的积极性和创造性，并为掀起社会主义建设高潮创造了条件。随后的大跃进，又是对右派言论的最好回击。

1957年11月2日清晨，毛泽东登上飞往苏联莫斯科的专机，参加十月革命40周年庆祝活动，出席社会主义国家共产党和工人党代表会议和六十四国共产党和工人党代表会议①。

在11月18日六十四国共产党和工人党代表会议上，毛泽东发表讲话，对国际局势作了乐观的估计，认为："目前形势的特点是东风压倒西风，也就是说，社会主义的力量对于帝国主义的力量占了压倒的优势。"②

受这样的乐观情绪所鼓舞，毛泽东提出了15年之后赶上或超过英国的目标。他说："赫鲁晓夫同志告诉我们，十五年后，苏联可以超过美国。我也可以讲，十五年后我们可能赶上或者超过英国。因为我和波立特、高兰同志③谈过两次话，我问过他们国家的情况，他们说现在英国年产两千万吨钢，再过十五年，可能爬到年产三千万吨钢。中国呢，再过十五年可能是四千万吨，岂不超过了英国吗？那末，在十五年后，在我们阵营中间，苏联超过美国，中国超过英国。"④

毛泽东提出上述目标，并非一时冲动。在此之前，制订第二个五年计划时，国家计委做过一些测算。在听取国家计委汇报时，毛泽东详细了解过有关情况。这次来莫斯科，他在11月8日和9日，两次同英国共产党领导人波立特、高兰会谈。在9日的会谈中，他特别详细地询问了英国的有关情况。而更重要的是，他根据一段时间的观察，作出了一个重要判断，新的世界大战一时打不起来，可以争取15年以至更长的和平建设时间。

---

① 实际上有68国共产党和工人党出席这次会议，其中有4个党没有公开报道。
② 《毛泽东文集》第7卷，人民出版社1999年版，第321页。
③ 波立特、高兰，当时分别是英国共产党中央执行委员会主席、英国共产党中央委员会总书记。
④ 《毛泽东文集》第7卷，人民出版社1999年版，第325—326页。

因此，毛泽东在这次会上说："归根结底，我们要争取十五年和平。到那个时候，我们就无敌于天下了，没有人敢同我们打了，世界也就可以得到持久和平了。"①

11月28日，毛泽东回到北京。12月8日，他在中南海颐年堂召集各民主党派负责人和无党派人士座谈，向他们通报莫斯科会议情况，也谈了15年赶超英国的设想。

他说：归根结底是争取十五年和平。以十五年或稍多一些时间，在钢铁和其他重要工业产品的产量方面赶上或超过英国，是可能的。电力：英国现有九百多亿度，二千四百万千瓦；我们只有一百九十亿度，四百多万千瓦。我们如有年增百分之十八点二的速度，就能在十五年后赶上英国。我国有丰富的水力资源可用来发电，英国则很少水力资源。煤：英国一九五六年产煤两亿二千万吨，但挖得差不多了；我们一九五六年产煤一亿二千万吨，今后可发展。我国地下资源丰富。钢：英国一九五六年已达两千一百万吨；我们一九五七年五百二十万吨，第二个五年计划（到一九六二年）可达一千二百万至一千五百万吨，到一九七二年可能超过四千万吨，英国是不能达到这个水平的。重要的是搞农业。工农业像一个人的两只脚，缺了一只就成跛子。工业生产，在第二个五年计划中，百分之九十至九十五的机器可以自己制造，到第三个五年计划时全部都可以造了。再过十年八年，卫星、火箭都可以造。最难造的是棉花和粮食，要把农业切实搞一下。发展农业希望各民主党派和知识分子都要注意。

说到这里，周恩来插话说：要争取在十五年后，工业超过西方的英国，农业单位面积产量超过东方的日本。

在座谈中，毛泽东还谈到对右派的处理问题。他表示：这次右派同我们唱了对台戏。对台戏也有两种，一种是不相容的，一种是和平共处的。要化无用为有用，化消极因素为积极因素。要批判从严、处理从宽，除个别很坏

① 《毛泽东文集》第7卷，人民出版社1999年版，第326页。

的以外，选举权不取消，有一些还给他一些地位。他特别谈道："在知识分子中，有大量的人看我们如何处理右派，处理过分了，会伤他们的心，会不高兴。"还提出：希望三七开，十个人大概有七个人可争取。给他们五年、七年的时间，那时思想有觉悟，改造好了，右派帽子可以取消。[①]

这次座谈一结束，毛泽东即经济南、南京到杭州。12 月 16 日至 18 日，1958 年 1 月 3 日和 4 日，毛泽东在杭州主持召开华东五省一市党委第一书记会议（通称杭州会议），为发动"大跃进"做准备。

在杭州会议上，周恩来受到毛泽东的当面批评。1956 年 6 月起，在周恩来主持下，曾经在"既反对保守，也反对冒进"的口号下搞过一次反冒进，使国家预算和经济计划恢复到正常轨道。毛泽东在杭州会议上批评说：去年纠偏，吃了很大的亏。去年 6 月《人民日报》那篇社论[②]，没有把位置摆正。[③]

1958 年 1 月 6 日，毛泽东来到广西南宁。他兴致很高，还畅游了邕江。

1 月 11 日至 22 日，毛泽东在南宁明园主持召开有部分中共中央领导人和部分中央部委、地方的负责人参加的会议（通称南宁会议）。会议的主要议题是，讨论 1958 年的国民经济计划与国家预算问题。

会议的前四天，1 月 11 日至 16 日，除 13 日安排国务院副总理兼财政部长李先念作关于 1957 年国家预算执行情况和 1958 年国家预算草案的报告，毛泽东作了四次讲话。

接下来的会议，先后听取参会的部分省市党委负责人汇报，还讨论了长江流域综合开发问题，决定由周恩来主持长江治理工作。

毛泽东在多次讲话中，集中谈了几个问题。

一是反对分散主义。他说：国务院向全国人大的报告，我有两年没有看

---

① 逢先知、冯蕙主编：《毛泽东年谱（1949—1976）》第 3 卷，中央文献出版社 2013 年版，第 261—262 页。

② 指 1956 年 6 月 20 日《人民日报》社论《要反对保守主义，也要反对急躁情绪》。

③ 逢先知、冯蕙主编：《毛泽东年谱（1949—1976）》第 3 卷，中央文献出版社 2013 年版，第 266 页。

了。只给成品，不给原料，不行。财经部门不向政治局通情报，没有共同语言。集中，只能集中于党委、政治局、书记处、常委，只能有一个核心。为了反对分散主义，我编了一个口诀："大权独揽，小权分散；党委决定，各方去办；办也有决，不离原则；工作检查，党委有责。"党委要主要抓工业、农业、思想三者。

二是批评反冒进。他说：当时不提反冒进，就不会搞成一股风，吹掉了三条，一为多快好省，二为四十条纲要，三为促进委员会。右派的进攻，把一些同志抛到和右派差不多的边缘，只剩了五十米，慌起来了，什么"今不如昔""冒进的损失比保守的损失大"。我们要注意，最怕的是六亿人民没有劲，抬不起头来就很不好。要有群众观点，从六亿人口出发，看问题要分清主流和支流、本质和现象。还说：反冒进就是讲平衡，却不知道伤了许多人的心，修水利、办社、扫盲、除四害都没劲了。"攻其一点，不及其余"，这种做法历史上吃过大亏，教条主义这样搞过，因小失大。

三是强调"多快好省"社会主义建设总路线。他说：八年来，我为这样一个工作方法（指多、快、好、省）而奋斗。[①] 在 1 月 15 日晚，毛泽东约胡乔木、吴冷西谈话，还讲道：《人民日报》元旦社论写得好，题目用《乘风破浪》也很醒目。南北朝宋人宗悫就说过"愿乘长风破万里浪"。我们现在是要乘东风压倒西风，十五年赶上英国。你们办报的不但要会写文章，而且要选好题目，吸引人看你的文章。新闻也得有醒目的标题。[②]

在南宁会议的讲话中，毛泽东对上海市委第一书记柯庆施的报告《乘风破浪，加速建设社会主义的新上海！》大加赞赏，说：这一篇文章把我们都压下去了。他还当场问周恩来：这篇文章你写得出来写不出来？又说：周恩

[①] 逄先知、冯蕙主编：《毛泽东年谱（1949—1976）》第 3 卷，中央文献出版社 2013 年版，第 276—279 页。

[②] 逄先知、冯蕙主编：《毛泽东年谱（1949—1976）》第 3 卷，中央文献出版社 2013 年版，第 281 页。

来的报告[①]，是一篇马克思主义的文章，问题是如何说成绩与缺点。

1月21日，毛泽东作总结讲话，重点讲《工作方法六十条(草案)》。22日，会议集中讨论毛泽东的总结讲话。南宁会议至此结束。

南宁会议是党内高层的内部会议，毛泽东的批评，既直截了当，又比较尖锐。会议期间，他还先后找刘少奇、周恩来、李富春、李先念、薄一波等谈话，交换意见。

杭州会议和南宁会议，对"大跃进"起了扫清思想障碍的作用。毛泽东觉得这还不够，3月9日至26日，又在素有"天府之国"之称的四川成都，召开有中共中央领导人、中央有关部门的负责人和大部分省、自治区、直辖市党委第一书记参加的工作会议（通称成都会议）。会址选在金牛坝省委招待所。

据参加成都会议的薄一波回忆："3月在成都会议上，毛主席作了六次重要讲话，其中两次谈到（他）批评反冒进的目的。3月9日说：反冒进是个方针性的错误，南宁会议提出了这个问题，有许多同志紧张，现在好了。谈清楚的目的是使大家有共同的语言，做好工作，而不是不好混，我绝无要哪个同志不好混之意。3月25日又说：关于反冒进，我看以后不需要谈了。如果从经验上、方法上把它作为例子，那倒是可以的。这个问题不是个什么责任问题，重点是要用唯物论、辩证法来深入分析反冒进问题。毛主席认为：当年反冒进是不尊重唯物论，也不尊重辩证法。不讲全面，不抓本质和主流；作出反冒进的方针，没有事先征求省委书记的意见，在国务院系统也脱离了多数的部。因为国务院也是两种意见，只有财金贸系统想少搞，工业部门是想多搞的。毛主席还着重讲了要破除迷信、解放思想，说反冒进是'寻寻觅觅，冷冷清清，凄凄惨惨戚戚'，冒进则是'轰轰烈烈、高高兴兴'，'不尽长江滚滚来'，就是要和反冒进对起来，反对慢的路线。"[②]

[①] 指周恩来1957年6月26日在第一届全国人大四次会议上作的《政府工作报告》。

[②] 薄一波:《若干重大决策与事件的回顾》(修订本)下卷，人民出版社1997年版，第663—664页。

经过杭州会议、南宁会议、成都会议的酝酿，中国共产党内高层统一了认识。这就为中共八大二次会议的召开铺平了道路。

1958 年 5 月 5 日至 23 日，中国共产党八大二次会议在北京召开。

刘少奇代表中央委员会作政治报告，根据毛泽东的创议，阐释了"鼓足干劲、力争上游、多快好省地建设社会主义"的总路线。

报告在阐述这条总路线的主要内容时，对毛泽东自 1956 年发表《论十大关系》以来提出的思想观点作了归纳总结，指出："党中央认为，鼓足干劲、力争上游、多快好省地建设社会主义的总路线的基本点是：调动一切积极因素，正确处理人民内部矛盾；巩固和发展社会主义的全民所有制和集体所有制，巩固无产阶级专政和无产阶级的国际团结；在继续完成经济战线、政治战线和思想战线上的社会主义革命的同时，逐步实现技术革命和文化革命；在重工业优先发展的条件下，工业和农业同时并举；在集中领导、全面规划、分工协作的条件下，中央工业和地方工业同时并举，大型企业和中小型企业同时并举，通过这些，尽快地把我国建成为一个具有现代工业、现代农业和现代科学文化的伟大的社会主义国家。"①

以上这些论点，在理论上是站得住的，反映了中国共产党和广大人民群众要求改变经济文化落后状况的迫切愿望。然而，在指导实际的过程中，却由于忽视物质条件对主观能动性的制约，忽视综合平衡规律对国民经济运行的制约，造成了事与愿违、主观动机与实际效果严重背离的局面。对这个问题，毛泽东也是在一年之后逐渐认识到的。

会议期间，还有一个小插曲。5 月 21 日下午，出席中共八大二次会议前，毛泽东在中南海怀仁堂后花园，观看了国产的第一辆"东风"牌轿车。

说起这部国产轿车的来历，还和毛泽东有关。这年 2 月 13 日，毛泽东视察了长春第一汽车制造厂。他对厂长饶斌说："看到中国工人阶级能制造汽车很高兴。"又问："什么时候能坐上我们自己制造的小汽车？"而在毛泽

---

① 《建国以来重要文献选编》第 11 册，中央文献出版社 1995 年版，第 303—304 页。

东第二次访苏期间，长春第一汽车制造厂就在设计国产轿车的样车了。受毛泽东提出的"东风压倒西风"论断鼓舞，这部样车被命名为"东风"。当时在第一汽车制造厂担任计划处科长的李岚清，还专门为样车找到了毛泽东手书的"东风"二字。

毛泽东高兴地围着这辆国产轿车转了两圈，又拉着林伯渠的手坐上去，让司机围着后花园绕了两周。下车后，他对聚集在周围的会议代表们笑着说："坐了我们自己制造的小汽车了！"

中共八大二次会议以后，工业上以"以钢为纲，全面跃进""一马当先，万马奔腾"为标志，农业上以"以粮为纲"、大办人民公社、放高产"卫星"为标志，"大跃进"轰轰烈烈、热火朝天地在全国各地搞了起来。

当时，毛泽东和党中央在全国人民中间享有崇高的威信，人民群众中间蕴藏着巨大的社会主义劳动积极性创造性。一时间，形成了一呼百应的局面。这在一盘散沙的旧中国，是难以想象的。

从1958年10月开始，毛泽东的头脑开始冷静下来。这种"冷"，首先是从大办人民公社热潮中发现的问题开始的。

在这之前，毛泽东的精力集中在推动人民公社化运动，主持召开北戴河会议①，指挥围绕炮击金门②展开的国际斗争，以及因"长波电台"和"联合舰队"问题引起的中苏摩擦等问题。但也从反映安徽灵璧县三个乡的灾情、饿死人、干部打人等的匿名信，以及张春桥③发表的《破除资产阶级的法权思想》一文中，隐约地感觉到有一些不正确的情绪在滋长。

---

① 北戴河会议，即1958年8月17日至30日在北戴河中直疗养院由毛泽东主持召开的中共中央政治局扩大会议。会议通过《中共中央关于在农村建立人民公社问题的决议》等40个文件，对"大跃进"和人民公社化运动起了极大的推动作用。

② 在毛泽东直接领导下，从1958年8月23日起，中国人民解放军福建前线部队发起炮击国民党军占据的金门岛的军事行动。毛泽东为这次炮击金门确立了"直接对蒋，间接对美"方针，并适时发布告台湾同胞书，将这场斗争发展为反对美国"一中一台"或"两个中国"阴谋的国际斗争。

③ 张春桥，时任上海市委宣传部副部长。

10 月 13 日至 17 日，毛泽东乘专列到天津附近走了一圈，了解到一些情况。

10 月 16 日，他在天津市干部俱乐部召开会议，讨论人民公社问题。参加会议的，有徐水县委第一书记张国忠。张国忠谈到幸福院、幼儿园和建筑房屋的试点规划，是夫妇住一处、小孩住一处、老人住一处。毛泽东当即表示：太单调了嘛，也要大中小结合，老人不跟壮丁、小孩结合怎么办？整天只是老头对老头，行吗？公社造房子，只造夫妇住的，不造老人、孩子的，他们要另住在一块，群众赞成不赞成？恐怕脱离老人和孩子了，两头不喜欢，中间也不喜欢。

在第二天的会议上，毛泽东谈到徐水的幸福院时，还表示：我就不愿进你的幸福院，幸福要有点分析，幸福中有不幸福就不好。鳏寡孤独进幸福院可以。但是幸福院作为一个生活单位，一天净是见老人，看不见青壮年，是不是好？他还说：在实践中，是逐步认识客观世界的。①

这次会后，毛泽东为了进一步搞准徐水的情况，嘱咐河北省省长刘子厚到徐水搞一次调查研究。随后，又派陈伯达带一个小组到河南省遂平县嵖岈山卫星公社，蹲点调研七到十天。还嘱咐说："我过了下星期就去郑州，一到，即可听你们关于卫星社观察所得的报告，在四省第一书记会议上予以讨论。"②后来，他又要求陈伯达带的调研组，把调研范围进一步扩大到遂平县和邻近县。

10 月 26 日，毛泽东找吴冷西、田家英谈话，要他们带领调研组到河南新乡地区。他指定了两个调研点，一个是修武县，以全县一个人民公社出名；另一个是他视察过的七里营公社。他特别嘱咐，下去不要张扬，要了解各种人的真实想法。

---

① 逢先知、冯蕙主编：《毛泽东年谱（1949—1976）》第 3 卷，中央文献出版社 2013 年版，第 468 页。

② 逢先知、冯蕙主编：《毛泽东年谱（1949—1976）》第 3 卷，中央文献出版社 2013 年版，第 469 页。

10月31日晚，毛泽东乘专列出发，前往郑州开会。途中，他在专列途经保定、石家庄、邯郸、新乡时，同当地负责人座谈，深入了解情况。还先后听取两个调研组的情况汇报。至此，他对如何开好郑州会议心里有了底。

11月2日至10日，毛泽东在郑州主持召开有部分中共中央领导人、各协作区主任、部分省市委书记参加的中央工作会议（通称第一次郑州会议）。前4天的会，是在毛泽东的专列上开的。从11月6日起，移到河南省委第二招待所开。

毛泽东是一个思想敏锐的人，也是一个注重实际的人，如同他是一个革命浪漫主义的诗人，又是高度务实的革命家、政治家一样。因此，他既有眼光超前的一面，也有察"风起于青萍之末"的本事。率先发动"大跃进"和人民公社化运动的是他，率先提出纠"左"刹车的也是他。

在第一次郑州会议上，毛泽东批评一些人"把全民所有制、集体所有制混同起来，恐怕不利。好像我们现在差不多了，共产主义已经来了。这么快，太快了！奋斗太容易了！""现在人们都是要避开这一方面，谁讲到商品生产、商品交换，大概就不是共产主义者了。"①

在会上，他提出一个重要思想，"有计划地大大发展社会主义的商品生产"。他说："现在，我们有些人大有要消灭商品生产之势。他们向往共产主义，一提商品生产就发愁，觉得这是资本主义的东西，没有分清社会主义商品生产和资本主义商品生产的区别，不懂得在社会主义条件下利用商品生产的作用的重要性。这是不承认客观法则的表现，是不认识五亿农民的问题。在社会主义时期，应当利用商品生产来团结几亿农民。我以为有了人民公社以后，商品生产、商品交换更要发展，要有计划地大大发展社会主义的商品生产"。②

他还批评"浮夸风"："徐水把好猪集中起来给人家看，不实事求是，有

① 逄先知、冯蕙主编：《毛泽东年谱（1949—1976）》第3卷，中央文献出版社2013年版，第491、496页。

② 《毛泽东文集》第7卷，人民出版社1999年版，第437页。

些地方放钢铁'卫星'的数目也不实在,这种做法不好,要克服。反对浮夸,要实事求是,不要虚报。"他提出:"明年一月一号就开始,农民一定要睡八小时觉,四小时吃饭、休息,二小时学习。搞一个农民的作息时间表,否则不能持久。至于工人,十二小时工作是不能持久的。"

他还担心"钢、机床、煤、电四项指标吓人",一旦公布出去,办不到怎么办?①

通过第一次郑州会议,毛泽东下定了纠"左"的决心。这次会议的成果,集中体现在毛泽东11月9日的一封信和《郑州会议关于人民公社若干问题的决议(草案)》上。

毛泽东的信,是写给中央、省市自治区、地、县四级党委委员的。他在信中建议大家读两本书。一本是斯大林著《苏联社会主义经济问题》,另一本是《马恩列斯论共产主义社会》。还建议将来有时间,可以读苏联《政治经济学教科书》。②

11月21日至27日,毛泽东在武昌洪山宾馆主持召开中共中央政治局扩大会议。这次会议,是第一次郑州会议的继续和深入,集中讨论了人民公社问题和1959年国民经济计划安排问题,为召开中共八届六中全会做准备。

毛泽东在最后一天的讲话里,特别讲了1959年的钢产指标问题。他说:一九五九年的钢产量究竟以什么指标为好?北戴河会议是说达到二千七百万吨,争取三千万吨,那是个建议性的。这次要决定下来,是办得到还是办不到,把根据讲出来。我们是不是可以用另外一种办法,即把指标降低。从前别人反我的"冒进",现在我反人家的冒进。今年一千一百万吨,实际上好钢是八百五十万吨。明年所谓一千八百万吨,就是要搞好钢。如果一千八百万吨搞不成,我看还要缩小,先搞一千五百万吨。以此为例,各部

---

① 逄先知、冯蕙主编:《毛泽东年谱(1949—1976)》第3卷,中央文献出版社2013年版,第495、494、497、498页。

② 《毛泽东文集》第7卷,人民出版社1999年版,第432页。

门的指标都要相应地降下来。[①]

通过这次会议和第一次郑州会议,"大跃进"和人民公社化运动中的主要问题得以暴露,使本来还在"向共产主义过渡""高指标"等问题上不断加码升温的热度降了下来,党内高层的认识也渐趋一致,这就为召开中共八届六中全会作了铺垫。

11月28日至12月10日,中共八届六中全会在武昌举行。会场仍在洪山宾馆。全会集中讨论了《关于人民公社若干问题的决议(草案)》《关于一九五九年国民经济计划的决议(草案)》。还根据毛泽东的提议,作出了《同意毛泽东同志提出的关于他不做下届中华人民共和国主席候选人的建议的决定》。

《关于人民公社若干问题的决议(草案)》,是毛泽东主持起草,经过第一次郑州会议和武昌中央政治局扩大会议讨论,在此基础上重新改写的,体现了中共中央对初步纠正人民公社化运动中"左"倾错误的成果。

《关于一九五九年国民经济计划的决议(草案)》,是根据毛泽东"压缩空气"的精神制定的,是一个压缩高指标的决议。但受当时认识程度所限,除基建投资、钢产量外,其他指标并没有压缩。对这些指标,陈云有保留意见,曾向负责文件起草的胡乔木建议,在会议公报中不要公布这些指标,但这个意见没有反映到毛泽东那里。

到了1959年初,"大跃进"和人民公社化运动造成的后果进一步暴露,国民经济严重比例失调。全民大炼钢铁,不仅使原材料生产、交通运输等的紧张状态进一步加剧,还使轻工业产品、农产品全线紧张。再加上粮食生产"放卫星",使国家在1958年实际上征了"过头粮",一些地方出现公社社员"瞒产私分"的情况。

毛泽东逐渐认识到,第一次郑州会议和在武昌召开的两次会议,只是暴

---

① 逄先知、冯蕙主编:《毛泽东年谱(1949—1976)》第3卷,中央文献出版社2013年版,第526—527页。

露了一些问题，而问题远没有解决。在这种情况下，毛泽东于1959年2月27日至3月5日，在专列上召开了中共中央政治局扩大会议（通称第二次郑州会议）。

第二次郑州会议集中解决人民公社化运动中的"共产风"问题。毛泽东在讲话中，一下子就点中了问题的要害："目前我们跟农民的关系在一些事情上存在着一种相当紧张的状态，突出的现象是在一九五八年农业大丰收以后，粮食、棉花、油料等等农产品的收购至今还有一部分没有完成任务。再则全国，除少数灾区外，几乎普遍地发生瞒产私分，大闹粮食、油料、猪肉、蔬菜'不足'的风潮，其规模之大，较之一九五三年和一九五五年那两次粮食风潮都有过之无不及。"

他又分析了"共产风"的表现："公社在一九五八年秋季成立之后，刮起了一阵'共产风'。主要内容有三条：一是穷富拉平。二是积累太多，义务劳动太多。三是'共'各种'产'。""一平、二调、三收款，引起广大农民的很大恐慌。这就是我们目前同农民关系中的一个最根本的问题。"

对这个问题，他也做了反思："六中全会的决议写明了集体所有制过渡到全民所有制和社会主义过渡到共产主义所必须经过的发展阶段。但是没有写明公社的集体所有制也需要有一个发展过程，这是一个缺点。因为那时我们还不认识这个问题。这样，下面的同志也就把公社、生产大队、生产队三级所有制之间的区别模糊了，实际上否认了目前还存在于公社中并且具有极大重要性的生产队（或者生产大队，大体上相当于原来的高级社）的所有制，而这就不可避免要引起广大农民的坚决抵抗。"①

第二次郑州会议开得很艰难，很多人对毛泽东的讲话，一时接受不了。但经过讨论，最终统一了思想。

会议最后形成了《郑州会议纪要》，作为党内文件下发执行。其中最重要的是形成了14句话作为整顿和建设人民公社的方针："统一领导，队为基

① 《毛泽东文集》第8卷，人民出版社1999年版，第9、12、10—11页。

础；分级管理，权力下放；三级核算，各计盈亏；分配计划，由社决定；适当积累，合理调剂；物资劳动，等价交换；按劳分配，承认差别。"[①] 这 14 句话是毛泽东亲自起草、广泛征求各方意见的结果，好记好懂，却包含了深刻的道理，在深入纠"左"中发挥了重要作用。

大办人民公社中的"共产风"问题，初步得到解决。毛泽东开始集中精力解决另一个难题，大办钢铁中的"高指标"问题。

在中共八届六中全会期间，1957 年 12 月 1 日，毛泽东曾写过《关于帝国主义和一切反动派是不是真老虎的问题》一文，在党内传阅。其中就批评了"头脑过热"的一些人。他写道："在我国，在目前，有些人太热了一点。他们不想使自己的头脑有一段冷的时间，不愿意做分析，只爱热。同志们，这种态度是不利于做领导工作的，他们可能跌筋斗，这些人应当注意提醒一下自己的头脑。另有一些人爱冷不爱热。他们对一些事，看不惯，跟不上。[②] 对这些人，应当使他们的头脑慢慢热起来。"[③]

然而，居高不下的"高指标"迟迟压不下来。这种情况，一直持续到中共八届七中全会。

1959 年 4 月 2 日至 5 日，毛泽东在上海主持召开中共八届七中全会。在讨论 1959 年国民经济计划草案时，把 1959 年钢的计划指标确定为 1800 万吨（其中好钢 1650 万吨）。根据钢和煤指标的变动，相应地变动了一些其他主要工业产品的指标。这个指标，比八届六中全会确定的指标，减少了200 万吨。后来的情况证明，这个指标还是有不少"水分"。

毛泽东对 1800 万吨钢的指标仍然不放心，便委托陈云进行研究。陈云主持中央财经小组经过周密研究论证，最终提出："今年生产九百万吨钢材，

---

① 《毛泽东文集》第 8 卷，人民出版社 1999 年版，第 14 页。
② 原文在此处还有"观潮派，算账派，属于这一类"这一句话。1961 年 9 月 16 日，毛泽东在审阅一本干部学习材料所收的这段话时，删去了这句话。
③ 《毛泽东文集》第 7 卷，人民出版社 1999 年版，第 457 页。

相应地生产一千三百万吨钢，是有可能的，但是还需要做很大的努力。"①

6月13日下午，毛泽东在中南海颐年堂召开会议，研究工业、农业和市场问题。会议决定，1959年钢的产量计划指标下调到1300万吨②，基本建设项目也作了较大幅度的压缩。

毛泽东在会上，回顾了压缩钢产量指标的过程：工业也好，农业也好，指标我们都是同意了的，比如去年12月武昌会议的2000万吨钢。到了今年1月，有些同志以陈云同志为代表，提出2000万吨难以完成。可是那个时候还难于改变，因为还是1月份，人们还想大干一番。那个时候可以转一下，转得比较主动些，但是要转成上海会议的1650万吨的指标不可能，转成现在的1300万吨也不可能。世界上的人，自己不碰钉子，没有经验，总是不转弯。他还带点自责地说：那么高的指标，吹了，不要了。我们自己立一个菩萨，就在那里迷信这个菩萨。要破除迷信，什么2000万吨钢，多少万担棉花，根本不理。一个时候，我们自己头脑发昏。③

就这样，在毛泽东领导和不懈推动下，到1959年六七月间，工农业战线的纠"左"取得了比较明显的成效。

毛泽东在一种紧张过后的轻松愉悦的心情下，于6月25日到27日，回到阔别已久的故乡湘潭韶山冲，见到了熟悉而又生疏的儿时旧居，见到了久别重逢的老师、童伴、亲朋、邻里，拜谒了父母的墓。

在韶山住地，他写下了《七律·到韶山》，抒发他的思乡情怀：

别梦依稀咒逝川，故园三十二年前。红旗卷起农奴戟，黑手高悬霸主鞭。

为有牺牲多壮志，敢教日月换新天。喜看稻菽千重浪，遍地英雄下

---

① 《陈云文选》第3卷，人民出版社1995年版，第134页。
② 1959年钢产量的实际完成情况是1387万吨。见苏星著：《新中国经济史》（修订本），中共中央党校出版社2007年版，第355页。
③ 逢先知、冯蕙主编：《毛泽东年谱（1949—1976）》第4卷，中央文献出版社2013年版，第70页。

夕烟。

在这首诗之前，还写了一个小序：“一九五九年六月二十五日到韶山。离别这个地方已有三十二周年了。”

接着，毛泽东取道武昌，乘"江峡"轮在江西九江登岸，7月1日住进了庐山180别墅（美庐）。

也就在这一天，毛泽东又赋诗《七律·登庐山》：

一山飞峙大江边，跃上葱茏四百旋。冷眼向洋看世界，热风吹雨洒江天。

云横九派浮黄鹤，浪下三吴起白烟。陶令不知何处去，桃花源里可耕田？

在短短几天内，接连赋诗两首，可见他当时的心情之好，情趣之高。

7月2日至8月1日，毛泽东在江西庐山主持召开中共中央政治局扩大会议①。

毛泽东在7月2日会上，以及6月29日在来九江的船上同协作区主任委员的谈话，提出了18个问题，要在这次会议上讨论。对每一个问题，他都谈了自己的想法。

谈到综合平衡，毛泽东说："大跃进的重要教训之一、主要缺点是没有搞平衡。说了两条腿走路、并举，实际上还是没有兼顾。在整个经济中，平衡是个根本问题，有了综合平衡，才能有群众路线。"他作了归纳，说："有三种平衡：农业内部农、林、牧、副、渔的平衡；工业内部各个部门、各个环节的平衡；工业和农业的平衡。整个国民经济的比例关系是在这些基础上的综合平衡。"

他还强调说：在这18个问题中，"基本问题是：（一）综合平衡；（二）群众路线；（三）统一领导；（四）注意质量。四个问题中最基本的是综合

---

① 这次中共中央政治局扩大会议和随后于1959年8月2日至16日召开的中共八届八中全会，通称庐山会议。

平衡和群众路线。要注意质量，宁肯少些，但要好些、全些，各种各样都要有。"

看来，"大跃进"中，"一马当先，万马奔腾"造成的各方面严重短缺、严重紧张，给他留下了深刻印象。

说到当前形势，毛泽东表示："总的说来，像湖南省一个同志所说的，是两句话：'有伟大的成绩，有丰富的经验。''有丰富的经验'，说得很巧妙，实际上是：有伟大的成绩，有不少的问题，前途是光明的。"① 他希望按照这样的基调，统一与会者的认识。

由于从第一次郑州会议到现在，大家在大的问题上的认识逐渐趋于一致，毛泽东又带头谈问题，启发大家把缺点讲够，把问题讲透，整个会议的气氛显得比较轻松。陈伯达、胡乔木、田家英、吴冷西等"秀才们"，已经按照毛泽东的要求，开始起草《庐山会议议定纪要》，为这次会议定调。

就在这时，彭德怀② 于7月13日给毛泽东写了一封长信。7月16日，毛泽东批示："印发各同志参考。"还给彭德怀的信加了个标题："彭德怀同志的意见书"。17日，这封信在会上印发，引起了一场热烈的讨论，形成了两种截然不同的意见。

彭德怀在信中，首先肯定了1958年取得的成绩，同时指出"大跃进"的严重问题。信中说："现时我们在建设工作中所面临的突出矛盾，是由于比例失调而引起各方面的紧张。"这种矛盾，"就其性质看，这种情况的发展已影响到工农之间、城市各阶层之间和农民各阶层之间的关系，因此也是具有政治性的。"

信中客观分析了造成这些问题的原因。他认为，原因是多方面的。"其客观因素是我们对社会主义建设工作不熟悉，没有完整的经验。"同时，"在我们的思想方法和工作作风方面，也暴露出不少值得注意的问题。"一是"浮

---

① 《毛泽东文集》第8卷，人民出版社1999年版，第80、76页。

② 彭德怀，时任中共中央政治局委员、国务院副总理兼国防部长。

夸风气较普遍地滋长起来"。二是"小资产阶级的狂热性，使我们容易犯左的错误"。"一些左的倾向有了相当程度的发展，总想一步跨进共产主义，抢先思想一度占了上风，把党长期以来所形成的群众路线和实事求是作风置诸脑后了。"①

彭德怀的信是客观冷静、实事求是的。但在当时的氛围下，在分组讨论中引发了不同意见。有不少人，包括黄克诚、张闻天、周小舟②等，表示赞成彭德怀的基本观点。也有人认为这封信低估成绩、夸大错误，有埋怨泄气情绪。

7月23日上午8时，毛泽东在庐山人民剧院召集全体会议，在讲话中尖锐批评彭德怀，并逐条批驳了彭德怀的信。

毛泽东说：对"共产风"也要有分析，其中有小资产阶级狂热性。这是些什么人？"共产风"主要是县、社两级，特别是公社一部分干部，刮生产队和生产小队的"共产风"。这是不好的，群众不欢迎。用了一个多月工夫，三、四两月间把风压下去了，该退的退，社与队的账算清楚了。这一个多月的教育、算账有好处，在极短的时间里，使他们懂得了平均主义不行，"一平、二调、三收款"是不行的。还说：人不犯我，我不犯人；人若犯我，我必犯人；人先犯我，我后犯人。这个原则，我现在也不放弃。

毛泽东还说：我劝另一部分同志，在这样紧急关头，不要动摇。据我观察，有一部分同志是动摇的。也说大跃进、总路线、人民公社是正确的，但要看讲话的思想、方向站在哪一边，向哪个方面讲的。这一部分人是第二种人，"基本正确，部分不正确"的这一类人，但有些动摇。有些人在关键时刻就是动摇的，在历史上大风浪中就是不坚定的。又说：他们不是右派，可是自己把自己抛到右派边缘去了，距右派还有三十公里，因为右派很欢迎这种论调。这种同志采取边缘政策，相当危险。不相信，将来看。我这些话是

---

① 《建国以来重要文献选编》第12册，中央文献出版社1996年版，第443、444、445页。
② 黄克诚，时任解放军总参谋长；张闻天，时任外交部副部长；周小舟，时任中共湖南省委第一书记。

在大庭广众之中讲的，有些伤人，现在不讲，对这些同志不利。①

毛泽东的讲话，打破了庐山会议原先轻松活跃的气氛，会议主题也由原先的继续纠"左"，转为开始反右倾。

按照毛泽东的提议，8月2日至16日，在庐山召开中共八届八中全会。全会在不正常的气氛下，通过了《关于以彭德怀同志为首的反党集团的错误的决议》《为保卫党的总路线、反对右倾机会主义而斗争》等文件。

毛泽东在会上多次讲话。在8月2日的讲话中，他提出了一个判断：我们反了九个月"左"倾了，现在基本上不是这一方面的问题了，现在庐山会议不是反"左"的问题了，而是反右的问题了。因为右倾机会主义在向着党，向着党的领导机关猖狂进攻，向着人民事业，向着六亿人民的轰轰烈烈的社会主义事业进攻。在8月11日的讲话中，又提出了"党内同盟者"的概念。他说：他们是以资产阶级民主主义者的资格参加共产党的。在资产阶级民主主义革命阶段，他们是参加的，是积极的，但是在方法上，他们也常常搞错。实际上他们是党内同盟者，是马克思主义的同盟者，是马克思主义者在资产阶级民主主义革命阶段的同盟者。他们对无产阶级革命是没有精神准备的。②

"党内同盟者"的提出和对彭德怀等人的错误处理，使党内从中央到基层的民主生活遭到严重损害，使民主集中制遭到不同程度的破坏，使中国共产党难以有效地防止和抵制"左"倾错误指导思想的进一步发展。

上述这些判断，对把社会上的阶级斗争进一步扩大到党内，产生了不利的影响。

中共八届八中全会后，开展了范围广泛的"反右倾"斗争，不仅使纠"左"进程被打断，而且使得"高指标""共产风"再度蔓延起来，造成了1960年至1962年的三年严重困难。

---

① 逄先知、冯蕙主编：《毛泽东年谱（1949—1976）》第4卷，中央文献出版社2013年版，第113、114页。

② 逄先知、冯蕙主编：《毛泽东年谱（1949—1976）》第4卷，中央文献出版社2013年版，第131、143页。

十六、冷静下来的思索

现在，我们已经进入社会主义时代，出现了一系列的新问题，如果单有《实践论》、《矛盾论》，不适应新的需要，写出新的著作，形成新的理论，也是不行的。

——毛泽东：《读苏联〈政治经济学教科书〉的谈话》

（1959 年 12 月—1960 年 2 月）

在纠正"大跃进"和人民公社化中的"左"的错误时，毛泽东曾经多次号召全党读书，特别是读斯大林《关于苏联社会主义经济问题》和苏联《政治经济学教科书》。如今，在庐山会议后，他用了两个月时间，从 1959 年 12 月 10 日起，到 1960 年 2 月 9 日，先后在杭州、广州等地，专心致志地研读苏联《政治经济学教科书》社会主义部分。

毛泽东读书的目的，和他在 1956 年搞大规模工业建设调研一样，都是要"以苏为鉴"，探索中国社会主义建设道路。

他在 1958 年 11 月 9 日第一次郑州会议期间写的关于读书的建议的信里，说得很明白。他写道："要联系中国社会主义经济革命和经济建设去读这两本书，使自己获得一个清醒的头脑，以利指导我们伟大的经济工作。现在很多人有一大堆混乱思想，读这两本书就有可能给以澄清。有些号称马克思主义经济学家的同志，在最近几个月内，就是如此。他们在读马克思主义政治经济学的时候是马克思主义者，一临到目前经济实践中某些具体问题，他们的马克思主义就打了折扣了。现在需要读书和辩论，以期对一切同志有益。"

他还谈到"大跃进和人民公社时期，读这类书最有兴趣"。他在这一时期的讲话里，多次谈起这种感受。

关于读书方法，他在信中写道："每人每本用心读三遍，随读随想，加以分析，哪些是正确的（我以为这是主要的）；哪些说得不正确，或者不大正确，或者模糊影响，作者对于所要说的问题，在某些点上，自己并不甚清楚。读时，三五个人为一组，逐章逐节加以讨论，有两至三个月，也就可能读通了。"① 毛泽东就是这样做的。

毛泽东读的苏联《政治经济学教科书》，是由苏联科学院经济研究所编的，分为上下两册。上册是资本主义部分，下册为社会主义部分。这本教科书自 1954 年初版以来，1955 年出版增订第二版，1958 年出版修订第三版。毛泽东读的，是修订第三版下册。

在这次读书之前，毛泽东还在 1958 年第一次郑州会议前后，多次读了斯大林的《苏联社会主义经济问题》，并在第一次郑州会议期间的两次会上，结合中国建设实际，集中谈了他对斯大林《苏联社会主义经济问题》的看法。

实践中的错误，往往是理论混乱的外在表现。在"大跃进"和人民公社化运动中，之所以刮起"共产风""跃进风"，根源还是在社会主义社会要不要商品生产、经济法则、价值法则，乃至要不要有发展阶段等理论问题上出了问题。而写于 1952 年 2 月至 9 月的斯大林这篇著作，则总结了苏联社会主义建设的历史经验，澄清了一些错误认识，包括取消商品生产的错误认识。因而，毛泽东重读这篇著作，不能不产生强烈的共鸣。他接连读了三遍，每一次都做了批注。

他在第一次郑州会议 1958 年 11 月 9 日的会议上说："斯大林的《苏联社会主义经济问题》一书，要再看一遍。省委常委、地委常委以上干部要研究一下，都要研究这本书的第一章、第二章、第三章。过去看，不感兴趣，现在不同了。这三章中有许多值得注意的东西，也有一些写得不妥当，再有

---

① 《毛泽东文集》第 7 卷，人民出版社 1999 年版，第 432—433 页。

一些他自己也没有搞清楚。"①

接下来，他对这三章逐一谈了自己的看法。

毛泽东说：在第一章，斯大林提出客观法则之外，还提出计划经济与无政府经济的对立。他说，计划经济这个法则是客观的，跟以人们的意志制订的东西要加以区别，这很值得研究。他说主观计划要力求适合客观法则，他提出了问题，但没有展开。他们对轻工业和农业是不重视的，他们恰好就吃了这个亏，眼前利益跟长远利益不能结合，直到现在，他们的商品比我们少。这就是一条腿走路。我们现在的提法是在生产资料生产（重工业）优先发展的条件下工农业并举，两条腿走路。他不强调政治，不强调群众路线，只讲技术，在这方面也是一条腿走路。第一章他提出了问题，使我们考虑研究，但他没有发展，只说要研究，要掌握。

关于第二章和第三章，他说：第二章讲商品，第三章讲价值法则，我是相当赞成这里头的许多观点，把这些问题搞清楚很有必要。在苏联，斯大林认为生产资料不是商品，在我们国家就不同，生产资料又是商品又不是商品，有一部分生产资料是商品，我们把农业机械是卖给合作社。他紧抓着农业机械不卖给集体农庄，而是掌握在国家手里。总的来说，他没有找出一条由集体所有到全民所有的道路来。他批评雅罗申柯要搞掉生产关系，剩下一个生产力，把生产关系变成生产力的一个组成部分。他这个批评是对的。但是上层基础与经济基础的相互关系，他在整个文章里头几乎不谈，有时候略谈到一点。但是如何使上层建筑适应社会主义时代的经济基础，他根本不谈。他这本书的好处是提出了社会主义经济学里头的一些问题，过去谁也没有提出过，或者只是略为涉及。只有列宁提到了，比如做生意这一套，社会主义的新经济政策。全线进攻的口号也是列宁提出的，我看太快了。②

在11月10日的会议上，毛泽东改变了昨天对斯大林《苏联社会主义经

---

① 《毛泽东文集》第7卷，人民出版社1999年版，第435页。

② 逄先知、冯蕙主编：《毛泽东年谱（1949—1976）》第3卷，中央文献出版社2013年版，第498—499页。

济问题》的讲法，不再按章来讲，而是有针对性地挑出几个观点来讲。

针对消灭商品生产的主张，毛泽东说："恩格斯曾经说过，'一旦社会占有了生产资料，商品生产就将被消除，而产品对生产者的统治也将随之消除'。①产品在旧社会对人是有控制作用的。斯大林对恩格斯的这个公式所作的分析是对的，斯大林说：'恩格斯在他的公式中所指的，不是把一部分生产资料收归国有，而是把一切生产资料收归国有，即不仅把工业中的生产资料，而且也把农业中的生产资料都转归全民所有。'恩格斯认为，在这样的国家中，在把一切生产资料公有化的同时，还应该消除商品生产。'②现在我们的全民所有是一小部分，只占有生产资料和社会产品的一小部分。只有把一切生产资料都占有了，才能废除商业。我们的经济学家似乎没有懂得这一点。"

针对刮"共产风"剥夺农民的问题，毛泽东谈道："斯大林说，有一种'可怜的马克思主义者'认为，应当剥夺农村的中小生产者。③我国也有这种人。有些同志急于要宣布人民公社是全民所有，废除商业，实行产品调拨，这就是剥夺农民，只会使台湾高兴。""现在农民的劳动，同土地和其他生产资料（种子、工具、水利工程、林木、肥料等）一样是他们自己所有的，因此有产品所有权。不知道什么道理，我们的哲学家、经济学家显然把这些问题忘记了。忘记了这一点，我们就有脱离农民的危险。"④

到了武昌召开中共中央政治局扩大会议前一天，即 1958 年 11 月 20 日，毛泽东看到中央宣传部一个内部材料上刊载的一篇文章，题为《苏联政治经济学教科书第三版的主要修改和补充》。当即批示印发中央政治局扩大会议的与会者。⑤

---

① 《马克思恩格斯选集》第 3 卷，人民出版社 2012 年版，第 671 页。

② 《斯大林选集》下卷，人民出版社 1979 年版，第 546 页。

③ 参见《斯大林选集》下卷，人民出版社 1979 年版，第 547 页。

④ 《毛泽东文集》第 7 卷，人民出版社 1999 年版，第 435、438—439 页。

⑤ 逄先知、冯蕙主编：《毛泽东年谱（1949—1976）》第 3 卷，中央文献出版社 2013 年版，第 518 页。

11月21日，毛泽东在武昌召开的中共中央政治局扩大会议上的讲话中，讲到第六个问题"商品经济问题"时，号召大家读这本书。他说：现在有个消息，苏联出了《政治经济学教科书》第三版，把商品的范围扩大了，不但是生活资料，而且是生产资料。这个问题需要研究。一个时期认为好像是商品越少越好，最好是两三年之内就不要了。现在我看这个商品是要搞久一点，不是一百年，也是二三十年。如果搞了商品，经济就不发展了，阻碍了经济发展，那就要废除。苏联《政治经济学教科书》第三版没有大改，许多还是斯大林的观点。所以斯大林不可全部推倒，因为他那个东西是科学，要推倒一部分，因为那里面有缺点，有部分的错误。我们这些人，包括我在内，对社会主义经济规律是什么东西，过去是不去管它的。现在我们真正在这里搞了，而且全国也议论纷纷了，要看一看斯大林的《苏联社会主义经济问题》，还要看苏联《政治经济学教科书》。尚昆同志，教科书给每人发一本，大家把社会主义部分看一下。我们务一点虚，这是经济理论问题，政治经济学问题。①

毛泽东由读斯大林《苏联社会主义经济问题》，到进一步读苏联《政治经济学教科书》的愿望，后来被深入纠"左"、压缩钢产量指标、庐山会议等所打断，直到1959年11月30日至12月4日开过中共中央政治局扩大会议②后，才有可能重拾旧愿。

为了这次读书，毛泽东指定陈伯达、胡绳、邓力群、田家英等，同他一起读。读书地点在杭州刘庄丁家山或南屏游泳池，每天下午读半天，由毛泽东指定读书进度，边读边议，逐章逐节讨论苏联《政治经济学教科书》下册，共有17章③和1个结束语。学习小组通读了全书，毛泽东在阅读中还作了一

---

① 逄先知、冯蕙主编：《毛泽东年谱（1949—1976）》第3卷，中央文献出版社2013年版，第521页。

② 这次中共中央政治局会议在杭州召开，由毛泽东主持，主要讨论1960年国民经济计划和中苏关系、中印关系问题。

③ 即该书第20章到第36章。

些批注。

与此同时，刘少奇、周恩来等也组织学习小组，通读这本书。在毛泽东的带动下，实际上形成了继 1956 年之后对中国社会主义建设道路的再认识、再探索。不同的是，这时又有了"大跃进"和人民公社化运动后的新体验。

毛泽东的秘书林克回忆说："据我的日记记载，毛泽东主持的读书小组有陈伯达、胡绳、田家英、邓力群，我也自始至终参加了这次读书活动。读书活动是 1959 年 12 月 10 日从杭州开始读起，到 1960 年 2 月 9 日在广州读完，前后共学习 24 次，每次平均读十几页，两三个小时，采取逐章逐节，边读边议的方法。""在杭州读书的地点是在南屏游泳池的休息室和毛泽东的住地刘庄丁家山上的一个亭子里。丁家山是他经常散步的地方。随后由于他要到上海召开中央政治局扩大会议，读书活动暂停了一段时间。（1960 年）2 月 4 日到广州后，又继续进行读书活动，到 2 月 9 日全部读完《政治经济学（教科书）》的社会主义部分。"①

又据时任《红旗》杂志副总编辑的邓力群回忆："毛泽东对这次读书活动亲自安排，规定每天下午一起读书，并吩咐胡绳、田家英和我轮流诵念，边读边议。我们三个人又商量了一下，作了分工：他们俩轮流朗读，我作记录。12 月 10 日读书开始，边读边议，听毛主席谈话，大家也插几句话。毛主席起初未注意我们的分工，问我：你怎么不读？我说：我的口音不标准。毛主席看看我，知道我在作记录，就没说什么。"②

毛泽东在杭州期间，读了苏联《政治经济学教科书》下册第 20 章至第 32 章全部，还有第 33 章的一小部分。有关这段读书情况，邓力群留下了片段回忆，摘引如下。

1959 年 12 月 26 日，是一个特殊的日子。据邓力群回忆："26 日，是毛

---

① 浙江省毛泽东思想研究中心、中共浙江省委党史研究史编：《毛泽东与浙江》，中共党史出版社 1993 年版，第 116 页。
② 转引自逄先知、金冲及主编：《毛泽东传》第 5 卷，中央文献出版社 2011 年版，第 2001 页。

主席六十六岁生日，也没有中断读书。只是毛主席要我们读书小组的几位同志同他一起吃晚饭。客人只请了当时在浙江工作的江华及其夫人吴仲廉两位。江华是井冈山时期的老同志。饭后，毛主席赠给每人一册线装本《毛泽东诗词集》①和他当时写的两首词作为纪念。"

12月30日，西子湖畔下起了雨。毛泽东读书的兴致很高。据邓力群回忆："我们读书的地点是西湖畔丁家山的一所平房，上丁家山只能步行。30日，下雨，毛主席依然拄着手杖登上丁家山读书，从下午六时读至十时，读了二十页，是读得最多的一天。"

1960年1月5日，毛泽东动身去上海，准备主持召开中央政治局扩大会议。

离开杭州前，邓力群整理好了毛泽东读书期间的谈话记录，准备带到上海，送给中央政治局常委们看。他回忆说："在杭州的这段时间，读完了第三十二章，第三十三章开了头。我每天记录，并在梅行同志帮助下，当天整理一遍。离开杭州前，将已读部分谈话记录整理成册，并冠以《读〈政治经济学教科书〉（社会主义部分）笔记》。经胡绳、田家英看过，做了个别文字改动。"

第三十三章，是在毛泽东乘坐的专列上读完的。邓力群回忆说："5日下午，在停靠上海站的火车上，读完了第三十三章，我即把整理好的记录交给中央办公厅，请他们打印、分送政治局常委。"

在1960年1月7日至17日召开的中央政治局扩大会议期间，传达了毛泽东读苏联《政治经济学教科书》（社会主义部分）的谈话内容。

据邓力群回忆说："政治局扩大会议分组讨论时，各组要求参加毛主席读书小组的人传达毛主席读书时的谈话内容。我被分到朱德、邓小平同志所在的组。我问：毛主席没叫传达，可以传达吗？邓小平同志说：可以传达。

① 《毛泽东诗词集》，指《毛主席诗词十九首》，文物出版社1958年9月出版，为竖排线装本。

于是，我按照整理的记录详详细细地做了传达。陈伯达、胡绳、田家英也在其他三个小组里分别传达了毛主席读书的谈话内容。"

邓力群还回忆："胡乔木同志在上海会议上听了传达后，把毛主席读书的谈话记录和我读的那本书一起拿去看了。看完以后，他对我说：你那本书上有跟着毛主席画了杠的地方，有毛主席的简单的旁批，这些内容记录里面没有整理进去。据他看，整理的记录内容，批评教科书的居多，肯定的偏少；而旁批肯定教科书的是多数，批评的是少数；只有把这两部分合起来，才能够全面地完整地反映毛主席读书的见解。乔木这个意见是正确的。"①

这次会后，毛泽东又在杭州住了几天，然后前往广州过春节。

自 2 月 4 日起，毛泽东在广州鸡颈坑广州军区招待所，每天下午同陈伯达、胡绳、邓力群、田家英继续读苏联《政治经济学教科书》下册，并增加了陶铸、胡乔木。在这里，读完了最后三章和全书的结束语。

毛泽东读苏联《政治经济学教科书》下册的谈话，内容非常丰富，经邓力群等人整理，有近 10 万字的谈话记录。它实际上是一部探索中国社会主义建设道路的百科全书。由于历史的局限，这些谈话反映的思想不可能完全都是正确的，但对后人继续探索中国自己的发展道路，无疑是思想的宝库。

毛泽东在谈话中，对"大跃进"和人民公社化运动中的超越阶段错误作了反思，提出："社会主义这个阶段，又可能分为两个阶段，第一个阶段是不发达的社会主义，第二个阶段是比较发达的社会主义。后一阶段可能比前一阶段需要更长的时间。"②

在领导"大跃进"和人民公社化运动中，毛泽东的"急"主要表现在对建成社会主义现代化强国的渴望上。这是经历过积贫积弱的旧中国，经历过落后就会挨打的年代的人，共有的急迫心情。然而，什么是现代化？对这个问题，毛泽东一直在探索，在思考。他在这次谈话中，终于有了比较完整的

---

① 以上邓力群的回忆，见逄先知、金冲及主编：《毛泽东传》第 5 卷，中央文献出版社 2011 年版，第 2001—2003 页。
② 《毛泽东文集》第 8 卷，人民出版社 1999 年版，第 116 页。

答案:"建设社会主义,原来要求是工业现代化,农业现代化,科学文化现代化,现在要加上国防现代化。在我们这样的国家,完成社会主义建设是一个艰巨任务,建成社会主义不要讲得过早了。"[①] 后来,在 1962 年 1 月扩大的中央工作会议上的讲话里,他又表示:"三百几十年建设了强大的资本主义经济,在我国,五十年内外到一百年内外,建设起强大的社会主义经济,那又有什么不好呢?"[②]

破坏了国民经济的比例关系,破坏了国民经济的综合平衡,是"大跃进"和人民公社化运动的严重教训。毛泽东对此痛心疾首。在读苏联《政治经济学教科书》下册中,有相当一部分议论,是谈综合平衡问题的。他说:"社会主义经济发展过程中,经常出现不按比例、不平衡的情况,要求我们按比例和综合平衡。""不以规律为计划的依据,就不能使有计划按比例发展的规律的作用发挥出来。"他看到了在"有计划按比例"的同时,社会主义经济还有另外一面。他说:"不能认为社会主义社会里就没有自发性和自流性。我们对规律的认识,不是一开始就是完善的。实际工作告诉我们,在一个时期内,可以有这样的计划,也可以有那样的计划;可以有这些人的计划,也可以有那些人的计划。不能说这些计划都是完全合乎规律的。实际上是,有些计划合乎规律,或者基本上合乎规律,有些计划不合乎规律,或者基本上不合乎规律。"这些都是从沉痛的教训中获得的感受。

毛泽东是驾驭复杂矛盾的大师,而这两年经过的风风雨雨,使他对社会主义社会的矛盾问题,有了更深的感受。但他始终没有改变乐观面对矛盾的那颗初心。他在谈话中这样说:"在社会主义时代,矛盾仍然是社会运动发展的动力。因为不一致,才有团结的任务,才需要为团结而斗争。""生产力和生产关系之间、生产关系和上层建筑之间的矛盾和不平衡是绝对的。上层建筑适应生产关系,生产关系适应生产力,或者说它们之间达到平衡,总是

---

① 《毛泽东文集》第 8 卷,人民出版社 1999 年版,第 116 页。
② 《毛泽东文集》第 8 卷,人民出版社 1999 年版,第 302 页。

相对的。"因此，他提出一个大胆的论点："我们要以生产力和生产关系的平衡和不平衡，生产关系和上层建筑的平衡和不平衡，作为纲，来研究社会主义社会的经济问题。"这实际上已经触及了改革的出发点和目的。

毛泽东此刻，强烈地感受到了社会主义建设的理论准备不足。经历过许多事情，遇到了许多情况，付出了许多代价，但真正从理论上来解释，来总结，又感到力不从心。他通过读这第一部关于社会主义建设的政治经济学，得到了一个认识："没有哲学家头脑的作家，要写出好的经济学来是不可能的。马克思能够写出《资本论》，列宁能够写出《帝国主义论》，因为他们同时是哲学家，有哲学家的头脑，有辩证法这个武器。"[1]

毛泽东从心底里迸发出这样的呼唤："现在，我们已经进入社会主义时代，出现了一系列的新问题，如果单有《实践论》、《矛盾论》，不适应新的需要，写出新的著作，形成新的理论，也是不行的。"[2]

---

[1] 《毛泽东文集》第 8 卷，人民出版社 1999 年版，第 119—120、118、133、130—131、140 页。
[2] 《毛泽东文集》第 8 卷，人民出版社 1999 年版，第 109 页。

十七、同赫鲁晓夫的抗争

雪压冬云白絮飞，万花纷谢一时稀。高天滚滚寒流急，大地微微暖气吹。

独有英雄驱虎豹，更无豪杰怕熊罴。梅花欢喜漫天雪，冻死苍蝇未足奇。

——毛泽东：《七律·冬云》（1962 年 12 月 26 日）

这是毛泽东唯一一首写于自己生日的诗，用隐喻的笔法，真实记录了同赫鲁晓夫抗争的景象。毛泽东同赫鲁晓夫的抗争，直接导致了中苏论战。

中苏论战并非偶然孤立的事件。

1964 年 1 月，毛泽东讲过一大段话，可以代表他对中苏分歧由来及发展的看法。他说：

苏共二十大之后，我们已经感到赫鲁晓夫不对头，但是从那时到一九五八年上半年，我们是采取帮助他的态度，因为我们当时考虑苏联人民要换一个领袖是不容易的。

后来，在一九五八年发生了海军基地问题①。那年赫鲁晓夫来过北京一次。为什么来呢？苏联驻华大使同我们谈海军基地问题谈翻了，赫

---

① 1958 年 6 月 28 日，中国方面根据苏联军事顾问的意见，向苏联提出为发展中国海军核潜艇提供技术援助的要求。同年 7 月 21 日，苏联驻华大使尤金向毛泽东转达了赫鲁晓夫和苏共中央主席团关于苏联同中国建立一支共同核潜艇舰队的建议。由于苏方的这一建议有损中国的主权，中国方面撤销了请苏方为发展中国海军核潜艇提供技术援助的要求。

鲁晓夫只好自己来收拾。我对他说，把中国的海岸线都给你好了。他说，那你做什么呢？我说，我上山去打游击。他说，打游击没有用。我说，你把我的鼻子都塞住了，我不去打游击怎么办？

然后就是一九五九年的中印边界事件①，赫鲁晓夫在访美前通过塔斯社发表声明，在中印边界事件上表示"中立"。访美后，他又到北京来了。这次他谈到台湾问题，要我们用苏联过去对远东共和国②的办法来对待台湾。我对他说，远东共和国是你们建立的，蒋介石集团可不是我们搞起来的。另外，他还要我们放那时关在监狱里的四五个美国犯人。两个问题都没谈成，他说："艾森豪威尔在戴维营对我说过，你这次去北京一定是白跑。"

从苏共二十大到去年（指1963年，下同）七月，我们比较被动。现在我们转入了反攻，有大闹天宫的势头，打破了他们的清规戒律。他们的那些清规戒律，可不能完全服从！

他们骂我们是教条主义、托洛茨基主义、专讲空话、假革命、民族主义。可是他们偏偏怕我们的"空话"。口里说我们讲的是空话，实际上是把它当成瘟疫，封锁得那么厉害，甚至把过去用来干扰美国之音的电台也用来干扰我们的广播。

现在他们要求停止公开争论，紧张得很。我去年三月间对苏联大使说，你们说我们是教条主义、托洛茨基主义、专讲空话、假革命、民族主义，如果我们真是这样，那你们当然应该批评，就放手批评好了。他说这样下去不得了。我说，打打笔墨官司有什么了不起呢？第一，天不

---

① 1959年8月，印度军队侵入中国西藏的朗久，引发了新中国成立后中印边界的第一次武装冲突。此后，印度军队先后在中印边界西段和东段越过中印双方实际控制线，不断挑起边界事端，并进而在中国境内建立军事据点。中国政府多次向印度政府提出强烈抗议并建议通过谈判解决边界问题，均遭印方拒绝。

② 远东共和国，又称赤塔共和国，是1920年苏俄在贝加尔湖以东地区建立的一个名义上的独立国家，事实上成为苏俄控制区与日军占领地之间的缓冲地带。1922年10月，日军被迫撤出西伯利亚。同年11月，赤塔共和国并入苏俄。

会塌下来；第二，山上草木照样长；第三，女人照样生孩子；第四，河里的鱼照样游，不信，你到河边去看看。他们最近的来信还引了我这一段话。

停止争论不是一方说了就算，而必须达成双方都能接受的公平协议。双方不止是两个党，而是几十个国家的党。因此，争论很难停下来。①

自 1956 年 2 月苏共二十大起，中苏两党之间的分歧，主要有三点。即：对斯大林的评价；社会主义国家之间的关系；资本主义国家向社会主义和平过渡问题。其中，以对斯大林的评价最为突出。

正如毛泽东所说："一九五六年，斯大林受到批判，我们一则以喜，一则以忧。揭掉盖子，破除迷信，去掉压力，解放思想，完全必要，但一棍子打死，我们就不赞成。他们不挂斯大林的像，我们挂。"②

在毛泽东主持下，先后起草了《关于无产阶级专政的历史经验》和《再论无产阶级专政的历史经验》两篇文章，分别在 1956 年 4 月 5 日和 12 月 29 日以人民日报编辑部的名义发表。这是斯大林去世以后，中国共产党第一次不指名地公开表明同苏共中央的不同意见。

不平等问题，一直是苏联同社会主义各国关系的症结，中国也深受其害。这个问题，发端于斯大林时期，在赫鲁晓夫执政以后，虽然有所好转，但并没有根本改观。1956 年下半年发生的波兰事件，就是这种矛盾的爆发。

1956 年 6 月，在波兰发生波兹南事件，暴露出波兰政府在解决工人罢工问题上的官僚主义。波兰统一工人党在 7 月召开的七中全会上，总结波兹南事件的教训，提出若干改革措施。随后，又决定提前在 10 月召开八中全会，准备改组政治局，选举哥穆尔卡为第一书记。这些独立作出的举动，冒犯了一向以"老子党"自居的苏共的尊严。苏共中央第一书记赫鲁晓夫从

---

① 《毛泽东文集》第 8 卷，人民出版社 1999 年版，第 358—359 页。
② 《毛泽东文集》第 8 卷，人民出版社 1999 年版，第 370 页。

10月17日起，一面令驻扎在波兰及其附近的苏军向华沙及波兰其他地区调动，一面亲自率苏共代表团一行4人强行参加波兰统一工人党的八中全会。苏波两国关系即刻紧张起来。

1956年10月19日，苏联驻华大使尤金向毛泽东递交了苏共中央关于准备对波兰动用武力、邀请中共派代表团去莫斯科参加讨论波兰问题的社会主义国家会议的信件。

10月22日凌晨，在同尤金的会见中，毛泽东表示：如果苏联不动用武力，也不召开国际会议谴责波兰，而同意用和平方式解决苏波分歧，中共同意派代表团去莫斯科和苏共商谈解决问题的办法。当天，毛泽东还约见波兰驻华大使基里洛克，把这个答复通报给了波兰领导人。

10月23日至31日，刘少奇率中共代表团抵达莫斯科，同苏共中央领导人商谈解决波兰问题。10月29日的会谈中，刘少奇向苏共中央领导人转达了毛泽东关于苏联同东欧各国关系的建议：对东欧各国政治经济上放手，让他们自己去搞；在军事上，征求他们的意见，问他们是否要华约，是否要驻军，或者是要华约但苏联撤军，敌人进攻时再去。经过双方长时间的讨论，赫鲁晓夫表示同意毛泽东的意见。[1]10月30日，苏联政府发表《关于发展和进一步加强苏联同其他社会主义国家的友谊和合作的基础的宣言》，承认过去的错误，表示了改善相互关系的愿望。11月1日，中国政府发表了支持苏联政府声明的声明。

波兰事件结束后，毛泽东在10月31日会见波兰大使基里洛克，提出要反对大国沙文主义。他说："斯大林就是搞社会沙文主义。斯大林做了许多好事，但是，他犯了大国主义的错误，在苏联国内各民族之间的关系问题上，有民族沙文主义的错误，在国与国之间有大国沙文主义的错误。"[2]

---

[1] 裴坚章主编：《中华人民共和国外交史（1949—1956）》，世界知识出版社1994年版，第61—62页。

[2] 逢先知、冯蕙主编：《毛泽东年谱（1949—1976）》第3卷，中央文献出版社2013年版，第20页。

当时，毛泽东希望苏联领导人从此放弃大国沙文主义，同社会主义各国平等相处，尊重别国的主权和战略利益。日后证明，这种希望落了空。

关于资本主义国家向社会主义和平过渡的可能性问题，是苏共二十大报告中提出来的。当时，中共代表团采取了审慎的态度，对这个问题避免正面表态。

1957 年 10 月，苏共中央在起草莫斯科召开的社会主义国家共产党和工人党会议宣言草案（简称莫斯科宣言）时，写进了关于资本主义国家向社会主义和平过渡的内容。苏方将草案向中国共产党征求意见。毛泽东开会研究后，于 1957 年 10 月 29 日会见苏联驻华大使尤金，谈了对这个问题的看法。

他说：一般说来，在资本主义国家是存在着两种可能性的。第一，是和平过渡的可能性。我们提出这种可能性，就表示我们并不提倡战争，并不提倡要用暴力来推翻政府。第二种可能性，就是资产阶级如果要用暴力来镇压无产阶级，要发动内战来反对无产阶级，那末无产阶级就将被迫以内战来回答。这样就使无产阶级一只手争取和平过渡，另一只手准备对付资产阶级的暴力镇压，不致没有准备而推迟了革命。现在很难设想有多少国家的资产阶级能让无产阶级和平过渡。这两个可能性要同时提出。[1]

在毛泽东第二次访问苏联期间，中共代表团和苏共代表团共同起草莫斯科宣言的过程中，最大的意见分歧，就是关于从资本主义向社会主义过渡的问题。考虑到苏共方面一再提出希望能和苏共二十大的提法相衔接，中共代表团作了适当的让步，同时又在 11 月 10 日向苏共中央提交了备忘录性质的《关于和平过渡问题的意见提纲》。

莫斯科宣言提出：在一些资本主义国家里，"工人阶级依靠人民的大多数，并且坚决打击那些对于资本家和地主不肯放弃妥协政策的机会主义分子，就有可能击败反动的、反人民的势力，取得议会中的稳定的多数，使议

---

[1] 逄先知、冯蕙主编：《毛泽东年谱（1949—1976）》第 3 卷，中央文献出版社 2013 年版，第 231 页。

会从为资产阶级的阶级利益服务的工具变成为劳动人民服务的工具，同时开展议会外的广泛的群众斗争，摧毁反动势力的反抗，为和平实现社会主义革命准备必要的条件。"①

中共代表团提交的《关于和平过渡问题的意见提纲》则表示："按照目前国际共产主义运动的状况，从策略观点出发，提出和平过渡的愿望是有益的，但不宜过多强调和平过渡的可能。"还阐述了7点理由。其中最重要的是3点。一是容易松懈革命意志，在思想上解除自己的武装；二是"这种可能性现在还没有一个国家具有现实的意义"；三是"对社会党来说，也不能因此使它革命一些"。②

如果双方分歧到此为止，两党和两国关系还能保持在正常水平以上。1958年后接连发生的事情，使这种关系越来越变得无可挽回。

这年4月间，苏联国防部长马利诺夫斯基提出建议，要求由中国和苏联共同建设一所1000千瓦的长波无线电中心和一所远程通讯的特殊收报无线电中心，投资1.1亿卢布，苏联出7000万卢布，中国出4000万卢布，地址选在中国。③5月10日的中央军委会议上，决定将这一建议交海军和总参谋部通信部先行研究，提出意见。

5月23日，彭德怀主持中央军委会议，再次研究这个建议。他在会上明确表示，这个大型电台不要合办，应由我们自己办。还说：外国人在中国搞军事基地不好。④

随后，苏方坚持原来双方共同投资建台的意见，还提议6月上旬派专家来华进行选址、勘察设计等工作。6月5日，彭德怀写报告，将上述情况向毛泽东报告。报告中建议，可先同意苏方专家来华进行技术性工作，有关投资和使用等问题可放在下一步解决。

---

① 《共产党和工人党莫斯科会议宣言》，人民出版社1958年版，第13页。
② 《关于国际共产主义运动的总路线的论战》，人民出版社1965年版，第96—97页。
③ 王焰主编：《彭德怀年谱》，人民出版社1998年版，第681页。
④ 王焰主编：《彭德怀年谱》，人民出版社1998年版，第681页。

6月7日，毛泽东批示同意彭德怀的建议，并强调："钱议定由中国出，不能由苏方出。使用共同。""此事应由两国政府签订协定。"还说："如苏方以高压加人，则不要回答，拖一时期再说。"①

这就是长波电台问题的由来。

共同核潜艇舰队之事，源于6月28日根据苏联顾问的建议，中方向苏联提出为发展中国海军核潜艇提供技术援助的请求。7月21日，苏联驻华大使尤金面见毛泽东，转达了赫鲁晓夫和苏共中央主席团关于苏联同中国建立一支共同核潜艇舰队的建议，还希望周恩来、彭德怀来莫斯科磋商。毛泽东回答说："首先要明确方针：是我们办，你们帮助？还是只能合办，不合办你们就不给帮助，就是你们强迫我们合办。"②

第二天，7月22日，毛泽东再次约见尤金，表明了中国的态度。

毛泽东说："看来，关于海军提出的核潜艇的请求可以撤销。这个问题我脑子里没有印象，问了他们才知道，海军司令部里有那么些热心人，就是苏联顾问，他们说苏联已经有了核潜艇，只要打个电报去，就可以给。""现在我们决定不搞核潜艇了，撤回我们的请求。要不然就把全部海岸线交给你们，把过去的旅顺、大连加以扩大。但是不要混在一起搞，你们搞你们的，我们搞我们的。我们总要有自己的舰队。两把手不好办。""我这些话很不好听，你们可以说我是民族主义，又出现了第二个铁托。如果你们这样说，我就可以说，你们把俄国的民族主义扩大到了中国的海岸。""你们建议搞海军'合作社'，怎么向全世界讲话？怎么向中国人民讲话？你们可以训练中国人，同帝国主义斗争，你们作顾问。否则，旅顺，不仅旅顺，可以租给你们九十九年。搞'合作社'有一个所有权问题，你们提出双方各占百分之五十。你们昨天把我气得一宿没有睡觉。"

说到这里，在场的彭德怀又谈起长波电台问题。他说："今年苏联国防

---

① 《建国以来毛泽东军事文稿》中卷，军事科学出版社、中央文献出版社2010年版，第380页。

② 《毛泽东文集》第7卷，人民出版社1999年版，第395页。

部长马利诺夫斯基同志给我打来一个电报，要求在中国海岸建设一个长波雷达观测站，用来在太平洋指挥潜艇舰队，需要的费用一亿一千万卢布，苏联负担七千万，中国负担四千万。"毛泽东再次重申："这个问题和搞海军'合作社'一样，无法向人民讲，向国外讲，政治上不利。"

毛泽东斩钉截铁地说："要讲政治条件，连半个指头都不行。""你可以告诉赫鲁晓夫同志，如果讲条件，我们双方都不必谈。如果他同意，他就来，不同意，就不要来，没有什么好谈的，有半个小指头的条件也不成。""在这个问题上，我们可以一万年不要援助。"①

赫鲁晓夫闻讯，立即于 7 月 31 日下午 4 时赶到北京，当天下午 5 时到晚上 9 时，在中南海怀仁堂同毛泽东第一次会谈。

从 7 月 31 日到 8 月 3 日，毛泽东和赫鲁晓夫一共举行了四次会谈。8 月 3 日下午第四次会谈结束后，双方发表会谈公报，毛泽东亲自到南苑机场为赫鲁晓夫送行。

第一次会谈中，赫鲁晓夫对共同核潜艇舰队和长波电台问题作了解释，并把责任推到尤金和马利诺夫斯基身上，还保证"永远不会提这样的问题"。②

以后的三次会谈，气氛缓和下来。毛泽东同赫鲁晓夫谈了国际形势、工作方法和两党关系等问题。

这次由长波电台和共同核潜艇舰队引发的不信任、不愉快，就这样过去了。但是，苏联的老子党作风和大国主义作风，给中苏关系带来的伤害，却是无法弥补的。

这件事，表面看似乎只是一个正常的军事合作，而且似乎是苏联高姿态地帮中国。实质上，在背后隐藏着的，却是一个重大政治问题和战略关系问题。一是中国是不是接受苏联提供的核保护，如同当时的西欧同美国那样。

---

① 《毛泽东文集》第 7 卷，人民出版社 1999 年版，第 385、390、391、392 页。

② 逢先知、冯蕙主编：《毛泽东年谱（1949—1976）》第 3 卷，中央文献出版社 2013 年版，第 396 页。

二是中国允不允许外国军事力量在自己的国土上驻军、设立军事基地，哪怕是用"共同管理""共同使用"的名义。

事实上，从第一次访苏时起，毛泽东和中国共产党人就一直在谋求同苏联建立一种平等的盟友关系，而不是一种战略上的附庸关系。在这种情况下，苏联领导人从自己的战略需要出发，提出在中国建立长波电台和共同核潜艇舰队的要求，引起中国领导人的强烈不满，就是不难理解的了。在毛泽东看来，这证实了一个判断：在习惯了"老子党"作风和大国主义作风的苏联领导人心目中，中国并没有取得平等的地位，中国的主权和战略地位没有得到应有的尊重，中国发展自己的核武器的努力并没有得到苏联的真心支持。

因此，毛泽东在这一时期，反复强调要自力更生搞尖端国防科技攻关。5月17日，他在中共八大二次会议上提出："苏联卫星上天，我们想不想搞个把两个卫星？我们也要搞一点卫星。"①6月21日，他在中央军委扩大会议上指出："搞一点原子弹、氢弹，什么洲际导弹，我看有十年工夫完全可能的。"②

一波未平，一波又起。1958年8月至9月，围绕中国炮击金门，中苏两国更增加了战略上的不信任。

金门炮战，起因于美国企图搞"两个中国"的阴谋。为了动摇美国在台湾问题上的顽固立场，向全世界表示中国人民解放台湾的决心，同时也打击蒋介石"反攻大陆"的嚣张气焰，毛泽东和中共中央决定发起金门炮战。这实际上是一场政治战、外交战。在炮战发起之前，8月18日，毛泽东写给彭德怀的批语中，提出了"准备打金门，直接对蒋，间接对美"的策略。

由于刚刚发生过长波电台和共同核潜艇舰队的争执，也由于得到了中国

---

① 逄先知、冯蕙主编：《毛泽东年谱（1949—1976）》第3卷，中央文献出版社2013年版，第351页。

② 逄先知、冯蕙主编：《毛泽东年谱（1949—1976）》第3卷，中央文献出版社2013年版，第373页。

方面不拉苏联"下水"的承诺，赫鲁晓夫等苏联领导人在金门炮战中，一直采取克制和谨慎配合的态度。9月6日，苏联外交部长葛罗米柯在北京同周恩来进行了会谈，对中方的立场和措施表示赞同。9月7日，赫鲁晓夫致信美国总统艾森豪威尔，呼吁美国政府在台湾问题上采取明智态度，把美国舰队从台湾海峡撤离，并承认中华人民共和国的合法权利和利益。这对美国确实形成了一定的压力。

但在赫鲁晓夫看来，这是一种"冒险主义"行为，就像"好斗的公鸡"。

1959年初，苏共二十一大进一步明确了以和平共处、和平竞赛、和平过渡为核心的对美缓和战略。赫鲁晓夫还敦促美国总统艾森豪威尔举行苏美首脑会晤，争取在核裁军和柏林等问题上达成妥协。

为了实现这一战略目标，赫鲁晓夫对中国采取了一系列步骤。

1959年6月20日，苏共中央致信中共中央，拒绝提供原子弹教学模型和技术资料。1957年，苏联领导人曾经主动提出，愿意帮助中国研制原子弹。两国政府在同年10月15日签订了国防新技术协定。协定规定，苏联将向中国提供原子弹的教学模型和图纸资料。这之后，苏联一直借故拖延不履行协定。在1959年6月20日的信中，又以苏联正在和美国等西方国家谈判达成禁止核试验的协议、赫鲁晓夫正在准备同艾森豪威尔会晤为由，提出暂缓提供，两年以后看形势发展再说。同时，苏联专家也借口回国休假，一去不复返。

中共中央研究了苏共中央6月20日来信，决定"自己动手，从头摸起，准备用八年时间搞出原子弹"。[1]7月，周恩来向负责这项工作的宋任穷等传达了这个决定。毛泽东等中国领导人由此得出一个刻骨铭心的教训：在关系战略全局的尖端技术和核心技术上，中国只能依靠自己的力量，艰苦奋斗，自力更生。

从1959年3月起，中印边境纠纷逐步升级。就在中印两国政府为此进

---

① 金冲及主编：《周恩来传》第4卷，中央文献出版社2011年版，第1574页。

行交涉，周恩来刚于 9 月 8 日写信答复印度总理尼赫鲁向印度议会提出的印中关系白皮书问题的时候，苏联政府便在 9 月 9 日发表塔斯社关于中印边境事件的声明。这个声明在中苏两国存在同盟关系的情况下，表示了苏联政府的"中立立场"，也就在实际上助长了印度政府的领土要求。

1959 年 9 月 25 日至 27 日，赫鲁晓夫同艾森豪威尔在美国戴维营举行非正式会谈。这是赫鲁晓夫执政后，苏美两国首脑的第一次会晤。戴维营会谈涉及了广泛的国际问题，没有取得实质性成果。但赫鲁晓夫却对"戴维营精神"大加宣传，并为召开苏、美、英、法四国首脑巴黎会议做准备。

中国，是赫鲁晓夫戴维营会晤回国后出访的第一站。9 月 30 日至 10 月 4 日，赫鲁晓夫来华访问，同毛泽东等举行多次会谈。双方谈得很不愉快。

赫鲁晓夫在中国政府举行的国庆招待会上，还告诫中国不要"用武力去试验资本主义制度的稳固性"。回国途中，又发表了一些攻击中国领导人的言论。

赫鲁晓夫的这些举动，在毛泽东看来，又恰好是苏共领导人不惜破裂中苏关系，取悦美国等西方国家的"投降主义"行为。由此引出了 1960 年 4 月中国接连发表《列宁主义万岁》等 3 篇文章，揭开了中苏论战的序幕。

虽然苏联在谋求同美国等西方国家的缓和方面取得了一定的进展，但急于求成，于事无补。1960 年 5 月美国 U-2 飞机入侵苏联事件，以及巴黎最高级会议流产，说明了这一点。

1960 年以后，中苏两党关系开始朝着破裂的方向发展。

1960 年 4 月 22 日，是列宁诞辰 90 周年。借此机会，4 月 16 日和 22 日，根据毛泽东的建议，接连发表《列宁主义万岁》《沿着伟大列宁的道路前进》《在列宁的革命旗帜下团结起来》3 篇文章，着重阐述了马克思列宁主义关于帝国主义、战争与和平、无产阶级革命和无产阶级专政的基本观点，实际上对苏共二十大以来的国际路线及其理论提出了系统的批评。

6 月 24 日至 26 日，各国共产党和工人党代表会议在罗马尼亚首都布加勒斯特举行。会前，毛泽东提出：这次去布加勒斯特开会，要做两手准备，一是要准备他们整我们，二是要准备他们拉我们。① 果然，在会上，赫鲁晓夫对中共代表团组织围攻，还提前散发苏共中央致中共中央的信。

7月16日，苏联政府照会中国政府，单方面决定召回全部在中国工作的专家。从7月25日至9月1日，共召回在华工作的全部专家1390名，还中止了900名已经应聘的苏联专家来华工作。② 这表明，赫鲁晓夫企图通过多方面施压，使中国共产党就范。但他低估了对手，错看了对象。

此时，毛泽东正在北戴河主持中央工作会议。他在7月18日的全体会议上表示：一九一七年到一九四五年，苏联是自力更生，一个国家建设社会主义，这是列宁主义的道路。我们也要走这个道路。苏联人民过去十年中在建设上曾经给了我们援助，我们不要忘记这一条。要下决心，搞尖端技术。③

他在7月31日的全体会议上又表示：明年争取把二十三亿卢布还光，这种可能性有没有？如果能够挤得出这么一点物资，能够适合他们的需要，我看那就是很好的事，那我们这个党有希望，人民也有希望，国家也有希望。他在7月20日中央政治局常委扩大会上还说："他是他的社会主义，我们是我们的社会主义。"④

这以后，赫鲁晓夫利用中国遭遇经济严重困难时期和印度军队在中印边境不断挑起冲突的有利时机，采取咄咄逼人的阵势，利用各种场合对中国进行施压、围攻。毛泽东和中共中央则确定了对苏总方针："坚持原则，坚持

① 转引自吴冷西著：《十年论战——中苏关系回忆录》，中央文献出版社1999年版，第277页。
② 王泰平主编：《中华人民共和国外交史》第2卷（1957—1969），世界知识出版社1998年版，第236页。
③ 逄先知、冯蕙主编：《毛泽东年谱（1949—1976）》第4卷，中央文献出版社2013年版，第431页。
④ 逄先知、冯蕙主编：《毛泽东年谱（1949—1976）》第4卷，中央文献出版社2013年版，第436、434页。

团结，坚持斗争，留有余地。"①

1962 年，在中苏关系上发生了两件大事，使两国关系骤然紧张起来。一是 4 月至 5 月间的中国新疆伊犁事件，数万中国公民跑到苏联境内。苏联驻伊犁领事馆深深地卷入了这一事件，最终导致了两国领事关系的中断。二是 8 月苏联政府通知中国政府，苏联将同美国达成防止核扩散协议。这时，中国的原子弹研制工作，已经取得突破性进展，离试爆时间只有两年。

这一年，两党来往信件开始采取公开信的方式，从交换意见演变为公开论争。至此，中苏关系朝着无可挽回的方向，迅速恶化下去。中苏论战的发生，只是时间问题。

1963 年 2 月 21 日，苏共中央致信中共中央，建议停止公开论战，召开国际会议。还建议为了筹备国际会议，先举行中苏两党会谈。23 日，毛泽东会见苏联驻华大使契尔沃年科，对苏共中央的建议表示欢迎。中共中央还于 3 月 9 日正式答复苏共中央。

随后，6 月 14 日，中共中央又对苏共中央 3 月 30 日复信作了答复，提出了关于国际共产主义运动总路线的建议。毛泽东自始至终参与了这复信的起草工作。

这以后，7 月 5 日至 20 日，中苏两党会谈在莫斯科举行。毛泽东亲自点将，由时任中共中央总书记的邓小平率领中国共产党代表团全程参加会谈。会谈没有也不可能达成任何成果。22 日，双方发表公报，表示将来还要继续举行会谈。

其实，赫鲁晓夫也没有指望这次会谈有什么成果，所要的只是一种姿态。

在会谈期间，7 月 14 日，苏共中央发表《苏共中央致各级党组织和全体党员的公开信》，对中国共产党指名攻击，使两党会谈的气氛陡然紧张

---

① 逄先知、冯蕙主编:《毛泽东年谱（1949—1976）》第 4 卷，中央文献出版社 2013 年版，第 452 页。

起来。

就在这次会谈结束不久，7 月 25 日，苏联政府就同美国、英国代表在莫斯科签订了《禁止在大气层、外层空间和水下进行核武器试验条约》。7 月 31 日，中国政府发表声明，建议召开世界所有国家政府首脑会议，讨论全面禁止和彻底销毁核武器问题。不料，却遭到苏联政府拒绝。①

在这种情况下，毛泽东决定以人民日报编辑部、红旗杂志编辑部名义，写评论文章，对 7 月 14 日《苏共中央致各级党组织和全体党员的公开信》予以系统批驳。从 1963 年 9 月 6 日发表《苏共领导同我们的分歧的由来和发展》（一评）开始，到 1964 年 7 月 14 日《关于赫鲁晓夫的假共产主义及其在世界历史上的教训》（九评），前后共发表 9 篇文章②。与此同时，赫鲁晓夫也动员力量，对中共方面的文章予以反驳。史称"中苏论战"。

历史有太多的巧合。正是这些巧合，给历史蒙上了一层"神秘感"。"九评"文章发表后不久，1964 年 10 月 14 日，中国通过自力更生，试爆第一颗原子弹取得圆满成功。同一天，苏共中央全会和苏联最高苏维埃主席团分别发表公报，宣布解除赫鲁晓夫的一切领导职务。

11 月 21 日，《红旗》杂志发表社论《赫鲁晓夫是怎样下台的》，中苏论战至此落下了帷幕。

通过中苏论战这场控制与反控制的斗争，中国事实上脱离了以苏联为首的社会主义阵营，走上了独立发展的道路。这是毛泽东对中华民族的又一个历史性贡献。

在中苏论战后期，特别是在"九评"中，毛泽东错误地将反修防修理论

---

① 王泰平主编：《中华人民共和国外交史》第 2 卷（1957—1969），世界知识出版社 1998 年版，第 236 页。

② 其他 7 篇文章的发表情况如下。1963 年 9 月 13 日，《关于斯大林问题》（二评）；9 月 26 日，《南斯拉夫是社会主义国家吗？》（三评）；10 月 22 日，《新殖民主义的辩护士》（四评）；11 月 19 日，《在战争与和平问题上的两条路线》（五评）；12 月 12 日，《两种根本对立的和平共处政策》（六评）；1964 年 2 月 4 日，《苏共领导是当代最大的分裂主义者》（七评）；3 月 31 日，《无产阶级革命和赫鲁晓夫修正主义》（八评）。

和"以阶级斗争为纲"的指导思想，运用到对国内政治生活状况的观察上来，最终导致了"文化大革命"的发生。

十八、发动"文化大革命"

正是神都有事时，又来南国踏芳枝。青松怒向苍天发，败叶纷随碧水驰。

一阵风雷惊世界，满街红绿走旌旗。凭阑静听潇潇雨，故国人民有所思。

——毛泽东：《七律·有所思》（1966 年 6 月）

1966 年 6 月 1 日，北京大学贴出的被毛泽东称为"全国第一张马列主义的大字报"，在全国播发。6 月 4 日，又公布了中共中央关于改组北京市委的决定。北京和其他一些地方，陆续出现了"满街红绿走旌旗"①的景象。

也就在这个当口，1966 年 6 月 17 日下午，毛泽东乘车来到故乡韶山，在滴水洞住了 10 天。6 月 28 日上午又从这里转道长沙，去了武汉。

在滴水洞，他没有更多的活动。只是在 6 月 26 日会见湖南省委、湘潭地委、县委负责人时，讲了一句一语双关的话：以前我带你们长征，现在，我又要带你们"长征"了。②

到武汉不久，7 月 8 日，毛泽东提笔给江青写了封长信。其中说："现在的任务是要在全党全国基本上（不可能全部）打倒右派，而且在七八年以后

---

① "满街红绿"，指当时出现的大标语、大字报。

② 逢先知、冯蕙主编：《毛泽东年谱（1949—1976）》第 5 卷，中央文献出版社 2013 年版，第 595 页。

还要有一次横扫牛鬼蛇神的运动，尔后还要有多次扫除。"[1]

在此之前，根据毛泽东的提议，5月4日至26日，在北京召开了中共中央政治局扩大会议，通过了《中国共产党中央委员会通知》（通称五一六通知）。会前，毛泽东修改这个通知时，特意加写了两段话。

一段话涉及对党内状况的估量："混进党里、政府里、军队里和各种文化界的资产阶级代表人物，是一批反革命的修正主义分子，一旦时机成熟，他们就会要夺取政权，由无产阶级专政变为资产阶级专政。这些人物，有些已被我们识破了，有些则还没有被识破，有些正在受到我们信用，被培养为我们的接班人，例如赫鲁晓夫那样的人物，他们现正睡在我们的身旁，各级党委必须充分注意这一点。"

另一段话涉及发动"文化大革命"的目的："高举无产阶级文化革命的大旗，彻底揭露那批反党反社会主义的所谓'学术权威'的资产阶级反动立场，彻底批判学术界、教育界、新闻界、文艺界、出版界的资产阶级反动思想，夺取在这些文化领域中的领导权。而要做到这一点，必须同时批判混进党里、政府里、军队里和文化领域的各界里的资产阶级代表人物，清洗这些人，有些则要调动他们的职务。"[2]

这两段话，反映了毛泽东发动"文化大革命"的初衷，也是他在写给江青的信里所说的，搞一次全国性反修防修的演习。

6月10日，毛泽东在杭州主持召开中共中央政治局常委扩大会议。当时，向一些高校派驻了工作组。毛泽东表示：要放手，不怕乱，放手发动群众，要大搞，这样把一切牛鬼蛇神揭露出来。不一定派工作组，右派捣乱也不可怕。北大一张大字报，把文化革命的火点燃起来了，这是任何人压制不住的一场革命风暴。这次运动的特点是来势凶猛，左派特别活跃，右派也在顽抗、破坏，但一般不占优势。打击面宽是必定的，不可怕，以后分类排

---

① 逄先知、金冲及主编：《毛泽东传》第6卷，中央文献出版社2011年版，第2387页。
② 逄先知、冯蕙主编：《毛泽东年谱（1949—1976）》第5卷，中央文献出版社2013年版，第579页。

除。要在运动中把左派领导核心建立起来,使这些人掌握领导权。不要论什么资格、级别、名望,不然这个文化阵地我们还是占领不了的。在过去的斗争中出现了一批积极分子,在这场运动中涌现了一批积极分子,依靠这些人把文化革命进行到底。① 根据毛泽东的意见,中央于 7 月 26 日决定撤销工作组。

8 月 1 日至 12 日,毛泽东主持召开中共八届十一中全会,通过了《中国共产党中央委员会关于无产阶级文化大革命的决定》。

8 月 5 日,毛泽东写了《炮打司令部——我的一张大字报》,作为全会文件印发,会后又作为党内文件下发。文中不点名地说党内有一个资产阶级司令部,明显是指当时主持中央工作的刘少奇等中央领导人。

这次全会根据毛泽东的提议,改组中央领导机构,中央政治局常委由 7 人增加到 11 人②。还调整了排列次序,林彪排在第二位,刘少奇由第二位降到第八位。

毛泽东发动"文化大革命",并非心血来潮。

早在 1957 年下半年,他根据反右派斗争的实践,提出:"这是一个在政治战线上和思想战线上的伟大的社会主义革命。单有一九五六年在经济战线上(在生产资料所有制上)的社会主义革命,是不够的,并且是不巩固的。匈牙利事件就是证明。必须还有一个政治战线上和一个思想战线上的彻底的社会主义革命。"③ 这就是毛泽东为什么把 1966 年发动的这场政治运动称作"文化大革命"的由来。

反右派斗争严重扩大化还带来一个后果,就是毛泽东改变了中共八大对社会主要矛盾的正确判断,认为"无产阶级和资产阶级的矛盾,社会主义道

---

① 逢先知、冯蕙主编:《毛泽东年谱(1949—1976)》第 5 卷,中央文献出版社 2013 年版,第 593 页。

② 陶铸、陈伯达、康生、李富春被增加为中共中央政治局常委。

③ 逢先知、冯蕙主编:《毛泽东年谱(1949—1976)》第 3 卷,中央文献出版社 2013 年版,第 193 页。

路和资本主义道路的矛盾，毫无疑问，这是当前我国社会的主要矛盾"，并在 1958 年 5 月召开的中共八大二次会议上得以正式确认。只是由于当时全党的主要注意力集中在"大跃进"和人民公社化运动上，其负面影响没有马上显露出来。

1957 年 11 月发表的《社会主义国家共产党和工人党代表会议宣言》中，有一句话："资产阶级影响的存在，是修正主义的国内根源。屈服于帝国主义的压力，则是修正主义的国外根源。"[1] 这句话是中共代表团坚持写上去的，对后来毛泽东观察党内斗争影响很大。

到了 1962 年夏天，7 月 25 日至 8 月 24 日，毛泽东在北戴河主持召开中央工作会议。8 月 6 日的会议上，毛泽东作关于阶级、形势、矛盾的讲话。由此，北戴河中央工作会议的重点转为讨论阶级斗争问题，为于 9 月 24 日至 27 日召开的中共八届十中全会做了准备。

毛泽东在北戴河中央工作会议和中共八届十中全会的多次讲话中，从无产阶级同资产阶级的阶级斗争是当前社会主要矛盾的论点出发，把党内正常意见分歧，当作是社会上阶级斗争在党内的反映来看待，并同赫鲁晓夫对"大跃进"和人民公社化运动的指责相联系，从而混淆了党内矛盾与阶级矛盾的界限、党内不同认识与修正主义的界限。他又从这样的观察出发，得出结论：要从现在起，把防止资本主义复辟、反修防修作为大事来抓。

从 1963 年到 1965 年，开展了全国范围的城乡社会主义教育运动。在运动中，对整个形势作出过于严重的判断，认为全国有三分之一的基层单位，领导权不在我们手里。1964 年底至 1965 年初，为纠正运动中的"左"的偏差，毛泽东主持制定了《农村社会主义教育运动中目前提出的一些问题》（通称二十三条）。但在这个文件中，又根据毛泽东的意见，提出："这次运动的重点，是整党内那些走资本主义道路的当权派"。[2] 与此同时，在意识形态

---

[1] 《共产党和工人党莫斯科会议宣言》，人民出版社 1958 年版，第 11 页。
[2] 《建国以来重要文献选编》第 20 册，中央文献出版社 1998 年版，第 21 页。

领域，对文艺界和学术界也错误地开展了政治批判。

特别是在中苏论战将要结束时，1964 年 7 月 14 日发表的"九评"文章，对毛泽东防止资本主义复辟的理论和政策进行了系统总结，形成了 15个要点。

其中第二个要点说："社会主义社会是一个很长的历史阶段。社会主义社会还存在着阶级和阶级斗争，存在着社会主义和资本主义这两条道路的斗争。单有在经济战线上（在生产资料所有制上）的社会主义革命，是不够的，并且是不巩固的。必须还有一个政治战线上和一个思想战线上的彻底的社会主义革命。在政治思想领域内，社会主义同资本主义之间谁胜谁负的斗争，需要一个很长的时间才能解决。几十年内是不行的，需要一百年到几百年的时间才能成功。"

第四个要点又提出："我国人民在长期革命斗争中创造出来的大鸣、大放、大辩论，是依靠人民群众，解决人民内部矛盾和敌我矛盾的一种重要的革命斗争形式。"[1]

在"文化大革命"发动以前，这些"左"倾错误指导思想还没有完全居于支配全局的地位，其作用和影响受到不同程度的制约。但在"文化大革命"中，进一步发展为"无产阶级专政下继续革命理论"后，它的后果便日益显露。

中共八届十一中全会后，各个学校纷纷成立红卫兵组织，并走上街头，走进社会，在"揪走资本主义道路当权派""打倒反动资产阶级学术权威""横扫一切牛鬼蛇神"等口号下，严重打乱了社会正常秩序。

1966 年 8 月 18 日，毛泽东登上天安门，出席首都百万群众庆祝"文化大革命"集会，并接见了红卫兵代表。9 月初，中共中央、国务院发出关于组织外地师生来京参观"文化大革命"的通知，开始了各种群众组织的全国"大串连"。

从 8 月 18 日到 11 月下旬，毛泽东先后 6 次接见各地来京的红卫兵，人

---

[1] 《建国以来重要文献选编》第 19 册，中央文献出版社 1998 年版，第 65—66、66—67 页。

数达 1100 万人次。

这些举措，极大地推动了以红卫兵运动为代表的群众运动在全国迅速兴起。

毛泽东发动"文化大革命"的出发点，是要防止党和国家改变颜色，也就是他所说的"防止资本主义复辟"。他自认为找到了一种新的途径，可以有效地、自下而上地暴露党和国家的阴暗面。这个途径，就是大民主的群众运动。

1967 年 2 月 3 日，他在人民大会堂会见来华访问的阿尔巴尼亚劳动党中央政治局委员、书记处书记卡博和阿尔巴尼亚劳动党中央政治局委员、阿尔巴尼亚部长会议副主席兼国防部部长巴卢库。他对卡博和巴卢库说："过去五年来，我们只抓了一些个别的问题、个别的人物，搞了一些在文化界的斗争，在农村的斗争，在工厂的斗争，就是社会主义教育运动。这些都不能解决问题，没有找出一种形式、一种方式，公开地、全面地、由下而上地来揭发我们的黑暗面。"还说："解决这样的问题，只有发动群众才有办法。没有群众我们毫无办法。"[1]

毛泽东一生相信群众。1945 年 7 月，他对来延安访问的黄炎培说过：我们已经找到新路，我们能跳出这周期率。这条新路，就是民主。只有让人民来监督政府，政府才不敢松懈。只有人人起来负责，才不会人亡政息。[2]

然而，群众运动引导得好，可以发挥巨大的积极作用。如果引导不好，特别是完全放弃领导，也会产生很大的消极作用。"文化大革命"初期的混乱局面，就是很好的说明。红卫兵组织打着"造反有理"和"破四旧"[3]等旗号，破坏历史文物，批斗所谓"黑帮""走资派""牛鬼蛇神""地富反坏右"，形成严重失控的无政府局面。

---

[1] 逢先知、冯蕙主编：《毛泽东年谱（1949—1976）》第 6 卷，中央文献出版社 2013 年版，第 45、46 页。

[2] 逢先知主编：《毛泽东年谱（1893—1949）》（修订本）中卷，中央文献出版社 2013 年版，第 611 页。

[3] 四旧，指旧思想、旧文化、旧风俗、旧习惯。

在红卫兵和群众运动冲击下，人民代表大会及其常委会难以正常运行，全国政协及各级政协停止活动，各民主党派停止办公，公检法机关遭到冲击，社会主义法制遭到践踏。"大鸣、大放、大字报、大辩论"的大民主失去了法制的制约，脱离了正确引导的群众运动不但像脱缰了的野马，而且很容易被极少数野心家、阴谋家所利用，成为他们借机整人、私仇公报的工具。

到了1967年1月，毛泽东对上海造反派的夺权斗争表示明确支持，认为"这是一个阶级推翻另一个阶级，这是一场大革命"。还以中共中央、国务院、中央军委、中央文革小组的名义，给上海市各革命造反团体的夺权行动发了贺电。从此，夺权之风越演越烈，而且各造反派组织围绕夺权出现了分裂，甚至发生武斗。一时间，在"批判资产阶级反动路线"的旗号下，"怀疑一切""打倒一切""全面内战"之风，在全国迅速蔓延。

为了控制局面，经毛泽东批准，1967年1月23日，中共中央、中央军委发出《关于人民解放军坚决支持革命左派群众的决定》。军队派出人员参加"三支""两军"①。特别是军管，对维持关键部位稳定起了非常重要的作用。1967年1月11日，中共中央决定对各地广播电台实行军管。此后，陆续对公安机关、民航、铁路、煤炭、交通等部门实行军管。

1967年3月19日，毛泽东还批准了周恩来报送的中共中央通知，决定取消原定的当年春暖后进行大串连的计划。

为稳定全国局势，进一步了解"文化大革命"开展以来的实际情况，7月14日，毛泽东乘专列踏上了在华北、中南、华东地区视察之路。这是他自1966年7月18日回到北京后的第一次外出，一直持续到9月23日回到北京。

他在谈话中，反复强调各地革命群众组织要实现革命的大联合。他说："在工人阶级内部，没有根本的利害冲突。在无产阶级专政下的工人阶级内

———————

① "三支"，即支援工业、支援农业、支持左派。"两军"，即军事管制、军政训练。

部，更没有理由一定要分裂成为势不两立的两大派组织。""革命的红卫兵和革命的学生组织要实现革命的大联合。只要两派都是革命的群众组织，就要在革命的原则下实现革命的大联合。"

在谈到革命大联合以谁为核心时，毛泽东说："什么'以我为核心'，这个问题要解决。核心是在斗争中实践中群众公认的，不是自封的。自己提'以我为核心'是最蠢的。"

毛泽东还特别指出："对红卫兵要进行教育，加强学习。要告诉革命造反派的头头和红卫兵小将们，现在正是他们有可能犯错误的时候。"这表明，他对群众运动特别是红卫兵运动中的偏向，已经开始感到担忧。

由于毛泽东在群众中享有崇高威望，关于实行革命大联合和革命三结合的号召，对迅速稳定局势起了重要作用。

除了号召各群众组织实行革命大联合，干部问题也是毛泽东此次视察中关注的重点。

他指出："正确地对待干部，是实行革命三结合，巩固革命大联合，搞好本单位斗、批、改的关键问题，一定要解决好。"

毛泽东说："绝大多数的干部都是好的，不好的只是极少数。对党内走资本主义道路的当权派，是要整的，但是，他们是一小撮。我们的干部中，除了投敌、叛变、自首的以外，绝大多数在过去十几年、几十年里总做过一些好事！要团结干部的大多数。犯了错误的干部，包括犯了严重错误的干部，只要不是坚持不改，屡教不改的，都要团结教育他们。要扩大教育面，缩小打击面，运用'团结—批评和自我批评—团结'这个公式来解决我们内部的矛盾。在进行批判斗争时，要用文斗，不要搞武斗，也不要搞变相的武斗。有一些犯错误的同志一时想不通，还应该给他时间，让他多想一个时候。要允许他们思想有反复，一时想通了，遇到一些事又想不通，还可以等待。要允许干部犯错误，允许干部改正错误。不要一犯错误就打倒。"还说："要解放一批干部，让干部站出来。"

他还说："有些干部为什么会受到群众的批判斗争呢？一个是执行了资

产阶级反动路线,群众有气。一个是官做大了,薪水多了,自以为了不起,就摆架子,有事不跟群众商量,不平等待人,不民主,喜欢骂人,训人,严重脱离群众。这样,群众就有意见。平时没有机会讲,无产阶级文化大革命中爆发了,一爆发,就不得了,弄得他们很狼狈。今后要吸取教训,很好地解决上下级关系问题,搞好干部和群众的关系。以后干部要分别到下面去走一走,看一看,遇事多和群众商量,做群众的小学生。"①

毛泽东在发动"文化大革命"一年以后,强调解放干部,强调绝大多数的干部都是好的,是有用意的。他知道,自从发动"文化大革命"以来,思想跟不上,对群众运动有抵触情绪的是领导干部。但在"文化大革命"中,受冲击最大的也是领导干部。而将来恢复正常秩序,还离不开领导干部。

是把这些领导干部彻底打倒,还是通过批评教育继续使用,这是毛泽东同林彪、江青等野心家、阴谋家的最大区别。

还在"文化大革命"发动起来不久,毛泽东在1966年10月7日至28日召开的中共中央工作会议上说过:"现在学生不是冲得厉害吗?没有设想到的事情来了。来了就来了,这一冲,我看有好处。过去多少年我们没有想的事情,这一冲就要想一下了。无非是犯一些错误,那有什么了不起的呀?路线错误,改了就是了。谁人要打倒你们呀?我是不要打倒你们的,我看红卫兵也不一定要打倒你们。这一次会议的简报,差不多我全都看了。你们过不了关,我也着急呀。"②

1967年2月,在周恩来主持的中央碰头会上,谭震林、陈毅、叶剑英、李富春、李先念、徐向前、聂荣臻等,同中央"文革"小组江青、陈伯达、康生、张春桥等人进行面对面的抗争。后来,这一抗争被诬为"二月逆流"。但毛泽东并不同意把他们彻底打倒。而且当王力、关锋、戚本禹等人进而提

---

① 逄先知、冯蕙主编:《毛泽东年谱(1949—1976)》第6卷,中央文献出版社2013年版,第130—131、132页。

② 逄先知、冯蕙主编:《毛泽东年谱(1949—1976)》第6卷,中央文献出版社2013年版,第11页。

出"揪军内一小撮"时，毛泽东立即加以制止。后来，还先后对王力、关锋、戚本禹实行隔离审查，打击了极左势力的气焰。

到了 1968 年 9 月，各省市自治区先后成立革命委员会。10 月 13 日至 31 日，中共扩大的八届十二中全会在北京召开。全会在党内政治生活极不正常的情况下通过决议，"把刘少奇永远开除出党，撤销其党内外一切职务"。由此造成共和国历史上最大的一起冤案。直到中共十一届三中全会后，才得以平反昭雪。

1969 年 4 月 1 日至 24 日，中共九大在北京召开。林彪代表中共中央作政治报告。大会通过的党章，把林彪"是毛泽东同志的最亲密战友和接班人"写入总纲。林彪、江青两大帮派体系的骨干和亲信进入中央委员会。

中共九大后，毛泽东一直希望"文化大革命"以一种比较满意的方式结束。

按照毛泽东对"文化大革命"的设想，在党的九大基本解决了党的重建问题后，需要尽快召开第四届全国人民代表大会，解决政府重建问题。1970 年 3 月 7 日，毛泽东提出召开四届全国人大和修改宪法，并提出不设国家主席的建议。林彪一反常态，始终坚持要设立国家主席。

1970 年 8 月 23 日至 9 月 6 日，中共九届二中全会在庐山人民剧院举行。

在全会召开的前一天，8 月 22 日，毛泽东主持召开中共中央政治局常委会议，讨论九届二中全会的议程等事项。林彪、周恩来、陈伯达、康生出席。

在这次会议讨论到修改宪法和设不设国家主席时，除毛泽东外，其他四人均主张设国家主席，实现党的主席和国家主席一元化。毛泽东则坚持不设国家主席，说：设国家主席，那是个形式。我提议修改宪法，就是考虑到不要国家主席。现在当然也见了不少外宾，也可以不见，有些不是也没有见，做国家主席、元首，就是有点好像不太好不见。实际上主要的还是党的领导和行政上国务院负责。还说：是你们愿意要国家主席，你们要好了，反正我不做。

他似乎有所预感，特别提出：要把这次全会开成一个团结的胜利的会，而不要开分裂的失败的会。①

8月23日下午，中共九届二中全会开幕。林彪接着谈宪法修改，讲了设国家主席问题。他说：这次我研究了这个宪法，表现出这样的一种情况特点，一个是把毛主席的伟大领袖、国家元首、最高统帅的这种地位，毛泽东思想作为全国人民的指导思想，用法律的形式固定下来，非常好！非常好！很好！可以说是宪法的灵魂。还说：我们说毛主席是天才，我还是坚持这个观点。②

在分组讨论中，出现了一个奇特现象，是历次中央会议不曾有过的。陈伯达和林彪集团的几个主要成员吴法宪、叶群、李作鹏、邱会作，打乱会议议程，先后在各自的小组会上发言。而发言内容，都是按照林彪讲话和一份"称天才"的语录，就设国家主席和"称天才"问题有针对性地进行辩解。在他们的煽动下，许多与会者不明就里，误以为真像陈伯达所说"有人利用毛主席的谦虚，妄图贬低毛泽东思想"，纷纷发言支持设国家主席。会议的火药味越来越浓，改变了这次中央全会的主题。

有丰富政治经验的毛泽东，从登有陈伯达等人发言内容的简报，以及分组讨论中种种反常情况，察觉了蛛丝马迹。

8月25日，毛泽东分别找林彪、周恩来、陈伯达、康生这几位中央政治局常委单独谈话。随后，召集有各大组组长参加的中央政治局常委扩大会。

毛泽东向到会的人宣布：刚才，我和几位常委商量，认为现在各组讨论的问题不符合全会原定的三项议程。设国家主席的问题不要再提了，谁坚持

---

① 力平、马芷荪主编：《周恩来年谱（1949—1976）》下卷，中央文献出版社1997年版，第386—387页。逄先知、冯蕙主编：《毛泽东年谱（1949—1976）》第6卷，中央文献出版社2013年版，第320页。

② 逄先知、冯蕙主编：《毛泽东年谱（1949—1976）》第6卷，中央文献出版社2013年版，第322页。

设国家主席，谁就去当，反正我不当！毛泽东说到这里，朝着林彪说：我劝你也不要当国家主席！

毛泽东又说：本来我们这个会议，方针嘛，是开好的会议、团结胜利的会议呢，还是开不好的会议，变成了分裂失败的会议呢？还是要争取开一个团结的会，争取更大的胜利。如果开不成，仍要分裂，那也没有什么了不起。过去党是经过挫折的，千锤百炼。如果搞不好的话，那我就下山，你们去开，开完了会我再上山，就不下去了。再不然，我就辞掉党中央委员会的主席。①

这次会议决定立即停止讨论林彪的讲话，收回登有陈伯达等人发言内容的简报，责令陈伯达等人作出检查。

8月31日，毛泽东写了一大段批语，是针对陈伯达编的《恩格斯、列宁、毛主席关于称天才的几段语录》的。第二天，毛泽东在批语上加了"我的一点意见"的标题，并在文中陈伯达名字后加"同志"二字，向全会印发。全文是这样的：

这个材料是陈伯达搞的，欺骗了不少同志。第一，这里没有马克思的话。第二，只找了恩格斯一句话，而《路易·波拿巴特政变记》这部书不是马克思的主要著作。第三，找了列宁的有五条。其中第五条说，要有经过考验、受过专门训练和长期教育，并且彼此能够很好地互相配合的领袖，这里列举了四个条件。别人且不论，就我们中央委员会的同志来说，够条件的不很多，例如，我跟陈伯达这位天才理论家之间，共事三十多年，在一些重大问题上就从来没有配合过，更不去说很好的配合。仅举三次庐山会议为例。第一次，他跑到彭德怀那里去了。第二次，讨论工业七十条，据他自己说，上山几天就下山了，也不知道他为了什么原因下山，下山之后跑到什么地方去了。这一次，他可配合得很

---

① 逄先知、冯蕙主编：《毛泽东年谱（1949—1976）》第6卷，中央文献出版社2013年版，第327页。

好了，采取突然袭击，煽风点火，唯恐天下不乱，大有炸平庐山，停止地球转动之势。我这些话，无非是形容我们的天才理论家的心（是什么心我不知道，大概是良心吧，可决不是野心）的广大而已。至于无产阶级的天下是否会乱，庐山能否炸平，地球是否停转，我看大概不会吧。上过庐山的一位古人说："杞国无事忧天倾"。我们不要学那位杞国人。最后关于我的话，肯定帮不了他多少忙。我是说主要地不是由于人们的天才，而是由于人们的社会实践。陈伯达摘引林彪同志的话多至七条，如获至宝。我同林彪同志交换过意见，我们两人一致认为，这个历史家和哲学史家争论不休的问题，即通常所说的，是英雄创造历史，还是奴隶们创造历史，人的知识（才能也属于知识范畴）是先天就有的，还是后天才有的，是唯心论的先验论，还是唯物论的反映论，我们只能站在马列主义的立场上，而决不能跟陈伯达的谣言和诡辩混在一起。同时我们俩人还认为，这个马克思主义的认识论问题，我们自己还要继续研究，并不认为事情已经研究完结。希望同志们同我们一道采取这种态度，团结起来，争取更大的胜利，不要上号称懂得马克思，而实际上根本不懂马克思那样一些人的当。①

其中，"陈伯达摘引林彪同志的话多至七条，如获至宝"这一句，在向全会印发前，被毛泽东删去，还把修改件送林彪看。从中可以感受到毛泽东对林彪的保护与挽救之情。

毛泽东等待了林彪多时，希望他回心转意。然而，林彪却选择了另一条不归之路。从拒不检讨，继续坚持搞小集团活动，一直发展到铤而走险，策划武装政变。

毛泽东逐渐觉察到林彪在搞小动作，从8月15日离京，到外地巡视，途经武昌、长沙、南昌、杭州、上海，于9月12日回到北京。

---

① 逄先知、冯蕙主编：《毛泽东年谱（1949—1976）》第6卷，中央文献出版社2013年版，第329—331页。

在每一个停留的地方，毛泽东都约见当地党政军负责人，就林彪问题向他们打招呼，告诫他们："你们要搞马列主义，不要搞修正主义；你们要团结，不要分裂，不要搞宗派主义、山头主义；要光明正大，不要搞阴谋诡计。"还明确地说："有人看到我年纪老了，快要上天了，他们急于想当主席，要分裂党，急于夺权。这次庐山会议，是两个司令部的斗争。"他充满信心地表示："我不相信我们的军队会造反。军下边还有师、团，还有司、政、后机关，他们调不动军队搞坏事。"①

毛泽东在沿途打招呼，对统一思想、防患于未然起了很大作用。同时，也有林彪的死党将毛泽东的谈话内容，通过途径密报给林彪。

1971年9月13日，林彪等所乘的256号三叉戟飞机在蒙古温都尔汗坠毁。

林彪事件，在客观上宣告了"文化大革命"的理论和实践的破产。这使毛泽东在精神上陷入极大的痛苦和自责之中。然而，他很快恢复了常态，以过人的政治勇气，尽力弥补已经觉察的过失，还积极支持周恩来主持中央日常工作，使各方面工作有了转机。

1971年11月14日晚，毛泽东接见来京参加成都地区座谈会的成都军区和四川省党政负责人。谈话开始后，叶剑英到会。毛泽东当众表示：你们再不要讲他"二月逆流"了。"二月逆流"是什么性质？是他们对付林彪、陈伯达、王力、关锋、戚本禹。那个王、关、戚，要打倒一切，包括总理、老帅。老帅们就有气嘛，发点牢骚。他们是在党的会议上，公开的，大闹怀仁堂嘛！缺点是有的，你们吵一下也是可以的，同我来讲就好了。那时候我们也搞不清楚。王、关、戚还没有暴露出来。有些问题要好多年才搞清楚。②

---

① 逄先知、冯蕙主编:《毛泽东年谱（1949—1976）》第6卷，中央文献出版社2013年版，第389页。

② 逄先知、冯蕙主编:《毛泽东年谱（1949—1976）》第6卷，中央文献出版社2013年版，第417页。

11 月 20 日晚，毛泽东接见来京参加武汉地区座谈会的武汉军区和湖北省党政负责人。毛泽东说：马列主义的党，对人民不利的事不要办，对人民不利的名词要改。"四个伟大"改了吗？（周恩来答：只用一个①。）"三忠于"我就不懂。你们开会讨论一下，把不适当的名词、形容词废掉，不要搞了。②

1972 年 1 月 6 日中午，毛泽东约周恩来、叶剑英谈外事工作。谈完外事工作后，毛泽东说："二月逆流"经过时间的考验，根本没有这个事，今后不要再讲"二月逆流"了。请你们去向陈毅同志传达一下。叶剑英随即赶往医院，向病危的陈毅传达毛泽东的意见。

就在这一天，陈毅元帅因病去世。1 月 10 日，在北京八宝山革命公墓礼堂举行陈毅追悼会。毛泽东亲自出席陈毅追悼会，为这个从井冈山就在一起战斗的老战友送别。

在追悼会开始前，毛泽东深情地对陈毅夫人张茜说：陈毅同志是一个好人，是一个好同志。他为中国革命、世界革命作出贡献，立了大功劳的，这已经作了结论嘛。他跟项英不同。陈毅同志是执行中央路线的。陈毅同志是能团结人的。林彪是反对我的，陈毅是支持我的。要是林彪的阴谋搞成了，是要把我们这些老人都搞掉的。他还表示说，邓小平的问题属于人民内部矛盾。③

毛泽东的这一系列讲话，不但使颠倒了的黑白重新颠倒过来，而且涉及一系列的政策调整和重大人事变动。毛泽东希望通过这些政策调整和人事变动，顺利召开四届全国人大，从而为结束"文化大革命"创造条件。

要把上述这些设想变为现实，毛泽东自然离不开他的得力战友周恩来。

---

① 指"伟大的领袖"。

② 逄先知、冯蕙主编：《毛泽东年谱（1949—1976）》第 6 卷，中央文献出版社 2013 年版，第 419 页。

③ 逄先知、冯蕙主编：《毛泽东年谱（1949—1976）》第 6 卷，中央文献出版社 2013 年版，第 424 页。

周恩来在主持中共中央日常工作期间，提出了要集中批判极左思潮的问题。这使结束"文化大革命"有了可能。

但也正是在这个问题上，毛泽东与周恩来的看法不同。毛泽东认为，当时的任务仍然是反对"极右"。1972年12月17日，毛泽东在谈话中指出：批极左，还是批极右？批极左思潮，少批一点吧。林彪路线的实质是极右，修正主义，分裂，阴谋诡计，叛党叛国。①接踵而来的"批林批孔"运动，使结束"文化大革命"的努力再次落了空。

从1974年下半年起，筹备召开四届全国人大的工作再次启动。江青等人把这看作是排挤周恩来、扩大自己权势的极好机会。

而此时，在筹备四届全国人大的关键时刻，10月4日，毛泽东提议邓小平出任国务院第一副总理。1972年起，毛泽东多次提议恢复邓小平的工作。1973年3月，中共中央发出《关于恢复邓小平同志的党的组织生活和国务院副总理的职务的决定》。同年12月，又作出决定，邓小平任中央政治局委员、中央军委委员，参加中央和军委领导工作。这以后，随着周恩来病情的加重，毛泽东对邓小平越来越倚重。

在10月11日中共中央发出的《关于准备召开四届人大的通知》中，传达了毛泽东的意见："无产阶级文化大革命，已经八年。现在，以安定为好。全党全军要团结。"②

江青等人唯恐事情有变，派已经是中共中央副主席的王洪文于10月13日到长沙，向毛泽东告周恩来、邓小平的状。毛泽东听后，批评王洪文说：有意见当面谈，这么搞不好！要跟小平同志搞好团结。还嘱咐他说：你回去要多找总理和剑英同志谈，不要跟江青搞在一起，你要注意她。③

① 逄先知、冯蕙主编：《毛泽东年谱（1949—1976）》第6卷，中央文献出版社2013年版，第458页。
② 中共中央党史研究室著：《中国共产党的九十年》（社会主义革命和建设时期），中共党史出版社2016年版，第614页。
③ 逄先知、冯蕙主编：《毛泽东年谱（1949—1976）》第6卷，中央文献出版社2013年版，第552页。

11月12日，毛泽东在长沙会见南也门总统委员会主席鲁巴伊，邓小平陪同。会见后，毛泽东留下邓小平谈话。他对邓小平在中央政治局会议上同江青的斗争表示支持，还表示了对江青的不满：强加于人哪，我也是不高兴的。谈到对邓小平委以重任时说：第一副总理兼总参谋长，总参谋长没有事做，但出了危险，就有事做了。[①]

同一天，毛泽东看了江青带有检讨内容的来信，作了这样的批示："不要多露面，不要批文件，不要由你组阁（当后台老板），你积怨甚多，要团结多数。至嘱。""人贵有自知之明。又及。"[②] 字里行间透出了爱恨交加的复杂心情。

在家事与国事之间，毛泽东历来分得很清，决不让国事掺杂半点私人情感。

12月23日、24日、25日、27日，毛泽东在长沙四次听取周恩来和王洪文关于四届人大筹备工作的汇报。谈话中，毛泽东当着王洪文的面，第一次把江青、张春桥、王洪文、姚文元称作"四人帮"，说："四人帮"不要搞了。中央就这么多人，要团结。不要搞宗派，搞宗派要摔跤的。摔了跤，能爬起来就好。江青有野心。你们看有没有？我看是有。我在做江青的工作，劝她三不要：一不要乱批东西，二不要出风头，三不要参加组织政府（组阁）。还说：对江青当然要一分为二，她在批刘少奇、批林彪的问题上是对的，说总理的错误是第十一次路线错误就不对了。

谈到党和国家的人事安排，毛泽东说：小平同志政治思想强，人才难得。开二中全会补他为常委、副主席，并担任军委副主席、国务院第一副总理、总参谋长三个职务。又对周恩来说：总理还是我们的总理。你身体不好，四届人大之后，你安心养病，国务院的工作由小平同志去顶。

谈到全国人大人事安排时，毛泽东特意提到了几个人。他表示同意人大常委会委员长提朱德，副委员长董必武、宋庆龄排在前两名，还提出要将副

[①] 逄先知、冯蕙主编：《毛泽东年谱（1949—1976）》第6卷，中央文献出版社2013年版，第557页。

[②] 逄先知、冯蕙主编：《毛泽东年谱（1949—1976）》第6卷，中央文献出版社2013年版，第557页。

委员长全名单排一次序。他还问：章乃器、梁漱溟，人大代表没有他们啊？
周恩来答：梁漱溟是政协委员，章乃器的右派帽子还戴着。毛泽东当场表
示：不要戴了。① 他还嘱咐周恩来问候郭老②。③

12 月 27 日凌晨 3 时，毛泽东还专门约周恩来单独谈人事安排等问题。
在这次谈话中，毛泽东表示："要安定团结，要把国民经济搞上去。"④

就这样，江青等人趁四届全国人大之机得到更多权力的图谋，落了空。

1975 年 1 月，中共十届二中全会选举邓小平为中央副主席、政治局常
委。随后召开的第四届全国人大第一次会议，根据中共中央提议，任命邓小
平为国务院副总理。他在毛泽东的支持下开始主持中央日常工作。

1975 年伊始，邓小平开始对各方面工作进行全面整顿。整顿的纲领是
毛泽东的"三项指示"。第一，要学习理论，反修防修；第二，要安定团结；
第三，要把国民经济搞上去。他说："这三条指示互相联系，是个整体，不
能丢掉任何一条。这是我们这一时期工作的纲。"⑤

这场整顿，来得突然，但却有纲领，有理论，有步骤，有策略。在毛泽
东支持下，从 1975 年 2 月 9 日，邓小平召开了全国工业书记会议、钢铁工
业座谈会、全国农业学大寨会议、中央军委扩大会议、国防工业重点企业会
议、农村工作座谈会等一系列座谈会议，并听取了中国科学院的工作汇报，
开始了全面整顿，初见成效，深得人心。

经过几个月的整顿，全国工农业生产和交通运输的形势明显改观，长期
受到极左思潮压抑的知识分子开始扬眉吐气。更重要的是，邓小平在毛泽东
的支持下，同江青集团展开了针锋相对的斗争，并且迫使江青于 6 月 28 日

---

① 1975 年 4 月，中共中央为章乃器摘掉右派分子帽子。
② 指郭沫若。
③ 逄先知、冯蕙主编：《毛泽东年谱（1949—1976）》第 6 卷，中央文献出版社 2013 年版，
  第 562、563 页。
④ 逄先知、冯蕙主编：《毛泽东年谱（1949—1976）》第 6 卷，中央文献出版社 2013 年版，
  第 564 页。
⑤ 《邓小平文选》第 2 卷，人民出版社 1994 年版，第 12 页。

向毛泽东和中央政治局交出了书面检讨。^① 这件稀罕事，极大地打击了极左思潮的气焰。

然而，邓小平的这场整顿，锋芒所向是"文化大革命"形成的各种派性，也必然会触犯"四人帮"的既得利益。他们在等待伺机反扑的时机。

10 月 19 日，毛泽东会见完外宾，在同李先念、汪东兴谈话中讲道："清华大学刘冰等人来信告迟群和小谢^②。我看信的动机不纯。"还说："我在北京，写信为什么不直接写给我，还要经小平转。你们告诉小平注意，不要上当。小平偏袒刘冰。"^③

11 月 2 日，毛泽东在同毛远新谈话中讲道："有两种态度，一是对文化大革命不满意，二是要算账，算文化大革命的账。他们（指刘冰等）信中的矛头是对着我的。"还说："清华所涉及的问题不是孤立的，是当前两条路线斗争的反映。"^④

这年年底，毛泽东批准发动"批邓、反击右倾翻案风"。在"四人帮"的上下鼓动下，全国再度陷入混乱之中。

然而，让江青等人做梦也没有想到的是，就是在毛泽东错误地将"天安门事件"^⑤ 定为"反革命事件"的时候，1976 年 4 月 7 日，依然提议由华国

---

① 逢先知、冯蕙主编：《毛泽东年谱（1949—1976）》第 6 卷，中央文献出版社 2013 年版，第 593 页。

② 指谢静宜。

③ 逢先知、冯蕙主编：《毛泽东年谱（1949—1976）》第 6 卷，中央文献出版社 2013 年版，第 614—615 页。

④ 逢先知、冯蕙主编：《毛泽东年谱（1949—1976）》第 6 卷，中央文献出版社 2013 年版，第 619 页。

⑤ 1976 年 1 月 8 日周恩来逝世，清明节（4 月 4 日）前后，在北京和其他许多城市爆发了悼念周恩来、反对"四人帮"、不同意批判邓小平的群众运动。"四人帮"极力压制群众的革命活动。4 月 5 日，北京天安门广场上广大群众采取了抗议行动。当时，中央政治局和毛泽东对天安门广场发生的事件作出了错误的判断，认为是反革命事件，并且撤销了邓小平党内外一切职务。1978 年 12 月，中共十一届三中全会决定撤销中共中央发出的有关"反击右倾翻案风"运动和天安门事件的错误文件，郑重宣布为天安门事件平反。

锋任中共中央第一副主席、国务院总理。在江青提议开除邓小平党籍时，毛泽东提议："保留党籍，以观后效。"

"公者千古，私者一时。"① 毛泽东在即将走到生命尽头之时，为中国共产党和中华人民共和国作出的重要决策，可以说是决定民族命运的关键一注。

---

① 雷洁琼 1994 年 5 月为湖南韶山毛泽东故居题词。

十九、打开中美关系正常化大门

和美国接触的问题，在日内瓦会议时我也说过，可以有所接触。事实上美国也不一定愿意接触。同美国闹成僵局二十年，对我们有利。一定要美国梳妆打扮后送上门来，使他们对中国感到出乎意外。你不承认，总有一天你会承认的。

——毛泽东：关于国际形势的讲话（1958 年 6 月 16 日）

1971 年 7 月 16 日（北京时间），一则公告在中国和美国同时公布，震惊了整个世界。

公告写道：

周恩来总理和尼克松总统的国家安全事务助理基辛格博士，于 1971 年 7 月 9 日至 11 日在北京进行了会谈。

获悉尼克松总统曾表示希望访问中华人民共和国，周恩来总理代表中华人民共和国政府邀请尼克松总统于 1972 年 5 月以前的适当时间访问中国。尼克松总统愉快地接受了这一邀请。

中美两国领导人的会晤，是为了谋求两国关系的正常化，并就双方关心的问题交换意见。[1]

谁也没有想到，这两个彼此敌对了二十余年、并在朝鲜战场上交过手的国家，竟如此迅速地走到了两国关系正常化的谈判桌前。

---

[1] 《人民日报》1971 年 7 月 16 日第 1 版。

其实，这个戏剧性变化，不过是20世纪60年代后期至70年代初期国际冷战格局一系列演变的结果。

1968年8月20日，苏联出兵捷克斯洛伐克，粗暴干涉一个主权国家的内政，事后又提出以"社会主义大家庭论"和"有限主权论"著称的勃列日涅夫主义。这个事件，对美苏关系和中苏关系都有重要的影响。它表明，在美苏对峙的过程中，苏联渡过了内外政策的调整期，开始转守为攻。它同时也证明，苏联在苏中、苏蒙边界上陈兵百万，对中国存在着武装入侵的威胁。

在毛泽东看来，苏联侵捷事件表明，苏联已经蜕变为"社会帝国主义"国家，即口头上的社会主义，实际上的帝国主义，因而比美国更富有侵略性和冒险性。这证明了他在20世纪60年代中期提出的判断：中国国家安全的最大威胁，很可能来自北方。

从这时起，毛泽东反复向外宾谈论爆发新的世界大战的可能性问题。

1968年10月5日，毛泽东在同阿尔巴尼亚国防部长巴卢库的谈话中说：看来整个世界还是要乱，因为存在着矛盾，存在着斗争。问题是怎么个乱法，现在很难说。打世界大战？这是一种乱法。不打世界大战，打局部战争，也是一种乱法。[1]他还表示，我们是不希望打的。但他们要打，我们也只好打。

同年11月28日，毛泽东还向澳大利亚共产党（马列）主席希尔提出世界战争的危险性问题。他认为：现在既不打仗，又不革命，这种状态不会维持很久了。他还说："要打仗，美国、苏联这两个大国可以打，其次是日本、西德、意大利这些原先的战败国。至于英国和法国，它们不大想打。"他认为："第二次世界大战以后的情况好像比第一次世界大战以后的情况有些不同。不晓得这些看法对不对。第二次世界大战后，战败国脱离不了战胜

---

[1]　逄先知、冯蕙主编：《毛泽东年谱（1949—1976）》第6卷，中央文献出版社2013年版，第203页。

国，不但在财政方面和投资方面，而且在国际政治和军事方面也脱离不了战胜国。""世界上两个大国，它们不但有常规武器，而且有原子弹，这个东西不大好碰，它们自己也知道。赫鲁晓夫的理论是原子战争打起来就会毁灭地球，没有战胜者。美国也这么说。"①

此刻，毛泽东比以往任何时候都强烈地意识到美苏联手、南北夹击对中国可能造成的严重威胁，并对外交指导思想中的"左"倾错误认真反思。

1969年3月22日，毛泽东在同中央文革小组碰头会成员及陈毅、李富春、李先念、徐向前、聂荣臻、叶剑英等人的谈话中说："缓和一点好，我们现在孤立了，没有人理我们了。"②直言不讳地表达了他的忧虑。

1970年7月13日，他在会见法国政府代表团时表示：在有些问题上，我们这类国家夹在两个大国之间。还说："现在这个世界上不大安宁。热爱独立是一件事，别人总要干扰你又是一件事。"③

毛泽东也敏锐地看出，美苏争夺势力范围的矛盾不可调和，并且看到美国全球战略的致命弱点，即兵力过于分散。1968年11月17日，他在会见越南总理范文同时说："现在美国又是过去的做法，把兵力过于分散了。这不只是我们这样说，就是尼克松也这样说。它不但在美洲、欧洲把兵力分得这么散，就是在亚洲也是把兵力分散的。"④

毛泽东从美国的战略弱点中，看到了中国外交的突破口。1972年7月24日，他在召集周恩来等人谈国际问题时说："现在，包括美国、英国、法国、西德都想推动苏联向东，推苏向华，西方无战事就好。""苏联是声东击

---

① 《建国以来毛泽东军事文稿》下卷，军事科学出版社、中央文献出版社2010年版，第349、350、351页。

② 逄先知、冯蕙主编：《毛泽东年谱（1949—1976）》第6卷，中央文献出版社2013年版，第237页。

③ 《建国以来毛泽东军事文稿》下卷，军事科学出版社、中央文献出版社2010年版，第367页。

④ 《建国以来毛泽东军事文稿》下卷，军事科学出版社、中央文献出版社2010年版，第346页。

西，口里讲是整中国，实际上是向欧洲和地中海。""在两个超级大国之间可以利用矛盾，就是我们的政策。两霸我们总要争取一霸，不两面作战。"[①] 这反映出，毛泽东正在考虑如何建立中国外交新格局。

珍宝岛事件后，毛泽东采取的第一个重大战略调整，是把制止苏联的大规模武装入侵作为战略防御的中心任务，完成了战备重点从向南防御到向北防御的转移。

1969 年 3 月 15 日，毛泽东听取周恩来等关于珍宝岛自卫反击战等情况汇报时，谈到如何对付苏联可能发动的侵略战争。他说："东北、华北、西北要准备苏联进来，南方各省要准备美国来。他们没有来，我们做好了准备；他们真的来了，我们也不吃亏。没有准备就要吃亏。"[②]

与此同时，1969 年 5 月 24 日，中国政府在关于中苏边界问题的声明里，重申中国政府历来主张通过外交途径谈判解决边界问题，在解决前维持边界现状，避免冲突。

9 月 11 日，中国总理周恩来同苏联部长会议主席柯西金会晤。10 月 20 日，中苏边界谈判正式开始。这是历时最长的边界谈判。两国政府对这次谈判都给予了足够的注视。苏联代表团团长是外交部副部长库兹涅佐夫，中国代表团团长是外交部副部长乔冠华。

与此同时，根据两国总理在首都机场达成的协议，互派了大使，恢复年度贸易谈判。这些努力，对于缓和中苏两国的紧张关系，起到一定的积极作用。但是，苏联在中苏边境上对中国保持巨大的军事压力的局面，并没有根本改观。

毛泽东清楚地知道，要想缓解苏联对中国国家安全的威胁，还必须依靠另外一个战略方向上的努力。打开中美关系正常化的大门，是毛泽东从国家

---

① 逢先知、冯蕙主编：《毛泽东年谱（1949—1976）》第 6 卷，中央文献出版社 2013 年版，第 441 页。

② 《建国以来毛泽东军事文稿》下卷，军事科学出版社、中央文献出版社 2010 年版，第 356 页。

安全的利益出发，作出的又一个至关重要的战略调整。这方面的努力，实际上在珍宝岛事件之前已经着手进行。

毛泽东为打开中美关系正常化大门所做的第一个努力，是委托陈毅、徐向前、聂荣臻、叶剑英研究国际问题和中美关系。

1969 年 2 月 19 日，毛泽东召集中央文革碰头会成员和陈毅、李富春、李先念、徐向前、聂荣臻、叶剑英等开会。他提议说：你们几位老总研究一下国际问题，由陈毅挂帅，徐向前、聂荣臻、叶剑英参加。国际问题有些怪，美英报纸经常吹苏联要出问题，苏联要在远东搞演习，又不声张。还有我们从来不理什么承认不承认的问题。最近意大利、加拿大要承认我们，蒋介石有些慌，日本有些不安。日本人民对日本政府跟美国走不高兴。研究国际问题要注意那一些我们不注意的国家。①

4 位元帅的研究，从 3 月开始，到 10 月结束。他们得出的结论是：中苏矛盾大于中美矛盾，美苏矛盾大于中苏矛盾，反华大战不致轻易发生。② 我们要从战略上利用美苏矛盾，有必要打开中美关系，这就必须采取相应的策略。在华沙会谈恢复时，我们主动重新提出举行中美部长级或更高级别的会谈，协商解决中美之间的根本性问题和有关问题。③ 这为中共中央和毛泽东下决心打开中美关系的大门，提供了科学的依据。

就在此时，美国尼克松政府进一步作出了松动中美关系的姿态。1969 年 7 月 21 日，美国政府宣布取消某些对华贸易管制，放宽对去中国旅行的限制。

同年 12 月，美国驻波兰大使奉尼克松之命，提议恢复中美大使级会谈。

---

① 逄先知、冯蕙主编：《毛泽东年谱（1949—1976）》第 6 卷，中央文献出版社 2013 年版，第 230 页。

② 军事科学院编：《叶剑英年谱（1897—1986）》（下），中央文献出版社 2007 年版，第 983 页。

③ 中共中央党史研究室著：《中国共产党历史》第 2 卷（1949—1978）下册，中共党史出版社 2011 年版，第 886 页。熊向晖：《我的情报与外交生涯》（增订新版），中共党史出版社 2005 年版，第 195 页。

毛泽东得知此事，立即批准恢复华沙会谈。1970 年 1 月 20 日，中断两年多的中美大使级会谈得以恢复。

美国总统尼克松还于 1969 年 3 月上旬向法国总统戴高乐表示，他决定同中国对话，希望戴高乐向中国领导人转达他对改善对华关系的愿望。

1970 年 10 月 25 日，尼克松在华盛顿白宫会见前来参加联合国成立 25 周年庆祝活动的巴基斯坦总统叶海亚·汗，请他在访华时向中国领导人传话，表示有必要与中国重开谈判，美国不会同苏联合谋反对中国，愿意派一位高级使节前往中国。① 同时，还向罗马尼亚总统齐奥塞斯库传递了同样的口信。

11 月 10 日，叶海亚·汗访华期间同周恩来单独会谈时，转达了尼克松的口信。11 月 14 日，周恩来在同叶海亚·汗第五次单独会谈时，口头答复说：如果美方真有解决台湾问题的愿望和办法，中国政府欢迎美国总统派特使来北京商谈，时机可通过巴基斯坦总统商定。②

11 月 21 日，周恩来会见来华访问的罗马尼亚部长会议副主席勒杜列斯库。勒杜列斯库受齐奥塞斯库委托，再次转达尼克松的口信。周恩来作了同样的口头回复。

基辛格收到周恩来的口头答复后，于 12 月 16 日通过巴基斯坦转来了给周恩来总理的回信。回信中说："美国政府相信，就促成更高级别的谈判一事在北京开始商谈是很有益处的。在北京的会谈不要仅限于台湾问题，而应包括旨在改善我们两国之间的关系和缓和紧张气氛的其他步骤。然而，至于美国在台湾的军事存在，你应该了解，美国政府的政策是，随着远东和太平

---

① 《会谈备忘录》(1970 年 10 月 25 日)，见陶文钊主编：《美国对华政策文件集（1949—1972）》第 3 卷下册，世界知识出版社 2005 年版，第 1060—1062 页。

② 力平、马芷荪主编：《周恩来年谱（1949—1976）》下卷，中央文献出版社 1997 年版，第 410—411 页。

洋地区的紧张局势的缓和，逐步削减其在这一地区的军事存在。"①

这样，横亘于中美关系中间的一大障碍——台湾问题，第一次有了在两国高层之间商谈的可能。

与此同时，中国方面也传递了积极的信号。

1970年7月10日，中国政府宣布释放在押的美籍犯人华理柱主教。他曾因间谍罪于1960年被判20年有期徒刑。

同年10月1日，毛泽东邀请美国作家埃德加·斯诺夫妇在天安门城楼上参加中华人民共和国国庆典礼。

毛泽东在1970年12月18日同埃德加·斯诺的谈话中，明确表示，要解决中美关系问题，就得同美国的当权派谈。他说："他（指尼克松）早就到处写信说要派代表来，我们没有发表，守秘密啊！他对于波兰华沙那个会谈不感兴趣，要来当面谈。所以，我说如果尼克松愿意来，我愿意和他谈，谈得成也行，谈不成也行，吵架也行，不吵架也行，当作旅行者来谈也行，当作总统来谈也行。总而言之，都行。"②这种不拘细节豁达的态度，实际上向美方敞开了中方的大门。据尼克松说："毛的这些话，我们在几天后就知道了。"③

1971年1月11日，罗马尼亚驻美大使向基辛格转交了周恩来致美方的信件。信中表示欢迎美国特使来北京，并说"这封短信已经过毛主席和林彪副主席审阅"。周恩来在补充说明中，首次表示欢迎尼克松总统访华。④

这以后，中美之间的秘密接触受到美国在越南继续扩大战争的影响，短时期陷于停顿。

---

① 陶文昭主编:《美国对华政策文件集（1949—1972）》第3卷下册，世界知识出版社2005年版，第1068页。王泰平主编:《中华人民共和国外交史》第3卷（1970—1978），世界知识出版社1999年版，第351页。

② 《毛泽东文集》第8卷，人民出版社1999年版，第436—437页。

③ 《尼克松回忆录》(中)，裘克安等译，世界知识出版社2001年版，第657页。

④ 陶文昭主编:《美国对华政策文件集（1949—1972）》第3卷下册，世界知识出版社2005年版，第1069、1070页。

1971 年 4 月，毛泽东批准邀请美国乒乓球队访华，并亲自导演了一场"乒乓外交"，用"小球"推动了"大球"。

1971 年 3 月 28 日至 4 月 7 日，第 31 届世界乒乓球锦标赛在日本名古屋举行。由于这是中国体育代表团在"文化大革命"开始以来首次出国，参加国际赛事，所以格外引人注目。3 月 15 日，毛泽东批准了周恩来报送的关于中国乒乓球队赴日本名古屋参加第 31 届世界锦标赛的请示报告。还特意批示："我队应去，并准备死几个人。不死更好。要一不怕苦，二不怕死。"[1] 在请示报告中，提出了"友谊第一，比赛第二"的口号。

3 月 21 日，中国乒乓球代表团抵达日本名古屋。当时，毛泽东正在领导同林彪集团的斗争，仍要身边工作人员每天把国外各通讯社对中国乒乓球代表团的反应，逐条讲给他听。足见中美关系在他心目中的地位。

就在第 31 届世界乒乓球锦标赛上，发生了戏剧性的一幕。4 月 4 日上午，美国乒乓球代表团的一名选手科恩，在走过中国乒乓球代表团乘坐的汽车时，中国选手主动招手要他上车，一同前往赛场。在车上，中国运动员们同科恩交谈，庄则栋还把一幅绣着中国风景的织锦送给科恩。到了体育场，他们还一起合影留念。第二天上午，科恩又向庄则栋回赠了纪念品。这一具有象征意义的事情，经共同社、美联社、法新社等新闻媒体报道，成为这届锦标赛的爆炸性新闻。

在此期间，美国乒乓球队向中方提出访问中国的请求。[2]4 月 3 日，外交部、国家体委就是否邀请美国乒乓球队访问中国问题，写报告给周恩来，认为目前时机还不成熟。4 日，周恩来表示赞同这个意见，并报送毛泽东。

这件事，颇令毛泽东踌躇。4 月 6 日，他先是圈阅了这个报告。4 月 7

---

[1] 逢先知、冯蕙主编：《毛泽东年谱（1949—1976）》第 6 卷，中央文献出版社 2013 年版，第 373 页。

[2] 在此之前，中国方面已先后邀请参加第 31 届世界乒乓球锦标赛的加拿大乒乓球代表团和英格兰乒乓球代表团来华访问。美国乒乓球代表团成员、美国乒乓球协会国际委员会主席拉福德·哈里森，向中国乒乓球代表团秘书长宋中表示希望访问中国。熊向晖著：《我的情报与外交生涯》（增订新版），中共党史出版社 2005 年版，第 239 页。

日晨，又让身边工作人员给外交部打电话，告知邀请正在日本名古屋参加第31届世界乒乓球锦标赛的美国乒乓球队访问中国。① 事后，他在6月3日同来访的齐奥塞斯库说："我们最近打了一个乒乓球过去。"②

这个消息传到名古屋，名古屋盛传这一震动世界的消息，超过第31届世界乒乓球锦标赛的报道。

尼克松在回忆录里这样写道：

> 3月15日国务院宣布取消对使用美国护照去中国大陆旅行的一切限制。4月6日，谁都没有料到出现了一个突破：美国驻东京大使馆报告说，在日本参加世界锦标赛的美国乒乓球队接到了去中华人民共和国访问，以便进行几场表演赛的邀请。

> 这个消息使我又惊又喜。我从未料到对华的主动行动会以乒乓球队访问的形式求得实现。我们立即批准接受邀请，中国方面作出的响应是发给几名西方记者签证以采访球队的访问。

> 4月14日，我宣布结束已存在20年的对我们两国间贸易的禁令。我还下令采取一系列新的步骤，放宽对中华人民共和国的货币和航运管制。同一天在北京，周恩来亲自欢迎了我们的乒乓球运动员。③

4月14日，周恩来会见应邀访问中国的美国、加拿大、哥伦比亚、英格兰、尼日利亚的乒乓球代表团。在同美国乒乓球代表团谈话时，周恩来表示："你们这次应邀来访，打开了两国人民友好往来的大门。"④

这以后，为中美高层接触的准备工作，进入了实质性阶段。

4月21日，周恩来通过中国驻巴基斯坦大使馆，将一个给尼克松总统

---

① 逄先知、冯蕙主编：《毛泽东年谱（1949—1976）》第6卷，中央文献出版社2013年版，第373页。
② 逄先知、冯蕙主编：《毛泽东年谱（1949—1976）》第6卷，中央文献出版社2013年版，第383页。
③ 《尼克松回忆录》（中），裴克安等译，世界知识出版社2001年版，第658页。
④ 力平、马芷荪主编：《周恩来年谱（1949—1976）》下卷，中央文献出版社1997年版，第451页。

的口信，转交给巴基斯坦方面。这个口信说："要从根本上恢复中美两国关系，必须从中国的台湾和台湾海峡地区撤走美国一切武装力量。而解决这一关键问题，只有通过高级领导人直接商谈，才能找到办法。因此，中国政府重申，愿意公开接待美国总统特使如基辛格博士，或美国国务卿甚至美国总统本人来北京直接商谈。"①4月24日，叶海亚·汗总统将这个口信转达给尼克松。

4月29日，尼克松总统获知此信，马上口头表示同意。5月17日，他请美国驻巴基斯坦大使转达如下意见："为了解决两国之间那些分歧问题，并由于对两国关系正常化的重视，他准备在北京同中华人民共和国诸位领导进行认真交谈，双方可以自由提出各自主要关心的问题。"他还建议说："由基辛格博士同周总理或另一位适当的中国高级领导官员举行一次秘密的预备性会谈。"还提出了时间上的建议："基辛格在6月15日以后去中国。"②

五天以后，5月22日，尼克松为避免误会，又补充口信说：美国总统5月20日发表的关于美苏两国政府同意在今年内制定出一个限制反弹道导弹系统的部署的协定，决不会影响美国总统的政策，这个政策是不签订针对中华人民共和国的协定。③

这样，中美双方的秘密磋商又向前推进了一步，不仅大体确定了会谈的主要内容，而且确定了会谈的层次、步骤和"秘密的预备性会谈"的大致时间。在这种情况下，中国方面就需要确定一个关于中美会谈的预案。

5月23日，根据毛泽东的意见，周恩来主持召开中共中央政治局会议，讨论了中美关系，确定了同尼克松会谈的原则立场。会后，周恩来根据讨论情况起草了《中共中央政治局关于中美会谈的报告》，并经毛泽东审阅批准。

① 力平、马芷荪主编：《周恩来年谱（1949—1976）》下卷，中央文献出版社1997年版，第452—453页。
② 王泰平主编：《中华人民共和国外交史》第3卷（1970—1978），世界知识出版社1999年版，第352—353页。
③ 王泰平主编：《中华人民共和国外交史》第3卷（1970—1978），世界知识出版社1999年版，第353页。

报告回顾了自第二次世界大战以来中美关系演变的过程，估计了同基辛格的预备会谈和尼克松访华一事可能出现的各种情况，并拟出相应的对策。报告还有针对性地回答了一些对中美会谈存有疑虑的问题。

报告提出中美会谈的八点方针，主要内容是：（一）美国一切武装力量和专用军事设施，应规定期限从中国的台湾和台湾海峡地区撤走，这是恢复中美两国关系的关键问题。这一条如不能事先有原则商定，尼克松的访问就有可能推迟。（二）台湾是中国领土，解放台湾是中国内政，外人不容干预。要严防日本军国主义在台湾的活动。（三）我力争和平解放台湾，对台工作要认真进行。（四）坚决反对进行"两个中国"或"一中一台"的活动。如美利坚合众国欲与中华人民共和国建交，必须承认中华人民共和国是代表中国的唯一合法政府。（五）如因一、二、四这三条尚未实现，中美不便建交，可在双方首都建立联络机构。（六）我不主动提联合国问题，如美方提到联合国问题，我可明确告以我绝不能接受"两个中国"或"一中一台"的安排。（七）我不主动提中美贸易问题，如美方提及此事，在美军从台湾撤走的原则确定后，可进行商谈。（八）中国政府主张美国武装力量应从印度支那三国、朝鲜、日本和东南亚有关各国撤走，以保证远东和平。[①]

就在中国方面研究会谈方案的时候，尼克松与基辛格度过了忐忑不安的两个星期。据尼克松回忆："我们等待了将近两个星期，不知道在北京进行着怎样的决策过程。"[②]

5月31日，中国政府请叶海亚·汗总统转告尼克松总统正式答复的口信。大意是：周恩来总理认真研究了尼克松1971年4月29日、5月17日和5月22日的口信，并向毛主席报告了尼克松总统准备接受他的建议访问北京，同中国领导人直接会谈。毛主席表示，他欢迎尼克松总统来访，周恩来总理欢迎基辛格博士来华作一次秘密的预备性会谈，为尼克松访华作准备工

---

① 中共中央党史研究室著：《中国共产党历史》第2卷（1949—1978）下册，中共党史出版社2011年版，第889—890页。

② 《尼克松回忆录》（中），裴克安等译，世界知识出版社2001年版，第661页。

作并进行必要的安排，时间可在 6 月 15 日到 20 日之间。①

两天后的晚上，尼克松收到了由巴基斯坦政府用外交邮袋封好了的这封信。尼克松回忆说："我读完时基辛格说：'这是第二次世界大战结束以来美国总统所收到的最重要的信件。'""将近一个小时，我们谈了对华主动行动——它对美国可能意味着什么，以及我们必须如何灵活处理，以免失去主动。快到半夜我们才注意到时间，基辛格起身告辞。"此时，他们才想起，要为这个历史时刻干杯。②

6 月 4 日，尼克松回信，表示："尼克松总统盼望有机会与中华人民共和国领导人亲自交换意见。"关于基辛格来华的时间安排，回信提出："由于时间太紧，加上需要为此次出行寻找合适的借口，基辛格博士现在发现他不可能在 7 月的第一个星期之前离开华盛顿。因此，尼克松总统建议基辛格博士于 7 月 9 日到中国，7 月 11 日离开，乘坐巴基斯坦的波音飞机直接飞往和飞离中国人指定的机场。"还表示："基辛格博士将被授权就他返回美国后有可能发表的一份联合公报进行讨论。"③

基辛格秘密访华在即，周恩来于 7 月初拟定了《中美预备性会谈中几个关键问题》。7 月 4 日，他把这个报告连同两个公告初稿，一起报送毛泽东。毛泽东很快批复同意。报告提出：中美预备性会谈中几个关键问题是：（一）美国承认中华人民共和国与蒋帮地位问题。我方必须揭穿"台湾归属未定论"的阴谋。（二）美国同意从台湾和台湾海峡撤兵与解放台湾问题。（三）恢复我国在联合国合法权利与蒋帮代表权问题。只要蒋帮代表中国或只代表台湾留在联合国，我方决不进入。（四）五核大国会议问题。中国不赞成苏联提

---

① 王泰平主编：《中华人民共和国外交史》第 3 卷（1970—1978），世界知识出版社 1999 年版，第 353—354 页。

② 《尼克松回忆录》（中），裘克安等译，世界知识出版社 2001 年版，第 662—663 页。

③ 陶文昭主编：《美国对华政策文件集（1949—1972）》第 3 卷下册，世界知识出版社 2005 年版，第 1069—1086 页。尼克松回信的日期，确定为 1971 年 6 月 4 日，见王泰平主编：《中华人民共和国外交史》第 3 卷（1970—1978），世界知识出版社 1999 年版，第 354 页。

议的五核大国会议。（五）美国从印度支那、南朝鲜、日本和东南亚撤兵问题。（六）设美国谈判机构问题。（七）尼克松访华及预发公告问题。①

7月9日，北京时间12时15分，基辛格乘坐的飞机抵达北京南苑机场。②从这天下午至7月11日，周恩来和基辛格共举行六次会谈，着重谈了台湾问题和尼克松总统访华时间等问题，还共同商定了公告。双方约定，公告于北京时间7月16日上午10时30分同时公布。双方还商定，今后以巴黎为联系地点，中美华沙大使级会谈不再恢复。③

中美公告一经发布，震惊了全世界。

10月20日至26日，基辛格再次访华。不同的是，这次访华是乘坐总统专机空军一号公开来华，也带有试航的性质。10月20日，经过上海，抵达北京。

从10月21日起，双方分组进行会谈。周恩来与基辛格单独谈实质性问题，总理助理熊向晖同美国国务院代表詹金斯谈一般关系问题，公安部副部长于桑同美方负责保卫、通讯等问题的会谈。

周恩来同基辛格进行了10次会谈。前5次谈形势政策，后5次谈尼克松访华时的联合公报草案。双方商定，尼克松访华开始日期为1972年2月21日。双方还就印度支那、台湾、朝鲜、日本、南亚次大陆等问题交换看法。从10月24日起，双方讨论联合公报草案。周恩来否定了美方于22日提出的联合公报草案，建议明确写出双方的分歧，同时也写出双方的共同点。毛泽东也同意"各说各的"。10月26日，双方就联合公报草案基本达成协议，只是在台湾问题上僵持不下，只能留待尼克松总统访华时进一步

① 逄先知、冯蕙主编：《毛泽东年谱（1949—1976）》第6卷，中央文献出版社2013年版，第385—386页。
② 军事科学院编：《叶剑英年谱（1897—1986）》（下），中央文献出版社2007年版，第997页。
③ 王泰平主编：《中华人民共和国外交史》第3卷（1970—1978），世界知识出版社1999年版，第354—356页。

商讨。①

此时，又发生了一件意想不到的事情。就在基辛格登上专机离开北京之时，纽约时间10月25日，第26届联合国大会以76票赞成、35票反对、17票弃权的压倒多数，通过了恢复中华人民共和国在联合国合法席位的提案。

就在前一年的11月20日，第25届联合国大会在就恢复中国在联合国的合法席位进行表决时，赞成票第一次超过了反对票。尽管这次表决因为没有得到超过三分之二的赞成票而未获通过，但是，中国在世界上的影响迅速增强，已成为无可争议的事实。

第26届联合国大会的表决结果，表达了第三世界国家的普遍愿望，也代表了相当一部分发达国家要求中国加入国际社会的希望。毛泽东深有感触地说，不要忘记，是那些"穷朋友"把我们抬进联合国的。

1972年1月3日至10日，美国总统国家安全事务副助理亚历山大·黑格带先遣组来华，为尼克松总统访华作技术安排。

1月4日凌晨，周恩来会见黑格。黑格带来尼克松和基辛格的口信："苏联政府决定迅速地、大幅度改变对次大陆的政策，他们企图树立一些你们的敌人或敌人的代理人包围中华人民共和国。"美国认为，中国的"生存能力"受到威胁，美国要"维护"中国的"独立和生存能力"。还说，希望尼克松总统访华"加强总统的世界领袖形象，这对我们都是有利的"。②

会谈结束后，周恩来立即嘱咐熊向晖起草《对美方口信的答复》，并亲自到毛泽东处做了汇报。

两天后，1月6日中午，毛泽东约见周恩来、叶剑英。周恩来把《对美

---

① 王泰平主编:《中华人民共和国外交史》第3卷（1970—1978），世界知识出版社1999年版，第357—358页。力平、马芷荪主编:《周恩来年谱（1949—1976）》下卷，中央文献出版社1997年版，第490—491页。

② 王泰平主编:《中华人民共和国外交史》第3卷（1970—1978），世界知识出版社1999年版，第359页。

方口信的答复》稿交毛泽东审阅。毛泽东说：好，我看可以给他讲。讲了以后，无非是吹了。他二十二年都没有来，再等一百年嘛！你不顶他一下，他就不舒服。总而言之，无非是吹了。我看啊，过不了几年他还是要来的。

周恩来问：联合公报草案，除台湾问题外，美方没提，是不是就不动了？毛泽东说：就不动，要动就动一点，把人民要进步改成人民要革命。他们就是怕革命，他们愈怕，我们愈要提。其实这个公报没把基本问题写上去。基本问题是，无论美国也好，中国也好，都不能两面作战。口头上说两面、三面、四面、五面作战都可以，实际上就是不能两面作战。当然写进去也不好喽！①

周恩来于当晚 11 时半同黑格进行第二次会谈，按照《对美方口信的答复》作了答复。中方《对美方口信的答复》的要点是：（一）随着中美领导人会谈的临近，某些敌对势力不断加紧破坏，中国对此已有准备。（二）尼克松访华《公告》发表后，苏联在欧、亚的动作更暴露出它的扩张主义的面目，次大陆也将从此动荡不已。（三）在越南问题上，中美之间有根本分歧，美国现行对越政策对于总统访华也带来不利因素。（四）美方对中国的"生存能力"表示怀疑，并声称要"维护"中国的"独立"和"生存能力"的说法，令人惊讶。中国认为，任何国家绝不能靠外力维护其独立和生存，否则只能成为别人的保护国或殖民地。社会主义的新中国是在不断抗击外来侵略和压迫的斗争中诞生和成长起来的，并一定会继续存在和发展下去。（五）中美关系并未正常化，但中国方面将以应有的礼仪接待尼克松总统，并将为谋求中美高级会谈取得积极成果作出自己的努力。（六）关于台湾问题，中方在公报草案中已尽力照顾到美方的困难。在这个问题上，中国人是有着非常强烈的感情的。如果美方真有改善中美关系的愿望，就应该对中美关系的这个

---

① 逄先知、冯蕙主编：《毛泽东年谱（1949—1976）》第 6 卷，中央文献出版社 2013 年版，第 422 页。

关键问题采取解决问题的积极态度。①

在同黑格的会谈中，周恩来还表示："我们早已说过，我们准备敌人从四面八方打进来，不惜承担最大的民族牺牲，奋斗到底，为人类进步事业作出贡献。事实已经证明并将继续证明，一切妄图孤立、包围、遏制、颠覆中国的阴谋都只能以可耻的失败告终。"针对希望尼克松总统访华"加强总统的世界领袖形象"的说法，周恩来表示："一个人的形象取决于他自己的行动，而不是任何其他因素。我们从不认为有什么自封的世界领袖。"他还告诉黑格："我们有我们的自尊心，你们有你们的自尊心，要互相尊重，这才是平等。"②

这次坦诚的交锋，为尼克松成功访华，奠定了彼此平等尊重的基础。

1972年2月21日至28日，美国总统尼克松在中美之间尚未建立正式外交关系的情况下，访问中国。这是对自中华人民共和国成立后美国政府长期对华孤立封锁遏制政策的解冻。

2月21日上午11时30分，尼克松总统的专机抵达首都机场。尼克松走下舷梯，主动伸出手来，同迎候在那里的周恩来握手。尼克松后来回忆说："当我们的手相握时，一个时代结束了，另一个时代开始了。"③

遗憾的是，一个重要的牵线人，没能等到这一刻。六天前，2月15日，埃德加·斯诺因病在瑞士去世。他重病期间，毛泽东专门派了中国医疗小组协助护理。去世后，毛泽东于2月16日发去唁电，称："斯诺先生是中国人民的朋友。他一生为增进中美两国人民之间的相互了解和友谊进行了不懈的努力，作出了重要的贡献。"④

当天下午2时40分至3时50分，毛泽东在中南海游泳池住处会见尼克

① 逄先知、冯蕙主编：《毛泽东年谱（1949—1976）》第6卷，中央文献出版社2013年版，第423页。

② 王泰平主编：《中华人民共和国外交史》第3卷（1970—1978），世界知识出版社1999年版，第359、360页。

③ 《尼克松回忆录》（中），裘克安等译，世界知识出版社2001年版，第672页。

④ 《人民日报》1972年2月17日第1版。

松，周恩来、基辛格在座。这是中华人民共和国成立后中美两国最高领导人的首次会晤。

就在 9 天前，2 月 12 日，毛泽东突然休克，经抢救后苏醒。此时，他的身体还没有复原。原定的会见时间只有 15 分钟，实际上谈了 1 个小时 10 分钟。

据尼克松回忆："尽管毛说话有些困难，他的思绪显然像闪电一样敏捷。"他在日记中写道："我们被引进一个陈设简单、放满了书籍和文稿的房间。在他座椅旁边的咖啡桌上摊开着几本书。他的女秘书扶他站起来。我同他握手时，他说，'我说话不大利索了。'""他伸出手来，我也伸出手去，他握住我的手约一分钟之久，这一动人的时刻在谈话记录里大概没有写进去。"①

这次历史性的会见，是这样开始的：

毛泽东（以下简称毛）：昨天你在飞机上给我们出了一个难题，说是我们几个要吹的问题限于哲学方面。（众笑）

尼克松（以下简称尼）：我之所以这样说，是因为读了主席的诗词和讲话，我知道主席是一位思想深刻的哲学家。

毛：他（指基辛格）是博士。

尼：他是一位思想博士。

毛：（指基辛格）今天主讲要请他，博士，philosopher，哲学博士。

尼：他是一位哲学专家。

基辛格：我过去在哈佛大学教书时，指定我的学生要读主席的选集。

毛：我那些东西算不得什么。

尼：主席的著作感动了全国，改变了世界。

毛：没有改变世界，只改变了北京附近几个地方。

---

① 《尼克松回忆录》（中），裴克安等译，世界知识出版社 2001 年版，第 674、673 页。

接着，毛泽东谈到了台湾问题。

　　毛：我们共同的老朋友，就是说蒋介石委员长，他不赞成。他说我们是"共匪"，他最近还发表了一篇讲话。

　　周恩来（以下简称周）：就是在他们最近召开的"国会"上。

　　尼：蒋介石把主席叫做"共匪"，主席把他叫做什么呢？

　　周：我们一般叫蒋介石集团，新闻里面有时也叫匪。

　　毛：那还不是匪？彼此叫匪，互相对骂。其实，我们跟他做朋友的时间比你们跟他做朋友的时间长得多。

　　周：从1924年开始。

会谈中还谈到美国总统竞选。

　　毛：讲老实话，民主党如果再上台，我们也不能不同它打交道。你当选我是投了一票的。

　　尼：我想主席投我一票，是在两个坏东西中间选择好一点的一个。

　　毛：我是喜欢右派，人家说你们是右派，你们共和党是右派，说英国的希思首相是右派，说西德的基督教民主党也是右派。我是喜欢右派，比较高兴这些右派当政。

会谈中还涉及中美关系正常化等话题。毛泽东在谈话中表示：来自美国方面的侵略，或者来自中国方面的侵略，这个问题比较小，也可以说不是大问题，因为现在不存在我们两个国家互相打仗的问题。你们想撤一部分兵回国，我们的兵也不出国。可是我们两家也怪得很，过去二十二年总是谈不拢，现在的来往从打乒乓球算起只有十个月，如果从你们在华沙提出建议时算起，有两年多了。我们办事也有官僚主义。你们要搞人员往来这些事，要搞点小生意，我们就死也不肯。十几年，说是不解决大问题，小问题就不干，包括我在内。后来发现还是你们对，所以就打乒乓球。

谈话又回到开始时的"哲学"话题。

　　尼：主席先生，我知道，我多年来对中华人民共和国的立场，是主席和总理所完全不同意的。我们现在走在一起来了，是因为我们承认存在着一个新的世界形势。我们承认重要的不是一个国家的对内政策和它的哲学，重要的是它对世界上其他国家的政策以及对于我们的政策。

毛：就是啰。

尼：……当我们看到美国和中国这两个伟大的国家时，我们知道中国并不威胁美国的领土。

毛：也不威胁日本和南朝鲜。

周：任何国家都不威胁。

尼：我们也不威胁别人，我想你们也知道美国对于中国没有领土要求。我们知道中国也不想统治美国，我们认为你们也懂得美国不想统治中国。同时，我相信，当然你们可能不会相信，美国和中国都是伟大的国家，它们都不想统治世界。正因为我们这两个国家在这些重大问题上态度相同，所以我们相互并不构成威胁。因此，我们虽然有分歧，但是可以找到共同点来建立一个世界结构，一个我们都可以在其中安全地发展自己、各走各的路的结构。对世界上另外一些国家谈不上这一点。

对尼克松这一大段表白性的话，毛泽东显然不感兴趣。他问道："你们下午还有事情？现在几点了？"周恩来答："四点半开全体会，现在是三点三刻。"毛泽东说："吹到这里差不多了吧？"①

谈话结束时，毛泽东称赞尼克松的《六次危机》写得不错。

毛泽东坚持把客人送到门口。尼克松回忆道："毛陪我们走到门口。他拖着脚步慢慢地走。他说他身体一直不好。""'不过你气色很好。'我回答说。""他微微耸了耸肩说，'表面现象是骗人的。'"②

在双方的共同努力下，尼克松第一次中华人民共和国之行，圆满成功。

2月28日，中美联合公报在上海发表。两国政府郑重对全世界宣告：

---

① 以上谈话内容，见熊向晖著：《我的情报与外交生涯》（增订新版），中共党史出版社2005年版，第261—262、265、267、280、281页；逄先知、冯蕙主编：《毛泽东年谱（1949—1976）》第6卷，中央文献出版社2013年版，第427—428页。

② 《尼克松回忆录》（中），裘克安等译，世界知识出版社2001年版，第476、677页。

"中美两国的社会制度和对外政策有着本质的区别。但是，双方同意，各国不论社会制度如何，都应根据尊重各国主权和领土完整、不侵犯别国、不干涉别国内政、平等互利、和平共处的原则来处理国与国之间的关系。国际争端应在此基础上予以解决，而不诉诸武力和武力威胁。"

时光荏苒，往事如烟。许多承诺，早已从人们的记忆中褪去。下面这段话，则牢记在史册上："美国方面声明：美国认识到，在台湾海峡两边的所有中国人都认为只有一个中国，台湾是中国的一部分。美国政府对这一立场不提出异议。它重申它对由中国人自己和平解决台湾问题的关心。考虑到这一前景，它确认从台湾撤出全部美国武装力量和军事设施的最终目标。"①

更令人难忘的，是毛泽东最后留给尼克松的话："表面现象是骗人的。"

改变历史，需要果敢。创造历史，需要智慧。

---

① 《人民日报》1972年2月28日第1版。

二十、未了的心愿

> 只要蒋氏父子能抵制美国，我们可以同他合作。我们赞成蒋介石保
> 住金、马的方针，如果蒋介石撤退金、马，大势已去，人心动摇，很可
> 能垮。只要不同美国搞在一起，台、澎、金、马都可由蒋管，可管多少
> 年，但要让通航，不要来大陆搞特务。台、澎、金、马要整个回来。
>
> ——毛泽东：同曹聚仁等的谈话（1958 年 10 月 13 日）

使台湾再度回到祖国怀抱，是毛泽东的心愿。从新中国成立之日起，他
为之付出了许多努力。

台湾问题是中国解放战争的遗留问题。中国大陆解放后，毛泽东领导人
民解放军一直在为解放台湾做准备。然而，由于美国利用朝鲜战争爆发之
机，于 1950 年 6 月 27 日宣布派遣美国第七舰队侵入台湾海峡，阻止人民解
放军解放台湾，台湾问题日益被复杂化了。美国在台湾设立了海空军军事基
地，还派军事顾问帮助训练在台湾的国民党军。

1953 年 7 月，朝鲜停战协定签字。台湾在美国对华封锁遏制中的战略
地位进一步凸显，美国企图以"一中一台"或"两个中国"的方式，达到长
期控制台湾的目的。

同年 9 月，美国同台湾国民党当局签订《军事协调谅解协定》，规定由
美国负责国民党军队的整编、训练、监督和装备，如发生战争，国民党军队
的调动指挥，必须得到美国同意。协定规定的军事防区为台湾、澎湖、金
门、马祖、大陈等岛屿，并在台北成立由美国主持的"协调参谋部"。

毛泽东注意到这一动向，于 1953 年 12 月提出建设海军以解放台湾。他在 12 月 4 日中共中央政治局扩大会议上的讲话中提出：为了肃清海匪的骚扰，保障海道运输的安全，为了准备力量于适当时机收复台湾，最后统一全部国土，为了准备力量反对帝国主义从海上来的侵略，我们必须在一个较长时期内，根据工业发展的情况和财政的情况，有计划地逐步地建设一支强大的海军。①

当时，还有攻打金门的设想。但因大规模工业化建设刚刚起步，国家财政经费吃紧，不得不放弃这一计划。12 月 22 日，毛泽东审阅关于攻击金门作战费用的概算报告，批示："陈毅同志意见，目前不打金门为有利，否则很被动，且无攻克的充分把握。我同意此项意见。需费近五万亿元，无法支出，至少一九五四年不应动用如此大笔经费。"②

1954 年 4 月 26 日，解决朝鲜问题和印度支那问题的国际会议在日内瓦召开。日内瓦会议前后，美国策划组织针对中国的东南亚防务集团，并开始重新考虑同台湾当局缔结新的防御条约的问题。从 1954 年五六月开始，美国总统特使频繁赴台，同台湾当局商讨缔结所谓《共同防御条约》问题。这一动向，引起毛泽东的高度警惕。

1954 年 7 月 7 日，毛泽东主持召开中共中央政治局扩大会议，听取周恩来关于出席日内瓦会议以及访问印度、缅甸和举行中越会谈等问题的报告。毛泽东在讲话中提出：现在美国同我们关系中的一个重要问题就是台湾问题，这个问题是个长时间的问题。我们要破坏美国跟台湾订条约的可能。③

在第二天下午举行的一届全国政协常务委员会第 57 次扩大会议上，

---

① 逄先知、冯蕙主编：《毛泽东年谱（1949—1976）》第 2 卷，中央文献出版社 2013 年版，第 197 页。

② 逄先知、冯蕙主编：《毛泽东年谱（1949—1976）》第 2 卷，中央文献出版社 2013 年版，第 210 页。

③ 逄先知、冯蕙主编：《毛泽东年谱（1949—1976）》第 2 卷，中央文献出版社 2013 年版，第 256—257 页。

毛泽东还提出，建立东南亚和平区域，建立合作并发展它，订立互助条约或集体和平公约；争取建立国际和平统一战线。还说：为保护建设和工业化，没有外交阵营的发展是不可能的。[①]

这以后，毛泽东领导了保卫领海领空主权的斗争，并在国内开始进行反对美国组织所谓东南亚防务集团的宣传斗争。

7月27日，根据毛泽东的意见，邓小平起草了中共中央致周恩来电。当时，周恩来正在波兰访问。电报指出："最近一个时期美国与蒋介石正在商谈订立美蒋共同防御条约，以及美国不断增加对于台湾蒋匪的军事援助，这是值得我们十分注意的。根据公开的消息，美国对于订立美蒋共同防御条约一事，似乎还有顾虑，似乎还未下最后决心，而如果美蒋签订了一个这样的条约，则我们与美国的关系将会长期紧张下去，更难寻求缓和与转弯的余地。所以，击破美蒋共同防御条约和东南亚防御条约，乃是我们当前对美斗争的最中心的任务。"

电报认为应及时提出解放台湾的任务，指出："我们认为，在我国大陆解放战争胜利结束和朝鲜战争胜利停战之后，现在我们面前仍然存在一个战争，即对台湾蒋介石匪帮之间的战争，现在我们面前仍然存在一个任务，即解放台湾的任务。在朝鲜停战之后，我们没有及时（约迟了半年时间）地向全国人民提出这个任务，没有及时地根据这个任务在军事方面、外交方面和宣传方面采取必要的措施和进行有效的工作，这是不妥当的。如果我们现在还不提出这个任务，还不进行一系列的工作，那我们将犯一个严重的政治错误。提出这个任务的作用，不仅在于击破美蒋军事条约，而更重要的是可以提高全国人民的政治觉悟和政治警惕心，从而激发人民的热情，以推动国家建设任务的完成，并且可以利用这个斗争来加强我们的国防力量，学会海上斗争的本领。"

[①]　逄先知、冯蕙主编：《毛泽东年谱（1949—1976）》第 2 卷，中央文献出版社 2013 年版，第 257—258 页。

电报提出了今后在政治上和军事上的措施，指出："（一）在政治上，国内已开始了必须收复台湾和揭露美蒋的宣传，并且准备在你回京之后，以外交部长的名义就台湾问题发表一个公开的声明[①]，接着由各党派发表一个联合声明[②]，然后根据两个声明，在全国人民中进行广泛深入的长期经常的宣传教育工作。此外，我们正在组织专门对台湾的广播工作。""（二）在军事上，业已由军委发出专门指示，加强沿海对蒋匪的海空斗争，同时严格规定我海空军的作战目标只能限于蒋介石的军用飞机和军舰，对于美国飞机和军舰除了它们向我军攻击的情况之外，不许向它们作任何主动的攻击。""（三）鉴于我们与美蒋在沿海的斗争是一个很长期的事情，而我们的军队在海上斗争的能力和经验又极为缺乏的情况，加强海空军建设，成为我国军队建设的一个长期任务。我们的海军拟采取'先艇后舰'的建设方针，我们的空军必须学会在海上作战的本领。为了适应目前时期紧急斗争的需要，拟在今后三年内向苏联增加一批海空军装备的订货，军委已提出约五亿卢布的货单，在财政预算上没有困难，但在外汇上还须多想办法。此事拟在你回来后，再行斟酌决定。"[③]

这是一个重要的对台方针变化，其着眼点，在于阻止台湾问题国际化，阻止台湾成为美国的反华前沿军事基地。

此刻，美国频频出手进行试探，企图触碰中国政府在台湾问题上的底线。8月17日，美国总统艾森豪威尔宣布，要以第七舰队武装干涉中国。8月19日，美国太平洋舰队总司令率领6艘军舰侵入大陈岛一带海面。

9月3日、22日，人民解放军分两次惩罚性炮击金门，表达中国人民反对外来干涉、一定要解放台湾的决心。

[①] 1954年8月11日，周恩来在中央人民政府委员会第33次会议上作外交报告，宣布："解放台湾是中国的主权和内政，决不容许他国干涉。"

[②] 1954年8月22日，各民主党派各人民团体发表《为解放台湾联合宣言》。

[③] 逄先知、冯蕙主编：《毛泽东年谱（1949—1976）》第2卷，中央文献出版社2013年版，第262—264页。

12 月 2 日，美国政府不顾中国政府和人民的反对，同台湾当局签订了《共同防御条约》①。该条约规定：美国帮助台湾当局维持并发展武装部队；台湾遭到"武装攻击"时，"美国将采取行动"，对付"共同危险"；美国有在台湾、澎湖及其附近部署陆、海、空军的权利，还可扩及经双方认定的"其他领土"。1955 年 3 月 3 日条约生效。

在这种情况下，毛泽东正式批准陆海空三军协同作战解放一江山岛进而解放大陈岛的作战方案。

按照原先的作战设想，解放东南沿海岛屿的行动，是先收复金门、马祖，而后收复浙东沿海岛屿，最后解放台湾。1953 年 12 月，军委作战部部长张震两次提出先攻占大陈岛、再攻金门的建议，受到毛泽东的高度重视。② 根据毛泽东的批示精神，1954 年 1 月，华东军区提出陆海空三军联合攻打大陈岛的作战方案。随后，制定了先取一江山岛、再取大陈岛、相机攻取其他岛屿的具体作战计划。

大陈岛，是国民党军在浙东沿海岛屿的指挥中心，设有"大陈防卫区司令部"，总兵力约 2 万人。一江山岛是大陈岛的门户，地势陡峻，并有坚固的防御体系，易守难攻。人民解放军把首攻方向选在这里，可谓虎口拔牙。

1954 年 11 月 1 日，以年轻的海空军部队为先导，打响了解放大陈岛的第一阶段作战。经过两个多月的作战，基本掌握了战场区域的制空权和制海权。

1955 年 1 月 18 日，人民解放军发起一江山岛联合登陆作战。经过 10 个小时战斗，攻克一江山岛。

1 月 19 日起，美国政府先后派遣 6 艘航空母舰编队到大陈岛以东海面，以武力施压。1 月 19 日，美国总统艾森豪威尔呼吁联合国出面斡旋，"来停

---

① 这一条约在中美建交后被废除。1978 年 12 月 15 日，美国政府就美中建交发表的声明宣布，美台《共同防御条约》将予以终止。1980 年 1 月 1 日起该条约正式废除。
② 《中国人民解放军军史》第 5 卷，军事科学出版社 2011 年版，第 72—73 页；《建国以来毛泽东军事文稿》中卷，军事科学出版社、中央文献出版社 2010 年版，第 193 页。

止中国沿海的战斗"。^①1 月 24 日，艾森豪威尔在国会提出特别咨文，要求国会授权总统在必要时使用美国军队来保证中国领土台湾和澎湖列岛的安全。美国众议院和参议院分别于 1 月 25 日和 28 日通过紧急决议，批准了艾森豪威尔的要求。

就在艾森豪威尔国会演讲的同一天，1 月 24 日，周恩来发表《关于美国政府干涉中国人民解放台湾的声明》。

此后，1 月底至 2 月初，围绕台海紧张局势，在联合国安理会展开了一场外交斗争。在毛泽东指导下，周恩来通过各种渠道，阐明了中国政府的原则立场，指出紧张局势的根源在美国，中国政府不会同意蒋介石参加拟议中的国际会议。

与此同时，解放大陈岛的作战继续进行。1 月 30 日，向部队下达进攻大陈岛的作战预令。2 月 5 日，台湾当局决定从大陈岛等浙东沿海岛屿撤退。到 2 月 25 日，国民党守军在美国海空军掩护下，全部撤往台湾。浙东沿海岛屿全部解放。

通过这次军事与外交斗争，毛泽东摸到了美国同台湾当局签订《共同防御条约》的底，同时也鲜明地、毫不含糊地表明了中国政府的立场：在什么时候、以什么方式解决台湾问题，纯属中国内政，决不容许任何外国干涉。

与此同时，通过这次外交斗争，台湾地区局势引起国际社会关注，也由此带来了一线转机。1955 年 4 月 23 日，周恩来在万隆举行的亚非会议上，代表中国政府宣布："中国人民同美国人民是友好的，中国人民不要同美国打仗。中国政府愿意同美国政府坐下来谈判，讨论和缓远东紧张局势的问题，特别是和缓台湾地区的紧张局势问题。"^②这一声明，在国际社会产生强烈反响。印度、英国等国先后出面，积极为促成中美之间会谈进行外交斡旋。

---

① 裴坚章主编：《中华人民共和国外交史（1949—1956）》，世界知识出版社 1994 年版，第 339 页。

② 《周恩来外交文选》，中央文献出版社 1990 年版，第 134 页。

8月1日，首次中美大使级会谈在日内瓦举行。直到1957年12月12日，前后共举行过73次会议。后因美方企图单方面降低会谈级别，中美大使级会谈被迫中断。

这一时期，蒋介石国民党当局先是利用朝鲜战争、美国干涉中国解放台湾内政的机会，在台湾站住了脚跟。朝鲜战争结束后，又依靠同美国政府先后签订的《军事协调谅解协定》和《共同防御条约》，使自身安全得到保障。但是，随着美国对台湾的军事控制和政治控制逐渐加深，蒋介石同美国人之间逐渐产生了裂痕。特别是"吴国桢事件"和"孙立人事件"后，更强化了蒋介石对美国的戒备心态。

1955年亚非会议后，中国政府为和缓台湾地区紧张局势，作了很多努力。特别是1956年9月15日，刘少奇在中共八大政治报告中重申："我们愿意用和平谈判的方式，使台湾重新回到祖国的怀抱，而避免使用武力。如果不得已而使用武力，那是在和平谈判丧失了可能性，或者是在和平谈判失败以后。"[1]1957年4月16日，毛泽东借欢迎苏联最高苏维埃主席团主席伏罗希洛夫酒会这种外交场合，明确表示："我们还准备进行第三次国共合作"。[2]

"树欲静而风不止"。自美国政府同台湾当局签订《共同防御条约》后，美国对台湾的军事卷入日益加深。

1956年1月，双方又签订《美台军事协定》，美国派驻"协防台湾司令"，扩建军事基地，增加驻台海空军兵力。1957年5月，美国派遣可携带核弹头的"斗牛士"导弹部队进驻台湾。1958年3月，美军将设在台湾的多个军事机构合并，成立"美军驻台协防军援司令部"。美国还每年给台湾价值1.5亿至2亿美元的武器装备等，到1958年共援助飞机1117架。在美国支

---

[1]《建国以来重要文献选编》第9册，中央文献出版社1994年版，第95页。

[2]《人民日报》1957年4月17日第1版。报道的标题为《伏罗希洛夫主席在周总理举行的酒会上祝地球上所有人生活在和平之中，毛主席说：我们还准备进行第三次国共合作》。

持下，台湾当局加强了金门防卫力量。到 1958 年，金门地区驻军 8.5 万人，占总兵力的 1/3。①

在这种情况下，毛泽东于 1957 年 12 月 18 日作出"请考虑我空军 1958 年进入福建"的批示②，拉开了新一轮东南沿海军事斗争准备的序幕。1958 年 4 月 27 日，福州军区司令员韩先楚、政治委员叶飞上报了准备适当时候对金门实施大规模炮击封锁的作战方案。③

在对台军事斗争开始之前，毛泽东首先领导开展了外交斗争。

1958 年 6 月 30 日，中国政府发表《关于中美大使级会谈的声明》，提出："中国政府要求美国政府在从今天起的十五日以内派出大使级代表，恢复会谈。否则，中国政府就不能不认为美国已经决心破裂中美大使级会谈。"④

对中国政府的这一严正声明，美国政府没有给予足够的重视，因而错过了一次使紧张局势缓和下来的机会。

7 月 17 日晚，中央军委下达准备炮击金门的命令。7 月 18 日晚，毛泽东召集中央军委、总参谋部及空军、海军、炮兵等负责人开会。他指出：金门炮战，意在击美。金门、马祖是中国领土，打金门、马祖，惩罚国民党军，是中国的内政，敌人找不到借口，但对美帝国主义有牵制作用。⑤

8 月 20 日，距离金门炮战还有三天。毛泽东决定：立即集中力量，对金门国民党军予以打击，把它封锁起来。又指出：经一段时间后，对方可能从金（门）、马（祖）撤兵或困难很大还要挣扎，那时是否考虑登岛作战，视情而定，走一步，看一步。⑥

---

① 《中国人民解放军军史》第 5 卷，军事科学出版社 2011 年版，第 214—215 页。
② 《建国以来毛泽东军事文稿》中卷，军事科学出版社、中央文献出版社 2010 年版，第 370 页。
③ 《中国人民解放军军史》第 5 卷，军事科学出版社 2011 年版，第 215 页。
④ 《人民日报》1958 年 7 月 1 日第 1 版。
⑤ 中共中央党史研究室著：《中国共产党历史》第 2 卷（1949—1978）下册，中共党史出版社 2011 年版，第 635 页。
⑥ 《中国人民解放军军史》第 5 卷，军事科学出版社 2011 年版，第 219—220 页。

8月23日17时30分，炮击金门开始。第一次炮击持续两个多小时，发射炮弹近3万发。炮击持续到9月3日。毛泽东决定，自9月4日起，停止炮击三天，观察各方动态。

9月4日，中国政府发表关于12海里领海权的声明，并向美国发出警告：一切外国飞机和军事船舶，未经中国政府允许，不得进入中国领海和领空，如有违犯，当即炮轰。

美国不顾中国政府的警告，于9月7日起派军舰为国民党军军舰护航。

9月7日，毛泽东通过总参谋部作战部部长王尚荣接到叶飞的报告：美蒋军组成一支海上大编队，美国军舰配置在编队左、右两侧护航，蒋军舰只和运输船只夹在中间，美舰和蒋军舰只相距2海里，由台湾向金门开来。叶飞请示：美军已经卷入，打不打美蒋海军联合编队？毛泽东回答：照打不误。叶飞又请示：是不是连美舰一起打？毛泽东答：只打蒋舰，不打美舰。毛泽东还交代叶飞，要等美蒋联合编队抵达金门料罗湾港口才打，要每一小时报告一次美蒋联合编队的位置、编队队形、航行情况，到达金门料罗湾时，要等命令才能开火。叶请示：我们不打美舰，但如果美舰向我开火，我们是否还击？毛回答：没有命令不准还击。①

9月8日中午12时，美国同国民党军的海军联合编队抵达金门料罗湾港口，运输船只开始在料罗湾港口码头上卸下补给物资，叶飞立即将这一情况直报北京。毛泽东即下令开火。叶飞迅即命令各炮群按预定作战方案开炮，所有炮群即以突然的密集火力攻击国民党军舰及其运输船只等目标。解放军一开炮，护航的美舰丢下国民党军舰及运输船，立即掉头驶向外海。

连续的炮战，给美国政府和台湾当局出了一道难题：继续守住金门、马祖，还是撤兵。同时，也给台湾当局上了一课，《共同防御条约》并不那么可靠。

---

① 逄先知、冯蕙主编：《毛泽东年谱（1949—1976）》第3卷，中央文献出版社2013年版，第440—441页。

美国政府决定回到谈判桌前。9 月 15 日，中美大使级会谈在中断了 9 个月后，重新恢复，地点改在波兰首都华沙。在这次会谈中，美方没有提出方案，中方提出五点建议①。

对这个建议，美方产生了错觉，误以为中国政府急于解放金门、马祖，因而拒不接受。9 月 18 日，美方代表正式提出"停火方案"。同日，美国国务卿杜勒斯在联合国大会发言中，也要求中国尽快"停火"。对此，中国外交部部长陈毅于 9 月 20 日发表声明：中国在金门、马祖并未同美国打仗，根本谈不上"停火"。中国惩罚金门、马祖蒋介石军队属中国内政，外人不能干涉。②

通过会谈，美国了解到中国不会把炮击金门扩大到台湾，但也不可能迫使中国放弃使用武力的权利。不久前，美国为平息伊拉克和黎巴嫩的人民革命，派海军陆战队于 7 月 15 日在黎巴嫩登陆。此刻，大量美国军舰滞留台湾海峡，对美国的全球战略势将造成不利影响。于是，杜勒斯开始由保持武力高压的"战争边缘政策"，转为"停火"和"脱身"政策。

9 月 30 日，杜勒斯在记者招待会上表示，如果在台湾地区有了可靠的"停火"，在金门、马祖保持这批为数不少的部队就是愚蠢的、不明智的，也是不慎重的。10 月 1 日，美国总统艾森豪威尔也表示："我认为所有这些军队驻在那里并不是一件好事情。"还说，金门、马祖对台湾并不是极为重

---

① 这五点建议是：第一，中国政府声明，台湾和澎湖列岛是中国的领土，金门、马祖等沿海岛屿是中国大陆的内海岛屿。中国政府有权采取一些适当的方法，在适当的时候，解放中国的这些领土，这是中国的内政，不容许外国干涉。第二，美国政府保证从台湾、澎湖列岛和台湾海峡撤出它的一切武装力量。第三，中国政府声明，直接威胁厦门、福州两海口的，为国民党军队所占据的金门、马祖等沿海岛屿，必须收复。如果国民党军队愿意主动从这些岛屿撤走，中国政府将不予追击。第四，中国政府声明，在收复金门、马祖等沿海岛屿以后，将争取用和平方法解放台湾和澎湖列岛，并且在一定的时期内避免使用武力实现台湾和澎湖列岛的解放。第五，中国政府和美国政府一致认为，在台湾海峡公海和公海上空的航行和飞行的自由和安全，必须受到保证。见韩念龙主编：《当代中国外交》，中国社会科学出版社 1988 年版，第 107—108 页。

② 王泰平主编：《中华人民共和国外交史》第 2 卷（1957—1959），世界知识出版社 1998 年版，第 431 页。

要的。①

这时，马上表示反对的，轮到蒋介石了。10 月 2 日，蒋介石对美联社记者说：杜勒斯的讲话只是美国单方面的声明，没有任何义务遵守它。还表示拒绝从金门、马祖撤出国民党军队。台湾当局同美国政府的矛盾，开始表面化。

主动权开始转向了毛泽东。

10 月 3 日晚，毛泽东在中南海颐年堂主持召开中共中央政治局常委扩大会议，主要分析讨论杜勒斯 9 月 30 日谈话。

周恩来说：杜勒斯的政策，一句话就是以金（门）、马（祖）换台、澎，这同我们最近在华沙中美大使级会谈中侦察美方底牌的情况是一致的。

毛泽东说：侦察任务已经完成，问题是下一步棋怎么走。对于杜勒斯的政策，我们同蒋介石有共同点，都反对两个中国。蒋介石是不愿撤出金、马的，我们也不是非登陆金、马不可。可以设想，让金、马留在蒋介石手里如何？这样做的好处是：金、马离大陆很近，我们可以通过这里同国民党保持接触，什么时候需要就什么时候打炮，什么时候需要紧张一点就把绞索拉紧一点，什么时候需要缓和一下就把绞索放松一下，不死不活地吊在那里，可以作为对付美国人的一个手段。我们一打炮，蒋介石就要求美国人救援，美国人就紧张，担心蒋介石给他闯祸。

在会议讨论后，毛泽东最后说：方针已定，还是打而不登，断而不死，让蒋军留在金、马。但打也不是天天打，更不是每次都打几万发炮弹，可以打打停停。②

10 月 5 日，周恩来约见苏联驻华临时代办安东诺夫，向他通报中国政府关于解决台湾问题的最新决策。他说："我们本来准备分两步走：第一步是

---

① 王泰平主编：《中华人民共和国外交史》第 2 卷（1957—1959），世界知识出版社 1998 年版，第 431 页。

② 逄先知、冯蕙主编：《毛泽东年谱（1949—1976）》第 3 卷，中央文献出版社 2013 年版，第 456、457 页。

收复沿海岛屿，第二步是解放台湾。""现在通过党中央讨论后，我们还是认为，最好把蒋介石继续留在金门、马祖沿海岛屿上。"还说："我们争取一下子收回这些沿海岛屿、澎湖列岛和台湾。"①

从"两步走"解放台湾，到"一揽子"解决台湾问题，毛泽东和中共中央的对台方略，就这样确定下来。

10月6日，由毛泽东以中华人民共和国国防部部长彭德怀的名义起草的《告台湾同胞书》发表。全文如下：

台湾、澎湖、金门、马祖军民同胞们：

我们都是中国人。三十六计，和为上计。金门战斗，属于惩罚性质。你们的领导者们过去长时期间太猖狂了，命令飞机向大陆乱钻，远及云、贵、川、康②、青海，发传单，丢特务，炸福州，扰江浙。是可忍，孰不可忍？因此打一些炮，引起你们注意。台、澎、金、马是中国领土，这一点你们是同意的，见之于你们领导人的文告，确实不是美国人的领土。台、澎、金、马是中国的一部分，不是另一个国家。世界上只有一个中国，没有两个中国。这一点，也是你们同意的，见之于你们领导人的文告。你们领导人与美国人订立军事协定，是片面的，我们不承认，应予废除。美国人总有一天肯定要抛弃你们的。你们不信吗？历史巨人会要出来作证明的。杜勒斯九月三十日的谈话，端倪已见。站在你们的地位，能不寒心？归根结底，美帝国主义是我们的共同敌人。十三万金门军民，供应缺乏，饥寒交迫，难为久计。为了人道主义，我已命令福建前线，从十月六日起，暂以七天为期，停止炮击，你们可以充分地自由地输送供应品，但以没有美国人护航为条件。如有护航，不在此例。你们与我们之间的战争，三十年了，尚未结束，这是不好的。建议举行谈判，实行和平解决。这一点，周恩来总理在几年前已经告诉

① 《周恩来外交文选》，中央文献出版社1990年版，第265页。
② 康，指中国西康省，1955年撤销。

你们了。这是中国内部贵我两方有关的问题，不是中美两国有关的问题。美国侵占台澎与台湾海峡，这是中美两方有关的问题，应当由两国举行谈判解决，目前正在华沙举行。美国人总是要走的，不走是不行的。早走于美国有利，因为它可以取得主动。迟走不利，因为它老是被动。一个东太平洋国家，为什么跑到西太平洋来了呢？西太平洋是西太平洋人的西太平洋，正如东太平洋是东太平洋人的东太平洋一样。这一点是常识，美国人应当懂得。中华人民共和国与美国之间并无战争，无所谓停火。无火而谈停火，岂非笑话？台湾的朋友们，我们之间是有战火的，应当停止，并予熄灭。这就需要谈判。当然，再打三十年，也不是什么了不起的大事，但是究竟以早日和平解决较为妥善。何去何从，请你们酌定。①

这里面，有几句关键的话，为后来的两岸关系定了基调。一是"我们都是中国人"，双方出现的任何事情，都是中国的内政，不容外人干涉。二是"三十六计，和为上计"，预示了台湾问题最终要和平谈判来解决。三是"世界上只有一个中国，没有两个中国。这一点，也是你们同意的，见之于你们领导人的文告"，点明了毛泽东与蒋介石的政治共同点。四是"建议举行谈判，实行和平解决"，这是台湾问题走出困境的人间正道。

这篇文告宣布，从10月6日起，停止炮击7天。10月13日，又发表毛泽东起草的《中华人民共和国国防部命令》，宣布："金门炮击，从本日起，再停两星期。"②

美方再一次做出了错误的判断，认为中方一再宣布停止炮击，是美国"强硬"政策的结果，而且以为这就是他们所说的"停火"。10月18日，美国宣布杜勒斯将于21日访问台湾。19日，又派4艘军舰在金门海域为国民党军护航。毛泽东闻讯立即决定给予惩戒。

---

① 《毛泽东文集》第7卷，人民出版社1999年版，第420—421页。
② 《毛泽东文集》第7卷，人民出版社1999年版，第425页。

10月20日，就在杜勒斯抵达台湾的前一天，下午4时，解放军对金门实施第五次大规模炮击。22日，《苏格兰人》发表评论说："他们（指中国领导人）大概会停停打打。对他们来说，把金门作为一个使蒋（介石）和美国人发生纠纷和使台湾问题一直搞得火热的手段，要比金门落入他们手中更有价值。"①

10月21日至22日，蒋介石和杜勒斯举行会谈。蒋介石拒绝从金门、马祖撤军，但又迫于美国的压力，同意声明不对大陆使用武力。这次会谈，杜勒斯既没有达到预定的目的，又进一步加深了美蒋矛盾。

在这一背景下，10月25日，毛泽东以国防部部长彭德怀名义写了《再告台湾同胞书》，于10月26日公开发表。

《再告台湾同胞书》的重点，是针对美国"两个中国"或"一中一台"图谋的。其中说："我们完全明白，你们绝大多数都是爱国的，甘心做美国人奴隶的只有极少数。同胞们，中国人的事只能由我们中国人自己解决。一时难于解决，可以从长商议。"

还说："美国的政治掮客杜勒斯，爱管闲事，想从国共两党的历史纠纷这件事情中间插进一只手来，命令中国人做这样，做那样，损害中国人的利益，适合美国人的利益。就是说，第一步，孤立台湾；第二步，托管台湾。如不遂意，最毒辣的手段，都可以拿出来。""我劝你们不要过于依人篱下，让人家把一切权柄都拿了去。"

文告的最后正告蒋介石说："此次蒋杜会谈文告不过是个公报，没有法律效力，要摆脱是容易的，就看你们有无决心。世界上只有一个中国，没有两个中国。这一点我们是一致的。美国人强迫制造两个中国的伎俩，全中国人民，包括你们和海外侨胞在内，是绝对不容许其实现的。现在这个时代，是一个充满希望的时代，一切爱国者都有出路，不要怕什么帝国主义者。"②

① 转引自逄先知、金冲及主编：《毛泽东传》第4卷，中央文献出版社2011年版，第1847页。

② 《毛泽东文集》第7卷，人民出版社1999年版，第427、428—429页。

"忠言逆耳"。以上这些话，今天读来，不能不令人心生感慨：知蒋介石者，莫若毛泽东！

在此期间，10月13日上午，毛泽东在中南海颐年堂还会见了定居香港的新加坡《南洋商报》撰稿人曹聚仁。周恩来、李济深、程潜、张治中、章士钊、童小鹏在座。

毛泽东对曹聚仁说：只要蒋氏父子能抵制美国，我们可以同他合作。我们赞成蒋介石保住金、马的方针，如果蒋介石撤退金、马，大势已去，人心动摇，很可能垮。只要不同美国搞在一起，台、澎、金、马都可由蒋管，可管多少年，但要让通航，不要来大陆搞特务。台、澎、金、马要整个回来，金、马部队不要起义，没有吃的时候，我们就不打炮，让它备足粮弹。但以后还有可能打一点，只不让它损失太大，不打，蒋介石也是不好办的。"在天愿作比翼鸟，在地愿为连理枝"，台湾的小枝在同美国的大枝连，总要被压断的，将来要变成殖民地或被托管的。

当曹聚仁说台湾有人问生活方式怎么样时，毛泽东说：照他们自己的方式生活。水里的鱼都有地区性的，毛儿盖的鱼到别的地方就不行。但是美国不要他时，蒋可以来大陆，来了就是大贡献，就是美国的失败。

毛泽东还说：要告诉台湾，我们在华沙，根本上不谈台湾问题，美国代表没有台湾的证书，又没有介绍信。他说：蒋介石为什么不再做总统？我们都是"拥蒋派"，问题是美国要整他。我们不同美国谈台湾、澎湖，只谈要美国人走路。蒋不要怕我们同美国人一起整他。

毛泽东表示：大陆这么大，台、澎、金、马只是一大点点几小点点，让他们在那里搞他的三民主义、五权宪法，天天吹反共，我们也天天吹收复，商量好。他们同美国的连理枝解散，同大陆连起来。枝连起来，根还是你的，可以活下去，可以搞你那一套。一不要整风，二不要反右，不同美国搞在一起，就是伟大胜利。

当章士钊说如果这样美国对台湾的援助会断绝时，毛泽东说：我们全部供应，那有几个大钱？他的军队可以保存，我们不压迫他裁兵，不要他简政，让他搞三民主义。要等到美国踢开他们的时候，才有可能同我们结合。现在公开谈判也不利，只能吓唬美国人，说些"你们可以谈判，我自己不会谈判？"这样的话。暂时美国大整台湾也不可能。几年后气候会变的，空气是不利于他们的。美国现在是空前孤立，无论在中东问题和远东问题上。台湾已经做了三件抗美的事：一搞掉孙立人，二打美国大使馆，三反对《自由中国》刊物。蒋怕我们瓦解他的军心士气，其实我们不会。一、金、马的物资粮食可以满足；二、我们同美国不会谈台、澎、金、马问题。我们松一点对台湾好，打厉害了美国就会压它。准备他十年、二十年吧。美国要压蒋，要以金、马换台、澎，我们不干，让蒋委员长多守几年。

当谈到曹聚仁曾说台湾方面要组织回国观政团时，毛泽东说：他们来，我们欢迎。①

毛泽东的这次谈话，为和平解决台湾问题明确了基本原则和基本方针。

1963年1月，周恩来将毛泽东提出的这些原则，概括成为"一纲四目"，通过张治中1月4日致陈诚的信转达给台湾当局。这封信发出前，曾在中共中央政治局常委中传阅过。②

"一纲四目"的主要内容包括："一纲"是：只要台湾归回祖国，其他一切问题悉尊重台湾领导人意见妥善处理。"四目"是：（一）台湾归回祖国后，除外交必须统一于中央外，所有军政大权人事安排等悉由台湾领导人全权处理；（二）所有军政及建设费用，不足之数，悉由中央拨付；（三）台湾之社会改革，可以从缓，必俟条件成熟，并尊重台湾领导人意见协商决定，然后进行；（四）双方互约不派人进行破坏对方团结之事。③

"不打不成交"。通过1958年炮击金门这场集军事、政治、外交于一体

① 逄先知、冯蕙主编：《毛泽东年谱（1949—1976）》第3卷，中央文献出版社2013年版，第464、465、466页。
② 力平、马芷荪主编：《周恩来年谱（1949—1976）》中卷，中央文献出版社1997年版，第524页。
③ 中共中央党史研究室著：《中国共产党历史》第2卷（1949—1978）下册，中共党史出版社2011年版，第639页。

的复杂斗争，毛泽东与蒋介石以一种特殊方式，在坚持一个中国、反对"两个中国"或"一中一台"上达成了共识。尽管蒋介石终其一生，始终没有对"一纲四目"作出回应，但从其所作所为看，可谓是"心有灵犀一点通"。

1959 年 10 月 5 日，毛泽东在会见巴西、阿根廷、古巴、委内瑞拉等拉美十七国共产党代表团时，对台湾问题又提出一个重要原则，即"不能把台湾问题上的国际问题同国内问题混淆起来"。他说："台湾问题很复杂，又有国内问题，又有国际问题。就美国说，这是一个国际问题。国际问题只能通过和平道路解决，不能用武力解决。""就蒋介石说，台湾是一个国内问题。是否一定要用武力解决呢？也不是，我们准备同蒋介石谈判，但他不干。我们没有办法，可能有一天会打起来的。国内问题有两个解决办法，和平解决或武力解决。"他还说："我们反对'两个中国'，蒋介石也反对'两个中国'，我们有一致之处，有共同点。"①

直到 10 多年后，毛泽东于 1972 年 2 月 21 日会见美国总统尼克松时，还一语双关地把蒋介石称作是"我们共同的老朋友"。②

特别值得一提的，还有发生在毛泽东决策开展对美"乒乓外交"期间的一件事。

1971 年 4 月中旬的一天，以缜密著称的周恩来向毛泽东提交了一份报告。报告说：自从主席决定邀请美国乒乓球队来访后，十多天中，世界形势的连锁反应非常突出。目前首先要解决的问题是：在美国乒乓球队来访时，我强调中美人民的友好往来重新开始；我们支持世界各国人民革命斗争的立场永远不会改变；表示欢迎美国政府派人来公开地谈，如时机尚未成熟，可待他日，但不要丧失时机。

报告特意提出：这个部署，势必要给台湾蒋介石打一招呼，告以台湾坚持反对"两个中国"或"一中一台"的立场是值得称许的，我方也坚持这一

---

① 《毛泽东文集》第 8 卷，人民出版社 1999 年版，第 89、90 页。
② 逄先知、冯蕙主编：《毛泽东年谱（1949—1976）》第 6 卷，中央文献出版社 2013 年版，第 427 页。

主张。毛泽东看后批示："同意照此部署。"①

1975 年 4 月 5 日，毛泽东的老对手蒋介石在台北去世，时年 87 岁。

毛泽东平静地获悉了这一消息。

此后几个月，毛泽东在接见外宾时，每每都会提及蒋介石，就像他同尼克松会面时谈及蒋介石那样轻松自然。谈话中还流露出对解决台湾问题的关切。②

1976 年 9 月 9 日，毛泽东在北京去世，时年 83 岁。

49 年前的同一天，毛泽东举起了武装反抗国民党反动派的旗帜，最终把蒋介石"赶到了那么几个海岛上去了"③。而"收回那几个海岛"，竟成了他的未了心愿。

① 逢先知、冯蕙主编：《毛泽东年谱（1949—1976）》第 6 卷，中央文献出版社 2013 年版，第 380 页。

② 逢先知、冯蕙主编：《毛泽东年谱（1949—1976）》第 6 卷，中央文献出版社 2013 年版，第 578 页。

③ 逢先知、冯蕙主编：《毛泽东年谱（1949—1976）》第 6 卷，中央文献出版社 2013 年版，第 649 页注〔1〕。

责任编辑：杨美艳
封面设计：肖　辉　王欢欢
版式设计：杜维伟

图书在版编目（CIP）数据

中国有个毛泽东 / 李捷 著 . — 北京：人民出版社，2021.5（2025.2 重印）

ISBN 978 - 7 - 01 - 022649 - 1

I.①中… 　II.①李 　III.①毛泽东（1893—1976）- 传记 　IV.① A751

中国版本图书馆 CIP 数据核字（2020）第 227415 号

中国有个毛泽东

ZHONGGUO YOUGE MAOZEDONG

李捷 著

人民出版社 出版发行

（100706　北京市东城区隆福寺街 99 号）

中煤（北京）印务有限公司印刷　新华书店经销

2021 年 1 月第 1 版　2025 年 2 月北京第 4 次印刷

开本：710 毫米 ×1000 毫米 1/16　印张：22

字数：325 千字

ISBN 978 - 7 - 01 - 022649 - 1　定价：78.00 元

邮购地址 100706　北京市东城区隆福寺街 99 号

人民东方图书销售中心　电话（010）65250042　65289539